国家社科基金项目“网络空间未成年人保护的法律规制研究”研究成果
（项目批准号：16BXW069）

未成年人网络保护法律规制研究

彭焕萍　彭丽萍　著

法律出版社
LAW PRESS·CHINA
北京

图书在版编目(CIP)数据

未成年人网络保护法律规制研究 / 彭焕萍, 彭丽萍著. -- 北京 : 法律出版社, 2023
ISBN 978 - 7 - 5197 - 7785 - 2

Ⅰ. ①未… Ⅱ. ①彭… ②彭… Ⅲ. ①互联网络 - 应用 - 青少年保护 - 研究 - 中国 Ⅳ. ①D922.74

中国国家版本馆 CIP 数据核字(2023)第 059384 号

未成年人网络保护法律规制研究
WEICHENGNIANREN WANGLUO
BAOHU FALÜ GUIZHI YANJIU

彭焕萍
彭丽萍 著

策划编辑 沈小英
责任编辑 沈小英 王 鸿
装帧设计 李 瞻

出版发行 法律出版社
编辑统筹 法治与经济出版分社
责任校对 王 丰 郭艳萍
责任印制 吕亚莉
经 销 新华书店

开本 A5
印张 11.375 字数 347 千
版本 2023 年 6 月第 1 版
印次 2023 年 6 月第 1 次印刷
印刷 天津嘉恒印务有限公司

地址:北京市丰台区莲花池西里 7 号(100073)
网址:www. lawpress. com. cn
投稿邮箱:info@ lawpress. com. cn
举报盗版邮箱:jbwq@ lawpress. com. cn

销售电话:010 - 83938349
客服电话:010 - 83938350
咨询电话:010 - 63939796

书号:ISBN 978 - 7 - 5197 - 7785 - 2 定价:86.00 元

凡购买本社图书,如有印装错误,我社负责退换。电话:010 - 83938349

目录

引 言

以数字化、网络化、智能化为特征的网络社会已成为当代人不可回避的生活环境。未成年人①作为特殊群体,不可避免地被席卷全球的互联网浪潮所裹挟。创建有利于未成年人健康成长的网络环境,成为一个国际性的话题并引发社会的广泛关注。从全球环境来看,网络空间未成年人法律保护课题的诞生与快热主要基于三大背景:第一,信息科技催动了网络社会的崛起,更加快了全球化的步伐,传统法律规制面对"数字世界"呈现明显的滞后与无力,因此,世界各国不约而同地开启了对网络空间的规范和治理之路。第二,网络技术门槛的逐步降低、手机等移动智能终端的普及使未成年人接触网络更加频繁、使用网络时间不断延长、触网年

① 《中华人民共和国未成年人保护法》(以下简称《未成年人保护法》)将不满18周岁者规定为未成年人。联合国《儿童权利公约》中的儿童具有相同的含义,均指不满18周岁者,除非特别说明,本书中的"未成年人"和"儿童"具有相同含义。

龄不断下降。互联网的普及极大扩展了未成年人的信息接触面,对未成年人的学习、社交、生活等产生了巨大影响。与此同时,不恰当的网络接触行为和网络生态环境也给未成年人的成长带来的巨大风险,已成为亟待解决的社会问题。第三,现代文明进程直接推动儿童权利意识在全球范围内的萌发与觉醒,联合国《儿童权利公约》中"儿童利益最大化"原则已逐渐成为人们的共识。在新的信息技术革命和儿童权利保护意识席卷全球的情况下,处于这两大风潮交汇处的儿童网络空间权益法律保护问题逐步被纳入新闻传播学、法学、社会学等学科的研究视野。

中国未成年人网络保护话题的热度与中国互联网的发展速度保持着同步。1987 年中国学术网(Chinese Academic Network,CANET)在北京发出了中国第一封邮件,我国正式踏上了互联网运用的征程。1994 年 4 月,一条从中科院计算机网络中心出发的国际专线,使我国实现了与国际互联网的全功能接入,这一年被称为中国的互联网元年。随后我国互联网开始以让世界震惊的中国速度迅速发展和普及,1997 年我国上网用户仅为 62 万户。2008 年我国网民数量达到 2.53 亿人,首次跃居世界第一位。2022 年中国互联网络信息中心第 50 次互联网络发展状况调查统计数据显示,当前网民增长的主体从青年群体向未成年人和老年人群体转化的趋势日益明显。截至 2022 年 6 月,我国网民规模已达 10.51 亿人,互联网普及率达74.4%,未成年人群互联网普及率远高于全国互联网普及率。其中 10 岁以下网民占比 4.2%,10～19 岁网民占比 13.5%,19 岁及以下网民占比合计 17.7%,比 2021 年 12 月底的数据又增长了 1 个百分点,这说明未成年人"触网"低龄化趋势明显。① 对未成年人网络运用情况的充分了解是开展网络空间未成年人保护相关立法研究的基础。当前,未成年人的互联网应用主要集中在两大类:一类是

① 参见中国互联网络信息中心:《第 50 次中国互联网络发展状况统计报告》,载中国互联网络信息中心网 2022 年 9 月 26 日,http://www.cnnic.net.cn/NMediaFile/2022/0926/MAIN1664183425619U2MS433V3V.pdf。

基础类应用,主要包括即时通讯、搜索引擎、网络新闻、社交应用、网络课堂等;另一类是网络娱乐类应用,主要包括网络视频、网络直播、网络音乐、网络游戏、网络文学等。2020 年以来,我国疫情防控进入常态化,对未成年人的线上教学和教育趋于常态化。保障对未成年人线上教育的规范有序发展、加强对在线教育平台及相关 App 的管理和监督、营造在线教育的良好生态环境等话题开始变得越来越重要。未成年人触网低龄化、常态化,未成年人触网内容的丰富化和无限化,使互联网在未成年人社会化进程中的作用凸显。

未成年人触网年龄的不断降低、触网人数的不断增加以及互联网应用领域的不断拓宽,使未成年人个人信息及隐私权的保护、网络生态环境的治理、未成年人沉迷网络的防范和管理、未成年人网络欺凌的预防和救济等问题变得尤为突出。未成年人保护亟须从现实的物理空间向网络空间覆盖,建立健全未成年人网络保护法律规制体系,为未成年人营造清朗的网络空间,全面推进未成年人网络空间法治化,这项任务虽然艰巨,但是意义重大,影响深远。

第一章　未成年人网络保护的必要性

计算机科学与移动互联技术日新月异的发展使互联网成为嵌入社会结构的一种革命性力量。互联网新应用、新服务、新业态在陪伴未成年人成长的同时,也对他们的学习和生活产生了巨大影响。互联网陪伴下成长起来的未成年人有着独特的思维方式和思想情感,互联网革命也督促着我们要以发展的眼光、全面的视角考察未成年人网络生存状况,思考未成年人网络保护的内涵,以便发现、预防和管理网络空间给未成年人带来的各种风险,进而保护和改善未成年人的网络生存环境,保障未成年人在网络世界中健康成长。

一、未成年人网络保护的内涵

(一)从主体责任看未成年人网络保护的内涵

根据联合国《儿童权利宣言》(*Declaration of the Rights of the Child*),因身心尚未成熟,儿童于出生前及出生后均需特别保障与照料,包括适当之法律保护。网络空间中的未成年人同样需要适当的特别保护。在我国,家庭、学校、国家、社会承担着对未成年人进行理想、道德、文化、劳动、健康、法治等教育的义务,并对未成年人社会公德的培养以及社会主义核心价值观的树立具有引导作用。① 因此,在未成年人网络保护中,家庭、学校、政府以及各种社会力量均负有不可推卸的主体责任。“儿童权利保护的水平较之普遍意义上的人权,更能够鲜明地反映一个国家人权发展的状态和水平。”②如何规范政府、学校、家庭、社会等各方力量,构建全面保护未成年人的网络生存权、发展权、参与权等合法权益的法律体系,是一个追求文明进步的法治社会在数字化时代必须面对的问题。而对未成年人网络空间面临的各种风险,给予其必要的司法保护,也是未成年人网络保护内涵中不可或缺的一部分。

1. 家庭保护

社会的基本单位是家庭,家庭作为社会的基本单位,作为未成年人成长和获得幸福的自然环境,在未成年人网络保护中,负有重要的责任和义务。一方面,家庭是未成年人上网的主要场所,也是未成年人社会化进程的主要场所。家庭是保护未成年人免受网络伤害的第一道屏障,是未成年人网络保护的重要责任主体。另一方面,家庭环境对于未成年人的个性养成和发展,对于其价值观的塑造,包括对未成年人网络素养的培养,有着重要影响。未成年人的父母或者其他监护人,是未成年人家庭保护的权利主体,也是义务主体。其他共同生活的成年家庭成员,对于未成年人的家庭保护具有协助义务。

---

① 《未成年人保护法》第 5 条规定,“国家、社会、学校和家庭应当对未成年人进行理想教育、道德教育、科学教育、文化教育、法治教育、国家安全教育、健康教育、劳动教育,加强爱国主义、集体主义和中国特色社会主义的教育,培养爱祖国、爱人民、爱劳动、爱科学、爱社会主义的公德,抵制资本主义、封建主义和其他腐朽思想的侵蚀,引导未成年人树立和践行社会主义核心价值观”。

② 白桂梅、王雪梅主编:《人权知识未成年人权利读本》,湖南大学出版社 2012 年版,第 1 页。

未成年人家庭保护的内涵包括对未成年人的家庭教育、监护职责的履行、安全的家庭生活环境的提供义务、对未成年人人格尊严的尊重以及当未成年人身心受到严重侵害或合法权益受到严重侵犯时有向公安、民政、教育等部门报告的义务等诸多方面。未成年人家庭保护的内涵,不仅适用于现实生活环境,同样适用于未成年人接触的网络空间。由于家庭是未成年人使用网络的主要场所,加之网络空间的特殊性和互联网科技的发展,未成年人网络保护中的家庭保护居于首位。

未成年人的网络素养教育是家庭教育必不可少的内容。未成年人的监护人应从自身做起,通过提高自身网络素养,从而对未成年人网络素养的培养和提升起到言传身教的作用。未成年人网络素养的培养,有助于预防和制止未成年人沉迷网络等不良行为,帮助未成年人健康安全用网,从而帮助其在互联网构建的数字化时代健康成长。

未成年人的父母或其他监护人,对未成年人在网络空间的保护,也是其履行监护职责的体现。例如,对未成年人进行网络安全意识教育和网络素养教育,教育引导未成年人增强个人信息保护意识和能力,保护未成年人个人信息安全;选择适合未成年人的智能终端产品以及适合未成年人的服务模式、管理功能等,关注网络内容对未成年人心理状况的影响,对未成年人使用网络的行为进行引导和监督;合理安排和控制未成年人用网时间,防止未成年人沉迷网络等。此外,当未成年人的父母或其他监护人发现未成年人在网络空间遭受侵害或其他合法权益受到侵犯时,应当依法采取保护措施并及时向公安等部门报告。

2. 学校保护

学校是传授知识、传承文明,培养学生思考能力、交际能力、社会认知能力,促进未成年人完成社会化的重要场所。学校开展教学活动使用网络应在合理范围内,其向未成年人提供的上网服务设施,应安装未成年人网络保护软件或者采取其他安全保护技术措施。笔者认为,学校在未成年人的网络保护中至少应负有以下责任和义务:第一,应当建立未成年人网络保护教育制度,作为未成年学生保护工作制度的重要内容。第二,学校应当根据未成年学生的身心特点,开设未成年人网络素养教育课程,帮助未成年学生形成良好的网络素养。在英国,与网络素养教育相近的媒介素养教育,在网络普及之前,就已得到关注。如今,英国的媒介素养教育课程已经覆盖了从小学到大学教育。未成年人的网络素养教育,需要家庭、学校、社会多方联动,共同努力。第三,学校、幼儿园等教育机构在安排未成年人参加网络文化娱乐或网络教育时,应当保护未成年人的身心健康,预防和制止网络有害信息对未成年人的侵害。第四,学校、幼儿园等教育机构,对于获取的未成年人的个人信息,应做好保密工作,避免在网络存储过程中发生未成年学生个人信息泄露等有关安全的事件。第五,就网络欺凌问题建立防控工作制度,防治学生网络欺凌的教育和培训应面向学生和教职员工,发现对学生的网络欺凌行为应立即制止,并通知未成年学生的监护人,对相关未成年学生及时给予心理辅导和引导,对其监护人给予家庭教育指导。对严重的网络欺凌行为,学校应当及时向公安等相关部门报告。第六,学校、幼儿园等教育机构应当对未成年人开展适龄的性教育,预防未成年人在触网用网过程中可能遭受的性侵害、性骚扰,防范网络空间对未成年人的不当性引诱和教唆犯罪。

未成年人的网络保护中,家庭保护和学校保护应相互协调以形成合力。学校保护应为家庭保护提供支持,促进家庭保护;家庭保护对未成年人的网络素养教育和网络安全意识的培养,离不开学校保护的有力支持和配合。

3.政府保护

现今,未成年人保护已经成为国际社会共同关注的问题。未成年人网络空间的保护,由于互联网的无国界性,更是呈现国际化、全球化态势。未成年人是国家美好明天的开创者,也是国家未来事业的接班人,其整体素质和能力直接关系一个国家未来的兴衰成败,更关系千千万万个家庭的幸福。“少子化和老龄化趋势的加剧使儿童成为越来越宝贵的人力资源，儿童问题不再是家庭内部事务，而是关乎国家发展的重大战略与国家责任。”①政府是国家公权力的代表，也是国家责任和国家义务的具体承担者和实施者，政府保护是未成年人网络保护的基石和支柱。政府部门应逐步建立和完善未成年人网络保护机制和协调机制，如报告机制、干预机制、服务机制、帮扶机制等，乃至探索建立“国家亲权”②。

2020年新修订的《未成年人保护法》第一次明确地把“政府保护”纳入了未成年人保护体系，该法规定了政府作为未成年人保护的责任主体。根据该法，县级以上人民政府应建立未成年人保护工作协调机制，在未成年人保护工作中起到统筹、协调、督促和指导的作用；还应将未成年人保护工作纳入国民经济和社会发展规划，相关经费纳入本级政府预算。国家开展有关未成年人状况的统计、调查和分析，围绕未成年人健康、受教育等事项建立健全未成年人统计调查制度，并表彰和奖励在保护未成年人工作中有突出成绩的组织和个人。③

笔者认为，在政府承担未成年人网络保护的具体责任和义务上，至少包括以下内容：第一，要求承担未成年人保护协调机制具体工作的部门明确专门机构或专人负责承担未成年人网络保护工作，保障网络空间未成年人合法权益。第二，政府应支持对未成年人开展网络素养教育，从而培养和提高未成年人安全、健康使用网络的意识和能力。第三，政府应当采取措施以教育信息化支撑和引领教育现代化，积极推进“互联

---

①　满小欧：《美国儿童保护制度研究》，东北大学出版社2016年版，“序言”第2页。

②　“国家亲权”指国家对儿童和在其他法律上无行为能力人享有监护、负有监护义务。在现代社会，随着社会福利国家理念的确立，国家（政府）越来越多地干预原本由家庭、社区乃至教会等组织承担的特殊人群的监护职责，而随着国家能力的增强，这一趋势也变得更加明显。参见杨先德：《国家亲权制度是一项系统工程》，载《经济观察报》2019年11月25日，第8版；何勇海：《确立“国家亲权责任”，切实呵护未成年人》，载《检察日报》2019年10月23日，第6版。

③　参见《未成年人保护法》第8条、第9条、第13条、第14条。

网+教育”,不断深入网络学习空间应用,扩大优质教育资源的网络覆盖面,持续推进网络条件下对贫困地区未成年人的精准扶智,保障未成年人接受网络教育的权利,鼓励和倡导社会力量为未成年人网络教育承担社会责任,贡献力量。第四,政府鼓励和支持适合未成年人身心健康成长的专门为未成年人服务的网络产品、网络服务、网络技术的研发、生产和使用。第五,政府应对网络空间不符合未成年人网络安全标准的内容实施过滤和删除机制。通过对网络空间内容的生态治理,避免网络有害信息侵害未成年人身心健康。政府有关部门还应定期提供网络负面用语清单,规范网络用语用字,加强微语言传播治理工作,从而为未成年人创建健康的网络环境。第六,政府还应当建立未成年人网络安全和数据安全标准,预防、制止、打击和惩处通过网络危害或侵害未成年人的违法犯罪行为。第七,政府有关部门应开展预防未成年人沉迷网络的宣传教育活动,协调家庭、学校、社会力量共同配合,对未成年人沉迷网络进行干预和预防,并监督网络产品和网络服务提供者是否履行了预防未成年人沉迷网络的义务。第八,政府应对网络空间未成年人个人信息的处理予以规范和保护,对信息处理者、网络产品和服务提供者、网络游戏服务提供者、网络直播服务提供者等进行明确规定,当其以未成年人为被服务对象时,应提供必要的保护措施,并遵守有关不得以未成年人为服务对象的禁令。

4. 社会保护

虽然家庭保护是对未成年人保护的基础屏障,但是未成年人并不仅仅在家庭中活动和生活。无论是未成年人活泼好动的天性,还是其好奇求知的欲望抑或自然成长的需要,其都会走出家庭,接触社会。社会保护是未成年人保护体系中不可或缺的组成部分。未成年人保护是一个系统的工程,是一个综合性的社会问题,需要各种社会力量的积极参与。未成年人网络保护的主体,绝不仅仅局限于家庭、学校和政府,人民团体、社会组织、企事业单位、城乡基层群众性自治组织等社会力量,也是未成年人网络保护的重要参与者和义务人。社会保护强调各类社会力量携手创造给予未成年人关爱的社会氛围，共同打造有利于未成年人安全、身心健康成长的网络环境，增强未成年人网络素养的宣传教育，保障网络空间未成年人的合法权益。社会保护对于未成年人具有普遍意义，而对于监护缺失或者处于监护困境中的未成年人，当家庭保护不能给予未成年人足够的关心和监护时，社会保护具有更重要的意义。人民团体、企事业单位、社会组织、其他组织及个人作为可以发动和组织的社会力量，都应在网络空间积极开展有利于未成年人健康成长的社会活动和服务，并承担相应的社会义务和社会责任。

与网络社会信息传播密切相关的首先就是未成年人网络空间的社会文化保护。国家对于未成年人的社会保护具有鼓励、支持和引导的作用。根据《未成年人保护法》的规定，图书馆、青少年宫、博物馆、纪念馆、科技馆、展览馆、美术馆、文化馆、影剧院、体育场馆、动物园、植物园、公园等场所应当对未成年人免费开放或优惠开放；鼓励博物馆、科技馆、美术馆等公共场馆开设未成年人专场；鼓励企事业单位等社会力量为未成年人社会实践、教育活动等提供教育资源支持；鼓励科研机构和科技类社会组织对未成年人开展科学普及活动；鼓励图书、报刊、影视节目、艺术作品、电子出版物和网络信息等有利于未成年人健康成长的文化产品的创作、出版、传播等。① 前述规定，体现了国家要汇集社会力量全力打造有利于未成年人健康成长的社会文化环境的决心。

除了对社会保护的倡导性规定，《未成年人保护法》还规定了社会主体的禁止性义务、加重注意义务和提示义务，以此来实现对未成年人的社会保护。例如，对危害未成年人身心健康的文化产品的管控，禁止此类产品的制作、复制、传播等；要求新闻媒体在采访报道中禁止侵犯未成年人的隐私权等合法权益，新闻媒体在对未成年人的社会保护中还承担

---

①　参见《未成年人保护法》第44条、第48条。

着加强未成年人保护宣传的责任；对可能影响未成年人身心健康的网络文化产品，要求其以显著方式予以提示；对于有关未成年人的淫秽色情物品和网络信息，禁止持有、制作、复制、传播、公布等；对具有危害未成年人身心健康内容的广告禁止刊登、播放、张贴或散发等。此外，对学校、幼儿园等未成年人生活活动场所及周边，也作出了禁止性规定。例如，禁止在前述教育机构播放、张贴或散发商业广告；在前述教育机构周边等禁止设置不适宜未成年人活动的场所，如互联网上网服务营业场所等；除国家法定节假日外，游艺娱乐场所设置的电子游戏设备不得向未成年人提供；禁止任何组织或个人组织未成年人进行危害其身心健康的表演等活动；要求社区、文化馆、图书馆、青少年宫等为未成年人提供上网服务设施的场所，应采取安全保护技术措施，如安装未成年人网络保护软件等；智能终端产品的制造者、销售者应以显著方式告知用户安装未成年人网络保护软件的途径和方法或预先安装完毕。① 此外，对于危害未成年人身心健康的信息或侵犯未成年人合法权益的情形，任何组织或个人都有劝阻、制止以及投诉、举报的权利。

5. 司法保护

未成年人网络空间的司法保护主要是指司法机关②以及司法行政部门在网络空间未成年人保护中的职责，以及建立健全网络空间发生的与未成年人权益相关的特别诉讼制度和诉讼程序。司法保护具体的责任承担主体主要为司法机关以及司法行政部门。

笔者认为，未成年人网络空间的司法保护，其内涵至少包括以下内容：第一，司法机关办理涉及未成年人案件时，应通知其监护人参加，并在适当场所以适当方式听取未成年人的意见，使用适合未成年人的表达方式和语言以契合未成年人健康成长和身心特点的需求。第二，司法机

---

① 参见《未成年人保护法》第49～53条、第58条。

② 如无特别说明，本书中的司法机关指公安机关、人民检察院、人民法院的统称。

关及司法行政部门应在办案过程中注意保护未成年人的个人信息和隐私,除查找失踪、被拐卖未成年人的案件外,其他案件中不得披露未成年人的个人信息。第三,司法机关及司法行政部门应提供司法援助和司法救助给有需要的未成年人,司法行政部门应积极推进建立少年司法和综合保护系统工程等。第四,建立公益诉讼制度,赋予检察院或民政部门、教育部门等公益诉讼权以便未成年人合法权益受到侵害时得到及时的司法救济。第五,审理涉及未成年人案件时,被害人、证人是未成年人的,一般不出庭作证;确有必要出庭的,应采用在技术手段上保护其隐私并提供心理干预等保护措施。第六,办理未成年人遭受性侵害或者暴力伤害案件时,司法机关应安排女性工作人员询问未成年被害人、证人,并尽量一次完成,实行同步录音录像等,减少对未成年人心理上的重复伤害。

"建立健全符合未成年人群体特点、发展规律和中国实践需要的中国特色社会主义未成年人司法制度,是有效保护未成年人合法权益,预防未成年人违法犯罪,保证未成年人健康成长和顺利融入社会的重要保障,是中国特色社会主义法治体系的重要组成部分。"①目前,我国在未成年人司法保护方面已经逐步明确了儿童福利理念、国家亲权理念、恢复性司法理念,并在实践中确立了教育为主、惩罚为辅的原则,特殊保护原则,司法专业化原则,独立羁押原则,不公开审判原则,社会参与原则等基本原则。近年来,随着网络社会的迅速崛起,未成年人司法保护面临新的任务和挑战,司法机关及司法行政部门要依法加强对网络空间涉及未成年人违法犯罪行为的监控和打击力度,对网络空间未成年人合法权益遭受侵害的案件建立便利的诉讼程序以及司法救助和法律援助制度等。

---

①　王贞会:《涉罪未成年人司法处遇与权利保护研究》,中国人民公安大学出版社2019年版,第33页。

综上所述，我们应该努力构建以家庭保护、学校保护、政府保护、社会保护以及司法保护有机结合的未成年人网络保护体系，为未成年人提供健康、安全的网络环境。

（二）从权利内容看未成年人网络保护的内涵

笔者认为，未成年人网络保护，应以未成年人在网络空间的最大利益为首要考虑，其权利内容应该是全方位、多层次的，至少应包括网络生存权、网络隐私权、个人信息受保护权以及网络发展权和网络救助权等。为保障未成年人网络权利的享有和实现，政府应采取必要适当的立法措施和行政管理措施，以监督、管理和协调各种社会力量的积极参与并承担相应的社会义务。

1. 未成年人网络生存权

如今，互联网运用已经是未成年人“与生俱来”的能力。毋庸置疑，未成年人也已经是数字化时代运用互联网的重要群体。我们必须正视并承认未成年人的网络主体地位，提供健康、安全的网络生态环境给未成年人，以保障未成年人的身心能够在网络空间健康地成长。未成年人因其身心尚未成熟，不具有民事行为能力或者民事行为能力，其网络生存权需要特殊的保护和照料，包括法律上的适当保护和特别保护。越发多元的互联网智能设备、越来越低的未成年人触网年龄、越来越高的未成年人用网普及率、网络暴力伴随而来的网络欺凌，以及互联网内容的丰富性导致的网络有害信息的隐匿性和多元性，这些都将影响未成年人的网络生存，给未成年人的网络生存带来各种各样的冲击、风险和危害。保障未成年人健康触网、安全用网，并尽可能预防、减少、避免网络环境中各种风险给未成年人身心健康带来负面影响和危害，即保障未成年人的网络生存权。保障未成年人的网络生存权，需要在政府主导下，各方社会力量的积极参与。

2. 未成年人网络隐私权及个人信息受保护权

《中华人民共和国民法典》（以下简称《民法典》）明确规定自然人享

有隐私权。自然人的隐私权,禁止任何组织或个人以公开、刺探、侵扰、泄露等方式侵害。[①] 未成年人作为自然人,无论是在物理环境中还是在网络环境中,当然依法享有隐私权。笔者认为,未成年人网络隐私权是指未成年人在网络空间中依法享有私密空间不受刺探、窥视、侵扰,私密活动和私密信息不受泄露、公开的权利。但由于未成年人自我保护意识偏弱,对其隐私的认识能力和辨别能力不足,对比现实环境,未成年人的隐私权在虚拟环境网络空间中更易受到侵犯和伤害。因此,未成年人的网络隐私权亟须法律的特别保护。

随着互联网的发展和互联网技术的不断提高,个人信息更容易被获取和利用。随意的个人信息利用,会给个人生活带来困扰、不安或不适,个人信息的保护越来越重要,个人信息的保护在世界范围内得到重视。未成年人的个人信息的随意利用,可能对未成年人的身心健康成长产生不可预估的负面影响,因此,未成年人的个人信息保护相比成年人,更为重要。为适应未成年人个人信息保护的全球化趋势,2019 年我国公布了《儿童个人信息网络保护规定》,对在我国境内通过网络从事收集、存储、使用、转移、披露儿童个人信息等活动予以规范。遗憾的是,作为部门规章,其立法位阶偏低,在法律的协调性上力度不够,另外,其未能对个人信息予以明确的界定,且相关条文主要是从网络运营者的义务角度予以规定,对于网络运营者包括哪些网络主体也缺乏明确的界定。

3. 未成年人网络发展权

未成年人网络生存权是网络发展权的前提和基础,而网络发展权是未成年人网络生存权的更高一级追求。笔者认为,未成年人的网络发展权主要是指未成年人在网络空间中的文化发展权和社会发展权。未成年人网络发展权也是未成年人网络空间人权的重要内容。未成年人的身心健康成长,离不开未成年人网络发展权的享有和行使。未成年人网

---

① 参见《民法典》第 1032 条。

络发展权作为未成年人网络保护的主要权利内容，是不可剥夺、不可或缺的。缺少网络发展权，或者未成年人的网络发展权得不到有效的法律制度保障，未成年人在网络空间中将无法正常汲取其社会化过程需要吸收的各种精神食粮和文化养分。对未成年人网络保护的目的就在于，以未成年人的根本利益作为立法规制的出发点，创造一个适合未成年人身心健康成长的网络空间，通过对网络空间内容的生态治理，对网络欺凌的预防和惩治，使未成年人能够在一个安全、健康的网络空间中获得充足的、合适的资源和机会，发展未成年人的能力，促进未成年人在身体、心理、情感、智力、文化、社会化等方面的发展。

家庭、学校、政府、社会都应该为未成年人的网络发展权承担责任，履行义务，以促进未成年人自我保护能力的成长和成熟，促进未成年人早日自力更生。网络空间中未成年人享有与其年龄、智力相匹配的网络教育权、网络娱乐权、网络文化权等网络发展权的内容。

4. 未成年人网络救助权

未成年人网络救助权，是指在网络空间未成年人网络生存权、网络发展权、网络隐私权、个人信息受保护权受到侵害时，未成年人及其监护人特别享有的一种救助权。笔者认为，可将国家亲权制度、少年法庭制度、法律援助制度、公益诉讼制度、强制报告制度等应用于网络空间未成年人的权益保护，前述制度均可视为未成年人网络救助权的体现和延伸，且各项制度之间具有一定的内在联系，并不是完全分裂的。

国家亲权制度是通过司法干预和补充自然亲权的一项重要制度。对未成年人来讲，国家亲权意味着国家是未成年人最高和最后的监护人，为了未成年人的最大利益，国家得以父母的角色行事。在网络空间中，当未成年人的合法权益遭到侵害，父母或其他监护人无法或无力提供保护时，国家可以超越父母等监护人的亲权，依法进行强行干预和保护，以保障未成年人的网络生存权和网络发展权。

未成年人在网络空间中，可能会成为受害人，也可能会成为犯罪嫌疑人。未成年人即使在网络空间犯罪，一般也多是受网络不良信息和有害信息的影响，追求刺激、冒险或者缺乏父母等监护人的有效照顾，因自我约束力较差而一时糊涂行事。目前在我国，虽然少年法庭（未成年人法庭）和普通法庭使用的是相同的实体法和程序法，但是少年法庭（未成年人法庭）具有教育、挽救、感化、心理疏导等特别矫治待遇。笔者建议，少年法庭（未成年人法庭）制度不仅要适用于未成年犯罪嫌疑人的犯罪案件，也要适用于受害人为未成年人的违法犯罪案件。我们应该通过打破目前少年法庭（未成年人法庭）只承担审理犯罪嫌疑人为未成年人的刑事案件的限制等方式，将涉及未成年人利益的民事案件、行政案件等均纳入少年法庭（未成年人法庭）的审理范围，实现少年法庭（未成年人法庭）由单一性向综合性的转变，并将现实环境中和网络空间中涉及未成年人权益的案件一并纳入少年法庭（未成年人法庭）的审理范围，并在制度成熟时，设立未成年人法院。

法律援助制度也是未成年人网络救助权的一种体现。2021 年 8 月 20 日，《中华人民共和国法律援助法》（以下简称《法律援助法》）经第十三届全国人大常委会第三十次会议审议通过并公布，自 2022 年 1 月 1 日起施行。根据该法，法律援助制度作为公共法律服务体系的组成部分，是指国家为经济困难公民和符合法定条件的当事人无偿提供的法律服务（包括但不限于法律咨询、代理、刑事辩护以及其他法律帮助等）。法律援助制度，是国家责任和政府责任的体现。为未成年人提供法律援助，体现了国家对未成年人的特殊关爱和照顾。《法律援助法》明确规定了如果未成年人为刑事案件的犯罪嫌疑人、被告人且没有委托辩护人的，人民法院、人民检察院、公安机关应通知法律援助机构指派律师担任辩护人。①

2014 年"探索建立检察机关提起公益诉讼制度"在党的十八届四中

---

① 参见《法律援助法》第 25 条。

全会上被提出。随着检察公益诉讼制度的建立,公益诉讼领域有了“国家队”。2021年3月11日,第十三届全国人民代表大会第四次会议要求最高人民检察院持续深化司法体制改革,建设过硬检察队伍,推动刑事、民事、行政、公益诉讼检察工作全面协调,充分发展。①《未成年人保护法》规定,人民检察院对于未成年人合法权益受到侵犯,相关组织和个人未代为提起诉讼的,可以督促、支持其提起诉讼;人民检察院有权就涉及公共利益的提起公益诉讼。② 人民检察院是国家公权力的代表,也是国家司法机关之一。公益诉讼在网络空间未成年人法律保护中的引入适用,是政府运用公权力对未成年人网络救助权的肯定和支持。

二、未成年人网络保护的必要性

(一)未成年人网络化生存现实

未成年人的网络化生存方式对网络空间法律规制提出了迫切要求。尽管身心尚未发育成熟,但是未成年人作为“网络原住民”是天然的网络用户。网络的普及化和未成年人自身的敏感性和好奇心,使未成年人成为网络使用先锋。各种网络游戏、网络视频、网络直播,未成年人轻而易举获得。当网络空间成为未成年人必不可少的生活空间,那么网络空间权益自然是未成年人权利的当然内容。

在我国,未成年人日常生活网络化的趋势越来越明显。张海波在《苹果世代:“00后”儿童的媒介化生存及其媒介素养教育研究》中指出,今天的“儿童从一出生开始就已经被媒介所包围和塑造,媒介已经成为儿童生活成长的基本生活要素,生活方式和生活内容,可以说儿童的媒介化生存是人类大步迈入信息社会和知识社会的重要标志”。③ 随着信

---

① 参见《第十三届全国人民代表大会第四次会议关于最高人民检察院工作报告的决议》,2021年3月11日第十三届全国人民代表大会第四次会议通过。

② 参见《未成年人保护法》第106条。

③ 张海波:《苹果世代:“00后”儿童的媒介化生存及其媒介素养教育研究》,南方日报出版社2013年版,第119页。

息技术的发展、普及和社会的媒介化、中介化，以网络为主体的新媒介为未成年人构建了新的媒介环境。当今，自然人从出生就开始接触和使用媒介互联网，互联网既是未成年人成长的重要文化环境，也是未成年人了解社会的重要平台，更是未成年人日常生活和实现自我、最终走向社会化的必经通道。未成年人网络空间权益的保障与网络空间的法律规制密不可分，在对网络空间进行法律规制时，既要避免以保护之名侵犯未成年人正当的网络权利，也不能忽视或放任针对未成年人的网络侵害行为。未成年人在网络空间的生存和发展，亟须立法加以规范和保护。

1. 互联网已成为未成年人学习活动的重要助手

学习是未成年人社会化的重要途径。“学习是生存的重要技能，少年儿童在学习生活中掌握和内化知识，学习批判与创造，了解社会和人生，形成对世界的概念和理解。”①在传统社会里，家庭和学校在未成年人的知识学习、世界认知中扮演着非常重要的角色。而今，互联网凭借多元化的传播内容、复合型的传播渠道、交互式的传播方式、娱乐化的传播环境、伴随性的传播设备等优势正在逐步弱化家庭和学校在未成年人社会化过程中的作用。网络信息传播因速度快、信息量大、内容丰富、趣味性强等特点，对未成年人有着天然的吸引力，在一定程度上可以激发未成年人获取知识以及探索未知的好奇心、积极性和创造力。

越来越多的未成年网民认同互联网对自己学习产生了积极作用，数据显示，89.9%的未成年网民会使用互联网进行学习。②“随着我国互联网普及率、网络基础设施水平、网络技术研发能力的持续提升，在线教

---

① 孙宏艳主编：《新媒介与新儿童：新媒体与少年儿童社会化研究报告》，中国青年出版社2014年版，第19页。

② 参见中国互联网络信息中心：《2020年全国未成年人互联网使用情况研究报告》，载中国互联网络信息中心网2021年7月20日，http://www.cnnic.net.cn/NMediaFile/old_attach/P020210720571098696248.pdf。

育行业发展基础日渐成熟，教育平台搭建、教师队伍建设、师生互动方式、课程专业细分等均取得显著进展。”①未成年网民在互联网上做作业、实现在线答疑、复习学过的知识、背单词、学习课外知识、接受在线教育辅导等的比例均有较大的提升。对这些未成年网民在网上从事具体学习活动的调查显示，45.5%的人会在网上做作业，40.7%的人会选择在线答疑，44.4%的人会在网上复习学过的知识，39.1%的人会选择在网上背单词，33.4%的人会运用网络学习课外知识，18.3%的人接受在线辅导。截至2020年3月，我国在线教育用户规模达到4.23亿，占网民总数的46.8%。2020年年初新冠肺炎疫情发生后，在教育部“停课不停学”的工作安排下，网上课堂成为疫情期间未成年人上课学习的主要方式。数据显示，93.6%的未成年网民通过网上课堂进行学习。②

网上课堂和学校课堂的被动学习不同，互联网极大地增强了未成年人学习的主动性，成为未成年人自主学习的有力帮手。调查发现，“小学、初中、高中生网民随着学历段的提高，对利用互联网学习课外知识的接受程度明显增长……小学生网民利用互联网学习课外知识的为30.7%，初中生网民占比为37%，高中生网民达到42.6%”。③

2. 互联网是未成年人获取信息、认识世界的重要窗口

论及互联网对未成年人的积极意义，除了作为学习助手，还有67.1%的未成年网民认为互联网同时也是自己认识世界的重要窗口。④对于一个社会来说，传媒时刻发挥着环境监测和文化传递的功能。一方面，传媒通过持续、公开地向社会发布大量有关自然及社会各方面的信息，报道自然及社会所发生的种种变化，使公众得以了解世界的发展趋

---

① 中国互联网络信息中心：《2019年全国未成年人互联网使用情况研究报告》，载中国互联网络信息中心网2020年5月13日，http://www.cnnic.net.cn/NMediaFile/old_attach/P020200513370410784435.pdf。

② 数据来源于《2020年全国未成年人互联网使用情况研究报告》。

③ 数据来源于《2019年全国未成年人互联网使用情况研究报告》。

④ 数据来源于《2019年全国未成年人互联网使用情况研究报告》。

势,并以此指导自己的行为;另一方面,传媒还承担着将文化从一代人向下一代人传递的文化传承职责。互联网的开放性、无限容量和传播速度的极限化所创造的全球一体化的信息环境,彻底突破了空间和时间的限制,使信息传播不再局限于一国,而是跨越了国界和地域,克服了时空的制约,实现了全球信息传播的同步、对接和交融。一国国内的信息能瞬间传达至世界的每一个角落,同时世界各个角落的信息也能瞬间传遍一国国内。未成年人正是借助互联网这一强大的媒介,源源不断地获取着各方面的信息,其可以根据自己的兴趣爱好进行信息检索和信息使用,从而增长见识,培养思考能力和感悟能力,达到对世界的认识和了解。在未成年网民上网经常从事各类活动中,除了学习和一般的娱乐,主动的信息搜索占比为44.6%,看新闻资讯占比为14.7%。①

3. 网络社交已成为未成年人社会交往的重要组成部分

未成年人除了要学习知识以外,还要满足作为一个社会人的发展需求,如人际交往的需求、自我满足的需求、受到尊重的需求等。在与人的交往中,未成年人学习到社会规范,了解到自身的特点和不足,可以不断完善自身的社会角色。具有开放、平等和超时空属性的互联网,改变了未成年人的社会交往方式,对未成年人的社会化更是有着直接的影响。《2020年全国未成年人互联网使用情况研究报告》显示,未成年人的网上社交活动主要有五类:聊天、使用社交网站、逛微博、逛论坛、粉丝应援。其中网上聊天是未成年网民主要的网上社交活动,使用占比达到55.1%;其次为使用社交网站,使用占比为30.9%。未成年网民使用微博和论坛的占比偏低,分别为11.3%和10.4%。通过各学历段社交活动的对比发现,未成年人网络社交活动主要形成于初中阶段。网上聊天是未成年网民最主要的网络社交活动,小学生网民使用占比明显低于其他学历段,为37.7%;初中生使用占比为74.2%;高中生使用占比为

① 数据来源于《2020年全国未成年人互联网使用情况研究报告》。

74.3%以上；中职学生网民的使用占比达到77.9%。该报告还显示出了未成年人网络社交的实体性特点：55.4%的青少年经常在线交流的好友是现实生活中原本就认识的人，经常与网上认识的新朋友交流的青少年只有8.1%。另有36.6%的青少年便是“两类都有”，这表明未成年人网络社会交往的对象主要还是现实生活中已经相识的人，未成年人网络社交主要是现实生活中的交往在网络上的延伸和强化。①

4. 互联网已成为未成年人娱乐活动的主要媒介

互联网为未成年人提供的娱乐活动多种多样，如网络游戏、网络音乐、网络影视、网络文学、网络视频、网络直播等。处于求学阶段的未成年人由于学习压力大，或者由于父母、学校监管严厉等因素难免会产生焦虑、紧张等情绪，而互联网的娱乐功能恰好能够起到缓解压力的作用。学前年龄的未成年人则可能由于父母等监护人监护职责的缺失，处于一种网络空间“放养”的状态。另外，互联网极强的交互性，使有着相同兴趣的未成年人聚集为一个社群成为可能，在这里他们可以互相倾诉烦恼，甚至交流应对办法，互联网成了未成年人缓解压力的秘密基地。连续多年的未成年人互联网运用调查结果报告表明，互联网是未成年人休闲娱乐的重要渠道，娱乐已经成为未成年人使用互联网的重要目的之一。听音乐、玩游戏、看短视频、看动漫动画、看小说和看直播等是未成年人在网上的主要娱乐活动。

网络游戏行业发展迅速，并随着智能手机的普及不断加快向未成年人的渗透。《2019年全国未成年人互联网使用情况研究报告》显示，61.0%的未成年网民经常在网上玩游戏，其中玩手机游戏的为56.3%。从学历段的对比看，小学生网民玩手机游戏的占比为51.1%，初中生占比为61.2%，高中生占比为59.2%，中等职业教育学生占比为71.7%。从未成年网民玩手机游戏的时长来看，工作日玩手机游戏日均超过2小

① 数据来源于《2020年全国未成年人互联网使用情况研究报告》。

时的达到12.5%,其中小学、初中、高中和中等职业教育学生工作日玩手机游戏日均2小时以上的占比分别为8.9%、13.3%、15.4%、27.9%,前述占比在节假日明显上升,分别上升至14.1%、22.5%、27.3%、39.0%。① 未成年网民日玩手机游戏的时长工作日和节假日对比情况,见表1-1。

表1-1 未成年网民日玩手机游戏的时长工作日和节假日对比

工作日还是节假日	时长				
	0.5小时以内	0.5~1小时	1~2小时	2~3小时	3小时以上
工作日/%	51.2	23.0	13.4	5.8	6.7
节假日/%	37.6	25.1	17.4	9.3	10.7

资料来源:《2019年全国未成年人互联网使用情况研究报告》。

短视频作为近几年蓬勃兴起的互联网娱乐活动,受到了未成年人的喜爱。2020年未成年人在互联网上经常看短视频的占比达到49.3%,较2019年的46.2%增长了3.1%,其中中等职业教育学生网民收看短视频的占比高达67.0%。此外,未成年人收看直播的占比也呈现逐年上升的态势,2018年为13.4%,2019年达到19.8%,2020年为18.2%。② 在收看网络直播的未成年人中,节假日收看时长超过2小时的占比明显高于工作日收看时长超过2小时的占比。总体来说,无论是玩游戏、看短视频还是看直播,未成年人在工作日和节假日所花费的时间有着一致性。这说明未成年人的娱乐时长,与其课业负担、学校管理和家长约束具有较大的关联性。

互联网所带来的根本性转变已经全方位渗透到未成年人的生活中。未成年人的生活早已突破了简单的"互联网+"的叠加模式,互联网从日常学习、信息获取、社会交往、消费娱乐等各个方面实现了与未成年人生

---

① 数据来源于《2019年全国未成年人互联网使用情况研究报告》。

② 数据来源于《2019年全国未成年人互联网使用情况研究报告》《2020年全国未成年人互联网使用情况研究报告》。

活的有机融合。互联网从空间上和时间上改变了未成年人的信息沟通、社会交往和社会互动方式,深刻影响着未成年人的学习、教育、娱乐、社会交往以及价值观。互联网大大拓展了未成年人走向社会化的环境空间,看似虚拟的网络空间已经和实体的家庭、校园一样,成为影响未成年人成长的重要场域。

（二）互联网在未成年人社会化进程中的作用

"社会化"属于社会学的研究范畴,"人的社会化是指个体在与社会互动过程中,逐渐养成独有的个性和人格,从生物人转变成社会人,并通过社会文化的内化和角色知识的学习,逐渐适应社会生活的过程"。① 人的社会化过程需要两个条件:其一,是以个体的生物遗传素质为基础的生物条件,这是人实现社会化的生物基础;其二,是对人的社会化过程产生影响的社会条件,人们通常会把家庭、学校、同龄群体、公众意见和媒介环境视为影响个人社会化的五大要素。在社会高度媒介化、中介化的时代,网络作为直接的媒介环境,一方面直接改变了人们的社会生活方式、互动方式;另一方面网络又通过潜移默化的渗透方式进入家庭、学校、同辈群体和公众意见等要素中,成为未成年人社会化进程中的关键性要素。"这一代的儿童相当程度上不仅是在使用媒介科技,而且他们本身就是庞大的媒介科技脉络中的一部分。"②

1. 未成年人通过互联网学习、掌握文化知识和生存技能

"社会化的最终目的是使人由自然人转变为社会人,最终能够承担相应的社会角色和社会责任。"③网络不仅向处于社会化过程中的未成年人提供了海量的科学文化知识、生活经验分享、社会生存技能等信息,

---

① 郑杭生主编:《社会学概论新修》(第3版),中国人民大学出版社2003年版,第83页。

② 孙宏艳主编:《新媒介与新儿童:新媒体与少年儿童社会化研究报告》,中国青年出版社2014年版,第253页。

③ 魏宏歆:《网络与青少年社会化》,载《公安大学学报》2001年第3期。

还在潜移默化中帮助他们习得社会普遍认可和遵循的行为规范,使他们主动适应进而顺利参与到社会生活中来。

如前文所述,今天的互联网已经成为未成年人学习知识、掌握生活技能的得力助手,更是未成年人获取信息、认识世界的重要窗口。互联网技术以及数字化移动终端技术的发展,为构建学习型社会创造了新条件,同时也带来了一场学习的社会化革命。基于互联网所倡导的"共享与协作"精神,未成年人可以突破时间、空间限制,随时随地通过各种互联网应用软件和学习类网站,甚至自媒体短视频和各类播主的分享,方便快捷地获取各类学习资源。互联网技术还为学习资源的国际化搭建了平台。有了各类知识分享平台和互联网应用软件,未成年人在家中就可以接触到国内外各类优质的教育教学资源。在信息成为影响经济增长的关键要素的知识经济时代,网络已经成为未成年人搭建自己知识图谱、培养自身生活技能、获取必要生活经验、完成社会角色转变及适应的重要桥梁和通道。

2. 未成年人通过互联网习得社会规范和价值体系

个体的成长和顺利社会化是社会走向进步的保障。人们之所以把不满18周岁的自然人称为未成年人,是因为这一群体正处于成长进行时,在各个方面都处于不成熟、不确定、需要价值引导的阶段。评价未成年人社会化的成功与否,关键要看未成年人能否在这一阶段获得进入正常社会生活轨道所必需的价值认知、价值判断能力,获得从事正常社会活动所需要的生活态度、行为形式等。

根据人的生理机能和心智发育情况,通常将未成年人的社会化过程细分为婴儿期、幼儿期、童年期、少年期和青年初期等几个关键时期①,每一个时期所承担的社会化目标是不同的。婴儿期主要解决社会化的

---

① 参见童娇胜:《人的社会化过程的关键期》,载《湖北师范学院学报(哲学社会科学版)》2002年第2期。

语言问题;幼儿期解决社会化的智力开发和个性培养问题;童年期是社会化过程中道德品质的养成期;少年期是社会化过程中自我意识的快速成长期;青年初期是社会化过程中世界观、人生观、价值观初步养成期。从上述的几个关键时期来看,少年期和青年初期是一个人开始有了明确的自我意识,尝试与外部世界建立真正联系并逐步确立自身的世界观、人生观和价值观时期,即通常所说的"三观"养成的关键时期。这是未成年人在与社会人群的接触中进行价值认识、价值判断、价值创造、价值消费、价值实现的过程。在这一过程中,未成年人一方面会通过网络等渠道学习到社会共同认可的行为规范和价值体系;另一方面这些被社会成员所遵循的价值规范体系也会不断作用于未成年人,并内化转换成其信念、行为方式和行为习惯。

3. 互联网推动未成年人社会关系的建立、维系和拓展

正如马克思所说,在某种意义上,人的本质就是一切社会关系的总和。从人类文明的起源和发展来看,不管是蛮荒时代,还是如今的现代文明时期,出于生存和发展的目的,人们都会选择组建一定的社会关系,结成相互依赖、有机协作的社会群体。传统社会中人们的交往不仅受制于生产力和技术发展水平,也受制于政治经济地位、社会身份和社会角色,大家普遍倾向于选择与自身在地位、职业和利益等方面较为接近的阶层。在今天的地球村时代,计算机技术和互联网的发展使人们在社会关系的建立方面早已超越了现实的政治、经济、职业等因素的限制,人们可以基于其兴趣爱好、消费水平、话题关注等组建各种各样的网络社群。网络技术的普及和发展,不仅给未成年人提供了更多的社会交往机会,同时大大拓展了未成年人的社会生活空间,创造出了新型的网络社会关系。"很明显,网络社会的结构充满了对立的趋势。空间和时间变得既不重要又更加重要。此外,全球的和地方的空间与时间,既联合又冲突。公共和私人领域之间的传统区别既在消失又在以新的方式被重构。传

统社区正在没落,而又在在线社区和社区在线里重建。”①从这种意义上来讲,“互联网的发展推动着青少年社会关系的构建,社会关系的维系,社会资源的拓展,以及个体与社会关系中的深刻变革……”②

互联网的开放、平等、多元、虚拟等特点给未成年人提供了较宽松的社会交往环境,缓解了面对面的人际交往关系带来的紧张感和压力感,也激发了未成年人社会交际的欲望和行动。网络空间自由平等的氛围、网络社区联盟的松散性使未成年人得以在较为轻松、舒适的心理状态下完成社会化进程。

社会化的最终目标在于培养合格的社会成员,使其具备承担社会责任和完成社会角色的能力,这一目标可以通过观察学习、知识积累、社会实践和角色扮演等多种途径来实现。网络环境为未成年人的社会化提供了很好的观察学习平台和角色演练场所,有助于未成年人从理论和实践两个层面强化社会适应意识和责任承担能力。“网络社群促进了个人的社会化程度提高,未成年人通过互联网与外部世界不断增进联系的结果,就是个人自觉或者不自觉地加强了自己的社会化。”③

当然,网络一方面凭借海量的知识资源、方便快捷的学习条件、辅助快速适应社会角色等便利,给未成年人带来了社会化的新景象;另一方面网络的虚拟性和绝对开放性也给未成年人社会化带来了许多挑战和风险。近年来,未成年人在网络世界遭遇的可能性风险一度成为学界关注的焦点。首先是不良信息侵扰,暴力、色情等内容泛滥,伤害儿童身心健康;其次是个人信息泄露,如涉及儿童影像及其身份的信息,一旦被不

---

①　[荷兰]简·梵·迪克:《网络社会——新媒体的社会层面》(第2版),蔡静译,清华大学出版社2014年版,第200~201页。

②　李文革、沈杰、季为民主编:《中国未成年人互联网运用报告(2013~2014)》,社会科学文献出版社2014年版,“代前言”第3页。

③　王凯山:《未成年人互联网社会交往的基本状况》,载季为民、沈杰主编:《中国未成年人互联网运用和阅读实践报告(2017~2018)》,社会科学文献出版社2018年版,第128页。

法分子加以利用,后果严重;最后是网络暴力、欺凌,日益成为全球性顽疾。而通过网络实施诈骗、有组织犯罪、拐卖儿童等,把线上的阴影直接转化为线下的威胁,更令人深感不安。① 从未成年人社会化的角度来看,网络带来的主要风险表现为:网络世界中价值多元化、碎片化的网络亚文化传播对未成年人价值观形成造成了某种冲击;线上学习的方式可以给未成年人提供随时随地查阅资料、掌上阅读的便利,但是即时搜索、复制粘贴等技术造成的"记忆外包"的趋势也在不断加强,使用互联网帮助记忆,而自我记忆能力却在减弱甚至丧失;互联网提供多种娱乐休闲的方式,是缓解焦虑、压力等情绪的有效方式,但是稍有不慎就会被网络上的血腥、暴力、色情等不良信息侵蚀和伤害;各类社交软件功能的不断完善为未成年人自我表达、参与社会生活提供了网上便利,但是在网络上进行的虚拟社会化容易使未成年人缺失现实生活中的社会责任感,甚至出现逃避现实的趋向;此外未成年人遭遇网络诈骗、隐私泄露、网络欺凌、游戏沉迷、过度消费等问题也层出不穷。这些都需要我们站在时代发展最前沿,以理性法制的方式作出积极回应。

（三）未成年人在网络空间中的风险

互联网已成为未成年人成长发展的重要空间,是未成年人逐渐依赖的信息来源和活动空间。《2020 年全国未成年人互联网使用情况研究报告》显示,越来越多的未成年人在学龄前就开始使用互联网,小学生中首次使用互联网在学龄前的占比高达 33.7%,比 2019 年的 32.9% 增加 0.8 个百分点。很多未成年人常常会比自己的父母、老师更熟悉各类网络平台和手机应用,卜卫教授早在 2010 年就做过这样的比喻:孩子们都在信息高速公路上,而且都坐在司机的位置上。互联网技术和互联网思维有助于未成年人积累多元化知识、培养探索意识和合作共享精神。互

---

① 联合国儿童基金会:《2017 年世界儿童状况:数字时代的儿童》,载联合国儿童基金会网 2018 年 5 月 31 日,https://www.unicef.cn/media/4606/file/数字时代的儿童.pdf。

联网无所不包的海量信息，特别是符合社会伦理规范和未成年人身心需要的信息，能加快未成年人的社会化进程，帮助其克服成长过程中的各类烦恼，培养其健全的人格；网络信息的科学辅助和合理使用可以有效提高其学习成绩；聊天工具的合理使用可以锻炼其社会交往能力；通过各类新闻 App 和“两微一端”便可知晓天下事；合理适度地参与娱乐游戏，可以放松身心，等等。

网络在对未成年人社会化带来积极影响的同时，也给未成年人带来了风险和挑战。正如未来学家唐·泰普思考特所说，“网络给孩子们的影响是双向的”①。联合国儿童基金会曾在 2018 年“国际互联网安全日”发出了特别警告：我们不仅要看到网络世界给儿童们带来各种便利和益处，更要正视这一世界里无处不在的风险和伤害可能给未成年人带来的严重危害。

1. 网络有害信息污染未成年人成长环境

网络有害信息包括违法信息和不良信息。中央网信办违法与不良信息中心《举报指南》对互联网违法和不良信息进行了界定。② 中国互联网违法和不良信息举报中心网站显示，2021 年 3 月，全国各级网络举报部门受理举报 1080.4 万件，其中中央网信办（国家互联网信息办公室）违法和不良信息举报中心受理举报 17.2 万件，环比下降 9.0%、同比下降 35.1%。各类网络违法和不良信息的存在严重污染了未成年人成长环境，那些充斥于网络世界的暴力、血腥、色情、诱赌、诈骗信息更是成了青少年犯罪的诱发因素。为了帮助用户对违法和不良信息的判断，中央网信办在举报平台入口又对违法和不良信息进行了进一步的分类，将

---

① 王亚芳：《儿童网络生存危机》，载《中国教师》2004 年第 8 期。

② 根据中央网信办违法与不良信息举报中心的《举报指南》，互联网违法和不良信息主要包括：“危害国家安全、荣誉和利益的；煽动颠覆国家政权、推翻社会主义制度的；煽动分裂国家、破坏国家统一的；宣扬恐怖主义、极端主义的；宣扬民族仇恨、民族歧视的；传播暴力、淫秽色情信息的；编造、传播虚假信息扰乱经济秩序和社会秩序的；侵害他人名誉、隐私等合法权益的；互联网相关法律法规禁止的其他内容。”

其分为政治类、暴恐类、诈骗类、色情类、低俗类、赌博类、侵权类、谣言类等，见表1－2。

表1－2　中央网信办违法和不良信息举报中心对不良信息的分类

分类	界定
政治类	涉攻击党和国家制度及重大方针政策，攻击“两个维护”，危害国家安全、泄露国家秘密，破坏国家统一和领土完整，损害国家形象荣誉利益，破坏国家民族宗教政策、宣扬邪教，诋毁英雄烈士等内容的互联网违法和不良信息
暴恐类	涉宣扬暴力恐怖思想、教唆实施暴力恐怖活动、传授暴恐犯罪技能以及传播暴力血腥视频、图片等内容的互联网违法和不良信息
诈骗类	涉仿冒银行网站进行支付交易诈骗、仿冒运营商网站进行支付充值诈骗相关内容的互联网违法和不良信息
色情类	涉色情相关内容的互联网违法和不良信息
低俗类	涉低俗相关内容的互联网违法和不良信息
赌博类	涉赌博相关内容的互联网违法和不良信息
侵权类	境内公开互联网平台上涉嫌泄露个人隐私、侮辱谩骂、诽谤诋毁的信息，包括言语、文字、图片、视频等
谣言类	涉及扰乱社会秩序、影响社会稳定、危害公共安全等网络谣言
其他类	互联网相关法律法规禁止的其他内容

结合未成年人的网络活动，学者张海波从对未成年人身心健康的不良影响入手，对网络不良信息予以了界定，“网络不良信息主要是指对人身心健康带来不良影响，使人思想混乱、价值观扭曲、心理异常的垃圾信息，例如色情信息、暴力信息、伪科学、厌世信息、诱赌信息等等”。[①] 鉴

① 张海波、张萌：《未成年人网络安全研究报告——中国首部由儿童参与调研完成的调查报告》，载季为民、沈杰主编：《中国未成年人互联网运用报告》，社会科学文献出版社2019年版，第223页。

于未成年人处在一个性格养成、价值观形成的特殊时期，除了人们常规认定的暴力、色情等信息，张海波更加强调了和未成年的成长有着直接关联性的厌世信息、诱赌信息等导致未成年人价值观扭曲和思想混乱的信息。国内青少年研究专家卜卫认为：儿童的媒介接触与儿童的道德发展显著相关，其中经常接触电子声像媒介和刺激性娱乐内容对儿童道德发展有显著负影响。①

社会心理学家埃里克森的人格发展学说认为，个人在人格成长过程中一共有八个阶段，每个阶段都有特定的任务与之对应，任务提前或者滞后都会对个体人格的正常发展产生不利影响。未成年人过早、过多地接触网络上的不良信息，尤其是暴力、色情、伪科学和厌世信息，自然会对其世界观和思维方式产生不良影响。

《2020年全国未成年人互联网使用情况研究报告》显示，34.5%的未成年网民在上网过程中遭遇过不良信息。其中炫富性信息占比19.3%，淫秽色情信息占比14%，血腥暴力或教唆犯罪的信息占比10.4%，自杀自残等消极思想内容的信息占比12.1%，歪曲传统文化和历史人物内容的信息占比10.7%。不良信息不仅会对未成年人的学习、生活、身心健康造成损害，还会影响未成年人正确价值观的形成，其中的暴力和色情信息也是诱发未成年人犯罪的重要因素。

在媒介化社会中，媒介接触和信息生态环境直接影响着未成年人的社会化和心智发展，未成年人对不良信息的接触主要发生在打游戏、看视频、看直播、聊天的过程中。2020年的统计数据显示，未成年网民网络游戏使用率为62.5%。②《第12次中国游戏绿色度测评统计报告》显示，截至2018年6月30日，中国青年网游戏频道共发布1826款游戏测评报告，其中绿色游戏665款，占比为36%；存在开宝箱、抽奖设置的游

① 参见卜卫：《关于我国城市儿童媒介接触与道德发展的研究报告》，载《新闻与传播研究》1994年第1期。

② 数据来源于《2020年全国未成年人互联网使用情况研究报告》。

戏为553款,占测评游戏总量的30%;存在洗刷罪恶设置的游戏为240款,占测评游戏总量的13%,环比下降1%;货币消费度指标达3度的游戏为1005款,占测评游戏总量的55%,其中花费超过10000元的游戏占15%;而暴力、色情、恐怖三个指标任意一项达3度的游戏为106款,占比6%。①

除了网络游戏,各类视频网站也是儿童接触到不良信息的主要渠道,一些高举亲子和育儿及教育大旗实则贩卖暴力、色情信息(包括随意砍头杀戮、斩四肢、儿童药物注射、儿童随意怀孕并堕胎等)的"儿童邪典片"②一度受到国内外舆论的广泛关注。2017年《纽约时报》披露了"艾莎门"(Elsagate)③后,美国舆论哗然,YouTube采取下线视频、封禁账号等方式对这些儿童邪典视频进行了大规模清理。2018年,"艾莎门"竟然借助网络跨越国界渗透到我国的儿童动漫市场,优酷、腾讯及爱奇艺等视频平台都出现了"儿童邪典片"。这些儿童邪典片除了"搬运"国外视频,更有甚者制作出充斥着恶搞、低俗、软色情等内容的中国版"儿童邪典片"。全国"扫黄打非"办公室为此部署开展"邪典"等涉及儿童色情信息网络专项整治活动,一批制作"邪典"视频的企业和有关负责人受到了相应的处罚。2021年3月,"儿童邪典"视频再次出现在我国互联网平

① 参见樊慧琴、徐乙榛:《培育向上向善网络伦理 激扬奋斗创造游戏文化——网络伦理与游戏文化分会举行,论坛聚焦青少年网络环境与素养》,载中国青年网2018年8月8日,http://news.youth.cn/gn/201808/t20180808_11692439.htm。

② "邪典片(cult)",一般是指题材诡异,风格异常,但在圈子里深受推崇的电影。一般来说,"邪典片"大都是一些少儿不宜的限制级影片。"儿童邪典片"主要是指那些以儿童喜爱的动漫人物为主要角色,以"亲子游戏"为标榜,实则充满暴力伤害、色情隐喻等内容的视频短片。

③ 艾莎原是沃尔特-迪斯尼出品的3D动画电影《冰雪奇缘》中的女主角,片中设定角色为斯堪的纳维亚虚构王国"阿伦黛尔"的长公主、王位继承人,拥有与生俱来的冰雪魔力。该片于2013年上映后,艾莎一角获得了许多观众的喜爱。"儿童邪典片"正是借助艾莎、小猪佩奇等儿童熟知、喜欢的动漫形象进行二次加工,传递少儿不宜的信息,因此被称为"艾莎门"。

台,此次从境外传入的“邪典”卡通短视频包括两个系列:一是视频内容为“卡通猫”从事恐怖、暴力事件的卡通猫系列;二是由国外网友构建的异常生物或现象,制作成为动画视频上传至网络,内容多包含恐怖、惊悚元素的“SCP”系列[全称为“Secure, Contain, Protect”(控制、收容、保护)]。本次“儿童邪典”视频在内容和情节方面充斥着大量血腥暴力以及宣扬教唆犯罪的内容,对未成年人身心健康危害极大。为深入开展“护苗2021”专项行动,我国相关执法单位开展了“儿童邪典”视频专项查处和治理工作,对网络平台进行了清查,并对违规平台进行了行政处罚,清理删除了相关违规内容。① 此次清理的“儿童邪典”视频多为境外生产制作,汉化后上传至国内互联网平台的,这一方面反映出国内网络平台在内容审核方面存在漏洞,未能履行好未成年人保护工作的主体责任;另一方面也说明政府主管部门还需要加大对网络不良内容的治理和防范力度。

利用经典卡通形象制作出的涉暴力、恐怖、色情、宣扬和教唆犯罪等妨碍未成年人健康成长的有害视频,社会危害性极大。心理教育专家认为,这些视频不仅会对孩子形成潜移默化的影响,导致其错误的社会认知,其血腥暴力内容还会对未成年人造成心理恐慌和神经发育受损,导致他们在未来成长中出现不自信、注意力不集中等问题,其中的色情信息对情窦初开的青少年危害更大。青少年的性意识正处于萌发或快速形成时期,对异性具有强烈的期待心理和好奇心理,他们在观看网络淫秽视频之后性意识和性冲动更加强烈,不同于成年人因受社会伦理道德约束而对本能欲望能够进行合理控制和释放,未成年人往往凭借自己的感觉和喜好等非理性方式来决定自己的行为,很容易引发犯罪。

此外,网络游戏对未成年人来说也是个充满刺激、诱惑的神秘地带,

---

① 参见李记:《删除链接83254条　北京开展“儿童邪典”专项查处治理工作》,载光明网2021年4月26日,https://m.gmw.cn/baijia/2021-04/26/34794823.html。

他们认为个体的许多本能欲望和在现实中无法实现的梦想都可以在网络游戏中得以实现。[①] 比如他们在网络游戏中通过杀人来排泄压力、达到自我目的,通过谩骂他人获得自信,通过和他人对战来赢得尊重,通过闯关获得“金币”等。未成年人过度观看暴力视频或者长时间沉溺暴力游戏,往往会形成对暴力言行的认可,诱发内心的攻击意识,导致未成年人误以为通过这种打杀伤害他人的方式而达到目的是合情合理的。相关研究证实,长期沉迷暴力游戏的未成年人不仅容易养成冲动失控的暴躁性格,他们还常常出现将虚幻游戏世界“强权即真理”的行为规则带入到现实世界或者逃避现实世界、不愿承担责任等反应。玩网络暴力游戏越多的未成年人,受“暴力文化”熏陶越深,很容易因为感觉网络暴力游戏好玩、刺激而选择模仿,最终使自己成为“暴力文化”的牺牲品。

2. 未成年人隐私和个人信息屡遭侵犯

隐私权受到侵犯或者个人信息被泄露,是未成年人在使用互联网过程中较为突出的问题。美国前最高法院法官路易斯·D. 布兰代斯与法学家塞缪尔·D. 沃伦认为“隐私权”就是“不受干扰的权利”(the right to be alone)。美国学者威廉·荷尔认为,隐私权是每一个人要求他的私人事务得到其同意前,不得公之于众的自然权利。[②] 民法学家王泽鉴将隐私权定义为“个人对其私领域的自主权利”,包括“私生活不受干扰”及“个人信息的自我控制”。[③] 具体到未成年人,隐私既包括未成年人不愿意别人知道的与公众利益无关的秘密,也包括性别、年龄、父母情况、家庭住址、家庭电话、个人邮件等个人信息。有时候个人信息泄露可能不会给未成年人带来直接影响,但是不法分子可能在了解未成年人的个人

---

① 参见王景芝:《中学生网络游戏成瘾浅析》,载《天津市科教院学报》2005 年第 1 期。

② 参见杨立新:《人身权法论》,人民法院出版社 2002 年版,第 670 页。

③ 参见王泽鉴:《人格权的具体化及其保护范围·隐私权篇》(下),载《比较法研究》2009 年第 2 期。

信息后,利用这些信息谋取商业利益,甚至伪装身份实施精准诈骗。引发个人信息泄露的原因至少有以下三种:“由于用户主动在社交类应用上公开自己信息后被不法分子窃取;由于手机平台存在安全漏洞造成用户个人信息被不法分子窃取;由于应用服务商被黑客攻击造成用户数据泄露等。”①

信息技术革命使信息已经成为可以开发利用甚至牟利的重要资源,谁掌握更多的信息,谁就拥有更多的财富和机会。在强烈的好奇心和求知欲的驱动下,有的未成年人成了敢于尝新尝异的新媒体使用者和拥趸者,由于社会经验的不足和网络素养的缺乏,其对鱼龙混杂的网络世界辨别能力不高,容易轻信他人或者受到诱惑,因此他们的个人隐私或敏感信息往往容易处于被非法收集或利用的风险之中。例如,注册游戏账号时,未成年人常常在无意中就会把最重要的个人信息甚至家庭信息公开出来;还有个别游戏采用奖励机制诱惑未成年人提供自己的个人敏感信息并进行账号绑定;某些黑机构为了达到牟利目的,非法采集和售卖未成年人个人信息。

世界各国和地区不约而同地采取了一些保障性措施来保护未成年人的隐私权和个人信息。例如,对未成年人个人信息数据的采集,必须征得其法定监护人的知情同意和明确授权的规定,已成为各国未成年人网络权益立法保护的普遍原则;对已经采集入库的未成年人个人信息数据采取升级的加密规则,已成为大多数国家保护未成年人个人信息安全的通用做法;在数据的使用方面,要求数据使用者必须承担数据保护责任和义务,严格遵循国际标准和伦理标准行事也逐渐成为普遍共识。2013 年,美国加州州长杰瑞·布朗签署了第 568 号法案,这一法案被人们形象地称为“橡皮擦法案”。该法案要求 Facebook、Twitter、Google 等

---

① 中国互联网络信息中心:《2015 年中国手机网民网络安全状况报告》,载中国互联网络信息中心网 2016 年 10 月 12 日,http://www. cnnic. cn/NMediaFile/old_attach/P020161012494271880676. pdf。

社交媒体巨头允许未成年人擦掉自己的上网痕迹，防止他们因曾经说过的不当言论而受到困扰。欧盟2018年生效的《一般数据保护法案》(*General Data Protection Regulation*, GDPR)规定，16岁以下的未成年人必须获得家长或监护人的同意签约才能在社交媒体网站上注册。2019年10月开始实施的《儿童个人信息网络保护规定》是我国在未成年人个人信息保护方面出台的首部专门性规定，其中第5～9条分别对儿童监护人、互联网行业组织、网络运营者等行为主体提出了具体的要求①。

此外，世界各国和地区出台的保护未成年人隐私和个人信息的法律规范中，也明确禁止利用未成年人个人信息投放定向广告等谋取商业利益的活动。但是面对巨大的商业利益诱惑，未成年人隐私和个人信息被非法泄露和侵害的案件依旧频频出现。未成年人的个人身份类信息和消费、娱乐等行为类信息数据已经成为数据黑色产业链盗取的重点目标。2018年9月，四川省凉山彝族自治州和西昌市联手侦破了一起未成年人个人信息被泄露的案件，该案中超过40万条学生个人信息被泄露，部分被出售牟利。该案还暴露了一条教育、通信企业职工利用职务之便，非法获取未成年人个人信息进行招生的地下黑色产业链条。2020年6月，江苏无锡江阴市市场监督管理局通报，在对某教育培训机构进行监督检查时，执法人员发现几十个标注了江阴各个中小学名称的EXCEL表，涵盖了江阴市绝大部分中小学学生和家长的信息资料，包括

---

①　《儿童个人信息网络保护规定》由国家互联网信息办公室室务会议于2019年8月22日公布，自2019年10月1日起施行。《儿童个人信息网络保护规定》第5条规定，“儿童监护人应当正确履行监护职责，教育引导儿童增强个人信息保护意识和能力，保护儿童个人信息安全”；第6条规定，“鼓励互联网行业组织指导推动网络运营者制定儿童个人信息保护的行业规范、行为准则等，加强行业自律，履行社会责任”；第7条规定，“网络运营者收集、存储、使用、转移、披露儿童个人信息的，应当遵循正当必要、知情同意、目的明确、安全保障、依法利用的原则”；第8条规定，“网络运营者应当设置专门的儿童个人信息保护规则和用户协议，并指定专人负责儿童个人信息保护”；第9条规定，“网络运营者收集、使用、转移、披露儿童个人信息的，应当以显著、清晰的方式告知儿童监护人，并应当征得儿童监护人的同意”。

学生姓名、性别、所在学校、年级、班级、学生家庭地址、家长姓名及电话等,合计个人信息14万余条。随着互联网教育产业的迅猛发展,普遍缺乏个人信息防范能力或防范意识的未成年人,其隐私权很容易受到侵犯,其个人信息在网络空间亟须得到法律的规范和保护。

3. 网络欺凌对未成年人身心的伤害

近年来,频频爆出的恃强凌弱、伤害他人的校园欺凌行为和校园暴力事件受到教育主管部门的重视,引发了广泛的社会关注。互联网时代的来临使发生在现实中的校园欺凌行为开始向网络空间渗透并演化成网络暴力。网络空间的匿名性、隐藏性、易扩散性等特点常常让欺凌行为的实施者有恃无恐,网络欺凌的实施者常常采用匿名的方式,伪装成各种不同的身份,隐藏在各类平台后面悄悄地对受害人进行欺凌。在网络匿名性特征以及法不责众的心态唆使下,一些原本安分守己的人也会借网络攻击他人来发泄其原始冲动和内心深处的阴暗。从对各类欺凌行为的分析来看,网络欺凌者通常会一步步实施欺凌行为:为了达到不可告人的目的,欺凌者首先会采用匿名的方式来骗取辨别力较差的未成年人的个人信息和其信任,为下一步的欺凌行为做准备;在锁定目标后,网络欺凌的施暴者会通过电脑、手机等通信设备持续向未成年人受害者发送带有讽刺、辱骂、骚扰、威胁等性质的信息内容,或者通过网络途径曝光未成年人隐私使其广为传播,蓄意使未成年人遭受身体或者心理创伤;借网络平台上的隐秘角落,进一步吸引、集结和扩大欺凌者队伍,正如陈昌凤教授所说,“倘若欺凌内容在互联网上公开出现,更多的作恶者会从众加入欺凌的队伍”。①

在网络空间法律规制缺失或不完善的情况下,自我保护意识和防范能力较差的未成年人,很容易泄露自己的隐私和个人信息,也自然比其

① 陈昌凤、胥泽霞:《网络欺凌与防范——互联网时代的未成年人保护》,载《中国广播》2013年第12期。

他人群更容易遭受网络欺凌。《2019 年全国未成年人互联网使用情况研究报告》显示,未成年网民在网上遭到讽刺或谩骂的比例高达42.3%;自己或亲友遭到恶意骚扰的比例达到 22.1%;个人信息未经允许在网上被公开的比例达到 13.8%。① 经过治理整顿,2020 年研究报告显示这三组数据分别下降到 19.5%、7.2%、4.9%。

2018 年,共青团中央青少年权益部、中国社会科学院社会学研究所、腾讯公司三家联合开展了国内第一次专门针对青少年网络使用安全的全国性调查。调查对象以全国 4～18 岁的未成年人为主,并特别侧重对 12～18 岁未成年人的网络使用行为和网络安全问题进行了细致分析。这次调查发布的《2018 年中国青少年互联网使用及网络安全情况调研报告》中的一些结论很值得关注。根据该调研报告,色情、诈骗与网络欺凌仍然是未成年人面临的主要网络风险,而遇到过网络欺凌的未成年人比例最高。"青少年遭遇网络暴力的场景主要集中在社交软件和网络社区中,没有和父母及其他监护人居住的青少年在社交软件中遭遇网络暴力的可能性最大。"②从居住情况来看,没有和父母及其他监护人居住的未成年人遭遇网络欺凌的比例为 40.64%,和父亲共同居住的未成年人遭遇网络欺凌的比例为 31.67%,和母亲共同居住的未成年人遭遇欺凌比例为 28.64%,和父母住一起的未成年人遭遇网络欺凌的比例为 28.30%,和其他监护人居住的未成年人遭遇网络欺凌的比例为 35.39%。③ 这一方面说明了未成年人网络欺凌的普遍存在,另一方面也说明父母和监护人在未成年人网络欺凌的防范和消除方面,可以发挥一定的积极作用。从网络欺凌的表现形式来看,"青少年遇到网络暴力的

① 数据来源于《2019 年全国未成年人互联网使用情况研究报告》。

② 郭冉、田丰、朱迪:《互联网与中国青少年——多维视角下的网络使用与网络安全》,社会科学文献出版社 2018 年版,第 206 页。

③ 参见郭冉、田丰、朱迪:《互联网与中国青少年——多维视角下的网络使用与网络安全》,社会科学文献出版社 2018 年版,第 205 页。

主要形式是辱骂或者带有侮辱性的词语,其次是网络嘲笑和讽刺”。①未成年人在遭遇网络欺凌后的反应也值得我们关注,采取“当作没看见,不以理会”和“网络投诉或者举报”的人数各占50%。面对网络欺凌,未成年人虽多不理会,但也不愿主动“告诉父母”。

网络欺凌给未成年人造成严重的身心伤害。在某些恶性网络欺凌事件中,受害人往往承受不住来自外界和自我压力而选择报复社会或者自杀。根据《华盛顿邮报》的一篇报道,在美国校园中2/3的暴力与欺凌行为相关。② 尤其需要注意的是,发生在网络空间中的欺凌有逐渐演变为现实生活欺凌的趋势。也就是说,当怀有某种目的的行为主体通过各种方式获取未成年人的隐私和敏感信息之后,就通过QQ或者微信威胁受害人作出某种行为,如果受害人不予配合,就会面临个人信息被上传到人人皆知的网络空间中的威胁。碍于面子和心理威慑作用,受害人一般不会反抗,这样就更加满足了施暴人得寸进尺的贪婪心理,导致受害人遭受更大的损失。还有一些犯罪团伙,直接瞄准未成年人下手,把网络欺凌作为营利的手段。2020年6月,深圳警方破获了一起以社交平台运营公司为掩护,通过运营的多个微信公众号、头条号编撰不良信息和不实信息进行所谓的爆料,对未成年人进行网络欺凌,继而实施敲诈勒索的案件。这起案件中的不法分子采用了团队化、链条化的操作手法,把网络欺凌隐藏在社交爆料、水军灌水的烟幕之下,对未成年人的伤害更深,也更不易察觉和防治。

网络欺凌给未成年人的身心带来巨大的伤害。一方面,网络欺凌对受害者的心理造成严重的负面影响,这些受害者普遍会感到愤怒、悲伤、害怕、焦虑、沮丧、抑郁等;另一方面,严重的网络暴力还可能使受害者的

① 参见郭冉、田丰、朱迪:《互联网与中国青少年——多维视角下的网络使用与网络安全》,社会科学文献出版社2018年版,第205页。

② 参见张自然:《面对校园暴力,美法两国零容忍》,载《中国教育报》2015年9月30日,第3版。

行为失控,导致慢性疾病、精神分裂、自残甚至自杀。从全球范围来看,未成年人因遭受网络欺凌而选择自杀事件几乎每年都会出现。为了应对未成年人网络欺凌问题,世界各国和地区从不同层面入手,进行持续性努力并积累了一些经验,例如,通过立法对网络欺凌行为作出准确界定,厘清各方在应对网络欺凌事件上的责任;学校、家庭、社会多方配合构建反对网络欺凌的预防体系和机制;为未成年人开设专门的网络媒介素养和心理学等实用课程,提升未成年人网络安全意识和自我保护意识。

4. 沉迷网络干扰未成年人正常社会化进程

过度使用网络乃至沉迷网络严重危害着未成年人的身心健康,这已经成为未成年人互联网使用中一个不容忽视的社会问题。有研究者按照网络成瘾者在网上猎取信息内容的不同,将网络成瘾分为网络色情成瘾、网络交往成瘾、强迫收集信息成瘾、网络游戏成瘾等不同类型,并认为成瘾行为会对社交、工作和家庭都带来严重的影响。对未成年人来说,过度使用和沉迷网络主要表现为沉迷游戏、沉迷视频与直播、依赖社交等。未成年人沉迷网络,不仅是一种简单的长时间上网现象,更是一种病理性心理疾病,表现为其必须通过无节制的上网才能获得心理满足、找到归属感。根据一项基于 3～14 岁未成年人数字化成长历程的研究显示,“65.8% 的 10～14 岁孩子承认自己上网会超出预定时间。随着年龄的增长,儿童上网的自控力急剧下降。在 3 岁时,只有 36.1% 的儿童上网曾超过预定时间;到了 14 岁,这一比例达到 76.9%”。[①] 对患有严重网络依赖症的未成年人来说,在其世界中其他的一切事情可以放到一边,唯独上网不能耽搁。未成年人大多没有收入来源,为了支付持续上网的费用,在暴力、犯罪等网络信息的刺激和教唆下,很容易选择抢劫、盗窃等铤而走险的违法犯罪行为。

① 张海波:《未成年人数字化成长及网络素养状况》,载季为民、沈杰主编:《中国未成年人互联网运用和阅读实践报告(2017～2018)》,社会科学文献出版社 2018 年版,第 363 页。

在过度使用网络行为中，游戏常常被视为对未成年人的第一诱惑。统计数据显示，截至2021年12月，我国网络游戏用户规模达5.54亿，占网民整体的53.6%，较2020年12月的5.18亿又增加了1.2个百分点。[①] 一方面是网络游戏行业尤其是手游的迅猛发展，另一方面是智能手机的社会化普及。在这两大因素的合力影响下，游戏对未成年人的渗透速度也越来越快。2020年的调查显示，62.5%的未成年网民会经常在网上玩游戏：其中玩电脑游戏的比例为28.9%，较2019年提升4.3个百分点；玩手机游戏的比例为56.4%，较2019年提升0.1个百分点。[②] 一些未成年人在玩网络游戏的过程中不仅会沉迷游戏，还会为了游戏升级和更好的战绩去购买各种装备，引发过度消费的问题。个别游戏开发商为了"骗"孩子的钱，坐收渔翁之利，专门研发迈入门槛低、道具奖励多的网游，让未成年人利用真实货币去购买虚拟货币来升级游戏中的角色。玩手机游戏的未成年人中，5.3%的用户月均消费50元以上，还有一些未成年网民玩手机游戏的月均消费在500元以上。"除了长时间网游沉迷造成的身体伤害、耽误学习、浪费钱财之外，网络游戏中不适合未成年人的不良信息和内容，也对未成年人的行为习惯养成和价值观形成等极为不利。"[③]

未成年人沉迷短视频和直播，也是需要关注的问题。短视频和直播是近几年蓬勃兴起的互联网娱乐服务行业。截至2021年12月，我国网络视频（含短视频）用户规模达9.75亿，较2020年12月增长4794万，占网民整体的94.5%。其中短视频用户规模为9.34亿，较2020年12月增长6080万，占网民整体的90.5%。[④] 2020年未成年网民在互联网

---

① 数据来源于《第49次中国互联网络发展状况统计报告》。

② 数据来源于《2020年全国未成年人互联网使用情况研究报告》。

③ 杨斌艳：《十年来未成年人互联网运用变化趋势》，载季为民、沈杰主编：《中国未成年人互联网运用和阅读实践报告（2017～2018）》，社会科学文献出版社2018年版，第228页。

④ 数据来源于《第49次中国互联网络发展状况统计报告》。

上经常收看短视频的占比达到49.3%，看短视频和听音乐、玩网络游戏一样，开始跻身于最普遍的网络娱乐活动行列。短视频题材丰富、表现形式生动，再加上人工智能的算法推送和面向用户需求的个性化内容订制，吸引了一大批未成年网民，短视频看似不占大量时间的快刷模式无形中成了未成年人沉迷网络的又一触发点。此外，未成年网民收看网络直播的占比也呈显著上升趋势，2020年达到18.2%。收看网络直播的未成年用户，同样存在过度使用的问题。最近，在直播行业如火如荼发展的同时，《12岁女孩用10万打赏男主播》《9岁娃玩快手3个月打赏主播五六万块钱》等新闻暴露了未成年人在观看网络直播中的"巨额打赏"问题。为此，2020年5月，最高人民法院出台了《关于依法妥善审理涉新冠肺炎疫情民事案件若干问题的指导意见（二）》，对未成年人"打赏"行为予以特别保护，①强调未经监护人同意，限制民事行为能力人群的未成年人在网络付费游戏或网络直播中作出的超出其年龄和智力水平的"打赏"行为，人民法院对监护人要求网络服务提供者返还打赏款项的行为应予支持。

网络社交活动过度，也是未成年人沉迷网络的一种类型。《2020年全国未成年人互联网使用情况研究报告》显示，网上聊天是未成年网民主要的网上社交活动，使用比例达到55.1%；其次为使用社交网站，使用比例为30.9%。事实上，从2006年"中国未成年人互联网运用状况调查"项目组开展首次调查至今的历次统计显示，腾讯尤其QQ一直是中国未成年人使用最多的网络平台。未成年人的网上交往多以熟人为主，他们善于从网络社群中获取信息打造自己的朋友圈，也喜欢通过彰显个

---

① 最高人民法院《关于依法妥善审理涉新冠肺炎疫情民事案件若干问题的指导意见（二）》（法发〔2020〕17号），于2020年5月15日发布。其中"一、关于合同案件的审理"的第9条规定："限制民事行为能力人未经其监护人同意，参与网络付费游戏或者网络直播平台'打赏'等方式支出与其年龄、智力不相适应的款项，监护人请求网络服务提供者返还该款项的，人民法院应予支持。"

性吸引他人关注。“这表明网络交往已不仅仅是一种未成年人之间的交往,更多是一种承载未成年人快乐情感的交往方式,并已融入他们的生活中去。现实的生活与网络的场景已经打通,整体构建成了今天他们的全部世界。”①对于网络交往的缺点,28.9%的人选择了太耗时间耽误学习,20.8%的人选择了不良信息太多,20.7%的人选择了个人信息泄露。②

“人创造环境,环境也会创造人。”③过度沉迷于网络和虚拟社区,往往导致未成年人与现实社会脱离,失去对现实环境和周围事物的感知能力和参与意愿,久而久之就会形成一种孤僻、冷漠、爱撒谎、愤青、偏激的性格,甚至诱发反社会人格,影响其正常的社会化进程。从社会化视角来看,无论是沉迷于网络游戏、网络短视频和直播,还是沉迷于网络社交,都会导致未成年人自我认同和角色混淆,产生交往障碍和挫折感,道德观和社会责任感降低,进而酿成易怒、非理性的心理特征。上述问题的爆发最终会导致未成年人身心健康发展受阻,不能很好地控制自己的本能和需要,引发违法犯罪等行为。

(四)未成年人网络接触的特点

互联网具有“互联性、交互性、多变性、匿名性、永久性、技术性、虚拟性和无国界性等许多特点”④,因互联网技术而生成的网络空间,同样具有虚拟性、媒体性、技术性、载体性等特点。第一,网络空间的虚拟性。网络空间的虚拟性使得素不相识或未曾谋面的人,也可能通过网络发生

---

① 王凯山:《未成年人互联网社会交往的基本状况》,载季为民、沈杰主编:《中国未成年人互联网运用和阅读实践报告(2017~2018)》,社会科学文献出版社2018年版,第118页。

② 参见王凯山:《未成年人互联网社会交往的基本状况》,载季为民、沈杰主编:《中国未成年人互联网运用和阅读实践报告(2017~2018)》,社会科学文献出版社2018年版,第116~117页。

③ 马克思、恩格斯:《马克思恩格斯选集》(第1卷),人民出版社1972年版,第43页。

④ 张平:《互联网法律规制的若干问题探讨》,载《知识产权》2012年第8期。

各种关系。有些关系只在网络这一虚拟空间中存在,而有些则可能延伸到现实中。虚拟性不仅不能让网络空间成为法外空间,反而因其虚拟性,更需要确定相应的规则和秩序,并予以法律规范。第二,网络空间的媒体性。互联网发展初期,网络主要用作通讯工具、组织或机构的交流平台,其媒体属性并不突出。随着互联网技术的发展,网络已突破了原始的工具属性,其媒体属性越来越强。1998 年,时任联合国秘书长安南在讲话中将网络媒体称为第四媒体,互联网的发展带来了媒体行业生产要素的重塑和关系重构,越来越多的人开始通过互联网来获取各种信息。第三,网络空间的技术性。新媒体爆发式的繁衍和增长,使得基于传统媒体架构的法律规制显得越来越乏力与滞后。对网络空间而言,法律规制的制定与完善,网络空间的真正净化,均需要依靠不断发展的互联网技术作为工具和支撑。第四,网络空间的载体性。载体性,使网络空间成为一个平台载体,这个平台上承载着丰富的信息内容,可能包含暴力、色情以及其他违法与不良信息。这些违法与不良信息严重影响未成年人身心的健康成长,只有通过法律明确相关责任主体、相应责任及处罚措施,才能实现对网络不良与违法信息的治理。

数字化时代的到来以及网络空间的特性导致未成年人网络接触具有以下特点:

1. 未成年人网民规模逐年攀升,触网呈现常态化

随着互联网和信息技术的不断发展,未成年人网民人数不断增长。《2017 年世界儿童状况:数字时代的儿童》显示,全球网民中未成年人占据 1/3,每日新增儿童网民逾 17.5 万名,平均每一秒钟就新增两名儿童网民。① 互联网已经深度融入未成年人的生活和学习中,并锻造出了全新的"数字一代"。"数字一代"的未成年人在行为方式上主要参考网

---

① 参见联合国儿童基金会:《2017 年世界儿童状况:数字时代的儿童》,载联合国儿童基金会网 2018 年 5 月 31 日,https://www.unicef.cn/media/4606/file/数字时代的儿童.pdf。

络,与崇尚理性思考、审慎行动的父辈相比,他们更倾向于感性思维,常常以自我为中心,遇事冲动,喜欢标新立异和特立独行。

统计数据显示,2010 年年底,中国 25 岁以下的青少年网民规模达 2.12 亿人,其中未成年网民占到青少年网民的 46.5%,规模达到 9858 万人。① 中国未成年网民规模,2015 年年底为 1.34 亿②人,2020 年年底达到 1.83 亿③人。可以说,未成年网民的数量每年都在攀升,未成年网民规模持续扩大,五年为周期的未成年网民数量攀升情况,见表 1-3。值得注意的是,2020 年未成年网民在学龄前就接触互联网的比例达到 33.7%,较 2019 年的 32.9% 提升 0.8 个百分点。④

表 1-3　未成年网民的数量攀升情况

年份	2010 年	2015 年	2020 年
未成年网民人数/人	9858 万	1.34 亿	1.83 亿

资料来源:《2010 中国青少年上网行为调查报告》《2015 年中国青少年上网行为研究报告》《第 49 次中国互联网络发展状况统计报告》。

中国互联网络信息中心(CNNIC)发布的未成年人互联网使用情况的专项调查显示,其中初中、高中、中等职业教育学生互联网普及率分别为 98.1%、98.3% 和 98.7%,与 2019 年相比变化不大,小学生互联网普及率又一个显著上升,从 89.4% 上升为 92.4%。未成年网民工

---

① 参见共青团中央维护青少年权益部、中国互联网络信息中心:《2010 年中国青少年上网行为调查报告》,载中国互联网络信息中心网 2011 年 8 月 19 日,http://www.cnnic.cn/NMediaFile/old_attach/P020120612495431011038.pdf。根据该报告,青少年网民是指年龄在 25 周岁以下的网民。未成年网民指年龄在 18 周岁以下的网民。CNNIC 对网民的定义为:半年内使用过互联网的 6 周岁及以上中国公民。

② 参见共青团中央维护青少年权益部、中国互联网络信息中心网:《2015 年中国青少年上网行为研究报告》,载中国互联网络信息中心网 2016 年 8 月 12 日,http://www.cnnic.cn/NMediaFile/old_attach/P020160812393489128332.pdf。

③ 数据来源于《第 49 次中国互联网络发展状况统计报告》。

④ 数据来源于《第 49 次中国互联网络发展状况统计报告》。

作日平均每天上网时长在2小时以上的为11.5%，节假日平均上网时长在5小时以上的为12.2%。① 从普及率和日均上网时长来看，互联网已经完全融入未成年人的日常生活，网络接触在未成年人群体中已经普及化、常态化。

现今，未成年人出生伊始便处于高度数字化的网络环境中，是名副其实的"网络一代"。他们未满18周岁，却独立运用新媒体。他们拥有自己的各类网络账号，在网络空间自由表达意见，建立并维持自己的社会关系；他们能够通过熟练使用"作业帮""猿辅导"等学习软件，实现课内外知识的自主学习；他们还会在抖音、快手平台上发布具有个人特色的短视频。对他们而言，"上网"是一个没有意义的字眼，因为他们从来就在网上。网络不再是工具，而是未成年人生活的世界。作为未成年人日常学习、休闲游戏、社会交往和认识世界的重要平台，互联网已经渗透到了未成年人生活的方方面面。"超过六成的未成年网民认为互联网是自己认识世界的重要窗口和日常学习的得力助手，超过五成认为互联网是自己娱乐放松的有效途径和便利生活的重要工具。"②

2.未成年人触网低龄化趋势日益明显

随着移动互联网的发展和普及，越来越多的未成年人在学龄前就开始使用互联网，互联网对于低龄群体的渗透力日渐增强。

2014年7月，中国少先队事业发展中心发布了《中国未成年人第七次互联网运用状况调查报告》，调查数据显示，六成以上未成年人第一次触网的年龄在10岁之前，城市未成年人和乡村未成年人首次触网年龄情况略有差异。城市未成年人首次触网年龄在10岁以前（含10岁）占比为71.9%，上小学后触网的占比为82.5%，在6岁之前即在学龄前就开始触网的未成年人为17.5%。在农村，在上小学后开始触网的未成年

---

① 数据来源于《2020年全国未成年人互联网使用情况研究报告》。
② 数据来源于《2020年全国未成年人互联网使用情况研究报告》。

人占比略高，为 89.9%，在学龄前就开始触网的未成年人占比略低，为 10.1%[①]。2020 年发布的统计数据显示，在学龄前触网的未成年人比例随着学历阶段的降低呈现明显的上升趋势。“高中和中职学生首次使用互联网在学龄前的比例为 15.9% 和 10.7%，初中生增长至 18.8%，小学生首次使用互联网在学龄前的比例最高，达到 32.9%。”[②]

未成年人首次触网的年龄越来越向前推进，未成年人触网呈现明显的低龄化走势。媒体频频爆出一些刚满 3 岁的孩子在父母的影响下，不仅过早开始接触网络，甚至出现了沉迷抖音的现象。这也是网络空间未成年人权益保护需要关注的新现象和面临的新挑战。

3. 手机成为未成年人上网的主要设备

统计数据显示，截至 2022 年 6 月，我国网民使用手机上网的比例为 99.6%，使用台式电脑、笔记本电脑、平板电脑、电视上网的比例分别为 33.3%、32.6%、27.6% 和 26.7%。[③] 与 2021 年的数据相比，使用平板电脑上网的比例略有上升，手机上网比例为 99.6%。[④]

未成年人上网的主要设备依然是手机。从未成年网民上网使用设备情况来看，82.9% 的未成年网民拥有属于自己的上网设备，其中移动智能终端是主要上网设备。[⑤] 使用手机上网的比例最高，为 92.2%；使用平板电脑上网的比例位列其次，为 39.6%；使用台式电脑、笔记本电脑、智能手表上网的比例分别为 36.9%、30.3%、25.8%（见表 1－4）。

---

① 参见中国少先队事业发展中心：《第七次未成年人互联网运用状况调查报告》，载腾讯儿童网 2014 年 6 月 24 日，https://kid.qq.com/zt2014/2013diaocha/index.htm。

② 数据来源于《2019 年全国未成年人互联网使用情况研究报告》。

③ 中共中央网络安全和信息化委员会办公室、中华人民共和国国家互联网信息办公室、中国互联网络信息中心：《第 47 次中国互联网络发展状况统计报告》，载中国互联网络信息中心网 2021 年 2 月 3 日，http://www.cnnic.cn/NMediaFile/old_attach/P020210203334633480104.pdf。

④ 数据来源于《第 50 次中国互联网络发展状况统计报告》。

⑤ 数据来源于《2020 年全国未成年人互联网使用情况研究报告》。

从表 1 – 4 还可以看出，本调查首次纳入的智能手表（含电话手表）的拥有比例也已达到 25.8%，这是个值得注意的问题。① 这一方面说明随着智能设备、可穿戴设备等相关产业日趋成熟，以及新型智能设备在未成年人中普及，未成年人选择的上网设备比成年人更具便捷性和丰富性；另一方面也说明未成年人上网设备的选择依赖于家庭的媒介供给，家庭可以在未成年人网络使用行为引导方面发挥一定的作用。

表 1 – 4　未成年网民与总体网民上网设备比较

单位：%

群体	上网设备					
	手机	台式电脑	笔记本电脑	平板电脑	电视	智能手表
网民总体	99.7	35.0	33.0	27.4	28.1	—
未成年网民	92.2	36.9	30.3	39.6	—	25.8

注：考虑到数据统计时间的接近性，这里使用的比较数据分别来源于 2022 年 2 月发布的《第 49 次中国互联网络发展状况统计报告》和 2021 年 7 月发布的《2020 年全国未成年人互联网使用情况研究报告》。

4. 未成年人互联网应用使用基本情况

未成年网民在网络上从事的各类活动中，网上学习、听音乐、玩游戏、聊天、看短视频、搜索信息、看视频、使用社交网站、看动画动漫、网上购物位列前十。随着网络课程和教学 App 的普及，未成年网民中利用互联网进行做作业、复习、背单词、在线答疑、网上听课等学习活动的比例达到 89.9%。未成年网民在网络上的娱乐休闲活动很丰富，听音乐、玩游戏、聊天、看短视频是未成年人最热衷的四项娱乐休闲活动，在网络上听音乐、玩游戏、聊天、看短视频的比例分别为 64.8%、62.5%、55.1%、49.3%②，见表 1 – 5。

---

① 数据来源于《2019 年全国未成年人互联网使用情况研究报告》。

② 数据来源于《2020 年全国未成年人互联网使用情况研究报告》。

表1-5　小学、初中、高中和中等职业教育学生网上活动情况占比

单位:%

学生分层	活动分类											
	网上学习	听音乐	玩游戏	聊天	看短视频	搜索信息	看视频	使用社交网站	看动漫、漫画	网上购物	看小说	粉丝应援
整体情况	89.9	64.8	62.5	55.1	49.3	44.6	42.9	30.9	29.2	23.6	21.1	8.0
小学生网民	90.0	52.3	53.5	37.7	38.8	38.5	33.2	16.6	25.7	8.7	12.0	5.6
初中生网民	90.7	77.1	72.7	74.2	59.7	53.9	52.4	45.7	33.3	33.4	27.7	11.0
高中生网民	91.4	81.5	71.4	74.3	54.6	51.9	54.6	49.6	33.7	48.1	35.4	10.3
中等职业教育学生网民	85.2	80.7	75.7	77.9	67.0	42.9	58.1	48.3	31.6	52.1	36.8	10.2

资料来源:《2020年全国未成年人互联网使用情况研究报告》。

从表1－5中不难看出，即使同为未成年人，小学生、初中生、高中生和中等职业教育学生网民所从事的活动存在较大差异。小学生网民在网上从事各类活动的比例，均比未成年网民的平均水平要低一些。而初中生网民、高中生网民和中等职业教育学生网民几乎在所有网络应用的使用上比例均高于未成年网民的平均水平，说明他们在网络上比较活跃。和其他群体相比，初中生网民更喜欢听音乐、聊天、看短视频和玩游戏。高中生网民和中等职业教育学生网民在听音乐、网上购物、使用社交网站、网上聊天、看视频、看动漫、看小说等方面的活动占比旗鼓相当。中等职业教育学生网民玩游戏、聊天、看短视频的比例明显要高于高中生网民，高中生网民在网上学习和信息搜索两项上的比例高于中等职业教育学生网民，这也反映出了中等职业教育学生网民和高中生网民在学习和生活节奏上的不同。此外，初中生网民、高中生网民、中等职业教育学生网民参加粉丝应援活动的比例分别为11.0%、10.3%、10.2%，明显高于小学生网民，小学生网民的比例为5.6%。中等职业教育学生网民在网络购物、聊天、看短视频、使用社交网站四项活动占比上比未成年人群体平均水平分别高出28.5%、22.8%、17.7%和17.4%，这在某种程度上反映了中等职业教育学生群体网民活动的社会化指向。

（五）未成年人主体的特殊性

从一个人社会化的程度来说，未成年人在心理成熟度、体力和智力上均处于相对弱势状态。作为弱势群体，未成年人无论在网络空间还是在现实环境中都应得到特别的照顾和保护。与成年人可以独立实施民事法律行为不同，根据《民法典》的规定，未成年人的民事行为能力因其所处不同年龄阶段而不同：无民事行为能力的未成年人即不满八周岁的未成年人，只能由其法定代理人代理实施民事法律行为。限制民事行为能力的未成年人即八周岁以上的未成年人，除非实施的是纯获利益的民事法律行为或者与其年龄、智力相适应的民事法律行为，否则只能由法定代理人代理或者经法定代理人同意、追认。① 未成年人的民事行为能力的特殊性,决定了其无法独立、真实地表达自己的意愿和有意识地保护其个人网络权益。以网络空间的个人信息保护来说,网络空间中个人信息格式化的“知情”和“同意”原则,往往不能有效保护未成年人在网络空间的个人信息。很多未成年人未必真正明白所谓“知情”的真实内涵,而“同意”按钮的选择也未必是其真实的意思表示。网络空间中对未成年人个人信息的获取、使用及处理,更应该从尊重未成年人隐私、保护未成年人权益的角度,判断和构建合法性、合理性。

加强网络空间未成年人法律保护的迫切性与未成年人自身的网络素养水平密切相关。现实世界中作为限制民事行为能力主体或无民事行为能力主体的未成年人,在网络空间不仅可能作为民事活动的主体,还可能是其他社会活动的主体,必要的网络素养是保证其参与各类活动、确保网络安全的前提。但是,对照首都互联网协会提出的网络媒介素养的十大标准②,我们不难发现,未成年人在认识网络、理解网络、安全触网、善用网络、从容对网、理性上网等方面的网络素养能力十分有限。加强未成年人的网络素养教育,有助于未成年人安全、合理用网,但是单纯地强调提高未成年人网络素养,并不能完全解决未成年人在网络空间遭遇的风险和伤害。虽然一些未成年人受学校及家庭的教育可能具备一定的网络安全意识,但大多数未成年人缺乏网络安全意识和网络

---

①　参见《民法典》第17~20条。需要指出的是,根据《民法典》第18条规定,“十六周岁以上的未成年人,以自己的劳动收入为主要生活来源的,视为完全民事行为能力人”。

②　2017年12月8日,由北京市互联网信息办公室指导,首都互联网协会主办的“新时代　新网民——2017首都网络素养座谈会”发布了网络素养标准十条:(1)认识网络——网络基本知识能力;(2)理解网络——网络的特征和功能;(3)安全触网——网络高度安全意识;(4)善用网络——网络信息获取能力;(5)从容对网——网络信息识别能力;(6)理性上网——网络信息评价能力;(7)高效用网——网络信息传播能力;(8)智慧融网——创造性地使用网络;(9)阳光用网——坚守网络道德底线;(10)依法用网——熟悉常规网络法规。

信息识别能力,对网络信息的获取、甄别和评价能力欠缺。为此,对未成年人网络空间进行法律规制,可以防范未成年人因心智不成熟、网络素养欠缺、安全防范意识和能力有限而面临的各类网络风险。

三、构建未成年人网络保护法律体系的意义

互联网的日新月异不断刷新着人们的生活方式和思维模式,未成年人在网络空间中面临的各种现实危险和潜在风险亟须法律规制。要想实现网络空间未成年人保护工作的高质量发展,只有通过一定的立法技术来构建未成年人网络保护体系。未成年人网络保护体系的构建,有助于未成年人网络保护立法的系统化。由于未成年人这一法律群体的特殊性,以及网络空间的虚拟性、跨地域性等特点,未成年人网络空间具有特殊性,需要专门的法律予以规制。《未成年人保护法》(2020 修订)虽然在未成年人网络保护的法律规制上比之前有所进步,增加了网络保护专章,但是数字化时代未成年人网络空间隐私权的保护、未成年人的网络发展权、未成年人的网络救助权等问题仍然是立法空白。

(一)有助于未成年人网络保护的责任主体和权利内容的有机结合

未成年人网络保护的内涵,因对其观察维度的不同而不同。但是无论是从责任主体的角度还是从未成年人网络权利内容的角度,目的都是实现对网络空间未成年人权益的保护。只有将未成年人网络保护的责任主体和未成年人网络权利的内容有机结合,才能更好地帮助未成年人预防和规避其在网络空间可能面临的各种风险,才能更好地让其在网络空间身心健康成长和发展。未成年人网络保护的责任主体和未成年人网络权利的内容有机结合,正是在未成年人网络保护体系构建过程中实现的。未成年人网络保护体系的构建,有助于厘清不同责任主体与未成年人网络权利之间的关系,明确未成年人不同网络权利内容的责任担当者和义务人。

(二)有助于厘清和明确未成年人网络保护的重点问题

互联网为国家法治带来了新的机遇和挑战,依法治网,依法规范网络行为已经成为一种社会共识。未成年人网络保护问题,不仅涉及未成年人这一特殊群体,而且涉及互联网这一特殊媒介。因此,未成年人网络保护,不仅受制于国家互联网立法、数字立法的进程,而且与国家对未成年人保护认识的深度以及能够提供的保护力度密切相关。未成年人网络保护,与数字时代的个人信息保护密切相关,也与互联网时代有害信息和不良信息的迅速、隐秘传播密切相关。未成年人网络保护体系的构建,有助于厘清和明确未成年人网络保护的重点问题。未成年人网络保护,重点就是通过法律规制,保障未成年人身心健康成长。为此,需要家庭、学校、社会、政府各自承担起应承担的责任,保障未成年人安全用网、健康用网,保障其在网络空间受到侵害时能得到法律的有效救济。

(三)有助于实现未成年人网络保护法与其他法律之间的衔接和协调

目前,我国关于未成年人网络保护的法律规定散见于不同层次的法律、行政法规和部门规章、行业自律性规定等规范性文件中,比较零散、杂乱。相关法律规定之间协调性、系统性较差,且存在法律规定不一致甚至冲突、矛盾的情况;网络内容生态治理、网络隐私权保护和个人信息保护、网络服务提供者的监管等问题的法律规制比较依赖单纯的政府监管,多因素、多维度的未成年人网络保护治理机制尚未形成。此外,现行法律规定比较概括、抽象,导致法律实施效果有限。

未成年人触网年龄的不断降低、触网人数的不断增加以及互联网应用领域的不断拓宽,使未成年人个人信息及隐私权的保护、网络有害信息的治理、未成年人过度使用网络与上网成瘾的防范、未成年人网络欺凌的防范等问题变得尤为突出。未成年人网络保护体系的构建,有利于推动未成年人网络保护法与我国现有的网络安全法、数据安全法、个人信息保护法、未成年人保护法、民事诉讼法、行政诉讼法、刑事诉讼法、法律援助法、教育法、家庭教育促进法、民法典、刑法、广告法、电影产业促进法、公共图书馆法、公共文化服务保障法等法律的衔接和协调,减少不同法律之间的矛盾和冲突。

未成年人保护亟须从现实的物理空间向网络空间覆盖,建立健全未成年人网络保护法律规制体系,为未成年人营造清朗的网络空间,全面推进未成年人网络空间法治化,这项任务虽然艰巨,但是意义重大,影响深远。

第二章 网络有害信息治理与未成年人保护

联合国儿童基金会时任执行主任安东尼·雷克说："互联网能将人性中最善与最恶的一面体现出来，并加以放大。它是一个工具，可以用来行善，也可以用来作恶，一直都是如此。"①在未成年人社会化的进程中，网络空间中信息的传播以及传递信息的媒介发挥着至关重要的作用。以电视为代表的电子时代的到来，打破了印刷文化所缔造的儿童与成人世界之间的界限，导致了"童年"的消逝。这一问题在这今天的互联网时代变得更加严重，作为信息传播新渠道、经济发展新引擎、文化繁荣新载体、社会治理新平台的互联网，对于社会进步、经济

① 联合国儿童基金会：《2017 年世界儿童状况：数字时代的儿童》，载联合国儿童基金会网 2018 年 5 月 31 日，https://www.unicef.cn/media/4606/file/数字时代的儿童.pdf。

发展以及言论自由的实现、舆论监督的行使都具有十分重要的意义。在没有未成年人网络立法提供特别保护的网络空间中，未成年人可以和成年人一样在网络上自由冲浪，接触到各式各样的内容。一方面，这会导致未成年人在语言表达、行为举动、思维模式等方面越来越早地成人化，成了典型的“小大人”；另一方面，这无形中加速了未成年人社会化的步伐，在其智力、心态尚未完全成熟的情况下，过早被赶入成年人世界。防治网络有害信息，对未成年人网络空间内容予以生态治理，塑造绿色、健康的未成年人网络空间，对于未成年人身心的健康成长至关重要。

一、网络有害信息的界定与分类

从信息发展的角度出发，我们经常把当代社会称为信息社会。与传统社会相比，信息社会的重要特征之一就是信息量呈几何级数增长的态势。在信息大爆炸时代，未成年人信息占有量急速提升，未成年人的视野和知识面都得到了拓宽。但是，在信息的汪洋大海中，信息的质量却不尽如人意。网络上的颓废文化，真假难辨的网络传言以及涉暴力、迷信、淫秽等网络有害信息，容易干扰、带偏未成年人人生观、价值观的形成，甚至严重危及未成年人的身心健康，导致其走上违法犯罪的道路。对未成年人网络空间有害信息的治理，迫在眉睫。

专题一中提到的“儿童邪典片”、网络色情视频以及使人思想扭曲的侵害未成年人价值观的网络漫画、网络文学、网络影视、网络游戏等，都属于网络有害信息。网络的主要功能是传播信息，而信息有好有坏，良性信息能促进社会的进步和发展，有害信息则直接威胁到国家安全，导致社会秩序混乱，影响未成年人的健康成长。

（一）网络有害信息的界定

谈到有害信息，人们头脑中还会跳出违法信息、不良信息等概念，中央网信办设立的举报中心就命名为“中国互联网违法和不良信息举报中心”，那么违法信息、不良信息与有害信息是什么样的关系呢？

张新宝教授认为，有害信息是指其内容在价值观导向、伦理道德、合法性或真实性等方面存在严重错误，其传播结果有可能对国家安全、社会秩序和自然人、法人或其他组织的合法权益构成潜在威胁或造成破坏的信息。[①] 不良信息主要是指违背社会主义价值观的各类信息，例如，违背了我国优良文化传统与习惯，违背了社会公序良俗等，包括文字、图片、音视频等。[②] 违法信息则主要基于从是否合法的维度对信息进行的分类和评价。有害信息和不良信息，都可能是违法信息。

熊澄宇教授用“犯法、违规、缺德、不宜”等关键词，分别从法律层面、法规层面、道德层面以及价值观层面对“有害信息”进行了界定。他认为，传播法律明文禁止的信息为“犯法”；传播行政法规、行政规章规定的限制性信息为“违规”；传播与社会主义精神文明建设和社会公德相违背的信息为“缺德”；传播与优良文化传统和习俗相违背的信息为“不宜”。[③] 在他看来，违法信息、违规信息、缺德信息和不宜信息只是违反背离的对象不同，但本质上都可称为有害信息。

国内也有学者使用“不良信息”的概念来替代“有害信息”。比如学者郭开元等人认为，从内容上来看，网络不良信息可以划分为违法、反道德以及反科学三类。违法信息包括网络侵权、网络诈骗、网络赌博、极端

---

① 参见张新宝、林钟千：《互联网有害信息的依法综合治理》，载《现代法学》2015年第2期。

② 参见张新宝、林钟千：《互联网有害信息的依法综合治理》，载《现代法学》2015年第2期。

③ 参见熊澄宇：《治理互联网非法但有害信息》，载《瞭望》2009年第32期。熊澄宇认为，“犯法是法律层面的概念。传播《中华人民共和国宪法》和《全国人大常委会关于维护互联网安全的决定》明文禁止的信息即为犯法。比如：危害国家安全、泄露国家机密、煽动民族仇恨、扰乱金融秩序等行为和信息内容。违规是行政层面的概念。传播《互联网信息服务管理办法》和其他部委相关管理规定明确限制的信息即为违规。比如：散布谣言、诽谤他人、宣扬迷信、教唆犯罪、淫秽色情、赌博暴力等行为和信息内容。缺德是道德层面的概念。传播违背社会主义精神文明建设要求和违背社会公德的信息可谓缺德。比如：窃取他人邮件，散布个人隐私、鼓动打架斗殴、传授造假方法等行为和信息内容。不宜是文化层面的概念。传播违背中华民族优良文化传统与习惯的信息可谓不宜。比如：发送垃圾邮件，传递虚假信息，扰乱公共秩序，嘲笑残障人士等行为和信息内容”。

思想以及其他网络违法信息；反道德信息包括低俗信息、厌世信息、不良价值观信息、色情信息、暴力信息、造假信息以及其他违反道德的网络信息；反科学信息包括封建迷信信息、功能夸大信息以及其他违反科学的网络不良信息。[①] 郭开元的阐释中，显然是把不良信息和有害信息画了等号，他这里列举的不良信息正好涵盖了有害信息，他所使用的“不良信息”是一个广义上的概念，不只限于缺德信息和不宜信息，还包括违法信息。这里的“不良信息”和“有害信息”的内涵是一样的。换言之，广义的不良信息等于有害信息，包括违法信息和狭义的不良信息，而狭义的不良信息指缺德信息和不宜信息。

从张新宝、熊澄宇、郭开元等三位学者的阐释中，我们至少可以清晰地给出违法信息、不良信息和有害信息的关系图。首先，违法信息和违规信息对社会都是有危害的，必然属于有害信息的范畴；其次，张新宝教授提到的“不良信息”和熊澄宇教授提到的“缺德信息”“不宜信息”，虽然达不到违法程度，但是属于对社会有危害性的“有害信息”。也就是说，有害信息包含两部分内容：违法信息和不良信息。从中央网信办违法和不良信息举报中心的机构名称和其在官网发布的《举报指南》来看，也是把有害信息分成了两部分：违法信息和不良信息。

结合上述学者以及中央网信办违法和不良信息举报中心官方网站对网络有害信息的解释，我们对网络有害信息有了一个较为全面的认识。所谓网络有害信息，就是网络空间对国家安全、社会秩序和社会公序良俗以及自然人、法人等社会组织的利益构成威胁或造成破坏，对人们价值观产生不良影响的各类信息。

（二）网络有害信息的分类

网络有害信息的分类与网络有害信息的概念密切相关。上文中不同

---

① 参见郭开元、王鹏飞：《未成年犯对网络不良信息的认知和危害分析》，载郭开元主编：《网络不良信息与未成年人保护研究报告》，中国人民公安大学出版社 2018 年版，第 116～162 页。

学者在探讨网络有害信息的概念时,都自然涉及了网络有害信息的分类。例如,熊澄宇教授提出的“犯法、违规、缺德、不宜”四元素以及学者郭开元提出的“违法、反道德以及反科学”等,都体现了对有害信息的分类。

网络有害信息的分类,有利于对网络有害信息的防治和监管,特别是辨别网络信息中哪些信息对于未成年人是有害信息,直接关系到未成年人网络空间内容的生态治理。为此,我们应从网络空间未成年人保护的角度出发,试着对网络有害信息进行分类。笔者建议,结合未成年人的身心特点以及信息的合法性、合规性,将未成年人网络空间的有害信息分为违法信息、不良信息、不宜信息。

1. 违法信息

违法信息,是指违反了我国法律的信息。这里违法信息中的“法”是广义上的法。即无论违反了法律、行政法规的规定,还是违反了部门规章、规范性文件的规定的信息,都是违法信息。例如,虚假诈骗信息,在网络空间中散布的虚假诈骗信息是指某些别有用心的人为牟取不当利益,散布的与客观事实严重不符的信息。目前,网络空间中的虚假诈骗信息花样繁多,手段隐蔽,防不胜防,给互联网安全和社会秩序造成极大威胁,不仅影响未成年人的健康成长,而且容易侵犯未成年人的合法权益。在网络空间传播的虚假诈骗信息大体可以分为以下三类:第一类,虚假广告。针对儿童的虚假广告经常见之于互联网空间。2013 年,北京中首律师事务所发布的《中国儿童互联网搜索现状调查报告暨倡议书》指出,互联网中的虚假儿童医药广告,假冒儿童用品等欺诈信息,严重威胁着儿童身心健康发展。某些搜索引擎对各类违规儿童医药广告宣传审核不严,甚至利用自有的推广平台辅助其进行广告宣传,是造成虚假儿童医药广告泛滥的原因之一。第二类,虚构消费、中奖等信息。这些信息往往谎称用户的银行卡被盗刷、购物中出现支付问题以及抽中大奖,以此骗取受害人账户信息并转走其钱财。第三类,假冒他人的诈骗信息。一些不法分子利用技术手段,盗取他人社交账号,冒充他人,尤其是受害者的亲朋好友、同学等身份来欺骗受害者以牟取利益。未成年人社会经验不足、判断能力差,若不法分子在互联网上冒充家长进行诈骗,有可能对未成年人的人身和财产安全造成双重威胁。

2. 不良信息

不良信息,是指与社会主义核心价值观不符,可能对未成年人的价值观塑造产生消极或负面影响的信息,如封建迷信信息等。根据新闻出版总署发布的《关于部分应取缔出版物认定标准的暂行规定》,宣扬封建迷信的出版物是指除符合国家规定出版的宗教出版物外,其他违反科学、违反理性、宣扬愚昧迷信的出版物。这类出版物或者宣扬算命相面、求神问卜、驱鬼治病,或者以占卜、看风水、看相、算命为主要内容,传播其他荒诞信息、迷信谣言,以蛊惑人心,从而扰乱公共秩序。网络空间封建迷信的信息亦可以依据上述标准进行认定。互联网上的封建迷信信息常常隐藏在追求奇闻逸事的所谓新闻、影视甚至文学作品中。例如,一些网络新闻刻意描述一些明显违背科学常识、骇人听闻的现象,一些视频节目打着"解谜""揭秘""求真"的旗号,大肆宣扬耸人听闻的故事和故弄玄虚的信息,还有一些网站和 App 开设专门频道宣扬星座、手相等带有算命占卜色彩的内容。

随着科学知识日益普及和社会人群受教育程度的提高,公众科学素养水平也在不断提升,但是一些封建迷信信息在搭载了网络科技快车之后依然有一定的消费市场,部分人尤其是一些未成年人对此深信不疑。网络空间中封建迷信信息最典型的代表就是关于星座、星象、占卜、算命类等信息。个别网站还以星座为噱头,生产相关内容产品,欺骗未成年人,以获得点击率。还有些网站和小程序以测算命运为由,诱骗未成年人输入个人隐私,套取个人信息并售卖以牟利。

3. 不宜信息

未成年人由于年龄导致的心智不成熟,在其身心尚未完全成熟时,作为个体朝着成年方向前进的社会化进程中,对成年人无害或可能无害的信息,对于未成年人却是有害而无益,笔者将这类信息称为“不宜信息”。例如,暴力信息就是网络空间中典型的对未成年人不宜的信息。网络空间中的暴力信息主要是指呈现、描述具有武力破坏性的伤害行为的,具有凶狠、血腥、粗暴等特征的有害信息。暴力信息的形式可以是文字、图片或视频等,其中视觉暴力信息的影响力最大,暴力信息可以引起受众过度兴奋、恐怖感、攻击欲望等不良情绪。借鉴新闻出版总署《关于部分应取缔出版物认定标准的暂行规定》对含有凶杀暴力内容出版物的认定标准,笔者认为,网络空间中的凶杀暴力信息至少包括以下几类:第一,通过对罪犯形象的描写,引起未成年人同情或赞赏罪犯的;第二,宣扬或唆使未成年人藐视法律威严的;第三,描述具体的犯罪细节或方法,诱发或鼓动未成年人模仿犯罪行为的;第四,描述有悖人性、令人感到恐怖的残酷或暴力行为,容易对未成年人造成心理伤害的;第五,对抢劫、偷窃、诈骗等具有犯罪性质的行为予以正面肯定的。

网络空间中的暴力信息在传播方式上具有高度隐蔽性。换句话说,暴力信息的传播者很少赤裸裸地呈现某种暴力信息,而是将暴力信息融进某一类特定的内容中,例如游戏、漫画、视频、直播等。当未成年人接触这些内容时,自然而然地就接触到其中所包含的暴力元素。例如,动漫是未成年人在网络空间中非常喜爱的一种文化产品,很多青少年是动漫作品的忠实粉丝。但不少动漫产品,尤其是日本的动漫产品所含的暴力元素非常多,未成年人在观看动漫时会不知不觉中受到暴力信息的影响。此外,在注意力经济的驱动下,一些犯罪新闻为攫取受众眼球,不惜过分呈现详细的犯罪过程和细节,这类新闻同样属于暴力信息。

除上述内容外,互联网上鼓励自伤、自杀、厌食或暴食等行为的信息也属于暴力信息。一些自伤网站打着“帮助”的旗号,怂恿一些人进行自我伤害或保持不健康的状态;有些网站公然描述伤害或自杀的方式、方法,甚至教授自杀的方法。此外,还有一部分网络暴力信息属于对个人进行攻击、恐吓、谩骂、嘲讽的侵权性信息。这些暴力信息采用匿名或隐身的形式,攻击特定个体并给对方造成精神痛苦和心理压力,对受害个体产生直接明显的危害。对于未成年人,淫秽色情信息也是典型的不宜信息。《关于认定淫秽及色情出版物的规定》对淫秽出版物和色情出版物予以了界定。① 根据两者的定义,可以发现,淫秽出版物和色情出版物的一个关键区别在于整体上是否是淫秽的,淫秽出版物整体上是宣扬淫秽行为的。国务院颁布的《出版管理条例》(2020 修订)明确规定,任何出版物不得含有宣扬淫秽、赌博、暴力或者教唆犯罪的内容。②

除淫秽出版物和色情出版物外,新闻出版署《关于部分应取缔出版物认定标准的暂行规定》中对"夹杂淫秽色情内容的出版物"也予以了界定。③ 随着各类传播技术手段的更新换代,法律对淫秽色情信息的内容范围又有了进一步扩充。2005 年新闻出版总署颁布了《关于认定淫

---

① 《关于认定淫秽及色情出版物的暂行规定》(新闻出版总署于 1988 年 12 月 27 日发布并实施)第 2 条规定,"淫秽出版物是指在整体上宣扬淫秽行为,具有下列内容之一,挑动人们的性欲,足以导致普通人腐化堕落,而又没有艺术价值或者科学价值的出版物:(一)淫亵性地具体描写性行为、性交及其心理感受;(二)公然宣扬色情淫荡形象;(三)淫亵性地描述或者传授性技巧;(四)具体描写乱伦、强奸或者其他性犯罪的手段、过程或者细节,足以诱发犯罪的;(五)具体描写少年儿童的性行为;(六)淫亵性地具体描写同性恋的性行为或者其他性变态行为,或者具体描写与性变态有关的暴力、虐待、侮辱行为;(七)其他令普通人不能容忍的对性行为的淫亵性描写";第 3 条规定,"色情出版物是指在整体上不是淫秽的,但其中一部分有第二条(一)至(七)项规定的内容,对普通人特别是未成年人的身心健康有毒害,而缺乏艺术价值或者科学价值的出版物"。

② 参见《出版管理条例》(2020 修订)第 24 条。该条例 2001 年 12 月 25 日颁布,2020 年进行了第五次修订。

③ 新闻出版署《关于部分应取缔出版物认定标准的暂行规定》(1989 年 11 月 3 日发布并实施)第 1 条规定:"'夹杂淫秽色情内容、低级庸俗、有害于青少年身心健康的'出版物(简称'夹杂淫秽内容的出版物'),是指尚不能定性为淫秽、色情出版物,但具有下列内容之一,低级庸俗,妨害社会公德,缺乏艺术价值或者科学价值,公开展示或阅读会对普通人特别是青少年身心健康产生危害,甚至诱发青少年犯罪的出版物:1. 描写性行为、性心理,着力表现生殖器官,会使青少年产生不健康意识的;2. 宣传性开放、性自由观念的;3. 具体描写腐化堕落行为,足以导致青少年仿效的;4. 具体描写诱奸、通奸、淫乱、卖淫的细节的;5. 具体描写与性行为有关的疾病,如梅毒、淋病、艾滋病等,令普通人厌恶的;6. 其他刊载的猥亵情节,令普通人厌恶或难以容忍的。"

秽与色情声讯的暂行规定》,就声讯、淫秽声讯和色情声讯分别进行了规定。① 通过固定电话传送的声音等信息都称为声讯。在网络空间中,淫秽声讯和色情声讯我们都可以将其界定为淫秽色情信息。

我国对网络淫秽色情信息一直采取严厉打击的态度,但网络扫黄形势依然十分严峻。当前,网络空间的淫秽色情信息传播出现了一些新特征:淫秽色情信息的跨国跨境传播增加了政府部门的监管难度,不法分子为逃避法律打击将服务器转移到国外。"互联网观察基金会(Internet Watch Foundation)发现,92% 被其识别的包含儿童性侵内容的 URL(Uniform Resoure Locator)②位于五个国家:荷兰、美国、加拿大、法国和俄罗斯"③;随着网络传播技术的发展,不法分子通过不断更换 IP 地址等方式持续传播淫秽色情信息,传播方式更加隐匿和秘密;有些网络服务商为增加流量,故意打法律的"擦边球",钻法律的空子,大量传播软色情信息;随着自媒体和社交网络的发展,淫秽色情信息传播平台和传播主体呈现多样化的特征。微信、微博、QQ 群、各类社交 App 等平台成了传播淫秽色情信息的新空间,还有一些 App 上充斥着"儿童软色情表情包"。

---

① 参见新闻出版总署《关于认定淫秽与色情声讯的暂行规定》第 1 ~ 3 条。第 1 条规定,"本规定所称声讯,是指利用固定电话传送的声音等信息";第 2 条规定,"淫秽声讯是指在总体上宣扬下列内容,足以挑动、引诱普通人产生性欲的声音等信息:(一)淫亵性地具体描述性行为、性交及其心理感受;(二)淫亵性地描述或者传授性技巧;(三)具体描述乱伦、强奸或者其他性犯罪手段、过程或者细节;(四)具体描述少年儿童性交,或者具体描述成年人与少年儿童的性行为;(五)淫亵性地具体描述同性恋的性行为或者其他性变态行为;(六)具体描述与性变态有关的暴力、虐待、侮辱行为;(七)淫亵性地突出描述性器官;(八)淫亵性地传送有关性行为的声响;(九)其他令普通人不能容忍的对性行为、性器官的淫亵性描述";第 3 条规定,"色情声讯是指具有部分淫秽内容,对普通人特别是未成年人的身心健康有毒害的声音等信息"。

② URL 一般指统一资源定位符,统一资源定位符是对可以从互联网上得到的资源的位置和访问方法的一种简洁的表示,是互联网上标准资源的地址。

③ 联合国儿童基金会:《2017 年世界儿童状况:数字时代的儿童》,载联合国儿童基金会网 2018 年 5 月 31 日,https://www.unicef.cn/media/4606/file/数字时代的儿童.pdf。

二、我国未成年人网络有害信息接触及危害

（一）我国未成年人网络有害信息接触的相关调查

1. 青少年蓝皮书系：中国未成年人互联网运用报告

2006 年，中国未成年人互联网运用状况调查启动。2010 年，《青少年蓝皮书》首发面世，该项目由中国社会科学院新闻与传播研究所联合中国少年儿童发展服务中心等部门实施，该项目的实施，有助于我们全面了解未成年人使用互联网的情况。《中国未成年人互联网运用报告（2013～2014）》显示：未成年人首次触网更趋低龄化，遭遇不良信息更呈常态化。从未在网上遇到过不良信息的未成年人比例总体上呈下降趋势，有近八成未成年人在上网过程中遭遇过不良信息，且这一比例还在逐年上升。调查还显示，广告是不良信息的主要来源，59% 以上的不良信息来源于广告，多以广告推销、不雅图片、骚扰信息等形式呈现。《中国未成年人互联网运用和阅读实践报告（2017～2018）》披露，"尽管经过网络治理，2017 年，从未遇到过网络不良信息的未成年人占比大大提升（在城市和乡村分别为 37.7% 和 31.5%），但仍有近七成未成年人在网络上遇到不良信息"。[①]《中国未成年人互联网运用报告（2019）》指出，未成年人接触淫秽色情等不良信息的主要途径是网站自动推送，其中浏览网页时自动跳出的占比 71.4%，通过垃圾短信提供网址链接的占比 19.3%，朋友（同学）通过手机发送的占比 14.2%，通过搜索引擎主动搜索色情网站的仅占比 5.9%。[②] 这些不良信息对未成年人身心健康危害极大。

2. 专项重点调查：网络不良信息与未成年人保护研究报告

2015 年至 2016 年由中国青少年研究中心实施的国家财政专项重点

---

① 季为民、沈杰、杨斌艳：《我国未成年人互联网运用和阅读实践现状、问题及其对策》，载季为民、沈杰主编：《中国未成年人互联网运用和阅读实践报告（2017～2018）》，社会科学文献出版社 2018 年版，第 1～30 页。

② 数据来源于《2019 年全国未成年人互联网使用情况研究报告》。

课题“未成年人网络不良信息与未成年人保护”，对北京、山东、江苏、陕西、甘肃、广东、河南七个省市未成年人接触不良信息的状况进行了全面调查。在所调查的未成年人中，62.5%的人接触过网络淫秽色情信息，95.5%的人接触过网络暴力信息。绝大多数未成年人坦诚自己是被动接触到这些不良信息的，他们初次接触不良信息的时间主要集中在小学和初中阶段，接触到的淫秽色情信息和暴力信息的主要形式为图片、视频和游戏。在对不良信息的处理方式上，值得注意的是，普通未成年人接触到淫秽色情、暴力信息后处理方式较为理性，而未成年犯在犯罪前对这些不良信息的模仿和转发比例较高。

3. 中国互联网络信息中心（CNNIC）：全国未成年人互联网使用情况研究报告

《2019年全国未成年人互联网使用情况研究报告》显示，曾在上网的过程中遭遇到各类不良信息的未成年人比例为46%，其中遇到炫富类信息的占比高达23.5%，淫秽色情、血腥暴力、消极思想内容的占比也均超过了15%。《2020年全国未成年人互联网使用情况研究报告》显示，2020年未成年网民遭遇网络不良信息的情况也明显好转。在上网过程中遭遇过不良信息的未成年人占比为34.5%，较2019年下降了11.5个百分点。其中血腥、暴力或教唆犯罪内容的信息比例从2019年的19.7%下降至2020年的10.4%，下降了9.3个百分点。①

根据国内外各项调查中未成年人接触网络不良信息的数据，我们不难得出以下结论：第一，未成年人触网更趋低龄化已成全球现状和趋势，今天的未成年网民是名副其实的“网络原住民”；第二，智能手机上网已经成为未成年人上网的主要形式；第三，各国未成年人都不同程度存在有意或无意浏览网络、手机上的暴力色情等不良信息的情况，且有愈演愈烈的趋势；第四，未成年人的网络生活遭遇有害信息的侵扰和影响，亟

① 数据来源于《2020年全国未成年人互联网使用情况研究报告》。

须法律规制。

中国传媒大学曾祥敏教授指出：网络上低俗有害类信息屡禁不止的现象背后，“利益驱动是最大的推手”。“在高额利润和低违规成本的综合作用下，部分不良运营商甘于冒着被查处的风险，进行违规操作。”① 一方面，互联网信息发布的准入门槛低，方便用户的同时也给了不良运营商以可乘之机；另一方面，发布低俗不良信息的惩罚力度低、威慑力不足、违法违规成本低，导致一些不良信息发布者存有侥幸心理。

（二）网络有害信息对未成年人的危害

《2014年中国青少年上网行为研究报告》指出，未成年网民是最可能受到互联网违法和不良信息影响的群体，网络诈骗、网络谣言、网络暴力、网络色情、封建迷信等有害信息的传播极大地威胁到未成年人的安全。② 网络有害信息对未成年人的危害主要集中在以下几方面：

1. 影响未成年人的正常学习和社会交往

未成年人多数处于中小学教育阶段，网络上的血腥暴力、低俗色情等刺激性信息很容易激发未成年人的好奇心和尝试心理，会耗费未成年人的精力并让他们沉迷上瘾。如果不能及时有效地引导和纠偏，未成年人很容易选择寻求即时的感官刺激和简单快感，从而影响他们的正常学习和学习兴趣，甚至造成他们学习成绩下降、厌学、逃学、弃学等后果。调查发现：以未成年人为调查对象，认为网络不良信息会使自己对学习失去兴趣的未成年人占比为78.6%；以未成年人父母为调查对象，认为网络不良信息会影响未成年人学习的未成年人父母占比为81.4%；以中小学教师为调查对象，认为网络不良信息会使未成年人失去学习兴趣的

① 《对网络低俗信息“零容忍”让未成年人安心畅游》，载金台资讯百家号2020年8月31日，https://baijiahao.baidu.com/s?id=1676531760081585584&wfr=spider&for=pc。

② 参见中国互联网络信息中心：《2014年中国青少年上网行为研究报告》，载中国互联网络信息中心网，http://www.cnnic.cn/NMediaFile/old_attach/P020150603434893070975.pdf。

中小学教师占比为83.7%。[①] 直接表示"浏览网络色情暴力等信息对我的学习或生活造成明显的不好影响"的未成年犯群体占比为45.65%，普通未成年人群体占比也达24.42%，这些数据进一步说明了网络不良信息对未成年人造成的不良后果和负面影响。

淫秽色情信息对未成年人的影响和危害极大，这类有害信息最大的特征在于其能够挑动受众的性欲。未成年人正处在身心发育、成长的关键时刻，性生理和性心理都尚未成熟，未经世事的他们往往对性有着强烈的好奇心和探索欲。面对淫秽色情信息的诱惑，未成年人生理上的原始欲望极易被引发，也极易失去控制力，进而深陷其中不能自拔。不少未成年人沉湎其中后出现精神萎靡，注意力涣散，严重影响其学习生活和身心健康。

专门针对未成年犯的调查发现：未成年犯网络有害信息沉迷情况严重。在网龄方面，未成年犯群体网龄比普通未成年人要偏长，"网龄在5年及以上的占比为40.3%，高于普通未成年人群体的6.4%"。在每日上网时长方面，未成年犯群体集中于5小时及以上，比例高达35.6%，而普通未成年人群体处于这个程度的比例仅为6.9%。相比之下，普通未成年人群体每天上网时长集中在3小时以内（其中1～3小时占比26.9%，0.5～1小时占比34.7%，0.5小时以下占比23.4%），占主导地位的是每天上网0.5～1小时。[②] 在未成年犯群体中，"当我心情不好时，首先想到的放松方式是上网浏览色情暴力等信息"情形的占比为18.83%；"一上网就想去浏览色情暴力等信息"的情况占比达19.04%；"不上网的时候，也经常想着色情暴力等信息"的比例达到18.64%；"总是觉得要花更多的时间浏览色情暴力等信息才能满足"的占比达

① 参见郭开元主编：《网络不良信息与未成年人保护研究报告》，中国人民公安大学出版社2018年版，第17页。

② 参见郭开元主编：《网络不良信息与未成年人保护研究报告》，中国人民公安大学出版社2018年版，第131～132页。

16.6%;“自己想要减少浏览色情暴力等信息的时间和次数,却很难做到的”占比18.61%;“如果停止浏览网络色情暴力等信息,会感到不知道要做什么,或者焦躁不安甚至恼火的”占比14.63%;“经常只是想浏览一会儿,却在网上待了很长时间的”未成年犯占比达40.8%。[①] 从以上数据可以看出,网络有害信息对未成年犯的负面影响很大,未成年犯网络有害信息沉迷的程度相较于普通未成年人群体来说,十分严重。部分未成年犯已经被网络有害信息所同化,无法控制自己浏览有害信息的欲望和行为。

即便对普通未成年人来说,网络有害信息也会影响他们正常的社会交往。未成年人对网络有害信息的沉迷直接影响着他们与家人、朋友的沟通交流。调查发现,81.8%的未成年人认为网络不良信息会使他们沉迷网络而影响他们与家人、朋友的沟通交流;78.3%的未成年人父母、87.1%的中小学教师认为网络不良信息会使未成年人沉迷网络而影响未成年人与家人、朋友的沟通交流。[②]

2.影响未成年人正确人生观和价值观的形成

色情、暴力、反科学、反社会、宣扬仇恨等有害信息在网上随处可见,其中宣扬的行为规范及价值观念会对长期处于这种文化环境中的未成年人造成不良的影响,致使其道德观受到误导,荣辱观及社会责任感缺失。通过调查发现,七成以上人群认为网络不良信息会对未成年人的道德品质产生负面影响。其中,75.1%的未成年人认为网络不良信息会影响他们的道德品质,73.6%的未成年人父母、84%的中小学教师认为网络不良信息会影响未成年人的道德品质。网络不良信息对未成年人社会责任感缺失的影响也得到了五成以上人的认同,55.7%的未成年人认

---

① 参见郭开元主编:《网络不良信息与未成年人保护研究报告》,中国人民公安大学出版社2018年版,第135~136页。

② 参见郭开元主编:《网络不良信息与未成年人保护研究报告》,中国人民公安大学出版社2018年版,第17页。

为网络不良信息会使他们缺少社会责任感，54.5%的未成年人父母、60.1%的中小学教师认为网络不良信息会使未成年人缺少社会责任感。①

封建迷信信息装神弄鬼，迷惑视听，严重违背科学规律。只要信息接受者具备一定的科学素养，对这类信息的鉴别和忽略并不具有难度。但是未成年人正处在学习科学文化知识阶段，尚未形成对封建迷信信息的完整鉴别能力。再加之未成年人对未知世界具有天然的好奇心，他们比较容易被这类信息所迷惑。封建迷信信息的传播，对未成年人人生观和价值观的形成均有不良影响，并对其心理健康产生危害。

除了封建迷信，作为“新俗信”的星座文化也借助网络空间在未成年人群体中广泛流行。在科学技术日益发达的当代，未成年人的科学素质和科学精神却没有跟上时代的脚步，生活在现代科技包围下的未成年人在遇到无法解决的问题时，第一反应却是求助于神秘的“占星术”和“超能力”。需要引起注意的是，许多青年人不仅将星座文化当作百无聊赖时的娱乐消遣，甚至还将之视为值得依赖的精神寄托。② 一些网站出于营利目的，刻意迎合未成年人群体的需要，纷纷开设星座频道，各类星座软件的泛滥也在助推星座文化在未成年人群体中的扩散和传播。“从青少年个体心理发展的内因来看，星座文化迎合了青少年社会认知的需要和自身信念体系形成的需要，与这一年龄段的心理特征发展有关。”③但是，星座文化究其本质依然是西方文化唯心论的产物，最终宣扬的是宿命论思想，对未成年人的人生观、世界观、价值观的形成具有极大的消极影响。

---

① 参见郭开元主编：《网络不良信息与未成年人保护研究报告》，中国人民公安大学出版社2018年版，第17页。

② 参见曾一果：《网络社会的“新俗信”：后亚文化视角下的“星座控”》，载《西北师大学报（社会科学版）》2020年第4期。

③ 周舟：《星座文化下青少年的心理观之管见》，载《社会心理科学》2004年第3期。

3. 诱发未成年人暴力行为和违法犯罪

在传播学史上，暴力信息对未成年人的影响是学者们长期关注的问题。这方面的研究早在20世纪二三十年代就已经开始了，其中比较著名的是佩恩基金的研究。该研究认为，暴力电影能够有效地对儿童情感进行刺激，有效地改变儿童态度，并且对儿童的健康和正常成长产生负面效应，同时暴力电影也会对儿童的道德水平产生侵蚀作用。20世纪60年代，为了调查美国社会出现高犯罪率的原因和有效遏制犯罪，美国政府专门成立了暴力原因与防范国家委员会并提交了标志性报告——《暴力与媒体》。该报告专门探讨了暴力电视与青少年攻击行为之间的关系。报告结论认为收看暴力节目的数量和攻击性行为之间存在强相关性："观看暴力节目导致攻击性倾向，暴力倾向导致了选择收看暴力节目。暴力倾向和收看暴力节目两者都是另外一个的条件或另外一系列条件的产物。"①

2013年，江苏省东海县发生小学生模仿动画片《喜羊羊与灰太狼》中的烤羊剧情而导致严重烧伤事故。事后，被严重烧伤的孩子家长将点火的同伴及动画片制作公司一并告上法庭。法院审理认为，动画片《喜羊羊与灰太狼》中的暴力情节和画面，对本案未成年人的行为认知产生了不良影响，从而误导本案未成年人模仿其情节，造成了原告李某冉、李某被烧伤的严重后果。② 为此，法院判令动画制作公司承担相应的责任即赔偿原告15%的损失。类似的事件层出不穷：2014年，江苏省宿迁市发生两岁半的男孩模仿动画片《熊出没》里的光头强，用斧头砍伤自己手指的事件；2016年，陕西省10岁女孩模仿光头强用电锯锯伤5岁妹妹的

① ［美］希伦·A. 洛厄里、［美］梅尔文·L. 德弗勒：《大众传播效果研究的里程碑》（第3版），刘海龙等译，中国人民大学出版社2009年版，第327页。

② 参见李健、黄超等：《模仿喜洋洋剧情烧伤玩伴受伤儿童告动漫制作人》，载中国新闻网2013年5月17日，http://www.chinanews.com/fz/2013/05－17/4831642.shtml。

脸;2018年,安徽省芜湖市发生6岁女童模仿动画片情节撑伞跳楼受伤事件。

相关实证研究还表明,暴力信息和犯罪之间存在关系,即暴力信息现实化问题。有研究者指出:无论如何,流行病学证据表明,假设电视技术从未得到发展,那么美国每年的杀人犯将减少1万个,强奸案将减少7万起,造成人身伤害的人身攻击将减少70万次。① 由此可见,暴力信息的危害之大。

暴力信息对心智不成熟的未成年人来说,影响和危害更为严重,主要原因如下:第一,未成年人模仿能力强,暴力信息给未成年人提供了模仿对象,再加上未成年人对暴力所产生的社会危害性不甚理解,这就给未成年人实施暴力行为带来了内在的隐患。第二,相关研究表明暴力信息对未成年人具有明显的刺激性。换句话来说,当未成年人大量接触暴力信息之后,情绪很有可能会变得亢奋,未成年人自我控制能力较弱,也有可能在这种不良情绪的引导下实施暴力行为。第三,某些暴力信息将暴力行为描述成一种合法合理解决问题的有效方法。涉世未深的未成年人会误以为真,对暴力行为采取一种认同的态度并且很可能在一定的环境中去实施暴力行为。我国有关媒体就暴力信息对青少年影响的实证研究结果,也支持了这一论断。第四,当未成年人大量接触暴力信息时,对暴力信息的刺激性感知会逐渐降低,即对暴力信息产生脱敏效应。换句话来说,未成年人原本不适的心理状态会随着接触暴力信息量的提高和接触频率的提升减轻甚至消失。对暴力受害者的同情和怜悯心理也会减弱甚至消失。这种情况将使未成年人认为暴力行为是一种稀松平常的现象。通过上述机制的作用证明,暴力信息对未成年人产生的危害是明显的。

---

① 参见[美]斯坦利·巴兰、[美]丹尼斯·戴维斯:《大众传播理论:基础、争鸣与未来》(第5版),曹书乐译,清华大学出版社2014年版,第207页。

《2013年我国未成年犯抽样调查分析报告》指出,玩暴力网游、看色情网站、玩色情游戏等网络不良行为是引起未成年人犯罪的重要原因。① 上文也曾提到,未成年人的模仿能力和可塑性强,极易受暴力、色情等网络有害信息的影响。在未成年人的暴力犯罪中,有不少未成年罪犯是在网络暴力信息的影响下,走上了犯罪道路。一些未成年人沉迷于网络游戏里打打杀杀的世界,分不清现实和虚幻的界限,不能真正理解自身犯罪行为的严重后果。在未成年人涉性犯罪中,网络淫秽色情信息更是逃脱不了干系。海淀法院少年法庭法官王立娟特别指出,在未成年人涉性犯罪案件中,有90%的被告人曾受过黄色书刊或影视、黄色网站等有害信息的影响。②

还有一种情况也应该引起人们的高度重视。深受网络淫秽色情信息毒害的未成年人不仅可能对他人实施性犯罪,还可能成为网络色情信息的传播者。不少淫秽色情论坛规定,接触更多的相关信息有两种方法:一种是用户直接付费购买淫秽色情类信息;另一种是用户通过向他人传播淫秽色情信息提高自己的级别来换取淫秽色情信息。未成年人缺乏独立的经济来源,如果想要更多地获得淫秽色情信息,只有向他人进行传播来获取所谓的"福利"。在"MM公寓"特大淫秽色情网站案件③调查中,办案民警惊讶地发现,淫秽色情信息传播者中未成年人不在少数,甚至部分还是未满14岁的少年儿童。

---

① 参见路琦等:《2013年我国未成年犯抽样调查分析报告》(下),载《青少年犯罪问题》2014年第4期。

② 参见《未成年人涉性犯罪不断上升,家庭不稳定是主因》,载央视网2007年9月13日,http://news.cctv.com/china/20070913/100198.shtml。

③ "MM公寓"是建于2009年1月的一个淫秽色情论坛,服务器设在美国,受众主要面向我国国内。"MM公寓"下设11个总板块,78个子板块,例如教育专区、新人学习、网站活动等。该网站主题帖达到了40余万个,帖子数达800余万条,除少数是休闲板块外,90%的发帖均涉及淫秽色情内容,以图片、文字和视频为主,注册会员超过百万人。该网站被公安机关定为特大淫秽色情网站。2012年5月,在公安部网安局的统一调度下,"MM公寓"特大淫秽色情网站被摧毁。在这起特大色情网站案件中,青少年的参与度让公安机关深感忧虑。

4. 直接侵害未成年人的人身和财产权益

2018 年,最高人民法院发布的利用互联网侵害未成年人权益的 10 起典型案例,①其中一半以上和有害信息有关联。在乔某某以视频裸聊方式猥亵儿童案中,乔某某通过 QQ 添加不满 14 周岁幼女为好友,并冒充生理老师以视频教学为名,先后诱骗多名幼女与其视频裸聊。在王某以招收童星欺骗猥亵儿童案中,被告人王某利用网上 QQ 聊天软件,以某公司招收童星需要视频考核身材为名,先后诱骗 10 岁的赵某某、12 岁的钱某某、12 岁的李某某等三名女孩与其视频裸聊。上述两起案件中,被害人都是未成年人,她们对不良信息的甄别能力差,缺乏基本性知识,最终成为被猥亵的对象。在叶某甲通过网络向未成年人贩卖毒品案中,被告人叶某甲通过 QQ 联系,利用网络向未成年人贩卖毒品最终被判刑。

最高人民法院发布的利用互联网侵害未成年人权益的十起典型案例,有两起涉及网络虚假诈骗信息。在刘某某提供虚假网络技术诈骗案中,刘某某在互联网上发布传授入侵他人电脑技术、教做外挂及教人用代码开通永久会员等虚假信息,以此来招收学员骗取学费。只有 10 岁的在校学生张某某,通过 QQ 与刘某某取得联系后,用父亲的手机通过支付宝向刘某某交付学费,先后被骗去 13 万余元。在江某某网上虚假销售诈骗案中,江某某也是利用互联网发布虚假的出售二手手机的信息,骗取两名未成年学生李某甲和李某乙的钱财,构成诈骗罪。虚假诈骗信息是通过欺骗来牟取利益,未成年人的身心特点决定了其对这类信息的甄别能力不高,警惕性不足。未成年人缺乏独立的经济能力,又有一定的消费需求,加之涉世不深,对虚拟网络交易风险缺乏防范意识,很容易成为网络诈骗分子的"囊中之物"。

---

① 参见《最高人民法院发布利用互联网侵害未成年人权益的典型案例》,载最高人民法院网 2018 年 6 月 1 日,https://www.court.gov.cn/zixun-xiangqing-99432.html。

以上典型案例,一方面对未成年人的监护人敲响了警钟,对未成年人的网络使用行为,家长不能听之任之,不管不问,而是要帮助他们去识别及屏蔽色情、暴力、毒品和诈骗等有害信息,避免他们成为网络有害信息的受害者;另一方面也对未成年人网络保护提出了立法需求,未成年人的网络空间亟须净化,依法对未成年人网络空间内容进行生态治理,对未成年人身心的健康成长非常重要。

三、我国网络有害信息治理立法进程与现状

创造适合未成年人成长的网络空间,为未成年人提供健康有益的网络生态环境,保障未成年人在网络空间的生存权和发展权,避免或减少网络有害内容对未成年人身心的摧残和伤害,使其身心健康成长,帮助其树立正确的人生观、世界观和价值观,不仅是我国对网络安全面对的重要课题,也是互联网时代未成年人保护的重要内容。随着互联网的发展,国家对数字安全和网络安全的重视,结合我国已有的未成年人保护的相关规定,我国对网络空间有害信息的法律监管经历了从无到有,从分散到逐步集中的过程,相关法律法规正在逐步建立健全。

(一)2000年之前以行政法规和规章为主体

对网络中以各种形式存在的有害信息的清除是各国网络空间治理的一项重要工作。我国的网络有害信息治理与我们对有害信息的认识过程紧密联系在一起。早在互联网普及之前,我国就有一些涉及有害信息治理的行政文件。1989年9月16日,中共中央办公厅、国务院办公厅发布的《关于整顿、清理书报刊和音像市场严厉打击犯罪活动的通知》明确提出:“凡属于下列范围的书报刊和音像制品一律取缔:宣扬资产阶级自由化或其他内容反动的;有严重政治错误的;淫秽色情的;夹杂淫秽色情内容、低级庸俗、有害于青少年身心健康的;宣传封建迷信、凶杀暴力的;封面、插图、广告及其他宣传品存在上述问题的;非法出版的书报刊和音像制品。”其中列举出的出版物中存在的被清理内容带有典型的有害信息的特征。

1989年11月,新闻出版总署发布《关于部分应取缔出版物认定标准的暂行规定》,该规定对前述通知中提到的应取缔的“夹杂淫秽色情内容、低级庸俗、有害于青少年身心健康的出版物”“宣扬封建迷信的出版物”“宣扬凶杀暴力的出版物”的认定标准作了非常详细的界定。

从20世纪90年代起,随着中国接入互联网,我们对有害信息的认知范畴又增加了危害用户电脑系统和数据库安全的计算机病毒、“木马”等高风险类信息。1994年,《中华人民共和国计算机信息系统安全保护条例》(以下简称《计算机信息系统安全保护条例》)①发布,该条例作为国务院令,以行政法规的形式对网络安全管理进行了规定,该条例明确规定由公安部归口管理对计算机病毒和危害社会公共安全的其他有害数据的防治研究工作。1995年公布的《中华人民共和国警察法》(2012修正)规定由公安部门监督管理计算机信息系统安全保护工作,同年,公安部计算机管理监察司还提醒国人要注意有害信息的侵袭。1996年,公安部《关于对〈中华人民共和国计算机信息系统安全保护条例〉中涉及的“有害数据”问题的批复》对有害数据予以界定。② 该批复奠定了人们对网络有害信息的基本认识。

1996年2月,国务院发布《计算机信息网络国际联网管理暂行规定》。作为国务院颁布的行政法规,该规定从守法守规以及禁止性义务两个维度对从事国际联网业务的单位和个人提出了明确要求,其中禁止性义务包括不得制作、查阅、复制和传播妨碍社会治安的信息和淫秽色

① 《计算机信息系统安全保护条例》,1994年2月18日由中华人民共和国国务院令第147号发布,根据2011年1月8日国务院令第588号《国务院关于废止和修改部分行政法规的决定》修订,自2011年1月8日起施行。

② “有害数据”是指计算机信息系统及其存储介质中存在、出现的,以计算机程序、图像、文字、声音等多种形式表示的,含有攻击人民民主专政、社会主义制度,攻击党和国家领导人,破坏民族团结等危害国家安全内容的信息;含有宣扬封建迷信、淫秽色情、凶杀、教唆犯罪等危害社会治安秩序内容的信息,以及危害计算机信息系统运行和功能发挥,应用软件、数据可靠性、完整性和保密性,用于违法活动的计算机程序(含计算机病毒)。参见公安部《关于对〈中华人民共和国计算机信息系统安全保护条例〉中涉及的“有害数据”问题的批复》(公复字〔1996〕8号)。

情等有害信息。[①]

1997 年 12 月，由国务院批准，公安部发布了《计算机信息网络国际联网安全保护管理办法》，该办法于 2011 年修订后由国务院重新颁布（国务院令第 588 号）。该办法明确规定，任何单位和个人不得利用国际联网制作、复制、查阅和传播宣扬封建迷信、淫秽、色情、赌博、暴力、凶杀、恐怖的信息，以及教唆犯罪的信息等。[②] 该办法同时规定，任何单位和个人不得从事危害计算机信息网络安全的活动。[③] 这里治理的有害信息可以概括为三大类：违反法律类、违反道德类、破坏信息安全类。

1997 年修订的《中华人民共和国刑法》（以下简称《刑法》）[④]中第

---

① 参见《计算机信息网络国际联网管理暂行规定》第 13 条。

② 《计算机信息网络国际联网安全保护管理办法》（2011 修订）第 5 条规定，"任何单位和个人不得利用国际联网制作、复制、查阅和传播下列信息：（一）煽动抗拒、破坏宪法和法律、行政法规实施的；（二）煽动颠覆国家政权，推翻社会主义制度的；（三）煽动分裂国家、破坏国家统一的；（四）煽动民族仇恨、民族歧视，破坏民族团结的；（五）捏造或者歪曲事实，散布谣言，扰乱社会秩序的；（六）宣扬封建迷信、淫秽、色情、赌博、暴力、凶杀、恐怖，教唆犯罪的；（七）公然侮辱他人或者捏造事实诽谤他人的；（八）损害国家机关信誉的；（九）其他违反宪法和法律、行政法规的"。

③ 《计算机信息网络国际联网安全保护管理办法》（2011 修订）第 6 条规定："任何单位和个人不得从事下列危害计算机信息网络安全的活动：（一）未经允许，进入计算机信息网络或者使用计算机信息网络资源的；（二）未经允许，对计算机信息网络功能进行删除、修改或者增加的；（三）未经允许，对计算机信息网络中存储、处理或者传输的数据和应用程序进行删除、修改或者增加的；（四）故意制作、传播计算机病毒等破坏性程序的；（五）其他危害计算机信息网络安全的。"

④ 《刑法》于 1979 年 7 月 1 日由第五届全国人民代表大会第二次会议通过，1997 年 3 月 14 日第八届全国人民代表大会第五次会议修订。根据 1998 年 12 月 29 日的《全国人民代表大会常务委员会关于惩治骗购外汇、逃汇和非法买卖外汇犯罪的决定》、1999 年 12 月 25 日的《刑法修正案》、2001 年 8 月 31 日的《刑法修正案（二）》、2001 年 12 月 29 日的《刑法修正案（三）》、2002 年 12 月 28 日的《刑法修正案（四）》、2005 年 2 月 28 日的《刑法修正案（五）》、2006 年 6 月 29 日的《刑法修正案（六）》、2009 年 2 月 28 日的《刑法修正案（七）》、2009 年 8 月 27 日的《全国人民代表大会常务委员会关于修改部分法律的决定》、2011 年 2 月 25 日的《刑法修正案（八）》、2015 年 8 月 29 日的《刑法修正案（九）》、2017 年 11 月 4 日的《刑法修正案（十）》、2020 年 12 月 26 日的《刑法修正案（十一）》修正。

103 条煽动分裂国家罪，第 105 条煽动颠覆国家政权罪，第 120 条之三宣扬恐怖主义、极端主义、煽动实施恐怖活动罪，第 152 条走私淫秽物品罪，第 249 条煽动民族仇恨、民族歧视罪，第 250 条出版歧视、侮辱少数民族作品罪，第 286 条破坏计算机信息系统罪，第 287 条之一非法利用信息网络罪，第 291 条之一编造、故意传播虚假信息罪，第 308 条之一泄露不应该公开的案件信息罪，第 364 条传播淫秽物品罪，第 367 条淫秽物品的范围，第 398 条故意、过失泄露国家秘密罪等条款直接列出和有害信息相关的犯罪及处罚规定。

1998 年 2 月 13 日《计算机信息网络国际联网管理暂行规定实施办法》颁布实施，该实施办法对"国际联网""用户"予以界定。① 并对用户、互联单位、接入单位的义务，特别是有害信息的禁止义务予以了规定。② 上述法律法规的出台，为我国打击网络违法犯罪行为，预防和禁止有害信息的网络传播提供了基础法律依据。

（二）网络空间有害信息法律规制的快速发展

随着互联网在我国的广泛应用和普及，自 2000 年开始，我国加快了保障网络安全、防范整治有害信息的立法进程。2000 年，全国人大常委会通过了《关于维护互联网安全的决定》。该决定出台的目的是维护国

---

① 《计算机信息网络国际联网管理暂行规定实施办法》第 3 条规定，"本办法下列用语的含义是：（一）国际联网，是指中华人民共和国境内的计算机互联网络、专业计算机信息网络、企业计算机信息网络，以及其他通过专线进行国际联网的计算机信息网络同外国的计算机信息网络相联接……（四）用户，是指通过接入网络进行国际联网的个人、法人和其他组织；个人用户是指具有联网帐号的个人……"

② 《计算机信息网络国际联网管理暂行规定实施办法》第 18 条第 1 款规定，"用户应当服从接入单位的管理，遵守用户守则；不得擅自进入未经许可的计算机系统，篡改他人信息；不得在网络上散发恶意信息，冒用他人名义发出信息，侵犯他人隐私；不得制造、传播计算机病毒及从事其他侵犯网络和他人合法权益的活动"；第 20 条规定，"互联单位、接入单位和用户应当遵守国家有关法律、行政法规，严格执行国家安全保密制度；不得利用国际联网从事危害国家安全、泄露国家秘密等违法犯罪活动，不得制作、查阅、复制和传播妨碍社会治安和淫秽色情等有害信息；发现有害信息应当及时向有关主管部门报告，并采取有效措施，不得使其扩散"。

家安全和社会公共利益,保护个人、法人和其他组织的合法权益,促进我国互联网的健康发展。该决定明确,对于在互联网上传播有害信息的行为即在互联网上建立淫秽网站、网页,提供淫秽站点链接服务,或者传播淫秽书刊、影片、音像、图片的行为,构成犯罪的,将根据《刑法》相关规定追究刑事责任。2001 年,为进一步规范出版秩序,制止社会上传播有害信息的非法活动,新闻出版总署发布了《关于禁止传播有害信息进一步规范出版秩序的通知》。2005 年,全国人大常委会颁布了《中华人民共和国治安管理处罚法》(以下简称《治安管理处罚法》),规定对制作、运输、复制、出售、出租淫秽的书刊、图片、影片、音像制品等淫秽物品或者利用计算机信息网络、电话以及其他通讯工具传播淫秽信息的;或者有组织播放淫秽音像,组织或者进行淫秽表演,参与聚众淫乱活动行为之一的,或者明知他人从事前述活动为其提供条件的,将按照该法的规定被处以拘留、罚款的处罚。① 笔者认为,前述治安管理处罚的法律规定,适用于网络空间有害信息传播行为的法律惩治。

2015 年,《中华人民共和国国家安全法》(以下简称《国家安全法》)公布。该法明确国家坚持社会主义先进文化前进方向,培育和践行社会主义核心价值观,防范和抵制不良文化的影响。同时,该法明确规定为维护国家网络空间主权、安全和发展利益,国家建设网络与信息安全保障体系,提升网络与信息安全保护能力,加强网络管理,防范、制止和依法惩治网络攻击、网络入侵、网络窃密、散布违法有害信息等网络违法犯罪行为。②

2016 年,全国人大常委会审议通过了《中华人民共和国网络安全法》(以下简称《网络安全法》)。该法的颁布与实施,在我国网络安全立法史上具有里程碑意义。该法明确规定,为推动构建安全的网络空间,

① 参见《治安管理处罚法》第 68 条、第 69 条。

② 参见《国家安全法》第 23 条、第 25 条。

国家积极开展网络空间治理和打击网络违法犯罪等方面的国际交流与合作。同时还规定，网络运营者开展经营和服务活动，应履行网络安全保护义务。建设、运营网络或者通过网络提供服务，应当在守法的前提下，采取技术措施保障网络安全运行，防范网络违法犯罪活动。国家保护个人和组织依法用网的权利，同时要求任何个人和组织应依法用网，不得利用网络从事危害国家安全、荣誉和利益，宣扬恐怖主义、极端主义，宣扬民族仇恨、民族歧视，传播暴力、淫秽色情信息等活动。① 此外，该法明确规定，为了给未成年人提供安全、健康的网络环境，对有利于未成年人健康成长的网络产品和服务，国家支持研究开发；对利用网络从事危害未成年人身心健康的活动，依法惩治。②

2001 年以来，我国对《刑法》也作出了与时俱进的修正和修改。其中《刑法修正案(七)》《刑法修正案(九)》对网络信息的有关犯罪予以了规定。《刑法》(2020 修正)第六章"妨害社会管理秩序罪"中第一节"扰乱公共秩序罪"明确规定了非法侵入计算机信息系统罪，非法获取计算机信息系统数据、非法控制计算机信息系统罪，提供侵入、非法控制计算机信息系统程序、工具罪，破坏计算机信息系统罪，拒不履行信息网络安全管理义务罪，非法利用信息网络罪，帮助信息网络犯罪活动罪等与网络信息安全相关的犯罪，并作出了利用计算机实施犯罪的提示性规定。③ 此外，《刑法》第六章"妨害社会管理秩序罪"中第九节"制作、贩卖、传播淫秽物品罪"规定了制作、复制、出版、贩卖、传播淫秽物品牟利罪，为他人提供书号出版淫秽书刊罪，传播淫秽物品罪，组织播放淫秽音像制品罪，组织淫秽表演罪等。④《刑法》对淫秽物品也进行了界定，"淫秽物品，是指具体描绘性行为或者露骨宣扬色情的诲淫性的书刊、影片、

---

① 参见《网络安全法》第 7 条、第 9 条、第 10 条、第 12 条。

② 参见《网络安全法》第 13 条。

③ 参见《刑法》第 285 条、第 286 条、第 286 条之一、第 287 条之一、第 287 条之二。

④ 参见《刑法》第 363 ~ 366 条。

录像带、录音带、图片及其他淫秽物品。”同时,对不是淫秽物品和不视为淫秽物品的作品也进行了排除性说明。①《刑法》对上述罪名的规定,对我国净化网络空间,防治有害信息在网络上的传播具有惩治和积极的预防意义。

2020 年最新修订的《未成年人保护法》《预防未成年人犯罪法》作为专门法,均从保护未成年人的角度出发,反对和禁止任何组织和个人利用网络向未成年人传播不良信息。《未成年人保护法》规定,禁止制作、复制、出版、发布、传播含有宣扬淫秽、色情、暴力、邪教、迷信、赌博、引诱自杀、恐怖主义、分裂主义、极端主义等危害未成年人身心健康内容的图书、报刊、电影、广播电视节目、舞台艺术作品、音像制品、电子出版物和网络信息等。② 该法同时规定,任何组织或者个人出版、发布、传播的图书、报刊、电影、广播电视节目、舞台艺术作品、音像制品、电子出版物或者网络信息,包含可能影响未成年人身心健康内容的,应当以显著方式作出提示。禁止制作、复制、发布、传播或者持有有关未成年人的淫秽色情物品和网络信息。任何组织或者个人不得刊登、播放、张贴或者散发含有危害未成年人身心健康内容的广告;不得在学校、幼儿园播放、张贴或者散发商业广告;不得利用校服、教材等发布或者变相发布商业广告。③《预防未成年人犯罪法》对未成年人的不良行为予以界定,将阅览、观看或者收听宣扬淫秽、色情、暴力、恐怖、极端等内容的读物、音像制品或者网络信息等纳入不良行为④;要求未成年人的监护人、公安机关、居委会、村委会发现未成年人有不良行为的,应当及时制止,并督促

---

① 《刑法》第 367 条规定:“本法所称淫秽物品,是指具体描绘性行为或者露骨宣扬色情的诲淫性的书刊、影片、录像带、录音带、图片及其他淫秽物品。有关人体生理、医学知识的科学著作不是淫秽物品。包含有色情内容的有艺术价值的文学、艺术作品不视为淫秽物品。”

② 参见《未成年人保护法》第 50 条。

③ 参见《未成年人保护法》第 51 ~ 53 条。

④ 参见《预防未成年人犯罪法》第 28 条。

监护人依法履行监护职责加强管教。同时规定,学校不得歧视有不良行为的未成年学生,应对其加强管理教育;学校可以根据情况对拒不改正或者情节严重的,予以处分或者采取训导、要求其参加特定的专题教育或参加校内服务活动等管理教育措施。①

为更好地惩治有害信息相关违法犯罪行为,最高人民法院、最高人民检察院陆续出台了与审判有害信息相关的司法解释。2004 年,最高人民法院、最高人民检察院《关于办理利用互联网、移动通讯终端、声讯台制作、复制、出版、贩卖、传播淫秽电子信息刑事案件具体应用法律若干问题的解释(一)》颁布;2010 年,最高人民法院、最高人民检察院《关于办理利用互联网、移动通讯终端、声讯台制作、复制、出版、贩卖、传播淫秽电子信息刑事案件具体应用法律若干问题的解释(二)》出台;2012 年,最高人民法院《关于审理侵害信息网络传播权民事纠纷案件适用法律若干问题的规定》公布,并于 2020 年 12 月进行了修正;2013 年,最高人民检察院《关于依法严厉打击编造、故意传播虚假恐怖信息威胁民航飞行安全犯罪活动的通知》公布;2013 年,最高人民法院、最高人民检察院《关于办理利用信息网络实施诽谤等刑事案件适用法律若干问题的解释》出台;2017 年,最高人民法院、最高人民检察院《关于利用网络云盘制作、复制、贩卖、传播淫秽电子信息牟利行为定罪量刑问题的批复》公布等。

2018 年国务院办公厅发布《关于推进政务新媒体健康有序发展的意见》。该意见明确政务新媒体是引导网上舆论、构建清朗网络空间的重要阵地,要求各类政务新媒体从内容保障、安全防护、监督管理等多方面进行规范运营管理。在内容保障上要加强日常监测,在第一时间处理发现的违法有害信息,发现重大舆情要按程序转送相关部门办理。该意见同时要求政务新媒体必须按照有关规定具备相应资质,方可从事互联

---

① 参见《预防未成年人犯罪法》第 29 ~ 31 条。

网新闻信息服务或传播网络视听节目。

此外,《中华人民共和国电信条例》(以下简称《电信条例》)[①]、《互联网信息服务管理办法》[②]、《互联网文化管理暂行规定》[③]、《教育网站和网校暂行管理办法》[④]等,也都有关于禁止制作、复制、发布、传播网络有害信息的规定,这些规定为我国网络有害信息的预防和整治提供了重要法律依据。

在地方立法实践中,我国各地也根据实际情况制定了相应的法律规定,用以打击、预防未成年人受到网络有害信息的侵害。例如,2004 年浙江省高级人民法院、浙江省人民检察院、浙江省公安厅公布《关于办理利用计算机信息网络制作复制贩卖传播淫秽物品等刑事案件具体应用法律若干问题的意见》,对制作、复制、贩卖、传播淫秽物品牟利罪的判定标准和处罚作出了较为详尽的解释;2008 年北京市公安局、市委宣传部、市高级人民法院等《关于印发北京市依法打击整治网络淫秽色情等有害信息专项行动工作方案的通知》提出,各部门要携手全方位加大对网络有害信息的打击力度;1999 年公布并于 2014 年修正的《山东省电子出版物管理办法》规定,禁止经营含有宣扬淫秽、迷信或者渲染暴力,危害社会公德和民族优秀文化传统内容的电子出版物。类似的还有 2009 年《杭州市计算机信息网络安全保护管理条例》,该条例第 23 条特别规定了禁止利用计算机信息网络制作、发布、传播的十三类信息。

综上所述,不难看出,我国从国家立法机关、司法机关、行政机关,对网络有害信息的法律规制都给予关注和重视,已经初步形成了以《网络安全法》为核心的有害信息防控体系,为我国网络有害信息的防治奠定了一定的法治基础。

---

① 参见《电信条例》(2016 修订)第 56 条、第 57 条。

② 参见《互联网信息服务管理办法》(2011 修订)第 15 条。

③ 参见《互联网文化管理暂行规定》(2017 修订)第 16 条。

④ 参见《教育网站和网校暂行管理办法》第 18 条。

四、我国网络有害信息法律规制待完善的方面

如上文所述，我国在对网络空间治理中，已经关注并逐步重视网络有害信息的不良影响，对网络上的有害信息、不良信息、未成年人网络上的不良行为均予以了来自不同部门不同程度的关注，但是系统地进行法律规制，尤其是针对未成年人网络空间有害信息的法律规制还有待完善，主要表现为如下方面。

（一）关于有害信息的界定不一致

目前，我国对网络有害信息的规定散落在诸多层次不一的法律规定中，多以法律位阶较低的地方性法规、部门规章以及规范性文件为主，适用范围有限，法律效力较低。根据北大法宝关键词搜索，现行有效的涉及网络有害信息治理的中央法规有212部，其中包括法律7部、行政法规9部、司法解释5部、部门规章153部、军事法规规章1部、党内法规20部、团体规定8部、行业规定9部。[①] 由于缺乏专门针对包括网络有害信息在内的网络内容生态治理的高层次法律，在实践中就难以协调立法、司法、行政各方力量形成有效的合力，对网络空间中传播有害信息的行为进行预防、监督管理和惩治。此外，通观这些法律的具体内容，我们还发现，现有法律规定对网络有害信息的界定尚不统一。这种不统一，势必会影响法律的实施效果。

现行有效的全国人大常委会《关于维护互联网安全的决定》，对利用互联网造谣、诽谤或者发表、传播其他有害信息的，煽动颠覆国家政权、推翻社会主义制度，或者煽动分裂国家、破坏国家统一的；或在互联网上建立淫秽网站、网页，提供淫秽站点链接服务的，或者传播淫秽书刊、影片、音像、图片的等行为作出了规定。对上述任何一种行为，构成犯罪的，依照刑法有关规定追究刑事责任。但是该决定并未对“有害信息”予以概念上或范围上的准确界定。

---

① 北大法宝V6版，统计时间：2022年10月23日23时30分。

2011 年国务院公布实施的《互联网信息服务管理办法》虽然从互联网信息服务提供者禁止性义务的角度，对互联网信息服务提供者禁止制作、复制、发布、传播的信息内容予以列举式规定，但是对信息的性质和特征未能进行明确和概括。① 2017 年公布实施的《互联网文化管理暂行规定》是对互联网文化单位提供互联网文化产品和进行互联网文化活动进行的规定。该规定虽然对“互联网文化产品”“互联网文化活动”“互联网文化单位”进行了界定，②并从互联网文化单位的禁止性义务的角度规定了互联网文化单位不得提供载有禁止性内容的文化产品，③但是也未对“有害信息”或者有害内容进行清晰的界定，且其列举的十种内容的文化产品与《互联网信息服务管理办法》也不一致。

2017 年开始实施的《网络安全法》，依然未对有害信息予以科学的界定，只是在相关条文中对网络用户的守法义务和禁止性义务予以规定。④

---

① 《互联网信息服务管理办法》第 15 条规定：“互联网信息服务提供者不得制作、复制、发布、传播含有下列内容的信息：（一）反对宪法所确定的基本原则的；（二）危害国家安全，泄露国家秘密，颠覆国家政权，破坏国家统一的；（三）损害国家荣誉和利益的；（四）煽动民族仇恨、民族歧视，破坏民族团结的；（五）破坏国家宗教政策，宣扬邪教和封建迷信的；（六）散布谣言，扰乱社会秩序，破坏社会稳定的；（七）散布淫秽、色情、赌博、暴力、凶杀、恐怖或者教唆犯罪的；（八）侮辱或者诽谤他人，侵害他人合法权益的；（九）含有法律、行政法规禁止的其他内容的。”

② 参见《互联网文化管理暂行规定》第 2 ~ 4 条。

③ 《互联网文化管理暂行规定》第 16 条规定：“互联网文化单位不得提供载有以下内容的文化产品：（一）反对宪法确定的基本原则的；（二）危害国家统一、主权和领土完整的；（三）泄露国家秘密、危害国家安全或者损害国家荣誉和利益的；（四）煽动民族仇恨、民族歧视，破坏民族团结，或者侵害民族风俗、习惯的；（五）宣扬邪教、迷信的；（六）散布谣言，扰乱社会秩序，破坏社会稳定的；（七）宣扬淫秽、赌博、暴力或者教唆犯罪的；（八）侮辱或者诽谤他人，侵害他人合法权益的；（九）危害社会公德或者民族优秀文化传统的；（十）有法律、行政法规和国家规定禁止的其他内容的。”

④ 《网络安全法》第 12 条第 2 款规定：“任何个人和组织使用网络应当遵守宪法法律，遵守公共秩序，尊重社会公德，不得危害网络安全，不得利用网络从事危害国家安全、荣誉和利益，煽动颠覆国家政权、推翻社会主义制度，煽动分裂国家、破坏国家统一，宣扬恐怖主义、极端主义，宣扬民族仇恨、民族歧视，传播暴力、淫秽色情信息，编造、传播虚假信息扰乱经济秩序和社会秩序，以及侵害他人名誉、隐私、知识产权和其他合法权益等活动。”

通过简单梳理,不难发现,我国相关法律对有害信息大多是从对主体的禁止性义务的角度出发,进行列举式的规定,但是对有害信息的概念、特征以及范围缺乏科学的界定和统一的概括。相关法律规定对列举种类也存在明显不一致。这也反映了立法者在立法过程中未能进行全面系统化地梳理,就"有害信息"这一概念的内涵和外延尚未予以准确的界定,没有形成规范性的法律用语。碎片化、差异化的模糊界定,必然导致对有害信息认定标准的不统一,且在实践中容易因此发生争议,从而影响法律的适用和执行。

(二)重复监管阻碍了有害信息的防治

近年来,国家加快了互联网方面的立法和监管,各级立法部门和行政部门都在积极推出基于本部门治理目标的法律规定,因此往往导致对同一个法律问题甚至法律概念,在不同的法律中存在不同的规定。例如,有关网络直播的规定,有国家网信办发布的《网络直播服务管理规定》、原文化部发布的《网络表演经营活动管理办法》《互联网文化管理暂行规定》、原国家广播电影电视总局发布的《互联网等信息网络传播视听节目管理办法》四个规范性文件。各个部门在实际处理有害信息问题时,往往不知道适用哪个规范性文件或以哪个规范性文件为准,特别是在相关文件出自不同政府部门,且规定并不一致的情况下。有害信息的监管部门需要明确和统一,至少需要确定一个主导部门,只有这样,才能对网络空间的有害信息进行持续有效的监督管理。否则,重复监管不仅不利于执法部门执法,也不利于对有害信息的监管,不利于网络空间的净化和互联网行业的健康发展。

(三)法律规定过于原则和泛化影响执行

许多涉及网络有害信息的法律法规大多是一些禁止性的原则规定,法律条文表述相对宽泛,针对性和可操作性不强。以最新修订的《未成年人保护法》为例,尽管此次修订专门增加了"网络保护"专章,但是在具体条款的规定上却大量使用了"支持""鼓励"等词汇,法律可操作性不强。以该法第64～66条为例,[①]前述法条,虽然从未成年人的网络素养、未成年人的网络产品和服务、未成年人的网络环境等不同维度,规定了国家、社会、学校、家庭或政府有关部门应承担的义务,但是规定的义务内容过于原则和泛化,未能明确规定在未成年人网络空间有害信息监管规制中不同主体应承担的具体义务和责任,更缺乏相关主体失职或失责时应承担的法律责任的规定。此类过于泛化的条款,由于法律适用性和可操作性较差,势必会影响立法目的的实现,法律实施效果也必然会大打折扣。

(四)尚未建立内容分级制度,行业自律性规范力度有限

2015年6月,有关地区文化市场综合执法机构依据《互联网视听节目服务管理规定》或《互联网文化管理暂行规定》的规定,依法认定和查处了一批内容违规的网络动漫产品。原文化部发布公告,38部动漫产品包括《东京残响》《Blood-C》《学园默示录》《东京食尸鬼第二季》《进击的巨人》等因含有诱导未成年人违法犯罪和渲染暴力、色情等内容被列入"黑名单",提供这些作品的29家网站也因此受到了警告、罚款等处罚。[②] 文化管理部门作出处罚的初衷,是要保护未成年人健康成长,但是这一处罚在互联网上也引来了不少反对的声音,一些网友认为这些动漫作品是合法的、优秀的互联网文化产品。该事件引起的反向舆论,无

---

① 《未成年人保护法》第64条规定,"国家、社会、学校和家庭应当加强未成年人网络素养宣传教育,培养和提高未成年人的网络素养,增强未成年人科学、文明、安全、合理使用网络的意识和能力,保障未成年人在网络空间的合法权益";第65条规定,"国家鼓励和支持有利于未成年人健康成长的网络内容的创作与传播,鼓励和支持专门以未成年人为服务对象、适合未成年人身心健康特点的网络技术、产品、服务的研发、生产和使用";第66条规定,"网信部门及其他有关部门应当加强对未成年人网络保护工作的监督检查,依法惩处利用网络从事危害未成年人身心健康的活动,为未成年人提供安全、健康的网络环境"。

② 参见张晶雪:《文化部公布首批网络动漫"黑名单"38部产品上黑榜》,载人民网2015年6月8日,http://culture.people.com.cn/n/2015/0608/c172318－27121659.html。

形中带给了我们这样的启示:不同年龄段的网络用户有着不同的信息需求,出于保护未成年人健康成长而采取"一刀切"的方式进行互联网文化产品的整顿,可能并非净化网络空间、治理网络有害信息的良策。不同的网络用户,可能需要不同的网络文化产品、网络文化服务以及网络文化活动,因此笔者认为,制定和推行适合我国国情的网络内容分级制度值得研究和思考。

目前,我国已有多个互联网行业的自律性规范文件。比如《中国互联网行业自律公约》(2002)、《互联网新闻信息服务自律公约》(2003)、《互联网站禁止传播淫秽、色情等不良信息自律规范》(2004)、《搜索引擎服务商抵制违法和不良信息自律规范》(2004)、《中国互联网协会抵制网络谣言倡议书》(2012)等。这些规范性文件,或多或少都强调了各类互联网企业不得传播不良信息,也强调了互联网企业在保护未成年人网络权益方面的责任和义务。例如,中国互联网协会的《中国互联网行业自律公约》就对互联网信息服务者的自律义务提出了要求。①

但某些自律规范并没有对互联网企业形成有效的行业约束机制。一些互联网自律规范尚停留在喊口号、提要求的阶段,对互联网企业违反自律规范的行为并没有太多的处罚机制和措施。此外,很多互联网企业虽然在各自的服务条款中宣称要保护未成年人的网络权益,但在实践中,出于各种原因,未成年人还是可以通过这些互联网企业提供的服务接触不良信息或有害信息。

---

① 《中国互联网行业自律公约》第9条规定:"互联网信息服务者应自觉遵守国家有关互联网信息服务管理的规定,自觉履行互联网信息服务的自律义务:(一)不制作、发布或传播危害国家安全、危害社会稳定、违反法律法规以及迷信、淫秽等有害信息,依法对用户在本网站上发布的信息进行监督,及时清除有害信息;(二)不链接含有有害信息的网站,确保网络信息内容的合法、健康;(三)制作、发布或传播网络信息,要遵守有关保护知识产权的法律、法规;(四)引导广大用户文明使用网络,增强网络道德意识,自觉抵制有害信息的传播。"

五、完善我国网络有害信息法律监管的思考

通过梳理我国网络有害信息监管的法律现状，针对现有网络有害信息相关规定的不足，笔者建议从以下几方面优化我国网络有害信息的法律规制：

（一）在法律层面对“有害信息”予以界定，明确有害信息的责任主体

解决法律法规之间衔接不畅是首要的问题。对于互联网中出现的各类有害信息，我国政府各部门都采取了积极应对的态度，也出台了一系列法律规定。但正如前文所述，这些法律规定在有害信息的描述和界定上，存在不协调、不一致，未能对有害信息形成科学、规范的界定；在有害信息治理的责任主体参与方面，仅停留在“鼓励”“支持”等原则性表达层面，缺少有针对性的统筹。

建议针对网络有害信息法律治理中存在的问题，“修订整合已有的法律、法规和规章，建立起指导思想先进、法律原则明确、制度设计合理、执法机构健全、行政执法有力、司法审判公正的网络安全法治体系。”① 一方面，注意与《民法典》《刑法》《行政法》等法律规定的衔接，避免不同法律对相似内容规定的重复、冲突。例如，可以参考其他国家在新立法中善用“转引条款”的经验，避免对“有害信息”的重新定义、二次归类，可以直接转引《刑法》的相关条款。在具体实践中，应设立专业的网络有害信息鉴定机构，完善对网络有害信息的认定标准和程序。另一方面，要强化法律法规的现实针对性和可操作性。例如，统筹网络有害信息的诸多责任主体，对政府、学校、互联网企业、家长、网络用户等主体在保护未成年人免受网络有害信息侵害方面的义务和责任以法律的形式明确下来，使相关责任主体在法治的框架中各司其职，相互配合，相互监督，在治理网络有害信息的问题上发挥良好的协同作用，形成监督管理的合

---

① 张新宝：《依法治理网络有害信息》，载《中国社会科学报》2014 年 6 月 13 日，A06 版。

力;强化学校和家长的主体责任意识,根据实际情况,对他们进行分类指导,提高他们干预未成年人接触网络有害信息行为的能力;完善对互联网服务企业和网络用户的监督机制,加大执法力度和惩罚力度,提高法律的威慑力,实现对网络传播有害信息行为的有效监管。

（二）构建政府主导,多部门协同配合的网络有害信息监管机制

目前,我国涉及网络有害信息监管的部门众多,包括国家网信部门、国务院电信主管部门、公安部门、教育部、国家广播电视总局等。此外,还有跨部门的协调性机构——全国“扫黄打非”工作小组办公室。部门众多固然可以从多角度对问题进行关注,但在法律执行的过程中易导致各部门缺乏配合,难以形成治理合力。换句话说,这些部门条块分割明显,在职能上存在交叉,存在行政资源浪费、行政管制效率低下等问题。这种多头管理的局面,很容易导致谁都能管但是谁都不愿意管的现象。张新宝教授认为,“在对网络有害信息的治理上,应当有常设的、具体的国家机关专司其职(作为行政管理和执法机构,而非单纯协调机构,享有部级权限),由其他机关依法予以协助,同时应避免机关之间权责不清的情况发生”。① 为此,我们在监管制度的顶层设计上,要思考如何凝聚多部门力量,形成合力,重拳出击,共同打击网络有害信息。

（三）尽快制定并公布网络内容分级标准

有害信息的治理,实质是对网络环境中网络内容的审查和净化。我们已经发现了我国缺乏科学的网络内容分级标准带来的网络空间监管上的局限性。从法律层面,加快制定网络内容分级标准,是推进网络空间信息治理的重要手段。

第一,根据我国具体国情,加强研究具有中国特色的网络内容分级标准。该标准应符合我国社会主义核心价值观,符合我国的道德发展水

---

①　张新宝:《依法治理网络有害信息》,载《中国社会科学报》2014 年 6 月 13 日,A06 版。

平和社会经济发展现状。更重要的是,该标准应具有一定的统筹性和科学性。我们既要重点关注未成年人网络权益的保护,又要考虑其他互联网用户的言论自由权和其他用网权。因此我们要充分调动多元主体共同参与网络内容分级标准的制定。在网络内容分级标准的制定上,不同的主体对未成年人网络权益有不同的考量,调动多方面社会力量积极参与网络内容分级标准的讨论,能更好地体现全社会的意志。网络内容分级标准既要起到帮助家长和学校识别网络有害信息的作用,又要兼顾不同年龄层次的网络用户对不同信息的需求。然后再根据该标准开发网络内容过滤软件,提供给学校、家长使用。这样,在网络内容分级标准的制度设计上,既能实现最广泛的共同治理,又能将保护其他人的网络使用权纳入制度设计中来。这种做法可以在保护未成年人免受网络有害信息侵害的基础上,充分协调兼顾多元主体不同的使用诉求,减轻制度设计和实施的阻力。

第二,设立专门性的网络内容管理机构。该机构应该从事网络内容分级的标准和规范的研究工作,开发专门的词汇库,根据法律依据向互联网企业颁发分级标签。同时,还应接受网络用户和网络监管部门的监督。

第三,运用法律手段,督促互联网内容生产商和渠道运营商严格执行网络内容分级标准。内容生产商和渠道运营商要根据分级标准,自觉做好分级和明显标示工作,以便互联网用户清晰识别。

(四)加强网络有害信息防治领域的国际合作

数字化时代,网络有害信息治理需要国际合作,且这一合作应该是多层次多维度的。

一是法律方面的合作。跨国互联网案件的司法管辖、证据固定、法律标准等问题是困扰司法界的长期性问题。在治理网络有害信息上,这一问题尤为突出。实际上,欧盟各成员国间在对网络有害信息治理上的合作经验是值得互相参考的。欧盟成员国都加入了《网络犯罪公约》和

《保护儿童免受性剥削和性虐待公约》,这就为成员国间的国际合作奠定了良好的法律基础。在此基础上,欧盟各成员国建立起了打击跨国网络犯罪的刑事互助体系,在管辖权、统一证据、情报交流、司法协助、案件侦查等方面取得了可观的实效。互联网的最大特点就是无国界。未来,我国在网络有害信息治理方面,也要积极加强国际司法合作,强化对网络有害信息传播的打击力度。

二是技术上的合作。近年来,发达国家越来越重视运用人工智能、语音识别及图片视频识别等新技术手段来过滤网上的有害信息。早在2015年,推特就推出了能够删除含有威胁性、攻击性、虐待性的信息或者从可疑账号发送的信息的"质量过滤器"。2018年谷歌发布用于识别网上儿童性侵图片的人工智能工具"内容安全应用程序界面"。2018年脸书开发出了一款代号为"Rosetta"的新型人工智能系统,可用于检测仇恨性言论。这些先进技术,对未成年人网络空间有害信息的防治,是有显著效果的。因此笔者建议,我国在网络有害信息屏蔽技术、不良信息过滤软件等方面,可以加强与发达国家的合作,推动我国网络空间有害信息的防治和监督管理,从而更好地保护未成年人网络空间的洁净。

第三章　网络空间未成年人隐私权的法律保护

隐私权作为人格权的重要内容，事关自然人的尊严和尊重，自然人享有隐私权。联合国《儿童权利公约》明确规定，儿童的隐私不受任意或非法干涉，儿童有权享有法律保护，以免受这类干涉或攻击。① 以未成年人的最大利益作为首要考虑，未成年人由于心智尚未成熟，作为自然人中的弱势群体，未成年人的隐私权理应得到特殊保护。相比线下隐私，网络空间的虚拟性、复杂性，导致未成年人的私密空间、私密活动、私密信息等隐私在网络空间更易遭到侵犯。随着未成年人触网年龄的降低和触网规模的剧增，以及互联网技术的不断发展，

---

① 联合国《儿童权利公约》第16条规定："1. 儿童的隐私、家庭、住宅或通信不受任意或非法干涉，其荣誉和名誉不受非法攻击。2. 儿童有权享受法律保护，以免受这类干涉或攻击。"

未成年人网络空间隐私权保护这一问题越来越突出,亟须法律保护。

一、未成年人网络隐私权的内容及特征

(一)从隐私权到网络隐私权

1. 隐私权

隐私是一个随着社会历史和文化环境变化而变化的概念,因此,隐私权的内容也并非一成不变。一般认为,隐私是与公共利益无涉的个人领域。我国《民法典》将隐私定义为"自然人的私人生活安宁和不愿为他人知晓的私密空间、私密活动、私密信息"。① 隐私权是指自然人享有其私人生活安宁和私密信息、私密空间、私密活动不被泄露、公开、刺探、侵扰的权利。自然人的隐私权,同时也构成了其他个人或组织应承担的义务。

根据上述隐私权的定义,不难发现,隐私权至少包括两方面的内容:第一,私人生活的安定;第二,私密信息、私密空间、私密活动。这些内容关系到自然人的人格尊严,受到法律保护。此外,根据隐私权的定义,我们也发现,隐私权不同于个人信息,即使两者有交叉。个人信息中的私密信息属于自然人的个人隐私,为隐私权的内容。但是个人信息中的非私密信息,并不牵涉隐私的问题。此外,隐私又不仅仅局限于个人信息中的私密信息,除私密信息外,自然人的私密空间、私密活动或者自然人的私人生活安宁,都属于隐私的范围,属于隐私权的内容。

2. 网络隐私权

互联网时代,隐私权已经不仅仅局限于线下现实环境,而是延伸到网络空间。广义的隐私权不仅包括线下隐私权,还包括网络隐私权。当人类进入网络社会,信息传播的速度和范围得到了前所未有的提升和扩展。理论上说,任何一条信息都可以实现即时的无远弗届的传播。此外,网络传播的虚拟性、匿名性为散布隐私提供了技术上的便利条件,为

---

① 参见《民法典》第 1032 条第 2 款。

隐私权保护带来了新的挑战。网络隐私权保护正是在这一背景下应时而生。1996 年,在我国互联网发展的萌芽阶段,学界就敏锐地觉察到了互联网平台上隐私暴露的风险。① 此后,网络隐私权一度成为法学界和新闻传播学界研究的热点之一,相关讨论和研究层出不穷。从根本上看,网络隐私权和传统隐私权区别之一在于侵权行为发生的场所由“线下”转移到了“线上”,也带来了网络隐私权有别于传统隐私权的新特征,如侵权主体的多元化、侵权方式的多样化、侵权手段的隐蔽性、侵害后果的严重性以及救济手段的困难性等。

笔者认为,网络隐私权是自然人在网络空间享有的个人私密信息不被非法获悉、泄露和公开,个人网络空间、网络活动不被刺探、打扰,个人私生活不受外界非法侵扰的一项人格权。相比线下环境的有形、可封闭特点,自然人的网络空间更容易被跟踪、泄露和侵扰。网络空间中,自然人不可避免地使用 QQ、微信、电子邮箱、各种 App,这些社交媒体和应用媒体,承载着自然人的各种个人信息和个人隐私。互联网时代社交媒体和各类 App 的广泛使用,使自然人的隐私随时可能呈现公开的状态。网络技术发展在便利人们生活和交往的同时,也为其带来了许多弊端,个人隐私和个人信息更易被泄露和侵扰就是其中之一。对于缺乏网络安全意识和自我保护意识的未成年人,其个人隐私和个人信息,更容易被侵犯。非法搜集未成年人个人信息或者滥用未成年人电子数据的行为,都可能侵害未成年人的网络隐私权,从而侵害未成年人的身心健康,甚至影响社会安定。网络隐私权的确认和保护,需要对网络空间主体的行为予以法律规制,从而保护网络隐私权。未成年人网络隐私权,因其主体未成年的属性,在内容和特征上具有一定的特殊性,亟须法律的特殊保护。

---

① 参见[美]艾连·弋兹等:《信息高速公路上的法律问题》,徐云译,载《科技与法律》1996 年第 1 期。

（二）未成年人网络隐私权的内容

未成年人作为弱势群体，其隐私权的保护受到了国际社会的关注。联合国《儿童权利公约》明确要求缔约国承担尊重儿童维护其身份包括法律所承认的国籍、姓名及家庭关系而不受非法干扰的权利。① 同时，该公约明确规定，儿童的隐私不受任意或非法干涉，儿童有权享受法律保护，以免受这类干涉或攻击。② 随着新媒体设备的高度普及和技术门槛的降低，未成年人首次触网年龄越来越低，未成年人已经成为网络空间的重要主体。因身心尚未成熟，未成年人对隐私权的认知和自我保护意识、能力都相对匮乏，未成年人网络隐私权保护问题也因此成为社会关注的焦点。通常认为，网络隐私权是传统隐私权在网络空间中的延展，是自然人隐私权在网络空间的存在。未成年人享有隐私权，未成年人在网络空间当然也享有隐私权。未成年人的网络隐私权应受到法律的明确保护。

未成年人网络隐私权的内容，可从积极权利和消极权利两种维度进行探讨：

1. 从积极权利角度看，未成年人网络隐私权主要指未成年人的网络隐私权应受到保护。未成年人网络隐私权的内容主要有未成年人在网络空间中的私密空间、私密活动以及未成年人的私密信息等。具体如下：

第一，网络空间中未成年人的私密空间、私密活动应受到法律保护。

未成年人的网络隐私权首先体现为其在网络空间依法享有私密空间，如个人计算机或其他电子设备、邮箱、QQ 空间、云盘中的个人空间、共享硬盘等，③前述均属于未成年人的个人私密空间，除非法律另有规

---

① 参见联合国《儿童权利公约》第 8 条第 1 款。

② 参见联合国《儿童权利公约》第 16 条。

③ 参见刘清：《中外未成年人网络隐私权保护比较研究》，载《图书馆学刊》2018 年第 6 期。

定,任何组织或个人不得刺探、侵扰。对于网络空间中未成年人的个人私密活动,如网络游戏、在线教育、网络购物、网络社交、浏览网页、查阅资料等活动,这些私密活动也依法受到法律保护,任何组织和个人不得非法跟踪和窥探。主要体现在:未成年人与他人在网络空间中的交流信息记录不受非法窥探和获取;未成年人在网络空间中个人私密空间的信息如加密的文字、网络相册等不受非法侵入;未成年人购物过程中产生各种数据不受非法获取和利用;未成年人开展网络接触活动所利用的各种终端设备不受非法监视和监控。

第二,未成年人的私密信息在网络空间中应受到法律保护。

未成年人网络隐私权的内容包括未成年人在网络空间中的私密信息应受到法律保护。私密信息主要是指以电子或者其他方式记录的与已识别或者可识别的未成年人有关的各种信息,不包括匿名化处理后的信息。未成年人的私密信息包括未成年人的姓名、性别、年龄、家庭住址、健康状况、学校信息、父母及其他监护人信息等。这些信息对于未成年人来说,十分重要且敏感,一旦在互联网上被非法收集和泄露,将对未成年人产生巨大的风险,影响甚至危及未成年人私生活的安宁。笔者认为,网络空间中未成年人的私密信息大致包括两类:一类是传统隐私概念中的未成年人的生理信息、家庭信息、社交信息等;另一类是未成年人在网络使用过程中产生的相关数据,比如登录密码、个人 IP 地址、浏览记录、购物记录、付款信息、定位信息记录等。未成年人在网络空间中的私密信息只能由其本人或其法定监护人进行合法使用。这里的合法使用表现为未成年人或其法定监护人在合法的条件下,可以公开部分隐私,公开的对象、范围、方式等由相关权利主体自主决定。除此之外,除非法律另有规定,任何组织和个人都不得对未成年人的私密信息进行处理,这种处理包括但不限于收集、存储、使用、转移、披露等方式。任何组织或个人都不得对涉及未成年人隐私的个人信息进行刺探、侵扰、泄露、公开等。任何组织和个人不得制作、发布、传播侵害未成年人的私密信息,危及未成年人的健康和安全。

2. 从消极权利角度看,未成年人网络隐私权主要强调未成年人在网络空间中的自由。未成年人在网络空间中的网络活动不受非法打扰和干预。未成年人依法享有网络生存权、网络发展权、网络参与权等。未成年人的网络生存权是指未成年人享有接触和使用网络的权利,网络给未成年人的学习、生活、发展带来了无限便利,未成年人完全有权利运用网络开展学习、交流、购物等活动,这些活动不应受到非法干扰。未成年人享有在其私密空间中自由生活的权利,在私密空间之外的网络空间中,也享有言论自由的权利,当然,享有这种自由的前提是需要遵守法律的强制性规定以及公序良俗。未成年人的网络发展权是指未成年人享有在网络空间参与社会文化生活的权利。① 网络发展权,包括未成年人在网络空间中的受教育权、参与权等,这与未成年人身心健康成长密不可分。网络平台为未成年人的意见表达提供了新的空间,互联网的发展和普及使网络教育成为可能,未成年人在网络空间可以享受更多丰富多彩的网络教育资源,增长知识并发展其个人兴趣、爱好等。未成年人在网络空间拥有精神与文化活动的自由。

(三)未成年人网络隐私权的特征

1. 权利主体具有特殊性

未成年人网络隐私权的重要特征之一就是权利主体是未成年人。《民法典》明确规定,未成年人是指不满十八周岁的自然人。未成年人正处在身心发育发展的阶段,在认知力、判断力和理解力上尚未成熟,他们和成年人有很大的不同。未成年人好奇心大,模仿能力和接受能力强,他们往往乐于接受和使用网络,但在与网络接触和使用过程中,未成年人由于缺乏自我保护意识,尤其缺乏隐私保护意识,对于隐私缺少清晰

---

① 参见吴鹏飞:《儿童权利一般理论研究》,中国政法大学出版社 2013 年版,第 57 页。

的认知，对隐私泄露可能导致的后果也没有清晰的认知，因此，未成年人的隐私在网络空间更容易泄露或被侵犯。因权利主体的特殊性，未成年人网络隐私权更容易被侵犯。

2. 权利内容具有特殊性

未成年人网络隐私权的具体内容，和未成年人的年龄相关。不同年龄阶段的未成年人，其权利内容具有不同的内涵。例如，三四岁的未成年人生活自理能力有限，几乎没有社会交往能力，他们的网络隐私内涵就表现出有限性的特征。对于他们来说，也许就不存在通信隐私、日记隐私等被侵犯的风险。随着年龄的不断增长，未成年人网络隐私权的内容也不断丰富，涵盖范围不断扩大，几乎可以和成年人网络隐私权的内容等同。

除权利内容随年龄变动以外，未成年人网络隐私权的内容还具有优先性。网络时代，未成年人的私密信息甚至其他隐私，都可能蕴含着商机或具有很高的商业价值，这也是电子商务把未成年人作为目标消费群体之一的重要原因。电子商务的蓬勃发展，与自然人网络隐私权的内容必将发生冲突和摩擦，这也是网络环境下自然人隐私权保护面临的重大挑战。笔者认为，在对利益进行平衡选择时，应从未成年人的最大利益和优先利益方面考虑。相比成年人的隐私权，未成年人网络隐私权的内容具有优先性，除公共利益以外，任何组织或个人不得以促进数据流动或信息流通等为理由，侵害未成年人的网络隐私。

3. 侵权方式具有多样性和隐秘性

随着网络技术的发展，网络平台丰富多彩，网络渠道也各式各样。网络隐私权的侵犯方式，已不像传统隐私权一样仅局限于小范围的窥探和散布。侵权人可能通过 QQ、微信等即时通讯工具，或者通过论坛、贴吧、电子邮件、手机短信、云盘等电子渠道窃取或购买或向他人提供、出售、交换未成年人的私密信息等隐私。除侵权方式具有多样性以外，未成年人网络隐私权的侵犯方式也具有隐秘性。当未成年人在网络空间中进行网络学习或者网络娱乐时，可能就会有程序弹出，要求未成年人提供私密信息等个人信息。未成年人为了满足自己的娱乐需求，可能会不假思索地直接提供自己的私密信息。在未成年人的监护人毫不知情的情况下，其隐私已经被收集获取。而未成年人甚至未成年人的监护人，可能对此还一无所知。基于侵权方式的隐秘性，大数据时代未成年人网络隐私权被侵犯的一个新特点是无感伤害。具体来讲，就是侵权行为和侵权结果即使已经发生，被侵害对象有时也并不能及时发现或感受到隐私权被侵犯所造成的精神伤害或其他后果。这并不意味着隐私侵犯行为未发生或未造成实质性损失和伤害，这种违法行为所造成的影响往往具有滞后性。① 这种对伤害感知的滞后性，在未成年人身上表现尤为明显。如果侵犯隐私的行为发生时未成年人尚不谙世事，未成年人的父母或者监护人又没有及时发现或知悉，那么未成年人隐私权被侵犯的事实，可能需要适当的时机浮出水面或者等未成年人成年后意识并感受到具体的侵权行为及伤害后果。这种情况对于未成年人网络隐私权的保护或者救济，必然是不利的。

4. 侵权主体具有多元化

网络空间中隐私权的侵权主体范围扩大，具有多元化的特点。制作者、发布者、传播者（包括转发者）均可能成为网络隐私权的侵权主体。作为限制民事行为能力和无民事行为能力的未成年人，其私密信息还常常会被父母、学校、医院、教育机构等多元主体掌握。这也使侵犯未成年人网络隐私权的行为主体呈现多元化的特征。侵权行为可能来自某些别有用心的人，他们通过各种技术手段，获取未成年人在网络空间中的私密信息或者窥探未成年人网络空间中的私密空间，利用软件跟踪未成年人在网络空间的私密活动等。侵权行为也可能来自对孩子宠爱有加

---

① 参见顾理平：《无感伤害：大数据时代隐私侵权的新特点》，载《新闻大学》2019年第2期。

却又缺乏隐私保护意识和风险防范意识的家长。一些喜欢“晒娃”的家长出于对孩子的喜欢和炫耀,主动或者无意地在网络空间发布未成年人的隐私信息。还有一些掌握未成年人个人信息的学校、医院、教育部门、培训机构的工作人员,受到经济利益驱动在网络空间散布甚至售卖未成年人的私密信息等。

5. 侵权内容具有广泛性

侵权内容具有广泛性,即未成年人网络隐私权的侵权客体具有广泛性,不仅包括私密空间、私密活动或者私密信息等内容,还体现在通过大数据跟踪,根据未成年人的生活习惯、消费习惯或者网络上的行动轨迹,对未成年人的私密活动提前预判,通过掌握未成年人的隐私,向未成年人推送广告或者未成年人关注的一切,干扰未成年人的私人生活等行为上。如果不是提前知悉未成年人的隐私,何以能够精准推送相关的广告或者其他营销信息?人工智能时代,如果不对互联网技术的使用予以一定的法律规制,对于自然人几乎没有隐私可言,未成年人也概莫能外。对传统隐私权的侵犯,侵犯内容相对局限,一般是针对现实存在的信息或者空间予以窥探或公开。网络时代的隐私权的侵犯内容似乎无所不及,极为广泛。

6. 侵权后果具有连带性

未成年人网络隐私权遭到侵犯,其后果往往不是单一的,一般会波及未成年人的父母,产生一系列连锁反应,具有连带效应。未成年人的独立性要远远弱于成年人,未成年人的生活必然会与学校、家庭、家长或其他监护人紧密相连。很多未成年人常常用父母或其他监护人的信息注册、开通各类网络账号,其网络隐私和家长等监护人的网络隐私捆绑在一起,存在交叉,如家庭住址、父母单位、父母的婚姻状况、家庭经济情况等。当未成年人的网络隐私泄露、公开或以其他方式被侵犯时,其父母等监护人的相关个人信息也可能随之被公开甚至人肉搜索,从而受到较大影响。例如,有的未成年人在网络购物和网络游戏中,可能无意识地泄露了家庭在金融和财产等方面的状况或者信息，这不仅给家长带来经济方面的安全风险，也给犯罪分子提供可以利用的信息，甚至可能造成未成年人及其家人的人身伤害，如绑架、敲诈勒索等。因此，未成年人隐私泄露或被侵犯后的连带效应更应引起关注。

此外，未成年人保护自身权益的意识和能力也弱于成年人，当未成年人的隐私暴露于网络空间时，其风险系数和危害后果会相对严重。未成年人的隐私信息暴露，未成年人可能不仅遭受来自网络上的人格权受损，还有可能遭遇来自现实世界的直接伤害。

7. 权利司法救济的特殊性

网络隐私权是随着互联网发展而产生的新兴事物，本来，法律规制的滞后使网络隐私权的权利救济成了司法保护的难题。而未成年人网络隐私权因其权利主体是未成年人，当其权利被侵犯时，对未成年人网络隐私权的司法救济尤其困难。主要表现在：侵犯未成年人网络隐私权发生在虚拟的网络空间中，往往利用的是先进隐蔽的技术，在司法证据的获取和固定上存在着困难；未成年人网络隐私权被侵犯后，需要由未成年人的法定代理人代其主张权利，提起诉讼，申请司法保护，未成年人父母或其他法定监护人的法治意识如果淡薄或者责任感不强，很可能对于未成年人网络隐私权遭到侵害的事实无动于衷或者嫌麻烦而放弃主张权利保护或损害赔偿。这些无形中加大了未成年人网络隐私权被侵害的救济困难。此外，由于网络的虚拟性、跨地域性和技术性，举证责任的承担和司法管辖也一直是网络隐私权绕不开的问题。

面对这种困境，笔者认为，在未成年人网络隐私权的侵权问题上，侵权责任应实行无过错责任原则即严格责任原则。民事诉讼的一般举证原则是“谁主张，谁举证”，侵权责任上实行过错责任原则。但是，鉴于未成年人网络隐私权的主体的特殊性以及侵害后果的连带性，建议实行严格责任原则即无论行为人有无过错，只要侵权行为人造成了未成年人民事权益损害，就要依照法律规定承担侵权责任。另外，在未成年人网络隐私权的保护上，建议赋予未成年人及其监护人预防性侵权请求权，即当未成年人及其监护人发现有侵权行为危及未成年人人身、财产安全的，有权请求侵权人承担消除危险、停止侵害等侵权责任。此外，为体现和贯彻未成年人的最大利益优先考虑原则，建议明确规定，在未成年人网络隐私权的保护上，即使未成年人对损害后果的发生或者扩大有过错的，也不能以此为理由减轻侵权人的责任，因为侵权人应履行注意义务；并建议在未成年人网络隐私权的问题上规定惩罚性赔偿，而不仅仅是损害性赔偿。

关于未成年人网络隐私权的司法管辖，笔者建议尽快在全国范围内建立互联网诉讼平台，该平台应注意遵守国家《网络安全法》和《数据安全法》的相关规定，妥善存储和使用涉案的未成年人的隐私和相关个人信息。在未建立统一的互联网诉讼平台之前，未成年人及其监护人可以不必遵循原告对被告的民事诉讼的一般原则，未成年人及其监护人向其住所地的人民法院依法提起诉讼的，法院应当受理。

二、未成年人网络隐私权被侵犯的主要方式

网络环境下，未成年人隐私权被侵犯的方式越来越隐秘，也越来越复杂。按照是否为主动实施侵权行为，将侵权方式分为积极的侵权行为和消极的侵权行为；按照侵权主体的不同，可将侵权分为网络服务提供者实施的侵权行为、普通网络用户实施的侵权行为、政府机关实施的侵权行为；按照侵权行为所采取的具体手段，可将侵权方式分为刺探、侵扰、泄露、公开等传统侵权方式以及窥视、窃听、窃取、收集、购买、收受、交换、传播等网络特有的侵权方式。下文主要从对未成年人网络隐私权侵犯的具体手段结合侵犯的隐私权的客体来进行分析。

（一）窃取、收集、出售、购买、交换、传播或者公开未成年人私密信息

网络空间中，网络平台或者网络服务提供者，如果缺乏法律规制，很可能从商业利益出发，对未成年人的私密信息进行窃取、违法收集，甚至为了逐利而出售、购买、交换等，从而导致未成年人的隐私权被侵犯，其

私密信息被传播或公开后,权益直接受到损害。例如,未成年人在网络空间中可能会使用网络社交软件和网络消费购物软件等,当未成年人使用某款手机应用软件或注册某网站用户时,对方很有可能要求未成年人填写个人信息,由于未成年人大多没有网络安全意识和太强的隐私保护意识,其所填写的个人信息包括个人私密信息很有可能被人利用。当未成年人进行网上购物活动时,其浏览记录和购物记录被相关网站通过各种技术手段进行捕捉并用于更精准的商品推送。当未成年人使用某些手机插件软件时,软件会自动获取未成年人所在的地理位置信息,这些都是对未成年人网络隐私权的侵犯。此外,未成年人的父母、其他监护人或身边的人也可能无意中泄露未成年人的隐私,而被人收集和使用。最典型的比如泛滥全球的“晒娃”潮。许多家长喜欢利用社交软件传播自己孩子的信息,最常见的是晒孩子的照片,许多照片不仅包含了孩子清晰的面部肖像,还透露出孩子和家庭的各种信息。德国软件公司AVG的一项调查显示,德国71%的母亲都会在社交媒体上上传孩子两岁以下的照片。美国甚至出现了一个新词汇——“晒娃”(sharenting),即“分享”(share)和“带娃”(parenting)的组合。家长们对孩子的喜爱之情所造成的无心之失往往泄露了自家孩子的许多私密信息,这些信息可能会被网络用户或者网络服务提供者收集、出售、购买、交换、传播等,从而导致侵害未成年人隐私权的行为发生。

网络空间里,窃取、收集、出售、购买、交换、传播或者公开未成年人私密信息,侵犯未成年人网络隐私权的主体主要有网络服务提供者、社会组织及其工作人员、不良媒体或者其他网络平台等,具体如下:

1. 网络服务提供者对未成年人私密信息的收集、出售、交换、购买、传播等

网络服务提供者是各大网络消费平台服务的提供方,其为用户提供丰富多彩的内容和服务。网络服务提供者也是网络空间中最主要的个人信息收集者和处理者。首先,网络服务提供者为网络注册用户包括未

成年人提供网络服务和内容的同时，由于其角色的特殊性，便于收集、占有、知悉用户的部分信息。其次，网络服务提供者通常需要将大量网络上流传的内容接入到其网站中，而接入的内容往往涉及未成年人的网络隐私权，导致间接侵犯未成年人的网络隐私权。近年来，互联网经济已成为我国社会经济发展过程中全新的增长点，儿童网络消费已成为新的市场竞争热点。许多商业组织为了实现更高的利润，需要收集大量消费者信息进行精准营销活动或广告的精准投放。

2. 一些社会组织和机构的个别工作人员收集、售卖未成年人隐私信息

学校、医院、一些政府机关和各类培训机构的活动与未成年人密切相关，掌握着大量未成年人的隐私信息。近年来，一些社会组织中的个别人员利用职权非法出售未成年人的隐私信息以牟取利益的事情时有发生。据报道，2011 年就发生过教育培训机构的员工私自复制大量学生的个人信息，向不法公司售卖的案件。这些个人信息甚至还包括学生家长的个人信息。最终涉案的员工均被以非法获取公民个人信息罪公诉至法院。①

“互联网 +”时代下的健康医疗大数据也是一把“双刃剑”，数据的收集、分析和使用给病人和医生带来便利的同时，也可能会导致患者个人隐私的泄露。健康医疗大数据保存着未成年患者的个人基本信息、健康状况、既往病史、药物过敏史和用药记录等，这些数据信息方便患者就诊，提高医生看病的效率和准确性，但是也存在患者个人信息被泄露或者隐私被侵犯的潜在风险。这些数据如果得不到法律规制，很可能会给未成年患者造成严重的身心伤害。《刑法》第 253 条之一规定了非法获

① 《200 余万条学生家长信息被倒卖！在 58 同城等网站出售　6 人被判有期徒刑》，载央视新闻客户端 2016 年 8 月 25 日，http://m.news.cctv.com/2016/08/25/ARTIKEz9ua6FHA85Tmi3BrWc160825.shtml。

取公民个人信息罪,①即对非法收集和利用未成年人隐私信息犯罪行为的惩处。

3. 不良媒体在网络上散布传播未成年人隐私信息

随着互联网的发展,网络空间逐渐成为媒体发布新闻信息的主要阵地。近年来,个别媒体罔顾法律规定和媒体职业道德规范,在相关新闻传播和网络平台上散布未成年人隐私信息。2013 年,某电视台播出了一段发生在一居民小区电梯内的视频,视频中 10 岁女孩李某摔打 1 岁男婴,随后男婴从 25 层坠落,重伤昏迷。因行为人李某只有 10 岁,未到法定刑事责任年龄,公安机关将调查结果向双方当事人及其监护人进行了通报后,依法不予立刑事案件侦查。但相关新闻媒体却在网络上发布监控视频录像,制作新闻节目,很多受众恰恰是通过媒体的新闻报道推断出了李某的家庭住址、肖像等个人私密信息。虽然李某犯有严重过错,但按照法律规定,②其依然享受包括隐私权在内的人格尊严,因此,相关新闻媒体在互联网平台上随意散布其个人信息,显然是侵犯了其作为未成年人的网络隐私权。

此外,媒体在报道未成年人失踪事件时,常常会使用失踪儿童及其家人照片和相关个人信息,并大范围扩散。对失踪儿童及其家人照片和

---

① 《刑法》第 253 条之一规定:“违反国家有关规定,向他人出售或者提供公民个人信息,情节严重的,处三年以下有期徒刑或者拘役,并处或者单处罚金;情节特别严重的,处三年以上七年以下有期徒刑,并处罚金。违反国家有关规定,将在履行职责或者提供服务过程中获得的公民个人信息,出售或者提供给他人的,依照前款的规定从重处罚。窃取或者以其他方法非法获取公民个人信息的,依照第一款的规定处罚。单位犯前三款罪的,对单位判处罚金,并对其直接负责的主管人员和其他直接责任人员,依照各该款的规定处罚。”

② 《未成年人保护法》第 72 条规定,信息处理者通过网络处理未成年人个人信息的,应当遵循合法、正当和必要的原则。处理不满 14 周岁未成年人个人信息的,应当征得未成年人的父母或者其他监护人同意,但法律、行政法规另有规定的除外。《预防未成年人犯罪法》第 3 条规定,开展预防未成年人犯罪工作,应当尊重未成年人人格尊严,保护未成年人的名誉权、隐私权和个人信息等合法权益。

相关个人信息的使用,是否征得了失踪儿童监护人的同意,是否会给失踪儿童未来带来负面影响和心理伤害,是否涉及对失踪儿童及其家人的隐私权的侵犯,都是值得思考的问题。

随着信息采集和存储技术的迅猛发展,我们已经到了一个被称为大数据和物联网相勾连的时代节点上。大数据技术的发展给人们带来了无限的发展机遇,也加剧了未成年人网络隐私权保护形势的严峻性。物联网技术的发展使"万物皆媒"成为现实,未成年人几乎被各式各样具有个人信息采集功能的终端包围,其隐私泄露风险进一步加大。未成年人隐私信息一旦泄露,其产生的影响和危害巨大。

(二)窥视、窃听或进入未成年人在网络空间中的私有空间

未成年人在网络空间中可以创造其私有空间,如个人计算机或其他电子设备、邮箱、QQ 空间、微信朋友圈、微博、共享硬盘或云盘中的个人空间等。未成年人享有这一私有空间的控制权,决定是否允许好友或者其他人进入浏览或留言等。任何组织和个人未经允许,不得窥视、窃听未成年人在网络空间中的私有空间,不得通过技术手段非法进入未成年人在网络空间中的私有空间,进行侵扰、截图或者下载未成年人的图片等相关个人信息。否则,属于典型的侵犯未成年人网络隐私权的不法行为。网络平台或网络服务提供者,应当履行谨慎管理的义务,对未成年人网络空间中的私有空间应履行安全保障义务和数据安全义务,不得因为受商业利润驱使而泄露或公开未成年人网络空间中的私有空间的相关内容,损害未成年人网络用户的合法权益。

(三)刺探、侵扰、泄露或公开未成年人在网络空间中的私密活动

未成年人在网络空间中,可能参加教育、娱乐、社交、购物等各种活动,未成年人在网络空间中的私密活动具有身份识别性。网络服务提供者或者网络平台,未经未成年人同意,通过一些技术手段,刺探、记录和跟踪未成年人在网络空间的私密活动,无疑是侵犯了未成年人的网络隐私权。例如,网络平台通过利用网络技术,跟踪未成年人的网络活动踪

迹,随后将其私密活动踪迹和上网信息,泄露或出售给其他网络服务提供者,通过与其他网络服务提供者进行合作的方式,利用未成年人的私密活动这一网络隐私内容进行商业营利,侵犯了未成年人的网络隐私权。

三、未成年人网络隐私权保护的意义

网络空间中未成年人的隐私,事关未成年人的人格尊严。未成年人作为心智尚未成熟的弱势群体,其能承担的社会压力有限。未成年人网络隐私的泄露、公开或其他被利用,很可能对未成年人造成很大的心理伤害,甚至危及其人身安全和财产安全。因此,对未成年人网络隐私权给予特殊的法律保护,具有以下意义:

(一)预防和减少对未成年人身心健康的危害

未成年人网络隐私保护的意识和能力要远远弱于成年人。处在身心发展特殊时期的未成年人,身心状况表现出与成年人完全不同的特征。面对充满新奇和乐趣的网络空间,其有可能因为自控能力较差而沉溺其中不能自拔;面对隐私泄露风险时,其往往还茫然无知或者难以理智地对自身隐私泄露的危害进行合理的认知和判断。未成年人网络隐私权受到侵犯,首当其冲受到危害的可能就是未成年人的身心健康。

最高人民检察院 2018 年发布的一个指导性案例,使我们得以窥见未成年人隐私在网络空间被侵犯,对未成年人身心健康造成的极大危害的事实。2017 年 1 月,被告人骆某使用化名,通过 QQ 软件将 13 岁女童小羽加为好友。聊天中得知小羽系初二学生后,骆某仍通过言语恐吓,向其索要裸照。在被害人拒绝并在 QQ 好友中将其删除后,骆某又通过小羽的校友周某对其施加压力,再次将小羽加为好友。同时骆某还虚构“李某”的身份,注册另一 QQ 号并添加小羽为好友。之后,骆某利用“李某”的身份在 QQ 聊天中对小羽进行威胁、恐吓,同时利用周某继续对其施压。小羽被迫按照要求自拍裸照十张,通过 QQ 软件传送给骆某观看。后骆某又以在网络上公布小羽裸照相威胁,要求与其见面并在宾馆开房,企图实施猥亵行为。因小羽向公安机关报案,骆某在前往宾馆途中被抓获。本案中,骆某以哄骗、威胁、恐吓等方法逼迫未成年人拍摄裸体、敏感部位照片、视频等供其观看,明显属于网络空间严重侵害未成年人隐私权的情形。① 此类案件中犯罪行为人往往会辩称自己未直接与被害儿童身体接触,不构成犯罪。为了保护未成年人的合法权益,有效打击犯罪,通过以此案例处理来指导全国各地案例处理:虽然犯罪行为人是通过网络未在现实中直接与未成年受害者进行身体接触,但犯罪行为人客观上确实实施了猥亵行为,严重侵犯了未成年人的隐私权,损害了未成年人的身心健康,应当认定其为犯罪。《刑法》没有对猥亵儿童的具体方式作出列举式规定,需要根据实际情况来判定。本案中被告人骆某虽未直接与未成年受害者进行身体接触,但是通过网络,且以满足性需求为目的,看到了儿童裸体和敏感部位,应当认定其行为构成猥亵儿童罪。

(二)预防和减少对未成年人生命、财产安全的危害

许多未成年人喜欢使用各种社交媒体,由于法律监管不严、行业自律不够和自身防范意识不足等原因使得未成年人隐私极易被侵犯。如果这些隐私信息被个别犯罪分子利用,后果不堪设想。最高人民法院曾经公布过这样一个案例:被告人霍某以虚假身份通过网络聊天、手机短信息聊天等方式,获取未成年在校女学生和其他女网友的真实身份资料后,引诱她们进行有淫秽内容的聊天,随后又以公开聊天记录、利用被害人头像合成的裸体照片等方式相威胁,或者以帮助安排工作、教绘画为由,逼迫、诱骗被害人见面。五年里先后在多地对共计 25 名被害人实施强奸犯罪,强奸既遂 16 人,其中听障人士 3 人、幼女 5 人;强奸未遂 3 人,

① 2018 年最高人民检察院下发了第十一批指导案例,涉及的三个案例均为侵害未成年人犯罪案件,其中包括骆某猥亵儿童案。

犯罪预备6人,其中幼女2人。[①] 在这个案件中,未成年受害人有一个通病——缺乏隐私权保护意识,其储存在社交媒体上的个人信息基本处于无防护状态,被泄露和传播的风险极高。这起案件带给我们的教训也是极其惨痛的。

(三)预防和减少其他连锁危害

未成年人对自己的父母和家庭有着很强的依赖性,当未成年人的网络隐私被侵犯之后,很有可能引起相关的连锁危害后果。当前,我国电子商务、网络游戏、网络直播等都处在快速发展阶段,而相关法律规制还不健全。许多网站无法识别用户的真实年龄或真实身份,这就给网络购物、网络游戏的低龄化打开了一扇大门。绝大多数未成年人并无独立的经济来源,通常使用家长的银行账户进行购物、游戏、打赏。相关账户信息一旦被泄露,很可能会给家庭财产带来巨大的经济损失或隐患。另外,未成年人的隐私和家长的个人信息具有一定的重合性和关联性,比如家庭住址、手机号码等。这部分重合性和关联性的隐私泄露之后,也可能引发连锁危害后果的发生,甚至侵犯到家长们的网络隐私权。

四、我国未成年人网络隐私权法律保护现状

目前,我国尚未制定保护未成年人网络隐私权的单行法,但这并不意味着我国未成年人网络隐私权不受法律保护。实际上,对未成年人网络隐私权的法律保护,散见于我国《宪法》《全国人民代表大会常务委员会关于维护互联网安全的决定》《全国人民代表大会常务委员会关于加强网络信息保护的决定》《网络安全法》《数据安全法》《民法典》《民事诉讼法》《刑法》《刑事诉讼法》《未成年人保护法》《预防未成年人犯罪法》《社区矫正法》《法律援助法》《个人信息保护法》《中华人民共和国妇女权益保障法》《儿童个人信息网络保护规定》等一系列法律之中。

---

① 参见《人民法院依法惩治侵害未成年人合法权益典型案例》,载最高人民法院网2015年9月1日,https://www.court.gov.cn/zixun-xiangqing-15294.html。

随着对人格权的重视和我国互联网应用对未成年人的普及,我国关于未成年人网络隐私权的法律保护正逐渐走上法治化道路,当然它们还存在一些问题,这有待进一步完善。

(一)我国《宪法》关于未成年人网络隐私权的保护

我国法律对隐私权的保护首先体现在《宪法》的相关规定当中。《宪法》是我国法律体系中的根本大法,《宪法》中的以下规定体现了对未成年人人权,包括隐私权在内的人格权的保护:首先,确认了国家对人权的尊重和保障。① 根据该规定,未成年人的人权自然也是得到国家尊重和保障的,未成年人依法享有宪法和法律规定的权利,同时履行相关义务。《宪法》还规定了对人格权的保障。② 其次,《宪法》还明确规定了对公民通信自由和通信秘密的保护。③ 再次,《宪法》还特别规定了国家在未成年人发展权方面的义务,"国家培养青年、少年、儿童在品德、智力、体质等方面全面发展"。④ 最后,《宪法》还从国家义务、父母义务角度出发,规定了儿童受国家的保护,以及父母对未成年子女的抚养教育义务。⑤

根据上述规定可见,虽然《宪法》条文中没有直接写明国家保护未成年人隐私权,但是《宪法》具体规定体现了我国未成年人的人格尊严包括隐私权是受到宪法保护的,国家保护人格权即包括了国家对隐私权的保护。通信自由和通信秘密的保护,更是国家保护隐私权的具体体现。

① 《宪法》第 33 条第 3 款、第 4 款规定:"国家尊重和保障人权。任何公民享有宪法和法律规定的权利,同时必须履行宪法和法律规定的义务。"

② 《宪法》第 38 条规定:"中华人民共和国公民的人格尊严不受侵犯。禁止用任何方法对公民进行侮辱、诽谤和诬告陷害。"

③ 《宪法》第 40 条规定:"中华人民共和国公民的通信自由和通信秘密受法律的保护。除因国家安全或者追查刑事犯罪的需要,由公安机关或者检察机关依照法律规定的程序对通信进行检查外,任何组织或者个人不得以任何理由侵犯公民的通信自由和通信秘密。"

④ 参见《宪法》第 46 条第 2 款。

⑤ 参见《宪法》第 49 条。

《宪法》还明确了国家对未成年人的保护义务以及对未成年人德智体全面发展方面的义务，并规定了父母对未成年人子女应负的法定义务即抚养教育义务。这些规定，为我国法律给予未成年人网络隐私权保护提供了宪法依据，对于我国未成年人网络隐私权的法律保护起到了统帅作用。

（二）我国涉及未成年人网络隐私权保护的法律

我国关于未成年人网络隐私权保护的法律规定，比较分散，主要散见于以下法律当中：

1. 全国人民代表大会常务委员会《关于维护互联网安全的决定》（2009年修正）

2000年通过并于2009年修正的全国人民代表大会常务委员会《关于维护互联网安全的决定》明确规定，为了保护个人、法人和其他组织的人身、财产等合法权利，对于非法截获、篡改、删除他人电子邮件或者其他数据资料，侵犯公民通信自由和通信秘密的行为，构成犯罪的，依照刑法有关规定追究刑事责任。①

2. 全国人民代表大会常务委员会《关于加强网络信息保护的决定》

该决定于2012年12月28日公布并开始施行。该决定第1条第1款明确规定了国家对能够识别公民个人身份和与公民个人隐私相关的电子信息的保护。② 基于保护网络信息安全和对涉及隐私的公民个人电子信息的保护，该决定就任何组织、个人、网络服务提供者和其他事业单位及其工作人员对公民个人电子信息应承担的禁止性义务逐次分别

① 全国人民代表大会常务委员会《关于维护互联网安全的决定》第4条规定："为了保护个人、法人和其他组织的人身、财产等合法权利，对有下列行为之一，构成犯罪的，依照刑法有关规定追究刑事责任：（一）利用互联网侮辱他人或者捏造事实诽谤他人；（二）非法截获、篡改、删除他人电子邮件或者其他数据资料，侵犯公民通信自由和通信秘密；（三）利用互联网进行盗窃、诈骗、敲诈勒索。"

② 全国人民代表大会常务委员会《关于加强网络信息保护的决定》第1条第1款规定，"国家保护能够识别公民个人身份和涉及公民个人隐私的电子信息"。

予以了规定:禁止任何组织和个人窃取或以其他非法方式获取公民个人电子信息;禁止出售或非法向他人提供公民个人电子信息;禁止网络服务提供者和其他企事业单位及其工作人员泄露、篡改、毁损、出售或非法向他人提供其收集的公民个人电子信息,其应对收集的公民个人电子信息严格保密。① 此外,还规定了网络服务提供者对用户发布信息的管理责任。同时规定了禁止任何组织和个人发送商业性电子信息侵扰公民个人私生活安宁,②并就此规定了该类隐私权受到侵害的公民对网络服务提供者享有要求删除或采取其他措施制止的权利。③ 根据该决定,国家机关及其工作人员同样不得侵犯公民个人电子信息等隐私权的内容。④

上述该决定的内容,体现了对自然人私生活安宁的保护以及私密信息等个人信息的保护,也包含着对未成年人网络隐私权的保护。

3.《网络安全法》

《网络安全法》于2016年11月7日通过,自2017年6月1日起施

---

① 全国人民代表大会常务委员会《关于加强网络信息保护的决定》第1条第2款规定,"任何组织和个人不得窃取或者以其他非法方式获取公民个人电子信息,不得出售或者非法向他人提供公民个人电子信息";第2条规定,"网络服务提供者和其他企业事业单位在业务活动中收集、使用公民个人电子信息,应当遵循合法、正当、必要的原则,明示收集、使用信息的目的、方式和范围,并经被收集者同意,不得违反法律、法规的规定和双方的约定收集、使用信息。网络服务提供者和其他企业事业单位收集、使用公民个人电子信息,应当公开其收集、使用规则";第3条规定,"网络服务提供者和其他企业事业单位及其工作人员对在业务活动中收集的公民个人电子信息必须严格保密,不得泄露、篡改、毁损,不得出售或者非法向他人提供"。

② 全国人民代表大会常务委员会《关于加强网络信息保护的决定》第7条规定:"任何组织和个人未经电子信息接收者同意或者请求,或者电子信息接收者明确表示拒绝的,不得向其固定电话、移动电话或者个人电子邮箱发送商业性电子信息。"

③ 全国人民代表大会常务委员会《关于加强网络信息保护的决定》第8条规定:"公民发现泄露个人身份、散布个人隐私等侵害其合法权益的网络信息,或者受到商业性电子信息侵扰的,有权要求网络服务提供者删除有关信息或者采取其他必要措施予以制止。"

④ 全国人民代表大会常务委员会《关于加强网络信息保护的决定》第10条第2款规定:"国家机关及其工作人员对在履行职责中知悉的公民个人电子信息应当予以保密,不得泄露、篡改、毁损,不得出售或者非法向他人提供。"

行。该法规定了对个人隐私权和个人信息的保护,其中个人信息的保护某种意义上也是对涉及隐私的私密信息的保护,具体规定如下:

首先,该法明确规定国家保障网络信息依法有序自由流动,保护个人、组织依法用网。禁止任何个人和组织利用网络从事侵害他人隐私权和其他合法权益等活动,禁止危害网络安全。①

其次,该法还规定了网络产品、服务的提供者对于其提供的产品、服务负有安全维护的义务;就个人信息的保护,要求具有收集用户信息功能的网络产品、服务的提供者应当向用户明示并取得同意;涉及用户个人信息的,还应当遵守个人信息保护的法律规定。② 此外,该法对于网信部门和有关部门在履行网络安全保护职责中获取的信息的用途也予以了限制性规定,即相关部门在履行网络安全保护职责中获取的信息只能用于维护网络安全的需要,不得用于其他用途。③

最后,该法还规定了对网络空间这一隐私内容的保护。该法明确规定,禁止非法侵入他人网络、干扰他人网络正常功能、窃取网络数据等危

① 《网络安全法》第12条规定:"国家保护公民、法人和其他组织依法使用网络的权利,促进网络接入普及,提升网络服务水平,为社会提供安全、便利的网络服务,保障网络信息依法有序自由流动。任何个人和组织使用网络应当遵守宪法法律,遵守公共秩序,尊重社会公德,不得危害网络安全,不得利用网络从事危害国家安全、荣誉和利益,煽动颠覆国家政权、推翻社会主义制度,煽动分裂国家、破坏国家统一,宣扬恐怖主义、极端主义,宣扬民族仇恨、民族歧视,传播暴力、淫秽色情信息,编造、传播虚假信息扰乱经济秩序和社会秩序,以及侵害他人名誉、隐私、知识产权和其他合法权益等活动。"

② 《网络安全法》第22条规定:"网络产品、服务应当符合相关国家标准的强制性要求。网络产品、服务的提供者不得设置恶意程序;发现其网络产品、服务存在安全缺陷、漏洞等风险时,应当立即采取补救措施,按照规定及时告知用户并向有关主管部门报告。网络产品、服务的提供者应当为其产品、服务持续提供安全维护;在规定或者当事人约定的期限内,不得终止提供安全维护。网络产品、服务具有收集用户信息功能的,其提供者应当向用户明示并取得同意;涉及用户个人信息的,还应当遵守本法和有关法律、行政法规关于个人信息保护的规定。"

③ 《网络安全法》第30条规定:"网信部门和有关部门在履行网络安全保护职责中获取的信息,只能用于维护网络安全的需要,不得用于其他用途。"

害网络安全的活动;禁止提供危害网络安全活动的程序、工具用于侵入网络、干扰网络正常功能及防护措施、窃取网络数据等;禁止在明知的前提下,为他人危害网络安全的活动提供技术支持、广告推广、支付结算等帮助。①

该法还规定了对个人信息这一涉及隐私权内容的保护。该法明确规定,禁止窃取或者以其他非法方式获取个人信息,禁止非法向他人提供或非法出售个人信息;负有网络安全监督管理职责的部门及其工作人员对在履行职责中知悉的个人信息、隐私和商业秘密不得非法向他人提供或出售、泄露,负有保密义务。②

此外,该法的“网络信息安全”专章在对网络运营者的义务进行规定的同时,还规定了个人的以下权利:有权要求网络运营者删除违法或违约收集、使用的其个人信息;有权要求网络运营者更正错误的个人信息。③ 该法还对网络数据、个人信息予以了界定。④ 遗憾的是,该法对网络信息安全义务违反的法律后果即法律责任没有予以明确规定。

4.《数据安全法》

《数据安全法》于 2021 年 6 月 10 日通过,自 2021 年 9 月 1 日起施

---

① 《网络安全法》第 27 条规定:“任何个人和组织不得从事非法侵入他人网络、干扰他人网络正常功能、窃取网络数据等危害网络安全的活动;不得提供专门用于从事侵入网络、干扰网络正常功能及防护措施、窃取网络数据等危害网络安全活动的程序、工具;明知他人从事危害网络安全的活动的,不得为其提供技术支持、广告推广、支付结算等帮助。”

② 《网络安全法》第 44 条规定,“任何个人和组织不得窃取或者以其他非法方式获取个人信息,不得非法出售或者非法向他人提供个人信息”;第 45 条规定,“依法负有网络安全监督管理职责的部门及其工作人员,必须对在履行职责中知悉的个人信息、隐私和商业秘密严格保密,不得泄露、出售或者非法向他人提供”。

③ 参见《网络安全法》第 43 条。

④ 《网络安全法》第 76 条明确规定,网络数据是指通过网络收集、存储、传输、处理和产生的各种电子数据;个人信息是指以电子或者其他方式记录的能够单独或者与其他信息结合识别自然人个人身份的各种信息,包括但不限于自然人的姓名、出生日期、身份证件号码、个人生物识别信息、住址、电话号码等。

行。该法对数据、数据处理、数据安全予以了界定。① 该法明确规定，根据数据的重要程度以及被遭到破坏、泄露或篡改造成的危害程度，实行数据的分类分级保护，即我国建立数据分类分级保护制度；任何组织或个人均应采取合法、正当的方式收集数据，不得以窃取等非法方式获取数据；应在法律、行政法规规定的目的和范围内收集、使用数据。② 此外，还对国家机关履责过程中收集、使用数据提出了要求，主要有：第一，应按照法律、行政法规规定的条件和程序进行；第二，国家机关不得将履责过程中知悉的个人隐私、个人信息、商业秘密、保密商务信息等数据泄露或非法向他人提供，应依法保密。③

5.《民法典》

《民法典》对个人网络隐私权和个人信息的保护主要体现在以下规定中：

(1)第一编"总则"第五章"民事权利"一章中明确规定自然人享有隐私权和个人信息受法律保护。禁止任何组织或个人非法收集、使用、加工、传输他人个人信息，禁止非法买卖、提供或者公开他人个人信息。这些规定体现了我国民法对自然人人身自由和人格尊严的法律保护。④ 此外，规定了特别法规定的，按照特别法的规定。⑤《民法典》对自然人

---

① 《数据安全法》第3条规定："本法所称数据，是指任何以电子或者其他方式对信息的记录。数据处理，包括数据的收集、存储、使用、加工、传输、提供、公开等。数据安全，是指通过采取必要措施，确保数据处于有效保护和合法利用的状态，以及具备保障持续安全状态的能力。"

② 参见《数据安全法》第21条、第32条。

③ 《数据安全法》第38条规定："国家机关为履行法定职责的需要收集、使用数据，应当在其履行法定职责的范围内依照法律、行政法规规定的条件和程序进行；对在履行职责中知悉的个人隐私、个人信息、商业秘密、保密商务信息等数据应当依法予以保密，不得泄露或者非法向他人提供。"

④ 参见《民法典》第109～111条。

⑤ 《民法典》第127条规定："法律对数据、网络虚拟财产的保护有规定的，依照其规定。"

隐私权和个人信息的法律保护,自然包括对作为自然人的未成年人的网络隐私权和个人信息的法律保护。

(2)在《民法典》第四编"人格权"的第一章"一般规定"中,对隐私权作为人格权的一种,再次予以了权利确认和法律保护。具体规定主要有:隐私权是民事主体享有的人格权的一种;禁止任何组织或个人侵害民事主体的人格权,民事主体的人格权受法律保护;关于侵害人格权的民事责任承担方式停止侵害、排除妨碍、消除危险、消除影响、恢复名誉、赔礼道歉,不适用诉讼时效的规定。① 因行为人违约导致受损害方人格权受到损害并造成严重精神损害的,受损害方在要求对方承担违约责任的同时,有权请求精神损害赔偿;关于人格权的保护,赋予民事主体预防性侵权请求权这一权利;②规定了即使为公共利益实施舆论监督、新闻报道行为,若不合理使用他人人格权对客体造成侵害的,仍应承担民事责任。③

隐私权作为自然人人格权的一种,根据上述人格权的"一般规定",自然受法律保护。禁止任何组织或个人侵害自然人的隐私权,包括未成年人的隐私权,无论未成年人在现实世界中还是网络空间中,任何组织或个人都不得侵害未成年人的隐私权。

此外,需要注意的是,第一,死者也享有隐私权。④ 第二,《民法典》规定人格权不得放弃、转让或者继承。因此,个人的隐私权包括未成年

---

① 参见《民法典》第995条。

② 《民法典》第997条规定:"民事主体有证据证明行为人正在实施或者即将实施侵害其人格权的违法行为,不及时制止将使其合法权益受到难以弥补的损害的,有权依法向人民法院申请采取责令行为人停止有关行为的措施。"

③ 《民法典》第999条规定:"为公共利益实施新闻报道、舆论监督等行为的,可以合理使用民事主体的姓名、名称、肖像、个人信息等;使用不合理侵害民事主体人格权的,应当依法承担民事责任。"

④ 《民法典》第994条规定:"死者的姓名、肖像、名誉、荣誉、隐私、遗体等受到侵害的,其配偶、子女、父母有权依法请求行为人承担民事责任;死者没有配偶、子女且父母已经死亡的,其他近亲属有权依法请求行为人承担民事责任。"

人的隐私权也不涉及放弃、转让或继承的问题。

(3)《民法典》第四编“人格权”的第六章“隐私权和个人信息保护”是专门关于隐私权、个人信息的民法保护。具体规定主要包括:自然人享有隐私权,且自然人的个人信息受法律保护。私人生活安宁和不愿为他人知晓的私密空间、私密活动、私密信息均属于自然人的隐私,并就“个人信息”予以了法律上的界定。[①] 禁止任何组织或个人侵害他人隐私权,侵害的方式包括但不限于刺探、侵扰、泄露、公开等方式;并对侵害隐私权的具体情形予以了列举式规定。[②] 对于个人信息的处理除规定了合法、正当、必要原则以及不得过度处理的要求外,还要求个人信息的处理应满足以下条件:征得权利主体或监护人的同意;公开处理信息规则;明示处理信息的目的、方式、范围;不违法和不违约。另外,对于何为“个人信息的处理”予以了界定。[③] 并规定了自然人对信息处理者依法享有查询权、复制权、错误信息的异议权、请求删除权以及信息处理者的保密义务。还特别规定了禁止国家机关、承担行政职能的法定机构及其工作人员将其在履责过程中知悉的自然人的隐私和个人信息泄露或向他人非法提供。[④]

关于隐私权和个人信息交叉问题如何适用法律,《民法典》也进行了规定:私密信息适用有关隐私权的规定;没有规定的,适用个人信息保护

---

① 《民法典》第1034条规定:“个人信息是以电子或者其他方式记录的能够单独或者与其他信息结合识别特定自然人的各种信息,包括自然人的姓名、出生日期、身份证件号码、生物识别信息、住址、电话号码、电子邮箱、健康信息、行踪信息等。”

② 《民法典》第1033条规定:“除法律另有规定或者权利人明确同意外,任何组织或者个人不得实施下列行为:(一)以电话、短信、即时通讯工具、电子邮件、传单等方式侵扰他人的私人生活安宁;(二)进入、拍摄、窥视他人的住宅、宾馆房间等私密空间;(三)拍摄、窥视、窃听、公开他人的私密活动;(四)拍摄、窥视他人身体的私密部位;(五)处理他人的私密信息;(六)以其他方式侵害他人的隐私权。”

③ 《民法典》第1035条规定:“个人信息的处理包括个人信息的收集、存储、使用、加工、传输、提供、公开等。”

④ 《民法典》第1039条规定:“国家机关、承担行政职能的法定机构及其工作人员对于履行职责过程中知悉的自然人的隐私和个人信息,应当予以保密,不得泄露或者向他人非法提供。”

的规定。[1]

(4)在《民法典》第七编“侵权责任”中不仅对人身权的损害赔偿侵权责任进行了规定,还对网络侵权责任予以规定,具体内容如下:

首先,明确规定侵害他人人身权益造成财产损失或造成严重精神损害的应予赔偿。[2] 其中财产损失,按照被侵权人受到的损失或者侵权人因此获得的利益进行赔偿,难以确定被侵权人的损失及侵权人因此取得的利益时,由侵权人、被侵权人协商赔偿数额,协商不一致,向人民法院提起诉讼的,由法院依据实际情况确定赔偿金额;严重精神损害的赔偿,明确被侵权人有精神损害赔偿请求权。

其次,对网络用户侵权责任予以了专门规定,除法律另有规定外,利用网络侵害他人民事权益的网络用户、网络服务提供者应承担侵权责任;[3]并对网络用户通过网络服务进行侵权行为的,相关网络用户、网络服务提供者、权利人三方的权利、义务进行了衔接规定,其中权利人的通知规则、网络用户的声明规则、网络用户和网络服务提供者承担连带责任的规则值得关注。[4]

---

① 参见《民法典》第 1034 条第 3 款。

② 参见《民法典》第 1182 条、第 1183 条。

③ 参见《民法典》第 1194 条。

④ 《民法典》第 1195 条规定,“网络用户利用网络服务实施侵权行为的,权利人有权通知网络服务提供者采取删除、屏蔽、断开链接等必要措施。通知应当包括构成侵权的初步证据及权利人的真实身份信息。网络服务提供者接到通知后,应当及时将该通知转送相关网络用户,并根据构成侵权的初步证据和服务类型采取必要措施;未及时采取必要措施的,对损害的扩大部分与该网络用户承担连带责任。权利人因错误通知造成网络用户或者网络服务提供者损害的,应当承担侵权责任。法律另有规定的,依照其规定”;第 1196 条规定,“网络用户接到转送的通知后,可以向网络服务提供者提交不存在侵权行为的声明。声明应当包括不存在侵权行为的初步证据及网络用户的真实身份信息。网络服务提供者接到声明后,应当将该声明转送发出通知的权利人,并告知其可以向有关部门投诉或者向人民法院提起诉讼。网络服务提供者在转送声明到达权利人后的合理期限内,未收到权利人已经投诉或者提起诉讼通知的,应当及时终止所采取的措施”;第 1197 条规定,“网络服务提供者知道或者应当知道网络用户利用其网络服务侵害他人民事权益,未采取必要措施的,与该网络用户承担连带责任”。

6.《刑法》

《刑法》对公民隐私权的保护主要体现在对以下犯罪的惩治中,即非法搜查罪、非法侵入住宅罪(第245条);侵犯通信自由罪(第252条);私自开拆、隐匿、毁弃邮件、电报罪(第253条);侵犯公民个人信息罪(第253条之一);非法侵入计算机信息系统罪、非法获取计算机信息系统数据、非法控制计算机信息系统罪、提供侵入、非法控制计算机信息系统程序、工具罪(第285条);破坏计算机信息系统罪(第286条);拒不履行信息网络安全管理义务罪(第286条之一);利用计算机实施犯罪的提示性规定(第287条)、非法利用信息网络罪(第287条之一)、帮助信息网络犯罪活动罪(第287条之二)等。特别是《刑法》第252条、第253条、第253条之一、第285条、第286条之一,完全可以直接适用于未成年人网络隐私权的刑法保护。

需要注意的是,即使同为侵犯隐私权,不同侵权行为的法律后果也并不一样。例如,构成私自开拆、隐匿、毁弃邮件、电报罪的法律后果是处二年以下有期徒刑或者拘役;而侵犯公民个人信息,情节严重的,处三年以下有期徒刑或者拘役,并处或者单处罚金;情节特别严重的,处三年以上七年以下有期徒刑,并处罚金。关于未成年人网络隐私权的刑法保护,是否可以直接适用情节特别严重的刑事处罚还是直接从严规定刑罚,是立法者制定相关立法或对《刑法》再修订时需着重考虑的问题。

7.《民事诉讼法》《刑事诉讼法》《行政诉讼法》

(1)《民事诉讼法》对个人隐私权的保护主要体现在以下法律规定中:关于证据的出示和质证,规定涉及国家秘密、商业秘密和个人隐私的证据应当保密,需要在法庭出示的,在公开开庭时不得出示。① 并在开庭审理环节规定了法院审理案件以公开审理为一般原则,但是涉及国家秘密、个人隐私或者法律另有规定的除外。可见,涉及个人隐私的案件

① 参见《民事诉讼法》第71条。

以不公开审理为原则。[①] 对于涉及国家秘密、商业秘密和个人隐私内容的判决书、裁定书,作为公众查阅权的除外情形。[②]

(2)《刑事诉讼法》对个人隐私权的保护主要体现在证据的收集、调取中涉及个人隐私的证据应当保密,[③]技术侦查措施过程中知悉的个人隐私应当保密,[④]以及涉及个人隐私的案件适用不公开审理[⑤]这三方面。此外,该法第五编第一章"未成年人刑事案件诉讼程序",对未成年犯罪人的讯问与审判也规定注意了对未成年犯罪嫌疑人、被告人的隐私的保护,比如,要求通知其法定代理人到场或其他成年亲属或相关单位的代表到场,讯问女性未成年犯罪嫌疑人时,应有女工作人员在场,[⑥]以及对被告人不满十八周岁的案件实行不公开审理等。此外,关于未成年犯罪人犯罪记录的封存与查询也予以了特别规定,对于犯罪时未满十八周岁且被判处五年有期徒刑以下刑罚的,应封存其相关犯罪记录,除司法机关为办案需要或有关单位根据国家规定进行查询外,禁止向任何单位和个人提供。依法进行查询的单位对被封存的犯罪记录的情况应予以保密。[⑦] 这些规定有利于保护未成年犯罪人的隐私权,避免未成年犯罪人

---

① 参见《民事诉讼法》第 137 条。

② 参见《民事诉讼法》第 159 条。

③ 参见《刑事诉讼法》第 54 条。

④ 《刑事诉讼法》第 152 条规定,"采取技术侦查措施,必须严格按照批准的措施种类、适用对象和期限执行。侦查人员对采取技术侦查措施过程中知悉的国家秘密、商业秘密和个人隐私,应当保密;对采取技术侦查措施获取的与案件无关的材料,必须及时销毁。采取技术侦查措施获取的材料,只能用于对犯罪的侦查、起诉和审判,不得用于其他用途。公安机关依法采取技术侦查措施,有关单位和个人应当配合,并对有关情况予以保密"。

⑤ 《刑事诉讼法》第 188 条规定,"人民法院审判第一审案件应当公开进行。但是有关国家秘密或者个人隐私的案件,不公开审理;涉及商业秘密的案件,当事人申请不公开审理的,可以不公开审理。不公开审理的案件,应当当庭宣布不公开审理的理由"。

⑥ 参见《刑事诉讼法》第 281 条。

⑦ 参见《刑事诉讼法》第 285 条、第 286 条。

的相关信息在包括网络空间在内的公共平台进行传播,有助于为未成年犯罪人未来重返社会、融入社会提供良好宽容的环境,减轻其心理负担,在一定意义上也是对未成年人网络隐私权的保护。

(3)《行政诉讼法》对个人隐私权的保护主要体现在以下法律规定中:第四章“诉讼参加人”中明确规定有权查阅、复制案件材料的代理诉讼的律师,应对其中涉及个人隐私的材料依法保密,而有权查阅、复制案件庭审材料的当事人和其他诉讼代理人,对于其中涉及个人隐私的内容则无权查阅、复制。① 第五章“证据”中明确规定与案件有关的涉及国家秘密、商业秘密和个人隐私的证据,原告或者第三人不能自行收集的,可以申请法院调取。② 证据的出示规则中明确证据应当在法庭上出示为一般原则,但是不得在公开开庭时出示涉及国家秘密、商业秘密和个人隐私的证据。③ 在第七章“审理和判决”的第一节“一般规定”中,不仅明确规定法院审理行政案件以公开审理为一般原则,但是涉及国家秘密、个人隐私和法律另有规定的除外,④还规定法院应当公开生效的判决书、裁定书以供公众查阅,但涉及国家秘密、商业秘密和个人隐私的内容除外。⑤

8.《未成年人保护法》与《预防未成年人犯罪法》

《未成年人保护法》对未成年人隐私权的保护主要体现在以下方面:首先,在该法“总则”中明确规定应坚持最有利于未成年人的原则保护未成年人。应将给予未成年人优先、特殊保护,尊重其人格尊严,保护未成

---

① 《行政诉讼法》第 32 条规定:“代理诉讼的律师,有权按照规定查阅、复制本案有关材料,有权向有关组织和公民调查,收集与本案有关的证据。对涉及国家秘密、商业秘密和个人隐私的材料,应当依照法律规定保密。当事人和其他诉讼代理人有权按照规定查阅、复制本案庭审材料,但涉及国家秘密、商业秘密和个人隐私的内容除外。”

② 参见《行政诉讼法》第 41 条。

③ 参见《行政诉讼法》第 43 条。

④ 参见《行政诉讼法》第 54 条。

⑤ 参见《行政诉讼法》第 65 条。

年人隐私权和个人信息等作为处理涉及未成年人事项的基本要求。① 其次，在该法“社会保护”一章中规定，禁止新闻媒体在涉及未成年人事件的采访报道中侵犯未成年人的名誉、隐私和其他合法权益。② 再次，在该法“网络保护”一章中对于未成年人网络空间的合法权益进行了如下规定：国家、社会、学校和家庭应保障未成年人在网络空间的合法权益；网信部门及其他有关部门应为未成年人提供安全、健康的网络环境；③对为未成年人提供上网服务设施的场所以及智能终端产品的制造者、销售者提出了为未成年人提供安全保护措施的要求；④规定合法、正当和必要是信息处理者通过网络处理未成年人个人信息应遵守的原则，并规定除法律、行政法规另有规定外，在处理不满十四周岁未成年人个人信息时，应当征得其父母或其他监护人同意，同时还规定了对于未成年人个人信息，未成年人、父母或其他监护人对信息处理者享有更正权、删除权。⑤ 对于未成年人通过网络发布私密信息的，网络服务提供者一经发现，应及时提示，并采取必要的保护措施。⑥ 最后，该法“司法保护”一章中明确规定，为保障未成年人的名誉权、隐私权和其他合法权益，司法机关讯问未成年犯罪嫌疑人、被告人或询问未成年被害人、证人，应在适当场所采取适当方式进行，并依法通知其法定代理人或者合适成年人到场。涉及未成年人案件开庭审理的，未成年被害人、证人一般不出庭作证；必须出庭的，应采取保护其隐私的技术手段和心理干预等保护

① 参见《未成年人保护法》第 4 条。

② 参见《未成年人保护法》第 49 条。

③ 参见《未成年人保护法》第 64 条、第 66 条。

④ 《未成年人保护法》第 69 条规定：“学校、社区、图书馆、文化馆、青少年宫等场所为未成年人提供的互联网上网服务设施，应当安装未成年人网络保护软件或者采取其他安全保护技术措施。智能终端产品的制造者、销售者应当在产品上安装未成年人网络保护软件，或者以显著方式告知用户未成年人网络保护软件的安装渠道和方法。”

⑤ 参见《未成年人保护法》第 72 条。

⑥ 参见《未成年人保护法》第 73 条。

措施。①

《预防未成年人犯罪法》规定预防未成年人犯罪工作的开展，应当保护未成年人的名誉权、隐私权和个人信息等合法权益，尊重未成年人人格尊严。②

9.《社区矫正法》

2020年7月1日开始施行的《中华人民共和国社区矫正法》关于未成年人的社区矫正进行了专章规定，即第七章“未成年人社区矫正特别规定”，该章明确规定了社区矫正机构的工作人员和其他依法参加社区矫正工作的人员，对其履职过程中获得的未成年人的身份信息应当保密，同时规定了禁止将未成年社区矫正对象的档案信息对外提供，除司法机关办案需要或者国家有规定查询外。此外，依法查询的，对获得的信息也负有保密义务。③

10.《广告法》《电影产业促进法》《公共图书馆法》

《广告法》明确规定，广告不得危害人身、财产安全，泄露个人隐私；广告不得损害未成年人和残疾人的身心健康。④《电影产业促进法》明确规定了电影不得含有侵害未成年人合法权益或者损害未成年人身心健康的内容，不得含有侮辱、诽谤他人或者散布他人隐私，侵害他人合法权益的内容。⑤《公共图书馆法》明确规定，禁止公共图书馆出售或者以其他方式非法向他人提供读者的个人信息及其他可能涉及读者隐私的信息，对违反前述规定的，由文化主管部门责令改正并没收违法所得，对

---

① 参见《未成年人保护法》第110条。

② 参见《预防未成年人犯罪法》第3条。

③ 《社区矫正法》第54条规定：“社区矫正机构工作人员和其他依法参与社区矫正工作的人员对履行职责过程中获得的未成年人身份信息应当予以保密。除司法机关办案需要或者有关单位根据国家规定查询外，未成年社区矫正对象的档案信息不得提供给任何单位或者个人。依法进行查询的单位，应当对获得的信息予以保密。”

④ 参见《广告法》第9条、第10条。

⑤ 参见《电影产业促进法》第16条。

直接负责的主管人员和其他直接责任人员依法追究法律责任。①

11.《个人信息保护法》

2021年11月1日开始实施的《个人信息保护法》将不满十四周岁未成年人的个人信息纳入“敏感个人信息”，指出具有特定目的、充分的必要性以及采取严格的保护措施是信息处理者处理敏感个人信息的前提。此外，该法对于敏感个人信息中“不满十四周岁的未成年人个人信息”的处理规则进行了特别规定：第一，应取得未成年人父母或其他监护人的同意；第二，个人信息处理者应当制定专门的个人信息处理规则来处理不满十四周岁未成年人个人信息。② 此外，该法对“个人信息”“个人信息的处理”“个人信息处理者”以及“自动化决策”等均进行了法律上的界定。③

（三）关于未成年人网络隐私权保护的行政法规

关于未成年人网络隐私权保护的行政法规目前主要有《计算机信息系统安全保护条例》[（2011修订），第7条]、《互联网信息服务管理办法》（第15条）、《计算机信息网络国际联网安全保护管理办法》（第4条、第6条、第7条、第10条）、《互联网上网服务营业场所管理条例》[（2022修订），第4条、第7条]、《娱乐场所管理条例》[（2020修订），第23条、第24条]。此外，还有《互联网信息服务管理办法（修订草案征求意见稿）》④等。

以上行政法规，包括相关的征求意见稿或送审稿，或多或少均涉及

---

① 参见《公共图书馆法》第43条、第50条。

② 参见《个人信息保护法》第28条、第31条。

③ 《个人信息保护法》第4条规定，“个人信息是以电子或者其他方式记录的与已识别或者可识别的自然人有关的各种信息，不包括匿名化处理后的信息”“个人信息的处理包括个人信息的收集、存储、使用、加工、传输、提供、公开、删除等”；第73条规定，“个人信息处理者，是指在个人信息处理活动中自主决定处理目的、处理方式的组织、个人”“自动化决策，是指通过计算机程序自动分析、评估个人的行为习惯、兴趣爱好或者经济、健康、信用状况等，并进行决策的活动”。

④ 该征求意见稿的意见反馈截止日期为2021年2月7日。

未成年人隐私权的保护，其中，《计算机信息网络国际联网安全保护管理办法》对计算机信息网络这一网络空间的安全保护予以了专门规定。

（四）关于未成年人网络隐私保护的部门规章①

未成年人网络隐私权保护的部门规章主要有《未成年人学校保护规定》、《儿童个人信息网络保护规定》、《网络出版服务管理规定》（第25条）、《未成年人节目管理规定》（第4条、第13条）、《电信和互联网用户个人信息保护规定》（第9条、第10条、第13条、第14条）、《互联网新闻信息服务管理规定》（第13条）、《互联网新闻信息服务新技术新应用安全评估管理规定》（第14条）、《互联网信息内容管理行政执法程序规定》（第18条）、《区块链信息服务管理规定》（第10条）、《专网及定向传播视听节目服务管理规定》（第16条）、《具有舆论属性或社会动员能力的互联网信息服务安全评估规定》（第5条）、《网络音视频信息服务管理规定》（第9条）②、《互联网个人信息安全保护指南》（第5条、第6条）、《全国信息安全标准化技术委员会〈网络安全标准实践指南〉管理办法（暂行）》、《国家信息化领导小组关于加强信息安全保障工作的意见》（第2条、第3条）、《通信网络安全防护管理办法》（第2条）以及《网络安全审查办法》（第4条、第6条）。此外，还有《未成年人网络保护条例（送审稿）》等立法征求意见稿。

其中，《未成年人网络保护条例（送审稿）》是我国未成年人网络保

① 关于部门规范性文件，笔者也将其视为部门规章。

② 《网络音视频信息服务管理规定》第9条规定："任何组织和个人不得利用网络音视频信息服务以及相关信息技术从事危害国家安全、破坏社会稳定、扰乱社会秩序、侵犯他人合法权益等法律法规禁止的活动，不得制作、发布、传播煽动颠覆国家政权、危害政治安全和社会稳定、网络谣言、淫秽色情，以及侵害他人名誉权、肖像权、隐私权、知识产权和其他合法权益等法律法规禁止的信息内容。"

护立法道路上的一个重要里程碑①。目前,中央网信办正在加快推动《未成年人网络保护条例》出台,力求通过完善《未成年人保护法》的配套制度,为未成年人网络保护提供更加有力的法律保障。《儿童个人信息网络保护规定》则对于未成年人网络隐私权的保护规定最为详细。《儿童个人信息网络保护规定》中所指"儿童"是指未满十四周岁的未成年人,该规定适用于我国境内利用网络收集、存储、使用、转移、披露儿童个人信息等活动。该规定要求网络运营者处理儿童个人信息,应遵循正当必要、知情同意、目的明确、安全保障、依法利用的原则,并应以显著、清晰的方式告知儿童监护人并征得儿童监护人的同意;除法律、行政法规规定应披露或根据与儿童监护人的约定可披露的外,禁止网络运营者披露儿童个人信息,同时赋予儿童或其监护人有权要求网络运营者更正或删除儿童个人信息的权利。该规定虽然因为适用对象范围有限未适用于所有未成年人,只限于特定年龄段的未成年人个人信息的网络保护,未能对未成年人网络隐私权的全部内涵提供法律保护,具有一定的局限性;但是该规定在一定程度和一定范围内也为我国未成年人网络隐私权中个人私密信息提供了有效的法律保护。

(五)关于未成年人网络隐私权保护的司法解释

未成年人网络隐私权保护的司法解释主要有:最高人民法院、最高

---

① 2017年1月6日,国务院法制办公室发布《关于〈未成年人网络保护条例(送审稿)〉公开征求意见的通知》。该送审稿一共六章三十六条,虽然至今也没有出台该条例的生效文本,但是该送审稿体现了对未成年人网络权益予以特殊优先保护的立法理念。该送审稿不仅对于网络、网络信息服务提供者、未成年人个人信息、智能终端设备进行了概念上的界定,而且在第三章"未成年人网络权益保障"一章明确规定应加强对未成年人网上个人信息的保护,通过网络收集、使用未成年人个人信息的,应当制定专门的收集、使用规则。通过网络收集、使用未成年人个人信息的,应经未成年人或其监护人同意,明示收集、使用信息的目的、方式和范围,并遵循合法、正当、必要的原则。该送审稿虽未直接写明未成年人网络隐私权的保护,但是为《未成年人保护法》的修订奠定了基础,其很多条款也被《未成年人保护法》(2020修订)所吸纳,从而成为该法新增"网络保护"一章的立法基础。

人民检察院《关于办理侵犯公民个人信息刑事案件适用法律若干问题的解释》，最高人民法院、最高人民检察院、公安部《关于依法惩处侵害公民个人信息犯罪活动的通知》，最高人民法院《关于审理利用信息网络侵害人身权益民事纠纷案件适用法律若干问题的规定》（2020 修正），最高人民检察院、国家监察委员会、教育部、公安部、民政部、司法部、国家卫生健康委员会、中国共产主义青年团中央委员会、中华全国妇女联合会《关于建立侵害未成年人案件强制报告制度的意见（试行）》，最高人民法院、最高人民检察院《关于办理利用互联网、移动通讯终端、声讯台制作、复制、出版、贩卖、传播淫秽电子信息刑事案件具体应用法律若干问题的解释》，最高人民法院、最高人民检察院《关于办理利用互联网、移动通讯终端、声讯台制作、复制、出版、贩卖、传播淫秽电子信息刑事案件具体应用法律若干问题的解释（二）》，最高人民法院、最高人民检察院《关于办理利用信息网络实施诽谤等刑事案件适用法律若干问题的解释》，最高人民法院、最高人民检察院《关于利用网络云盘制作、复制、贩卖、传播淫秽电子信息牟利行为定罪量刑问题的批复》，最高人民法院《关于互联网法院审理案件若干问题的规定》，《检察机关办理侵犯公民个人信息案件指引》等。

（六）行业技术文件（国家标准）、行业协会及网络运营服务者的自律性规定

关于未成年人网络隐私权的保护，还散见于行业技术文件（国家标准）、行业协会及网络运营服务提供者的自律性规定，主要有《网络安全标准实践指南——人工智能伦理安全风险防范指引》《网络安全标准实践指南——移动互联网应用程序（App）使用软件开发工具包（SDK）安全指引》《网络安全标准实践指南——移动互联网应用程序（App）系统权限申请使用指南》《网络安全标准实践指南——移动互联网应用程序（App）个人信息保护常见问题及处置指南》《网络安全标准实践指南——移动互联网应用程序（App）收集使用个人信息自评估指南》《网

络安全标准实践指南——远程办公安全防护》《网络安全实践指南——移动互联网应用基本业务功能必要信息规范》《网络安全实践指南——应对截获短信验证码实施网络身份假冒攻击的技术指引》《网络关键设备和网络安全专用产品安全认证实施规则》《App 违法违规收集使用个人信息行为认定方法》《互联网企业个人信息保护测评标准》《互联网终端软件服务行业自律公约》《信息安全技术公共及商用服务信息系统个人信息保护指南》等。其中,《信息安全技术公共及商用服务信息系统个人信息保护指南》(GB/Z 28828—2012)是我国首个个人信息保护国家标准,自 2013 年 2 月 1 日起实施。该指南将个人信息区分为一般信息和敏感信息,并提出了默许同意和明示同意两种规则。对于个人一般信息的处理,采取默许同意原则;但对于个人敏感信息,必须经明示同意方可收集和利用。该指南将处理个人信息分为四个阶段,并提出遵循八项原则。① 其中对于未成年人的个人敏感信息的收集,规定未取得法定监护人明示同意,不得收集未满 16 周岁的未成年人的个人敏感信息。②

2021 年 4 月,中国互联网协会批准发布了《面向网络内容的未成年人不适龄提醒测评指南》《网络游戏行业企业社会责任管理体系》《数据安全治理能力评估方法》三项团体标准。

此外,一些网络运营服务提供者根据其自身特点,对其提供服务的网络运营平台也制定了对未成年人网络隐私权进行保护的自律性规定。例如,新浪《微博服务使用协议》规定,保护用户隐私和其他个人信息是微博的一项基本政策。《微博个人信息保护政策》提出了对未成年人个人信息的特别保护,尤其强调在收集未满 14 周岁的未成年人个人信息

① "四阶段"即收集、加工、转移、删除,"八原则"指目的明确、最少够用、公开告知、个人同意、质量保证、安全保障、诚信履行和责任明确。

② 《信息安全技术公共及商用服务信息系统个人信息保护指南》(GB/Z 28828—2012)规定,"5.2.7 不直接向未满 16 周岁的未成年人等限制民事行为能力或无行为能力人收集个人敏感信息,确需收集其个人敏感信息的,要征得其法定监护人的明示同意"。

时,必须征得其监护人同意,为此新浪微博还专门出台了《微博儿童个人信息保护政策》。类似的使用协议和个人信息保护政策的出台,对促进我国未成年人网络隐私权保护的法律规制也具有积极推动作用。

五、我国未成年人网络隐私权保护待完善的方面

综上所述,虽然我国在宪法、法律、行政法规、部门规章、司法解释直至行业自律性规定等这些不同层级的立法中均有关于隐私权的相关规定,但是我国尚无未成年人网络隐私权保护的专门性法律。通过前文梳理我国涉及未成年人网络隐私权的相关法律,可以发现,我国未成年人网络隐私权保护以下几个方面仍待完善:

(一)缺乏对未成年人网络隐私权的法律确认

《民法典》确认了自然人享有隐私权,并将个人的私人生活安宁、私密空间、私密活动、私密信息等不愿为他人知晓的事项均纳入隐私的范围。这是我国法律上对隐私权保护的重大进步。《全国人民代表大会常务委员会关于加强网络信息保护的决定》也是未成年人网络隐私权中私密信息保护的重要法律依据。但是,由于未成年人未成年的特点,未成年人网络隐私权保护与通常个人隐私权保护、个人信息保护相比,具有特殊性,需要法律的特别规定。《未成年人保护法》(2020 修订)虽然增加了"网络保护"专章,但是并未提出未成年人网络隐私权的概念并对其加以界定。对未成年人网络隐私权予以立法确认,并从法律概念上予以界定,结合未成年人网络隐私权的内涵区分提供适当的网络保护,有利于构建未成年人网络隐私权的法律保护机制,从而确定未成年人网络隐私权受到侵害时适用的归责原则以及未成年人隐私权被侵犯时的司法保护机制。对未成年人网络隐私权的法律确认和概念界定,是未成年人网络隐私权保护的前提和基础,只有对其概念予以清晰的界定,方能构建适合的保护机制。

(二)现有规定之间不一致,不利于法律适用

以现有规定未成年人网络隐私权的保护对象为例来看,不难发现,

相关规定之间协调性差,规定不一致。根据《未成年人保护法》和《民法典》来看,未成年人是以年龄为标准与成年人予以区分的,凡是未满 18 周岁的自然人均是未成年人。在《民法典》颁布之前,《民法通则》(已于 2021 年废止)虽然未对“未成年人”予以直接的法律界定,但是规定了 18 周岁以上的公民是成年人,据此也可以推断出不满 18 周岁的不是成年人,是未成年人。作为我国首个个人信息保护国家标准,《信息安全技术公共及商用服务信息系统个人信息保护指南》关于个人敏感信息的保护,局限于对未满 16 周岁的未成年人的敏感信息的保护,规定向此类未成年人收集个人敏感信息时不能直接收集,需征得其法定监护人的明示同意。《儿童个人信息网络保护规定》又将“儿童”界定为未满 14 周岁的未成年人,即已满 14 周岁的未成年人的个人信息保护并不能适用《儿童个人信息网络保护规定》。《未成年人保护法》规定,除法律、行政法规另有规定外,处理未满 14 周岁的未成年人个人信息的,应征得其父母或其他监护人同意。[①]《信息安全技术公共及商用服务信息系统个人信息保护指南》公布、实施时间早于《儿童个人信息网络保护规定》和《未成年人保护法》(2020 修订),该指南是在 2013 年 2 月开始实施的,但是在《未成年人保护法》《儿童个人信息网络保护规定》实施后,该指南也未进行调整修正,就法律效力上来讲,其明显低于作为法律的《未成年人保护法》和作为部门规章的《儿童个人信息网络保护规定》。因此,梳理不同层次的规范性法律文件关于同一个问题的规定并予以统一,也是立法者需要关注和解决的一个问题。此外,如果相关法律、行政法规、部门规章,对于未成年人个人信息的保护仅局限于不满 14 周岁的未成年人,那么已满 14 周岁的未成年人网络隐私权和个人信息的保护,是否适宜和成年人适用一样的保护标准和保护机制,也是值得思考的一个问题。毕竟,根据《民法典》的规定,已满 16 周岁且以自己的劳动收入为主要生

---

① 参见《未成年人保护法》第 72 条。

活来源的，才视为完全民事行为能力人。已满 14 周岁但未满 18 周岁，也没有自己的劳动收入作为主要生活来源的，其民事行为能力依然有限，仍然是限制民事行为能力人，其个人信息的保护及个人隐私权的保护，是否可以脱离监护人的同意，笔者认为，应结合我国监护制度设立的初衷和有关监护的具体法律规定，以及最有利于未成年人利益的原则慎重考虑。此外，目前《未成年人保护法》（2020 修订）“网络保护”一章对在个人信息处理上采用的规则是：未满 14 周岁的未成年人个人信息的处理，需征得其父母或其他监护人同意。但是该章关于网络直播服务者是否可以为未成年人提供网络直播发布者账号注册服务时，又采用的是 16 周岁的界限标准。16 周岁以下的未成年人不能进行网络直播发布者账号注册，而 16 周岁以上的未成年人需征得其父母或其他监护人同意方可进行网络直播发布者账号注册。关于未成年人网络权益的保护，不同事项当然可以采用不同的年龄标准，但是采用不同标准的原因，建议予以相关的立法解释或司法解释，以便更好地适用。如果没有特别的原因，建议采用统一的标准，以便相关规定得到更好的适用和执行，所有未成年人的权益得到同等对待和保护。

又如，对“个人信息”的界定，《网络安全法》、《个人信息保护法》以及最高人民法院、最高人民检察院《关于办理侵犯公民个人信息刑事案件适用法律若干问题的解释》规定不一致。① 再如，对个人信息“处理”

---

① 《网络安全法》第 76 条规定，“个人信息，是指以电子或者其他方式记录的能够单独或者与其他信息结合识别自然人个人身份的各种信息，包括但不限于自然人的姓名、出生日期、身份证件号码、个人生物识别信息、住址、电话号码等”。《个人信息保护法》第 4 条规定，“个人信息是以电子或者其他方式记录的与已识别或者可识别的自然人有关的各种信息，不包括匿名化处理后的信息”。最高人民法院、最高人民检察院《关于办理侵犯公民个人信息刑事案件适用法律若干问题的解释》第 1 条，将刑法第 253 条之一规定的“公民个人信息”界定为“是指以电子或者其他方式记录的能够单独或者与其他信息结合识别特定自然人身份或者反映特定自然人活动情况的各种信息，包括姓名、身份证件号码、通信通讯联系方式、住址、账号密码、财产状况、行踪轨迹等”。

的内涵,相关法律规定也不一致,不统一。《儿童个人信息网络保护规定》把通过网络从事收集、存储、使用、转移、披露儿童个人信息等活动都归属到儿童个人信息的处理;《数据安全法》将"数据处理"界定为包括数据的收集、存储、使用、加工、传输、提供、公开等;①而《网络安全法》将"网络数据"界定为通过网络收集、存储、传输、处理和产生的各种电子数据;②《个人信息保护法》则将个人信息的收集、存储、使用、加工、传输、提供、公开、删除等均界定为"个人信息的处理",与《数据安全法》中的"数据处理"的内涵也不一样。综上所述,可以看出,关于"处理"的内涵,相关法律规定之间并不一致。

笔者认为,对同一个词汇予以统一的法律定义,减少法律规定之间关键词语的表述不一致问题,有助于法律的适用和执行,从而能更好地实现立法目的和法律效果。

(三)现有网络侵权的规定适用性和可操作性差

《民法典》第七编"侵权责任"对网络侵权责任进行了规定,共有四个法律条文。③ 首先对于网络服务提供者、网络用户承担侵权责任予以了一般性规定,即前述主体利用网络侵害他人民事权益的就构成侵权,应承担相应法律责任。同时鉴于网络时代社会经济的快速发展、互联网技术的不断发展以及可能出现的新的立法需求这些情况,在一般性规定的条款中增加了"法律另有规定的,依照其规定"这一灵活性表述。④ 该灵活性表述为我国未成年人网络隐私权保护予以特别的规定,为其提供了立法空间和法律适用空间。

《民法典》2020 年 5 月 28 日公布,2021 年 1 月 1 日开始施行。在《民法典》公布后还未施行前,最高人民法院于 2020 年 12 月 29 日修正

① 参见《数据安全法》第 3 条。
② 参见《网络安全法》第 76 条。
③ 参见《民法典》第 1194 ~1197 条。
④ 参见《民法典》第 1194 条。

并公布了《关于审理利用信息网络侵害人身权益民事纠纷案件适用法律若干问题的规定》,该规定与《民法典》都在2021年1月1日开始施行。该规定此次的修正,一方面是为了与《民法典》的相关规定做好衔接,另一方面也从侧面反映了《民法典》关于网络侵权责任的一些规定过于概括或模糊,在法律应用和司法实践中存在盲区,法律规定的可操作性和适用性存在无法判断、无所遵循的情形。例如,《民法典》第1195条规定了发生网络侵权时,权利人对网络服务提供者的权利、网络服务提供者的义务和责任以及因权利人错误通知产生的侵权责任。① 根据该条法律规定可以看出,权利人对侵权行为的阻止并不容易,虽然形式上其有权通知网络服务提供者采取删除、屏蔽、断开链接等必要措施,但是该条规定要求其提供的通知应当包括构成侵权的初步证据及权利人的真实身份信息两个要素。这两个要素看似简单,但是很可能成为实践中权利人对网络服务提供者行权的障碍。该规定至少存在以下问题:证据是否构成侵权如何认定?谁来认定?对初步证据的形式有无要求?对于未成年权利人,还存在对于权利人的认定问题,如果权利人是未成年人本人,在主张构成侵权时,需要父母等监护人来代为主张,那么相关身份信息是否还需要提供监护人的?如何认定监护关系的真实存在?如果实践中网络服务提供者以通知不合法而拒绝或懈怠推诿权利人的要求,权利人如何处理?除投诉或诉讼外,是否还有其他的权利救济和权利保护路径?另外,对该条法律规定中的"及时"如何理解?未成年人网络人身权益包括未成年人网络隐私权受到侵犯时,如果发生了错误通知,错误

① 《民法典》第1195条规定:"网络用户利用网络服务实施侵权行为的,权利人有权通知网络服务提供者采取删除、屏蔽、断开链接等必要措施。通知应当包括构成侵权的初步证据及权利人的真实身份信息。网络服务提供者接到通知后,应当及时将该通知转送相关网络用户,并根据构成侵权的初步证据和服务类型采取必要措施;未及时采取必要措施的,对损害的扩大部分与该网络用户承担连带责任。权利人因错误通知造成网络用户或者网络服务提供者损害的,应当承担侵权责任。法律另有规定的,依照其规定。"

通知的侵权责任后果谁来承担？在该条规定中，再次保留了一个灵活性表述，“法律另有规定的，依照其规定”。再如，《民法典》第 1196 条，是关于网络用户的申辩权声明及网络服务者转送声明的程序及相关后果的规定。[①] 从《民法典》第 1195 条和第 1196 条两个法律条文的规定来看，法律赋予了网络服务提供者“仲裁者”的角色，无论是权利人的通知还是网络用户的声明，都是以网络服务提供者为接收对象及转送对象，让权利人和网络用户进行互辩，特别是规定了在网络用户行使申辩权后，网络服务提供者要根据转送声明送达权利人后权利人是否提起了投诉或诉讼并对其进行了通知，来决定是否终止所采取的删除、屏蔽、断开链接等必要措施。有些网络侵权，特别是网络隐私权的侵犯，网络服务提供者可以轻松作出判断，但是上述法律规定，反而成了网络服务提供者怠于履行监管职责的借口。笔者认为，上述这两个法律条文规定的程序过于烦琐，不宜适用于所有类型的网络侵权。此外，对比 2014 年公布施行的《关于审理利用信息网络侵害人身权益民事纠纷案件适用法律若干问题的规定》(法释〔2014〕11 号)，不难发现，关于网络侵权的新的司法解释，有两个条文专门对《民法典》第 1195 条中的“及时”及第 1197 条中的“知道或应当知道”进行了解释，[②]但是对于第 1196 条中的“及时”并未进行解释，对于该条中“及时”的解释是否可以直接适用对第 1195 条中“及时”的解释，该司法解释也未予以说明。

此外，需要注意的是，虽然我国陆续出台了很多网络保护的行业性

---

① 《民法典》第 1196 条规定：“网络用户接到转送的通知后，可以向网络服务提供者提交不存在侵权行为的声明。声明应当包括不存在侵权行为的初步证据及网络用户的真实身份信息。网络服务提供者接到声明后，应当将该声明转送发出通知的权利人，并告知其可以向有关部门投诉或者向人民法院提起诉讼。网络服务提供者在转送声明到达权利人后的合理期限内，未收到权利人已经投诉或者提起诉讼通知的，应当及时终止所采取的措施。”

② 参见最高人民法院《关于审理利用信息网络侵害人身权益民事纠纷案件适用法律若干问题的规定》(2020 修正)第 4 条、第 6 条。

规定，网络服务提供者也均制定了隐私政策，但是行业性规定由于惩戒性偏弱，属于柔性约束，在监管机制不到位的情况下，对网络运营者的约束力有限；网络服务提供者的隐私政策虽然是公开明示告知状态，但实际多为霸王条款，如果想享受其提供的服务，就得接受其制定的隐私政策，包括个人信息的提供等。

六、完善我国未成年人网络隐私权保护的立法建议

目前，我国关于未成年人网络隐私权的法律规定，大多散见于不同立法层次的法律中，比较杂乱，既有同一立法层级的法律，也有不同立法位阶的法律、行政法规、部门规章、司法解释、自律性行业规定等。对未成年人网络隐私权的保护，不同法律规定之间不仅存在规定不一致的情况，而且多是关于隐私权的一般性保护规定，未考虑到未成年人身心的特殊性，相关规定也未以未成年人的最大利益优先考虑作为立法的首要原则，缺乏针对性。未成年人网络隐私权的保护，事关未成年人是否能够享有一个安全的网络环境，能否安全用网，他们在享受互联网时代带来的各种便利的同时，能否避免网络隐私权受到各种潜在危险的侵害等，这些不是简单的一句"不得侵犯未成年人的网络隐私权"就可以解决的。因此，未成年人网络隐私权保护是一个系统工程，其中包括未成年人网络隐私权的定义、内容、责任主体及其对应的保障义务、未成年人网络隐私权受到侵犯时的民事责任、行政责任以及刑事责任等诸多内容，不是简单的三五个法律条文就可以解决的。

（一）明确未成年人网络隐私权的定义和内容

对未成年人网络隐私权的定义，是对未成年人网络隐私权进行法律保护的前提和基础。未成年网络隐私权的定义，涉及有两个关键词"未成年人"和"网络隐私权"。鉴于《民法典》已经对"未成年人"和"隐私"予以了界定，因此，对未成年人网络隐私权的定义关键在于对"网络隐私"或"网络隐私权"的界定。如前文所述，笔者认为，未成年人网络隐私权是未成年人在网络空间享有私人生活的安宁，网络空间中其个人私密信息不被非法获悉、泄露和公开，以及个人网络空间、网络活动不被刺探、打扰的一项人格权。未成年人网络隐私权是未成年人网络生存权的基础，只有其网络隐私权得到有效的保障，未成年人才能在网络空间中生存，其身心才能在网络空间中得到健康发展。

未成年人网络隐私权的内涵至少包括三方面的内容：一是网络空间私人生活的安宁；二是网络空间中未成年人享有私密空间；三是未成年人网络空间中的私密活动、私密信息应得到保护和尊重，任何组织或个人不得随意刺探和打扰。需要注意的是，与成年人的网络隐私权相比较，未成年人的网络隐私权，不是绝对的，其父母或其他监护人有权予以监管。另外，在某些情况下，受限于未成年人限制民事行为能力人这一主体特性，未成年人的网络隐私权不能独立行使，需要由未成年人的父母或其他监护人代表未成年人提出权利主张或损害赔偿请求。

此外，在对未成年人网络隐私权进行界定时，还应厘清未成年人网络隐私权与个人信息之间的边界区分，权利客体的明确，更有利于保护权利和准确适用不同的法律规定。

（二）明确未成年人网络隐私权的侵权归责原则

《民法典》沿袭原《侵权责任法》的规定，将过错责任原则确定为侵权责任的主要归责原则，①将严格责任原则即无过错责任原则作为侵权责任的补充归责原则。② 未成年人网络隐私权权利主体的特殊性以及侵犯的客体即权利内容影响着未成年人身心健康成长，本着为未成年人建立一个美好、纯净、安全的网络空间的初衷，笔者建议，对于未成年人网络隐私权的侵权行为，实行无过错责任原则，即无论行为人有无过错，

---

① 《民法典》第1165条规定："行为人因过错侵害他人民事权益造成损害的，应当承担侵权责任。依照法律规定推定行为人有过错，其不能证明自己没有过错的，应当承担侵权责任。"

② 《民法典》第1166条规定："行为人造成他人民事权益损害，不论行为人有无过错，法律规定应当承担侵权责任的，依照其规定。"

只要侵害了未成年人网络隐私权,就应当按照法律规定承担侵权责任。根据无过错责任原则,未成年人作为权利人,不需要举证侵权行为人是否存在过错,只要证明侵权人实施了侵权行为即可,这样更有利于未成年人网络隐私权得到保护。无过错责任归责原则的适用,也会推动网络运营者或者网络服务提供者在以未成年人为服务对象时,更加注重其谨慎义务和注意义务的履行,对其工作人员或者网络用户也会更加严格规范管理,避免或减少对未成年人网络隐私权的侵害,或其在未成年人网络隐私权受到侵害的第一时间,无须未成年人的监护人提出,就积极主动地采取相应的技术手段避免损害的扩大。

(三)明确监护人在未成年人网络隐私权保护中的权利和责任

监护人在未成年人网络隐私权保护中不仅享有权利,更承担着重要的保护责任。无论权利主张还是保护责任,均是未成年人的监护人监护职责的体现和运用。父母或其他监护人是未成年人网络隐私权保护的第一道保护屏障。第三方利用信息网络侵害未成年人网络隐私权时,通常情况下,未成年人的父母或其他监护人会第一时间知悉。根据《民法典》规定,父母是未成年人子女的监护人,对未成年子女负有保护的义务。在父母已经死亡或没有监护能力时,也规定了可以担任监护人的人员范围和顺序。① 监护人的职责就是保护被监护人的人身、财产权利和其他合法权益等,代理被监护人实施民事法律行为。监护人在未成年人网络隐私权保护中发挥着重要作用,承担着重大责任,监护人不履行监护职责,应承担法律责任,监护人为履行监护职责产生的权利应受法律保护。在未成年人网络隐私权保护中,未成年人的监护人发现未成年人的网络隐私权受到侵害或有可能受到侵害时,有权要求网络用户或网络服务提供者停止侵害并结合受损害的情况主张相应的损害赔偿。同时,未成年人的监护人在发现未成年人的网络隐私权受到侵害时,有责任将

---

① 参见《民法典》第26条、第27条。

未成年人网络隐私权遭受侵害的情况向网络行业监管部门、公安、教育、民政等部门进行报告。另外,需要立法者关注的是,作为未成年人的监护人,不得凭借接近未成年人网络隐私权的便利,侵害未成年人的网络隐私权。

(四)明确政府在未成年人网络隐私权保护中的责任

政府是未成年人网络隐私权保护中有力的坚强后盾。例如,教育、公安、民政等政府有关部门以及国家司法机关在未成年人网络隐私权保护中承担着重要的职责。因此,明确政府在未成年人网络隐私权保护中的责任,至关重要。首先,政府应加强财政投入,促进互联网技术的更好发展,对网络空间的净化监督管理和运行规则等方面进行研发,为未成年人创造一个安全的网络环境;其次,政府应及时制定未成年人网络隐私权保护的相关立法、政策,建立或明确未成年人网络隐私权保护的政府主管机构;再次,政府行业主管部门应对网站或网络服务提供者隐私政策的合法性以及隐私政策本身是否会侵犯未成年人网络隐私权进行定期巡视和审查、过滤;最后,政府还应对未成年人网络隐私权的侵犯情况建立强制报告制度和信息统计制度,分析侵害未成年人网络隐私权的行为特点,以便更好、更有针对性地制定相关政策。

(五)建议从严规定侵害未成年人网络隐私权的刑事法律责任

刑法对于惩治侵犯未成年人网络隐私权的违法犯罪行为,发挥着重要的震慑作用。侵害未成年人网络隐私权的违法犯罪行为,不仅危害未成年人的身心健康,而且危害国家利益,从根本上说,未成年人是国家的未来和希望,未成年人的利益关系着国家利益。只有对侵害未成年人网络隐私权的违法犯罪行为进行合适的定罪量刑,给予适合的刑事处罚,未成年人网络隐私权的刑法保护才能实现其目的和价值。

目前我国关于未成年人网络隐私权保护在刑法方面的规定,主要是《刑法》以及最高人民法院、最高人民检察院《关于办理侵犯公民个人信息刑事案件适用法律若干问题的解释》。从《刑法》的具体规定来看,惩治侵害网络隐私权相关的法律条文主要集中在《刑法》第四章“侵犯公民人身权利、民主权利罪”以及第六章“妨害社会管理秩序罪”。第四章主要是侵犯通信自由罪(第 252 条),私自开拆、隐匿、毁弃邮件、电报罪(第 253 条)和侵犯公民个人信息罪(第 253 条之一)涉及对侵犯隐私权的刑法惩治。第六章则是非法侵入计算机信息系统罪、非法获取计算机信息系统数据、非法控制计算机信息系统罪、提供侵入、非法控制计算机信息系统程序、工具罪(第 285 条),破坏计算机信息系统罪(第 286 条),拒不履行信息网络安全管理义务罪(第 286 条之一),利用计算机实施犯罪的提示性规定(第 287 条),非法利用信息网络罪(第 287 条之一),帮助信息网络犯罪活动罪(第 287 条之二)等涉及对侵犯隐私权的刑法惩治。第六章规定的前述罪名,不仅侵害了自然人的隐私权等人身权益,而且危及社会管理秩序。因此,从具体刑法条文来看,侵犯通信自由罪和私自开拆、隐匿、毁弃邮件、电报罪以及侵犯公民个人信息罪三罪在量刑上明显轻于第六章中的破坏计算机信息系统罪、拒不履行信息网络安全管理义务罪、非法利用信息网络罪、帮助信息网络犯罪活动罪以及非法侵入计算机信息系统罪、非法获取计算机信息系统数据、非法控制计算机信息系统罪、提供侵入、非法控制计算机信息系统程序、工具罪等。审视最高人民法院、最高人民检察院《关于办理侵犯公民个人信息刑事案件适用法律若干问题的解释》,其主要是结合《刑法》第 253 条之一、第 286 条之一、第 287 条之一的法律适用作出的司法解释。笔者认为,为体现对未成年人的最高限度保护及对侵犯未成年人网络隐私权的最低限度容忍,对于网站或网络服务提供者侵犯未成年人网络隐私权的违法犯罪行为,从严处罚,一律按照《刑法》第 286 条之一的规定,以拒不履行信息网络安全管理义务罪进行定罪处罚,从而加强对未成年人网络隐私权的刑法保护。此外,笔者建议补充、修正和完善现有法律规定中未成年人网络隐私权保护规定的缺失,如现行的《网络交易管理办法》《互联网广告管理暂行办法》等均未涉及未成年人网络隐私权的保护。

第四章　网络欺凌的法律规制与未成年人保护

互联网时代，日益丰富的互联网应用、互联网服务构建起来的网络空间对未成年人学习、生活和成长的影响不亚于现实生活环境。网络环境安全对于未成年人身心健康成长非常重要，网络欺凌是影响未成年人网络空间安全的重要隐患。规制网络欺凌，给予未成年人安全、美好的网络环境，创造适合未成年人健康成长的网络世界，是对未成年人保护的重要体现。对网络欺凌予以法律规制，是未成年人网络保护的应有之义。

当代的未成年人是互联网时代的“原住民”，一出生便置身于互联网中，网络如同阳光、空气一样成为他们生活中不可或缺的元素。未成年人的生活、学习、成长很大一部分依赖于网络，他们的情感、思维、认知方式的形成也都与网络紧密相关。根据益普索（Ipsos）发布的《2018 年网络欺凌报告》，全球 1/3 的父母报告说他们知道社区中有孩子是网络欺凌的受害者,全球近 1/5 的父母表示他们的孩子经历过网络欺凌。①

一、未成年人网络欺凌的广泛存在

未成年人网络欺凌现象广泛存在于世界各地,其中不乏国内外广泛关注的案例。

(一)震惊世界的网络欺凌案件

2006 年,13 岁的美国少女梅根·梅尔(Megan Meier)通过社交网站认识了自称"乔希"的网友。"乔希"在与梅根·梅尔最开始的交流中流露出对梅根的欣赏,并且很快获得了梅根的信任和喜爱,梅根毫无保留地跟"乔希"分享了自己生活中的点点滴滴。令人意想不到的是,在随后的网络交往中"乔希"突然变脸,不断羞辱、诅咒梅根,甚至将二人网络聊天记录公布到社交网站上,引发更多人加入对梅根的侮辱暴行之中。事实上,"乔希"的身份并不是其自称的 16 岁男生,而是梅根好友的母亲劳丽·德鲁(Lori Drew),她之所以在互联网上对梅根进行攻击,是为了"教训"与女儿交恶的梅根。这场看似荒唐的网络欺凌事件最终导致梅根以自杀的极端方式结束了自己年轻的生命。当时,美国并没有适用于此类案件的法律规范,导致欺凌者劳丽·德鲁并没有受到任何法律制裁。但是,这一事件却引发了美国上下对于网络欺凌现象的关注和讨论,最终促成了《梅根·梅尔网络欺凌预防法》(*Megan Meier Cyberbullying Prevention Act*)的诞生,梅根·梅尔事件也因此被称为美国网络欺凌第一案。

2012 年,15 岁的加拿大少女阿曼达·托德(Amanda Todd)因不堪承受网络欺凌压力自杀身亡的消息受到广泛关注。阿曼达 13 岁时在网友唆使下通过网络摄像拍下了裸照,而后其裸照被广泛散发和传阅,阿曼

---

① 参见《益普索:2018 年网络欺凌报告》,载 199it 中文互联网数字资讯网 2018 年 9 月 14 日,http://www.199it.com/archives/751917.html。

达因此成为网络欺凌的对象。随着欺凌事件的不断发酵,阿曼达的生活受到越来越多的干扰甚至遭人威胁和殴打,随后其被殴打视频又被上传网络。面对不断升级的网络欺凌,阿曼达身心俱疲,最终在绝望和无奈下走向绝境。阿曼达的遭遇在加拿大不是个例,一项以加拿大初高中学生为样本的研究显示,一半以上的学生说自己在最近三个月内曾在网络上受到包括被叫绰号、被传播谣言和照片等欺凌行为。①

2013 年,不堪网络欺凌而精神崩溃的 14 岁英国少女汉娜·史密斯在家中上吊自杀。家人随后发现了其在 Ask. fm(青少年问答网站)长期遭受网络欺凌的事实。2014 年,Bullying UK 公布的青少年网络欺凌报告显示,有 52% 的青少年遭受谣言的困扰,46% 的青少年在网上受到过威胁,79% 的青少年曾目睹他人被网络欺凌,38% 的青少年在网上没有安全感。②

2020 年 3 月,韩国曝出的网络社交平台的"N 号房"案件,让韩国舆论哗然。"N 号房"是通过即时通讯软件建立起来的一系列秘密聊天群组,每一个聊天群组就是一个"房",每一个进入房间的注册会员和消费者被称为"房客","N 号房"则意味着有 N 个这样的聊天群组。"N 号房"的创始人"赵博士"最初只是在聊天群组里上传淫秽色情内容,后来发展到大规模偷拍和传播女性的视频,再后来发展到冒充警察威胁、逼迫未成年人成为"性奴隶",其最终目的是吸引众多会员进入房间观看并收取会费。警方公布的数据显示进入平台观看并传播分享色情内容的人数多达 26 万人。为了满足房客的特殊偏好,该犯罪团伙还根据发布的内容建立了诸如"女教师房""女护士房""女中学生房""女童房"等不同的房间。在这一事件中,未成年受害人一旦进行反抗,施害人就会

① 参见戴维·迈尔斯:《社会心理学》(第 11 版),侯玉波等译,人民邮电出版社 2016 年版,第 349 ~ 350 页。

② 参见方伟:《青少年网络欺凌及干预——英国的经验及启示》,载《中国德育》2017 年第 12 期。

利用其掌握的个人信息去威胁受害人,使她们一辈子都活在恐惧之中。截至2020年3月22日,警方提供的数据显示,该事件受害女性74人中有16人为未成年人,最小的只有11岁,多名女性因为不堪羞辱而选择自杀身亡。[①] 该事件的恶劣程度令人震惊,时任韩国总统文在寅因此亲自下令彻查该事件。

网络欺凌在日本也已经成为严重的社会问题。2017年,日本关东地区的一名初一的女生在入学后加入班里有20多名女生组成的连线群组,但她在这个社交网络群组里却频繁遭遇"已读不回"[②]。随后,该群组里的其他人又偷偷组织开设了一个秘密群组,这个秘密群组不仅将这个女生拒之门外,还在群内大肆发送偷拍到的该女生照片,并用"真恶心""去死吧"等侮辱性词语评论这些照片。然后,秘密群组内的学生还故意以不经意和开玩笑的方式将这些附有侮辱性评论的偷拍照片发给该女生看,导致该女生精神崩溃、试图自杀。发生在网络群组里"已读不回"是一种有意的、有针对性的排斥和孤立行为,也是社会排斥在网络世界的延续和反映。众所周知,人是社会性动物,渴望融入社会并被社会接纳是人之常情。当一个人被另一个人或者一群人刻意地排除在社会、政治、经济、文化环境之外时就是发生社会排斥。这种被动的社会排斥常常表现为欺凌、戏弄或拒绝。未成年人比成年人更容易受到社会排斥。发生在网络世界里的社会排斥和孤立,也是未成年人网络欺凌的一种常见形式。对于未成年人来说,网络排挤和孤立具有很大的负面作用,对一些身心敏感的未成年人来说,这种网络排挤和孤立甚至有可能致命。

---

① 参见牛婉杨、曹培信等:《韩国N号房之恶,最小受害者11岁!女性与儿童正在线上被施暴,我们能寄希望于AI吗》,载和讯新闻网2020年3月25日,http://news.hexun.com/2020-03-25/200756459.html。

② 所谓"已读不回"是指该女生所发送的信息,都会显示"已读"但却没有任何人回复。

(二)国内受关注度较高的网络欺凌案件

随着互联网的日益普及和未成年网民数量的不断攀升,我国网络空间也接连曝出针对未成年人的网络欺凌事件。

2007年12月,中央电视台《新闻联播》节目中播出了一段关于不良网络视听节目的报道,报道中接受采访的小学生张某凡说到自己在上网查找资料的过程中受到一些"很黄很暴力"的不良信息干扰。随后,"很黄很暴力"蹿红于网络,接受采访的张某凡也被推到舆论的风口浪尖。一些网友质疑张某凡在新闻报道中所表达并非其个人真实遭遇,而是媒体精心设计的结果,张某凡不过是媒体手里的"提线木偶"而已。此后,关于张某凡的图片、采访视频迅速在网上传播开来,猫扑等主要的社区论坛上出现了大量以"很黄很暴力"为主题的恶搞帖子,还有个别网友把张某凡的形象制作成色情漫画对其进行人身攻击。

2011年,湖北武汉少年黄某某的个人博客上出现了他系着红领巾、佩戴五道杠阅读文件的照片。随后,这个被网友戏称为"五道杠少年"的孩子被曝两三岁开始看《新闻联播》,7岁开始读《人民日报》《参考消息》,以"为中华民族之复兴""续写汉唐之盛世"为理想等信息。一时间,黄某某沦为被众多网友侮辱、讽刺和谩骂的对象。事件发生之后,黄某某本人及其家庭承受了巨大的压力,黄某某的父母面对媒体连声高呼"孩子是无辜的"。黄某某本人也向媒体表示了委屈。在该事件中,针对黄某某本人的暴力信息对他的正常生活造成直接危害,侵犯了他的名誉权和隐私权,也给黄某某的心理健康和快乐成长带来了不良影响。

2013年,14岁的潘某某因在网上发表言论"权某龙的一场演唱会够C某踢一辈子足球"而引起诸多足球爱好者和C某球迷的强烈不满,继而遭到网络谩骂和攻击。不仅如此,部分愤怒的网友还给潘某某及其家人、学校打电话咒骂,甚至到潘某某的家门口进行围堵,给潘某某及其家人的正常生活带来了严重干扰,使潘某某的身心受到严重创伤。

2018年,新华社微信公众号推出报道《不再沉默!　遭校园欺凌长达10年,她将带头者送进牢狱》,报道讲述了当事人王女士所遭受的长达10年的校园欺凌和网络欺凌的困扰。2009年2月,王女士还是一个高一学生,两个同学打碎了王女士的杯子,王女士的同桌开玩笑说王女士自称这个杯子价值300万元,这句玩笑话随后被人发到学校贴吧上,成为同学们的热议话题。随着事件的发酵,王女士之前的部分言论也都被人翻出并曲解,最终王女士被描述成为一个"撒谎炫富""出卖身体""接受包养"的不堪之人。之后的10年里,无论王女士在哪个网络平台上注册账号,都会受到攻击,微博、母婴网站、知乎上总有人不厌其烦地复制粘贴她过去的经历,深陷网络欺凌困境中的王女士备受煎熬。虽然最后对王女士实施网络欺凌的始作俑者蒋某受到了法律的制裁,被处以3个月的拘役,但该事件对王女士造成严重的、持久的伤害却让人不寒而栗,也让人们再一次看到了网络欺凌的巨大危害。

二、未成年人网络欺凌的界定及危害

目前,虽然国内外专家学者及政府机构对网络欺凌问题及其应对机制都保持着极大的关注,但是研究者们对于网络欺凌的概念及其内涵尚未达成明确共识。

(一)未成年人网络欺凌的界定

较早关注青少年网络欺凌问题的加拿大研究者比尔·贝尔西(Bill Belsey)在其开设的反网络欺凌网站(http://www.cyberbullying.ca)上给出了全球第一个网络欺凌的定义:"以伤害他人为目的,借助信息及通讯技术对个人或群体进行恶意的、重复的、敌意的行为。"①

各国也通过比较正式和官方的形式对网络欺凌进行了界定。美国《梅根·梅尔网络欺凌预防法》(*Megan Meier Cyberbullying Prevention*

① "Cyberbullying invovles the use of information and communication technologies to support deliberate, repeated, and hostile behaviour by an individual or group, which is intended to harm others." Bill Belsey, The World's First Definition of "Cyberbullying", www.cyberbullying.ca (31 October 2022), http://cyberbullying.ca.

Act)将网络欺凌界定为“出于强迫、恐吓、骚扰他人或对他人造成实质性情绪困扰为目的,通过使用电子手段传播而实施的严重、重复的恶意行为”。① 英国政府官方网站认为,“欺凌没有明确的法律定义。但是,它通常具有以下行为特征:重复性的;意图在身体或情感上伤害某人;通常针对某些群体,如种族、宗教、性别或性取向群体。欺凌有多种形式,可以包括:身体攻击、戏弄、制造威胁、点名、网络欺凌”。其中网络欺凌主要是在线(如电子邮件、社交网络和即时通讯工具)欺凌。② 日本将网络欺凌界定在未成年人层面,认为网络欺凌是通过电脑或者手机,在互联网的留言板上编写诽谤中伤某个儿童的留言,或利用邮件等方法对其进行欺凌的行为。③

国内学者也纷纷对网络欺凌进行界定。李静认为,未成年人网络欺凌是未成年人通过手机、互联网等电子通讯方式,持续针对另一未成年人实施折磨、威胁、伤害、骚扰、羞辱等攻击性的和有意的行为。④ 陈钢则从广义和狭义两个层面上阐述了自己对网络欺凌的认识。他认为,网络欺凌广义上指个人或群体借助互联网和手机等网络传播技术,通过文字、图片、音视频等形式故意、反复攻击他人的行为。狭义上的网络欺凌,可以将欺凌者和被欺凌者限定在未成年人之间。⑤ 李静和陈刚对未成年人网络欺凌的界定不约而同将欺凌实施者认定为“未成年人”,但是在现实生活中,包括我们之前谈到的发生于美国的梅根事件、韩国的“N

---

① 李静:《未成年人网络欺凌的法律规制——以美国为研究视角》,载《暨南学报(哲学社会科学版)》2010 年第 3 期。

② Bullying at school, Gov. UK(2 April 2023), https://www.gov.uk/bullying-at-school/bullying-a-definition.

③ 参见师艳荣:《日本中小学网络欺凌问题分析》,载《青少年犯罪问题》2010 年第 2 期。

④ 参见李静:《青少年网络欺凌现象与防范对策》,载《中国青年研究》2009 年第 8 期。

⑤ 参见孟娜:《阻断网络欺凌从家庭开始——访陈钢》,载《少年儿童研究》2012 年第 11 期。

号房”事件，欺凌者的身份均为成年人。因此，笔者认为，界定未成年人网络欺凌不宜将欺凌者身份局限为未成年人。

综合前文对网络欺凌特征的描述和以上各位学者对网络欺凌的定义，笔者认为，所谓未成年人网络欺凌就是运用计算机和互联网等技术，通过直接的攻击性行为或者恶搞、戏谑等调侃行为反复对未成年人进行侮辱、诽谤、威胁、骚扰并造成未成年人身心伤害的行为。

（二）未成年人网络欺凌的特征

随着网络欺凌现象在世界范围的扩散和蔓延，国内外专家学者及政府机构对网络欺凌及其应对机制均显示出极大的关注。在全面总结梳理网络欺凌行为特征的基础上寻找应对网络欺凌的有效策略，成为大家的共同目标。

在归纳网络欺凌的特征时，尽管表述不尽相同，但是几个要素受到了普遍强调，具体为借助网络传播技术、以给被欺凌者造成伤害为目的、通过带有攻击性的行为、持续反复进行。挪威心理学家丹·奥维尤斯（Dan Olweus）认为，欺凌（bullying）行为一般包含三个要素，具体为有意图的伤害性行为、在一段时间重复发生、双方的力量并不均等。① 显然，目前用以界定网络欺凌的要素，除了借助网络传播技术之外，其余大多源于人们对于传统欺凌的界定。例如，“以给被欺凌者造成伤害为目的”“采用带有攻击性的行为”脱胎于“有意图的伤害性行为”，“持续反复进行”脱胎于“在一段时间重复发生”。网络欺凌作为传统欺凌的下位概念，虽可看作是传统欺凌在网络空间中的延展，但因其处于与传统欺凌迥然不同的环境之中，其行为的发生、升级及后果与传统欺凌相比已经发生了很大变化，因此，对“网络欺凌”特征的归纳和提炼应当与时俱进。笔者认为，可以从以下方面入手对网络欺凌的特征予以总结：

---

① 参见张盼：《试论我国青少年网络欺凌及应对策略》，载《预防青少年犯罪研究》2014年第5期。

1. 在客观上给被欺凌者带来身心伤害

现有的一些网络欺凌概念,多将"在主观上以给被欺凌者造成伤害为目的"作为界定网络欺凌的标准之一。显然对"主观故意"目的的认定是从欺凌者的角度出发,对网络欺凌受害者的遭遇与境况缺乏关怀,这样必然会将许多所谓"非故意""非恶意"的网络欺凌现象排除在外。例如,在"五道杠少年"事件中,许多向"五道杠少年"黄某某发表过激评论的网友,初衷并非针对这个"官样少年"或者黄某某本人,而是为了表达对"官本位"教育理念的忧虑及不满。然而,即便网友们的言行并非以伤害黄某某为目的,但客观上这些言行的确给黄某某带来了伤害。与此相似的诸多网络欺凌事件提醒我们,界定网络欺凌概念不应以欺凌者是否怀有伤害被欺凌者的主观意图为依据,而是应从被欺凌者的立场出发,以相关言行是否会在客观上给被欺凌者造成身心伤害为判断依据。虽然法律对于违法或犯罪行为主张区分故意和过失,但是笔者认为,即使过失导致的未成年人受害人(被欺凌者)身心伤害,欺凌者作为施害方也应承担相应的侵权责任等法律责任。

2. 通过直接的攻击性行为或者恶搞、戏谑等调侃行为实现

当下,网络欺凌不仅仅通过直接的折磨、威胁、骚扰、羞辱等"攻击性的行为"来实现,恶搞、戏谑等产生于网络世界中的带有调侃意味的行为也是网络欺凌的实现手段。在"五道杠少年"事件中,部分网友虽然没有直接发表过激言论攻击黄某某,却把他佩戴五道杠的照片制作成各种形象大加恶搞,将他的成长经历写成各种戏谑段子,这些内容被发布后引来不少网友的转发。这种看似玩笑式的恶搞和调侃,看似没有传统欺凌意义上的"直接攻击性",但其狂欢化、娱乐化的冷嘲热讽同样给被欺凌者带来钻心刺骨的伤害。因为一张照片而遭遇网络恶搞的第一人"小胖"钱某某在自己照片被恶搞过去多年后接受电视台采访,他这样描述自己遭遇恶搞的心理,"看到自己的脸被嫁接到机器猫的身子上,就赶紧把网页关掉了,怕别人认出来!太不可思议了!好郁闷,被 PS 了,见不

得人了”。所以，判断一种行为是否构成网络欺凌除了明显的“攻击性的行为”，恶搞与调侃等带有互联网色彩的行为也应在考量网络欺凌的方式和手段范围之内。

3. 欺凌行为后果持续反复、欺凌信息传播范围广泛

以往对网络欺凌的界定在强调网络欺凌行为的频率时，往往是以某个或某些欺凌者是否持续多次给被欺凌者带来伤害为依据，但是随着网络社交平台的发展，信息的分享变得更加容易，不同社交软件之间的信息分享也已经突破了壁垒。这时，网络欺凌信息的影响力和破坏力已不再只取决于欺凌者是否“持续反复”，网络欺凌信息本身的传播范围，尤其是在被欺凌者人际关系网络中的传播范围才是决定其影响力和破坏力的关键所在。因而，“持续反复进行”已不能再理解为某个或某些欺凌者对被欺凌者的“持续反复”欺凌，这种“持续反复”不再由固定主体或者始作俑者决定，而是由海量网络欺凌信息不断汇集的后果决定。无论是“五道杠少年”事件，还是小胖遭遇照片恶搞事件，给被欺凌者带来伤害的都是来自四面八方的海量网络欺凌信息形成的信息流。因此，作为网络欺凌界定要素的“持续反复”，应当指的是伤害性信息的传播范围和破坏力的广度和深度。

4. 欺凌者与被欺凌者信息技术掌握水平及话语权地位对比悬殊

“双方力量并不均等”这一要素在网络欺凌中并没有失效。对力量的理解不应仅限于身体力量，应当包括电子信息处理技术和话语权等非物理力量。许多研究者将传统欺凌中“双方力量并不均等”这一要素从网络欺凌中移除，他们认为在网络世界中人们无法进行肢体接触，失去了正面对抗的可能，因此人们在网络世界中是力量较为均等的个体，这类观点就是简单地将力量理解为身体力量。目前，已有研究者意识到个体之间对电子信息处理技术的掌握程度有所不同，这种不同带来的力量对比是构成网络欺凌的重要因素之一。网络欺凌中欺凌者与被欺凌者除了在电子信息处理技术上有强弱之分，更重要的是二者在话语权的掌

控上也存在力量对比不均。当网络欺凌者掌握了话语权,网络欺凌的旁观者也会受到网络欺凌者话语权的影响,趋同于认同欺凌者的观点和行为,即便部分旁观者并不赞同欺凌行为,大多也会出于自我保护意识和从众心理而陷入“沉默的螺旋”。在“五道杠少年”事件中,黄某某的父母、老师等均有过为其发声和正名的行为,但由于话语权掌握在持对立意见的庞大的网友群手中,他们的声音最终被淹没在网络舆论的浪潮之中。部分对网络欺凌的界定,强调被欺凌者是无力保护自身的人,或许也是出于这样的考虑。未成年人更容易被卷入网络欺凌,网络欺凌给未成年人造成的伤害更为严重。

(三)未成年人网络欺凌的危害

1. 对被欺凌者的身心健康乃至生命安全造成威胁

当前人们对网络依赖越来越严重,人们在网络世界的交往似乎比现实世界更容易形成共鸣,更容易找到归属感。反之,人们在网络上的感受和体验也会持续影响其现实情绪并形成各种各样的心理。实践表明,网络欺凌会给被欺凌者带来焦虑、愤怒、悲伤、痛苦、沮丧等负面情绪,不仅干扰了被欺凌者的成长、生活和工作,而且直接威胁到他们的身心健康。相关科学研究显示,这些负面情绪和心理困扰,可能会诱发冠状动脉疾病、心脏病、精神病,导致失眠、健忘、焦虑、抑郁、厌食、思维能力下降,进而影响被欺凌者正常的身心成长和身心健康。

网络欺凌所造成的长期情感创伤对未成年人来说常常是灾难性的。遭受网络欺凌的未成年人很容易产生挫败、消极、敏感等心理,但是他们通常不愿意承认自己遭遇网络欺凌,更不会主动向家长和老师寻求帮助,很多家长是在孩子遭受网络欺凌后很长时间甚至出现严重后果时才发现问题。事实上,一些遭遇网络欺凌的孩子很可能在家里表现得非常正常,以至于当他们自杀后家长在痛苦之外常常感到非常震惊。长期遭受网络欺凌的未成年人会出现严重的心理问题,也会造成身体上的比如头痛、睡眠障碍等问题。这些身心健康问题一旦超越未成年人的心理承受能力就会引发其自杀、自虐等极端行为,导致严重后果。

专业临床信息网站 Healio 报道的一项研究显示,与传统意义上的欺凌一样,网络欺凌也是导致自杀意念的危险因素,且网络欺凌与自杀意念的相关性甚至更强。① 为了了解欺凌和自杀行为之间的关系,以及精神疾病患者身上由于遭受欺凌而引发的普遍问题,加拿大医学博士纳扎宁·阿拉维(Nazanin Alavi)梳理了 2012 年至 2013 年在她所在医院急诊科就医的有自杀意念或自杀行为的患者资料,发现 44% 的患者承认曾被欺凌。在这部分报告曾被欺凌的患者中,47% 的人正在遭受欺凌,21% 的人过去遭遇过欺凌,32% 的人曾经被欺凌过而且现在还在遭受欺凌。无论欺凌行为发生在过去还是现在,有被欺凌经历的患者中 75% 有自杀意念,这一数字是无被欺凌经历患者的两倍。报告还显示,与现实中的语言欺凌、身体欺凌和其他形式的欺凌相比,网络欺凌明显更易导致自杀意念的产生。阿拉维博士认为,遭受网络欺凌的未成年人主动举报网络欺凌和寻求帮助的可能性较低,因此他们无法及时从社会获得有效的支持,这无形中也增加了他们产生自杀念头的风险,从而导致未成年人遭遇网络欺凌时自杀意念的高发生率。日本 J-CAST 网站公布的一组调查数据,也证明了网络欺凌行为和高自杀率的某种关联性:2006 ~ 2015 年的十年间,因在社交网络上遭遇恶言恶语、排挤孤立等网络欺凌行为而自杀的人数占该国自杀人数的 33%,且这一数值呈现出逐年上升的趋势。②

与需要身体接触的欺凌形式不同,遭受网络欺凌的未成年人在任何时间、任何地点都可以接收到来自网络的各种信息,这使他们随时随地都可能处于网络欺凌的风险之中。为此,阿拉维博士建议卫生专业人员

---

① See *Bullying, Cyberbullying Linked to Suicidal Ideation in Children, Adolescents*, healio (13 March 2014), https://www.healio.com/news/psychiatry/20140313/vangeel_10_3928_1081_597x_20140301_10_1336950.

② 参见李珍:《日本未成年人网络欺凌肆虐! 初中生遭社交软件欺凌企图自杀》,载环球网 2017 年 7 月 25 日,https://world.huanqiu.com/article/9CaKrnK4gKI。

在对未成年人进行精神病和自杀风险评估时,应该将其遭遇网络欺凌的程度和类型作为一项重要的工作内容。

2. 破坏网络社会秩序,影响网络社会风气

作为社会生活必需要素的社会秩序,不仅与每个社会主体的生存和发展息息相关,而且与社会整体及其各领域的良性运行和可持续发展紧密相连。构建合理的社会秩序始终是人类追求的价值目标。① 一个良性运转的社会应该崇尚和谐稳定、公平公正的社会秩序,避免弱肉强食的自然法则在人与人关系中的泛滥,更不能助长倚强凌弱、仗势欺人等违反人人平等规则的行为。

随着移动网络技术和智能终端设备的发展,网络已经不再是独立于现实社会之外的虚拟空间,而是与现实社会相互作用、相互影响的真实的人类活动场域。在这个场域中,“用户的私人身份、私人关系和私人感受都被拉进和留在了公共领域,个人空间和公共空间的界限变得模糊不清,结果是私人领域走向社会化和公共领域变得娱乐化”。② 网络空间中,不管是人的个体生活还是社会的整体存在都呼唤着社会秩序的井然。新兴的网络社会需要一套成熟完善的规则体系、结构秩序来约束各个社会主体的行为,确保社会在和谐有序的状态下实现新的主体间关系平衡和良性运转。

网络欺凌不仅破坏正常的网络社会秩序,同时也败坏网络社会风气。网络社会也有道德层面上的善恶之分。网络道德是由网民内心的信仰、生活的传统、行为的习惯来衡量,是网民与网民之间相处的法则。网络欺凌在道德上违背人与人之间和谐友好的相处基准,背离了现代社会所倡导的自由、公平、互助等理念。网络欺凌行为践踏他人人格,对被

---

① 参见高峰:《社会秩序论——马克思主义社会哲学视域下的秩序问题探讨》,人民出版社2016年版,第1页。

② 何明升等:《网络治理——中国经验和路径选择》,中国经济出版社2017年版,第136页。

欺凌者的个人尊严和生命安全构成了直接的威胁。因此,从法律层面入手预防、制止、惩处那些侵害他人合法权利、违背社会秩序和社会道德准则的网络欺凌行为,已经成为各国法律亟须解决的一个新课题。通过政府、社会力量、技术手段等来调节和约束网络主体的行为,预防和惩处网络欺凌,确保未成年人网络空间的和谐、平衡和有序,应是各国制定未成年人网络保护法时不容忽视的问题。

3. 网络欺凌会给现实社会带来矛盾冲突和安全隐患

网络欺凌问题虽然存在于网络空间,但是若不加以重视,其恶果必将作用于现实社会,给和谐的人际关系和稳定的社会结构带来不可小觑的风险。弱肉强食是动物世界的规则,网络欺凌的本质就是恃强凌弱,有悖于人类社会准则,对社会有百害而无一益。未成年人作为弱势群体,自我保护能力有限,更容易成为网络欺凌的对象,对有关未成年人的网络欺凌问题,也更容易成为社会的焦点和热点,还有可能会影响社会的和谐稳定。

网络欺凌行为会直接引发社会矛盾冲突,破坏社会和谐。一方面,网络欺凌行为会侵害受害人的名誉权、隐私权、健康权等。网络欺凌事件中,行为人发布不实的言论、图片、视频等直接构成了对受害人的侮辱、诽谤,降低了受害人在现实生活中的社会评价,侵犯了受害人的名誉权;网络欺凌的行为人还常常会收集被欺凌人的隐私并公之于众,从而侵犯受害人的隐私权;网络欺凌行为还会直接给受害人带来身体上和心理上的伤害,侵犯被欺凌者的健康权甚至生命权。另一方面,未成年的网络欺凌受害人很可能演变成心理失意人群,进而危害社会。未成年人面对网络欺凌可能会有不同的反应,有的人会产生挫败感和自卑心理,有的人会产生社会敌对和攻击情绪。一些网络欺凌的受害人在长期遭受心理折磨的情况下,很有可能成为心理上的无力无助、自我轻视并对周围社会充满怨恨的失意者。这些失意者也会对强者乃至社会进行反抗和攻击,当这种反抗和攻击不能改变欺凌背后扭曲的社会秩序时,他们可能会产生无希望、无信仰等更加消极甚至绝望的社会心理,心理上的扭曲也可能会使受害人反过来成为加害者，以破坏和报复社会的心态直接威胁人民群众的生命、财产安全，危害社会稳定和公共安全。

三、我国未成年人网络欺凌多发的原因

未成年人网络欺凌多发生校园，这是学生欺凌向网络平台的转移。未成年人在网络世界里的欺凌和暴力多是现实校园欺凌的某种延续。不良社会环境的影响、家庭和学校教育的缺失、未成年人自身的无知等综合因素是造成未成年人网络欺凌普遍存在的原因。同时，社会监管、法律法规的不完善在某种程度上又导致了这种现象的加重和进一步蔓延。

（一）传统校园欺凌向网络空间的转移

未成年人中广泛存在的网络欺凌受到了现实社会环境和虚拟网络环境的交叉影响。当今社会竞争压力大，弱肉强食的丛林法则有蔓延趋势，现实中的暴力和欺凌现象不断，未成年人耳濡目染很容易形成不好的社会观念。近年来，未成年人欺凌问题频频见诸于媒体，已经引起社会的广泛关注。随着移动互联网在未成年人群体中的普及，一些喜欢霸凌同学的未成年人把网络视为扩大和展示自己“威力”的新阵地。跟踪近两年一些影响很大的校园学生欺凌事件，不难发现，这些原本处于地下的、隐秘的校园欺凌被揭露出来，正是源于相关视频和照片在网络上的传播和泛滥。《2019 年全国未成年人互联网使用情况研究报告》显示，未成年网民在网上遭到讽刺或谩骂的比例为 42.3%；自己或亲友在网上遭到恶意骚扰的比例达到 22.1%；个人信息未经允许在网上被公开的比例达到 13.8%。①

事实上，网络欺凌中的大多数未成年受害人多慑于欺凌者的胁迫或内心的耻辱感，不敢或者不愿意对家长和老师讲述自己遭遇的欺凌。很多受害者的家长在未看到相关视频之前，通常不知晓自己的孩子在学校曾遭遇过网络欺凌。

---

① 数据来源于《2019 年全国未成年人互联网使用情况研究报告》。

为此,教育部联合相关部门先后出台《关于防治中小学生欺凌和暴力的指导意见》(2016)、《加强中小学生欺凌综合治理方案》(2017)、《防范中小学生欺凌专项治理行动工作方案》(2021)。上述指导意见和方案,均提到了要避免媒体过度渲染报道事件细节,防止学生欺凌和暴力借助网络新媒体扩散转变为网络欺凌。

(二)未成年人极易受网络世界影响

作为一个需要特别保护的群体,未成年人在心智发展、思维方式和行为方式上都尚未成熟。他们不善于处理人际冲突和各种矛盾,容易把现实生活中的冲突和情绪转移到虚拟的网络世界,在网络世界中宣泄时常忘记用理性把控情绪,在随波逐流传递信息时忍不住会添油加醋、道听途说,不能理智地判断自己行为是否具有欺凌性质,是否会引发严重后果。当网络上的信息纷繁复杂不能呈现事实真相时,未成年人往往很容易受到负面言语、行为和舆论的影响,并参与相应的传播和扩散活动,最终导致欺凌行为的发生。

在信息泛滥的大环境中,未成年人有时候不能区分网络信息的属性,甚至无法确定自己的行为是否属于网络欺凌或者自己是否正在遭受网络欺凌。一些未成年人对世界充满好奇,既标榜个性又渴望得到别人的认可,有时候他们会把欺凌别人作为一种游戏,一种展现自己或者朋友的方式,通过参与网络欺凌完成自我确认、群体认同,实现社会归属感。一些未成年人会在现实生活中模仿网上的行为,相关调查显示,只有19.3%的城市未成年人和16.1%的农村未成年人表示从不模仿网络上的语言、人物或行为,而31.9%的城市未成年人和30.7%的农村未成年人会学唱网上的流行歌曲,11.8%的城市未成年人和12.1%的农村未成年人会模仿网络说话的方式,10.2%的城市未成年人和10.6%的农村未成年人会模仿游戏中的人物。① 可见,互联网对未成年人言行有较大的影响。

---

① 数据来源于《第七次未成年人互联网运用状况》。

(三)未成年人普遍缺乏网络安全防范意识

现在的未成年人一出生,便生活在互联网环境中,基本不用教就会上网,然而正是这种“天生”的上网能力,常常让他们容易暴露于看上去很自然又无风险的网络环境中。很多未成年人,不仅谙熟各类社交媒体软件的使用,而且喜欢通过QQ、微博、微信等上传照片,分享文字,从而在他人的点赞、留言等反馈中获得某种满足感和存在感,而正是这些无防备的信息分享行为使未成年人更容易成为网络欺凌的对象。

2017至2018年《我国未成年人互联网运用和阅读实践现状、问题及其对策》的总报告中提到:未成年人运用互联网的主要目的是娱乐放松,听音乐(49.1%)和QQ聊天(43.6%)是排在前两位的应用。QQ聊天是未成年人在互联网上的主要交往形式。相对于成年人来说,未成年人在网上交流过程中网络信息安全防范意识要差一些,常常会无意中暴露个人信息。这些无意的信息暴露,使他们更容易沦为各种网络风险包括网络欺凌侵害的对象。

(四)未成年人网络欺凌的防治和监管困难

未成年人网络欺凌是传统欺凌在网络空间的延伸,网络空间的匿名性、隐蔽性、非实体接触性等特征使网络欺凌的防治较现实世界的欺凌问题更复杂。尼葛洛庞帝在《数字化生存》一书中这样描述,“后信息时代将消除地理的限制,就好像‘超文本’挣脱了印刷篇幅的限制一样。数字化的生活将越来越不需要依赖特定的时间和地点,现在甚至连传递‘地点’都开始有了实现的可能”。[①] 因此,欺凌者的欺凌行为在网络世界里可以挣脱时空束缚,随时随地都可能发生,这无疑加大了对网络欺凌防治和监管的难度。

互联网的隐蔽性、自由性,使通常采用匿名或者刻意化名、伪装方式登录的欺凌者随时可能发动欺凌行为,但是被欺凌者却很难识别和查出

---

① [美]尼葛洛庞帝:《数字化生存》,胡泳等译,海南出版社1997年版,第194页。

欺凌实施者的身份和所在位置，这在某种程度上助长了欺凌者的肆无忌惮和嚣张气焰。再加上我们前文提到的原因，未成年人通常不会主动告诉家长或老师其遭遇或可能遭遇的网上欺凌，这也影响了对网络欺凌受害者的保护和及时救助。

四、我国未成年人网络欺凌法律规制的现状

全国人大常委会1991年批准了《儿童权利公约》，2002年批准了《〈儿童权利公约〉关于买卖儿童、儿童卖淫和儿童色情制品问题的任择议定书》，2007年批准了《儿童权利公约关于儿童卷入武装冲突问题的任择议定书》。由此可见，在儿童权利保护方面，我国始终保持着与国际同步。同时，我国从具体国情出发，还先后出台了一系列与未成年人保护相关的法律，未成年人保护已经走上了法治化道路。从现有法律看，《民法典》，《刑法》，全国人民代表大会常务委员会《关于加强网络信息保护的决定》，《未成年人保护法》（2020修正），最高人民法院《关于审理利用信息网络侵害人身权益民事纠纷案件适用法律若干问题的规定》，最高人民法院、最高检察院《关于办理利用信息网络实施诽谤等刑事案件的司法解释》等均适用于对网络欺凌行为的治理和处罚。

（一）为未成年人网络欺凌入刑定罪提供法律依据

在我国，对未成年人实施网络欺凌，可能构成侮辱罪、诽谤罪（《刑法》第246条）、寻衅滋事罪（《刑法》第293条）、敲诈勒索罪（《刑法》第274条）等。

《刑法》第246条规定了侮辱罪、诽谤罪，并规定该罪实行不告不理原则，同时规定了该罪不告不理原则的例外，即严重危害社会秩序和国家利益的除外。[①] 为适应信息网络社会的发展和犯罪手段借助网络方式的新型化，2015年公布的《刑法修正案（九）》就该条法律规定增加了第

---

① 《刑法》第246条第1款、第2款规定，"以暴力或者其他方法公然侮辱他人或者捏造事实诽谤他人，情节严重的，处三年以下有期徒刑、拘役、管制或者剥夺政治权利。前款罪，告诉的才处理，但是严重危害社会秩序和国家利益的除外"。

3 款,即关于通过信息网络实施侮辱、诽谤行为的,也明确适用该罪的相关规定,且规定法院可以要求公安机关协助提供证据确有困难的被害人。①

2000 年公布并于 2009 年修正的全国人民代表大会常务委员会《关于维护互联网安全的决定》②规定,对利用互联网侮辱他人或者捏造事实诽谤他人,或利用互联网进行盗窃、诈骗、敲诈勒索,构成犯罪的,依法追究刑事责任,以保护个人或组织的人身、财产等合法权利。③

2013 年颁布实施的最高人民法院、最高人民检察院《关于办理利用信息网络实施诽谤等刑事案件的司法解释》④对于《刑法》第 246 条中的"捏造事实诽谤他人"⑤"情节严重"⑥"严重危害社会秩序和国家

---

① 《刑法修正案(九)》第 16 条规定:"在刑法第二百四十六条中增加一款作为第三款:'通过信息网络实施第一款规定的行为,被害人向人民法院告诉,但提供证据确有困难的,人民法院可以要求公安机关提供协助。'"

② 全国人民代表大会常务委员会《关于维护互联网安全的决定》于 2000 年 12 月 28 日由第九届全国人大常委会第十九次会议通过,根据 2009 年 8 月 27 日第十一届全国人大常委会第十次会议《关于修改部分法律的决定》修正。

③ 参见全国人民代表大会常务委员会《关于维护互联网安全的决定》第 4 条。

④ 最高人民法院、最高人民检察院《关于办理利用信息网络实施诽谤等刑事案件适用法律若干问题的解释》于 2013 年 9 月 5 日由最高人民法院审判委员会第 1589 次会议、2013 年 9 月 2 日由最高人民检察院第十二届检察委员会第九次会议通过,自 2013 年 9 月 10 日起施行。

⑤ 最高人民法院、最高人民检察院《关于办理利用信息网络实施诽谤等刑事案件适用法律若干问题的解释》第 1 条规定:"具有下列情形之一的,应当认定为刑法第二百四十六条第一款规定的'捏造事实诽谤他人':(一)捏造损害他人名誉的事实,在信息网络上散布,或者组织、指使人员在信息网络上散布的;(二)将信息网络上涉及他人的原始信息内容篡改为损害他人名誉的事实,在信息网络上散布,或者组织、指使人员在信息网络上散布的;明知是捏造的损害他人名誉的事实,在信息网络上散布,情节恶劣的,以'捏造事实诽谤他人'论。"

⑥ 最高人民法院、最高人民检察院《关于办理利用信息网络实施诽谤等刑事案件适用法律若干问题的解释》第 2 条规定:"利用信息网络诽谤他人,具有下列情形之一的,应当认定为刑法第二百四十六条第一款规定的'情节严重':(一)同一诽谤信息实际被点击、浏览次数达到五千次以上,或者被转发次数达到五百次以上的;(二)造成被害人或者其近亲属精神失常、自残、自杀等严重后果的;(三)二年内曾因诽谤受过行政处罚,又诽谤他人的;(四)其他情节严重的情形。"

利益”①的情形以列举的方式进行了规定，且均是针对利用信息网络诽谤他人进行的列举式规定。此外，该司法解释将通过网络辱骂、恐吓他人，在网络上自行或指使他人在网络上散布编造的虚假信息，或者明知是编造的虚假信息破坏社会秩序的网络欺凌行为纳入寻衅滋事罪；②对于以在网络上删除、发布等方式处理网络信息为由，威胁、要挟他人，索取财物，数额较大，或者多次实施上述行为的，按照敲诈勒索罪定罪处刑。③ 该司法解释为我国司法实践中法律的适用提供了依据，有利于对网络欺凌等网络犯罪的惩治和打击。笔者认为，根据该规定，在未成年人网络欺凌案件中，可以对欺凌的参与者和扩散者依法追责，从而在一定程度上预防和遏制网络欺凌事件的发生。

最高人民法院《关于审理未成年人刑事案件具体应用法律若干问题的解释》④对于未成年人对未成年人实施欺凌是否构成犯罪及构成何种犯罪予以了规定，规定出于以大欺小、以强凌弱或者寻求精神刺激，已满

---

① 最高人民法院、最高人民检察院《关于办理利用信息网络实施诽谤等刑事案件适用法律若干问题的解释》第 3 条规定：“利用信息网络诽谤他人，具有下列情形之一的，应当认定为刑法第二百四十六条第二款规定的‘严重危害社会秩序和国家利益’：(一)引发群体性事件的；(二)引发公共秩序混乱的；(三)引发民族、宗教冲突的；(四)诽谤多人，造成恶劣社会影响的；(五)损害国家形象，严重危害国家利益的；(六)造成恶劣国际影响的；(七)其他严重危害社会秩序和国家利益的情形。”

② 最高人民法院、最高人民检察院《关于办理利用信息网络实施诽谤等刑事案件适用法律若干问题的解释》第 5 条规定，“利用信息网络辱骂、恐吓他人，情节恶劣，破坏社会秩序的，依照刑法第二百九十三条第一款第(二)项的规定，以寻衅滋事罪定罪处罚。编造虚假信息，或者明知是编造的虚假信息，在信息网络上散布，或者组织、指使人员在信息网络上散布，起哄闹事，造成公共秩序严重混乱的，依照刑法第二百九十三条第一款第(四)项的规定，以寻衅滋事罪定罪处罚”。

③ 最高人民法院、最高人民检察院《关于办理利用信息网络实施诽谤等刑事案件适用法律若干问题的解释》第 6 条规定，“以在信息网络上发布、删除等方式处理网络信息为由，威胁、要挟他人，索取公私财物，数额较大，或者多次实施上述行为的，依照刑法第二百七十四条的规定，以敲诈勒索罪定罪处罚”。

④ 最高人民法院《关于审理未成年人刑事案件具体应用法律若干问题的解释》于 2005 年 12 月 12 日由最高人民法院审判委员会第 1373 次会议通过，自 2006 年 1 月 23 日起施行。

16 周岁不满 18 周岁的人随意殴打其他未成年人、多次对其他未成年人强拿硬要或者任意损毁公私财物，扰乱学校及其他公共场所秩序，情节严重的，以寻衅滋事罪定罪处罚。[①]

根据上述规定，采用网络骚扰、网络诋毁、网络伪装、披露隐私等方式对未成年人进行诽谤、侮辱的，或者未成年人遭受欺凌包括网络欺凌的，受害人均可以对实施违法行为的人提起刑事诉讼，以维护自身合法权益。

（二）保护未成年人的人格权免受侵害

当前未成年人网络欺凌案件多归为人格权案件处理。《民法典》对自然人的民事权利保护、侵权责任承担规定得非常详细，并将人格权单独成编，对于生命权、身体权、健康权、名誉权、荣誉权、姓名权、肖像权、隐私权和个人信息保护予以了具体规定。这些法律规定有利于保护未成年人网络空间的具体权利，为未成年人网络欺凌案件的处理提供了法律依据。

根据《民法典》的相关规定，未成年人作为民事主体中的自然人，其人身权利、财产权利以及其他合法权益依法受到保护，任何组织和个人不得侵犯。[②] 未成年人作为自然人，从出生时起就具有民事权利能力，依法享有民事权利，承担民事义务。[③] 未成年人虽然未满 18 岁，但是也属于法律保护的民事权利主体，其人身自由、人格尊严受法律保护。未成年人作为自然人，享有生命权、身体权、健康权、姓名权、肖像权、名誉

---

① 最高人民法院《关于审理未成年人刑事案件具体应用法律若干问题的解释》第 8 条规定："已满十六周岁不满十八周岁的人出于以大欺小、以强凌弱或者寻求精神刺激，随意殴打其他未成年人、多次对其他未成年人强拿硬要或者任意损毁公私财物，扰乱学校及其他公共场所秩序，情节严重的，以寻衅滋事罪定罪处罚。"

② 《民法典》第 3 条规定："民事主体的人身权利、财产权利以及其他合法权益受法律保护，任何组织或者个人不得侵犯。"

③ 《民法典》第 13 条规定："自然人从出生时起到死亡时止，具有民事权利能力，依法享有民事权利，承担民事义务。"

权、荣誉权、隐私权等，并且其个人信息依法受保护①。未成年人作为民事主体，其人格权受法律保护，任何组织或者个人不得侵害。

《民法典》第七编“侵权责任”明确规定，行为人因过错侵害他人民事权益造成损害的，应当承担侵权责任。网络欺凌案件中被侵害的未成年人，均可以根据《民法典》赋予的民事权利以及相关民事权利受到侵害的事实提起民事诉讼。例如，网络欺凌行为导致受害人遭受到心理折磨、身体折磨的可以就健康权受到侵害提起诉讼，对于网络欺凌中使用他人肖像随意修改、变形、拼接，甚至嫁接、动漫化他人，用以娱乐化目的或嘲笑、侮辱他人的行为，受害人可以以肖像权和名誉权受损提起民事侵权之诉。

《民法典》“侵权责任”编在“责任主体的特殊规定”一章中对于网络侵权还进行了专门规定。该章不仅规定了网络用户和网络服务提供者的侵权责任，②还规定了网络侵权责任避风港原则的通知规则，③以及网络侵权责任避风港原则的反通知规则。④ 此外，该章还规定了网络服务

---

① 《民法典》第109条规定，“自然人的人身自由、人格尊严受法律保护”；第110条第1款规定，“自然人享有生命权、身体权、健康权、姓名权、肖像权、名誉权、荣誉权、隐私权、婚姻自主权等权利”；第111条规定，“自然人的个人信息受法律保护。任何组织或者个人需要获取他人个人信息的，应当依法取得并确保信息安全，不得非法收集、使用、加工、传输他人个人信息，不得非法买卖、提供或者公开他人个人信息”。

② 《民法典》第1194条规定：“网络用户、网络服务提供者利用网络侵害他人民事权益的，应当承担侵权责任。法律另有规定的，依照其规定。”

③ 《民法典》第1195条规定：“网络用户利用网络服务实施侵权行为的，权利人有权通知网络服务提供者采取删除、屏蔽、断开链接等必要措施。通知应当包括构成侵权的初步证据及权利人的真实身份信息。网络服务提供者接到通知后，应当及时将该通知转送相关网络用户，并根据构成侵权的初步证据和服务类型采取必要措施；未及时采取必要措施的，对损害的扩大部分与该网络用户承担连带责任。权利人因错误通知造成网络用户或者网络服务提供者损害的，应当承担侵权责任。法律另有规定的，依照其规定。”

④ 《民法典》第1196条规定：“网络用户接到转送的通知后，可以向网络服务提供者提交不存在侵权行为的声明。声明应当包括不存在侵权行为的初步证据及网络用户的真实身份信息。网络服务提供者接到声明后，应当将该声明转送发出通知的权利人，并告知其可以向有关部门投诉或者向人民法院提起诉讼。网络服务提供者在转送声明到达权利人后的合理期限内，未收到权利人已经投诉或者提起诉讼通知的，应当及时终止所采取的措施。”

提供者与利用其提供的网络服务实施侵权的网络用户的连带责任。①

为正确审理利用信息网络侵害人身权益民事纠纷案件，最高人民法院《关于审理利用信息网络侵害人身权益民事纠纷案件适用法律若干问题的规定》（2020修正）对于在网络侵权中如何明确确定被告规定了相应规则，即原告依据《民法典》有关规定起诉网络用户或者网络服务提供者的，人民法院应予受理，并规定了网络用户、网络服务提供者作为共同被告的规则。② 共同被告规则的确立，有利于避免网络用户、网络服务者之间互相推卸责任，也便于原告根据具体情况提起诉讼。该司法解释还对于原告起诉网络服务提供者，网络服务提供者能否以涉嫌侵权的信息系网络用户发布为由进行抗辩进行了规定，即除非网络服务提供者可以提供网络用户的相关信息，否则网络服务提供者要受到《民事诉讼法》规定的处罚。③

（三）《未成年人保护法》对网络欺凌的相关规定

《未成年人保护法》（2020修订）自2021年6月1日起施行。新修订的《未成年人保护法》，新增了“网络保护”一章作为该法的第五章。

---

① 《民法典》第1197条规定：“网络服务提供者知道或者应当知道网络用户利用其网络服务侵害他人民事权益，未采取必要措施的，与该网络用户承担连带责任。”

② 最高人民法院《关于审理利用信息网络侵害人身权益民事纠纷案件适用法律若干问题的规定》（2020修正）第2条规定：“原告依据民法典第一千一百九十五条、第一千一百九十七条的规定起诉网络用户或者网络服务提供者的，人民法院应予受理。原告仅起诉网络用户，网络用户请求追加涉嫌侵权的网络服务提供者为共同被告或者第三人的，人民法院应予准许。原告仅起诉网络服务提供者，网络服务提供者请求追加可以确定的网络用户为共同被告或者第三人的，人民法院应予准许。”

③ 最高人民法院《关于审理利用信息网络侵害人身权益民事纠纷案件适用法律若干问题的规定》（2020修正）第3条规定：“原告起诉网络服务提供者，网络服务提供者以涉嫌侵权的信息系网络用户发布为由抗辩的，人民法院可以根据原告的请求及案件的具体情况，责令网络服务提供者向人民法院提供能够确定涉嫌侵权的网络用户的姓名（名称）、联系方式、网络地址等信息。网络服务提供者无正当理由拒不提供的，人民法院可以依据民事诉讼法第一百一十四条的规定对网络服务提供者采取处罚等措施。原告根据网络服务提供者提供的信息请求追加网络用户为被告的，人民法院应予准许。”

该法首次对学生欺凌进行了定义，明确规定了学校对学生欺凌的防控与处置机制。“网络保护”一章中对于网络欺凌行为进行了单独规定，即禁止任何人（包括组织和个人）通过网络以文字、图片、音视频等形式对未成年人实施网络欺凌行为，具体欺凌方式包括侮辱、诽谤、威胁或者恶意损害形象等。[①] 这一条款，不仅列举了网络欺凌的主要形式，对网络欺凌作出了明确的界定，而且规定了与网络欺凌相关的网络服务提供者的责任、未成年人及其监护人的权利。此外，为了有效防范网络欺凌行为的发生和扩散，及时受理并处理涉及未成年人的投诉、举报，该法还要求网络产品和服务提供者应当建立投诉和举报渠道。[②]

针对近几年多发的未成年人犯罪和欺凌事件，以及网络上逐渐增多的相关报道，国家互联网信息办公室于 2015 年 6 月 30 日发布了《关于进一步加强对网上未成年人犯罪和欺凌事件报道管理的通知》，该通知对此类报道的要求进行了规定：第一，禁止渲染报道涉及未成年人侮辱人格尊严行为、校园暴力以及未成年人犯罪情节等。第二，对于涉及未成年人犯罪和欺凌事件报道，严禁使用未经处理的涉未成年人暴力、血腥、色情、恐怖等违法视频及图片，此外，原则上网站登载涉及未成年人犯罪和欺凌事件的报道应使用中央主要新闻媒体的稿件，若使用其他来源稿件需注意进行核实且遵循规定的程序。第三，对于未成年人犯罪和欺凌事件报道，禁止在首页及新闻频道要闻位置登载，禁止在博客、微博、论坛、贴吧、弹窗、导航、搜索引擎等位置推荐相关报道，禁止制作专

---

① 《未成年人保护法》（2020 修订）第 77 条规定：“任何组织或者个人不得通过网络以文字、图片、音视频等形式，对未成年人实施侮辱、诽谤、威胁或者恶意损害形象等网络欺凌行为。遭受网络欺凌的未成年人及其父母或者其他监护人有权通知网络服务提供者采取删除、屏蔽、断开链接等措施。网络服务提供者接到通知后，应当及时采取必要的措施制止网络欺凌行为，防止信息扩散。”

② 《未成年人保护法》（2020 修订）第 78 条规定：“网络产品和服务提供者应当建立便捷、合理、有效的投诉和举报渠道，公开投诉、举报方式等信息，及时受理并处理涉及未成年人的投诉、举报。”

题或集纳相关报道。①

五、完善我国未成年人网络欺凌法律规制的建议

以前,我们对未成年人网络欺凌在内的校园欺凌多通过运动的方式进行集中整治,尤其以专项治理为典型。2016 年以来,我国有关部门先后发布了专项活动通知。例如,2016 年教育部等九部门《关于防治中小学生欺凌和暴力的指导意见》、国务院教育督导委员会办公室《关于开展校园欺专项治理的通知》,2017 年教育部等十一部门《关于印发〈加强中小学生欺凌综合治理方案〉的通知》,2018 年国务院教育督导委员会办公室《关于开展中小学生欺凌防治落实年行动的通知》、国务院教育督导委员会办公室《关于开展中小学生欺凌防治落实年行动工作进展情况的通报》,2021 年教育部办公厅《关于印发〈防范中小学生欺凌专项治理行动工作方案〉的通知》。这些通知要求中小学对校园欺凌问题进行专项治理,其中包括通过网络手段实行的欺凌行为。上述专项活动通知以预防欺凌行为为主,对中小学的欺凌问题起到了一定的预防和遏制作用。但是,正如有学者指出的“法治要求常规或常态化,而运动则具有非常态性,它往往是对正常进程的否定或中断”。② 作为长期存在的危及未成年人健康成长的问题,网络欺凌和校园欺凌显然无法通过单纯的专项治理得到有效解决。对于现代国家的社会治理而言,唯有法治治理才能对网络欺凌进行持久性、稳定性地规制。为此,全国人民代表大会常务委员会对《未成年人保护法》进行了修订,增加了“网络保护”专章,并对未成年人网络欺凌问题给予了一定程度的规定。但是,我国目前关于未成年人网络欺凌相关立法规定还处于刚刚起步的探索阶段,存在明显的问题,如预防机制不够健全、报告与处理机制不够全面以及沟通协作机制欠缺等。笔者建议,可从以下几方面对未成年人网络欺凌的法律规制予以完善:

---

① 参见《关于进一步加强对网上未成年人犯罪和欺凌事件报道管理的通知》第 2~4 条、第 6 条。

② 杨解君:《法治的悖论》,载《法学》1996 年第 6 期。

(一)科学界定未成年人网络欺凌

根据《未成年人保护法》(2020修订)的规定,禁止任何人通过网络以文字、图片、音视频等形式对未成年人实施网络欺凌行为,网络欺凌行为包括侮辱、诽谤、威胁或者恶意损害形象等。[①] 对照《未成年人保护法》第九章"附则"关于对"学生欺凌"的准确界定,"学生欺凌,是指发生在学生之间,一方蓄意或者恶意通过肢体、语言及网络等手段实施欺压、侮辱,造成另一方人身伤害、财产损失或者精神损害的行为"。[②] 不难发现,《未成年人保护法》对网络欺凌的界定显然有些笼统和模糊,只是采用列举的方法描述了网络欺凌的常用形式,其中关于通过网络对未成年人实施侮辱、诽谤、威胁或者恶意损害形象的网络欺凌行为的陈述,主要侧重于主观恶意发生的网络欺凌行为。然而正如我们在本章第一节中所论述的,现实生活中确实存在一些没有蓄意或者主观恶意的欺凌者,他们可能会实施一些表面上像是戏谑、玩笑,实际上却可能给未成年人带来伤害的网络欺凌行为。这样的网络欺凌行为同样需要纳入网络欺凌的法律规制中,欺凌者同样需要承担民事侵权责任甚至刑事责任等法律责任。另外,如上文所述,该法第77条第2款虽然规定了网络欺凌发生时未成年人及其监护人对网络服务提供者有通知其采取删除、屏蔽、断开链接等措施的权利,网络服务提供者有对应的有采取必要措施制止网络欺凌行为,防止信息扩散的责任。但是所谓未成年人及其监护人的有权通知,相对于第77条第1款所列出的网络欺凌行为的恶意性,简单的通知显然是不够的,网络欺凌行为人以及相关服务提供者是否应承担一定的民事责任、刑事责任,值得思考。

---

① 《未成年人保护法》(2020修订)第77条规定:"任何组织或者个人不得通过网络以文字、图片、音视频等形式,对未成年人实施侮辱、诽谤、威胁或者恶意损害形象等网络欺凌行为。遭受网络欺凌的未成年人及其父母或者其他监护人有权通知网络服务提供者采取删除、屏蔽、断开链接等措施。网络服务提供者接到通知后,应当及时采取必要的措施制止网络欺凌行为,防止信息扩散。"

② 参见《未成年人保护法》(2020修订)第130条。

笔者建议,在既有法律规定的基础上可以根据《刑法》《民法典》等相关的法律规定针对未成年人的网络欺凌行为进行区分。不能把对未成年人的网络欺凌行为笼统地描述为简单的民事侵权行为。如果只是一般的民事侵权行为,则从民事权益受损对网络欺凌的行为人提出民事侵权诉讼,适用《民法典》中关于侵权责任的相关规定,要求侵权者承担相应的民事责任。针对严重的未成年人网络欺凌行为,应上升为刑事犯罪,从而适用《刑法》中关于侮辱罪、诽谤罪或寻衅滋事罪的相关规定。

(二)细化未成年人网络欺凌的侵权责任承担

未成年人网络欺凌的发生,与网络欺凌行为实施者以及实施者使用的网络服务平台有着直接的关系。因此对网络欺凌行为侵权责任的认定需要进一步细化,以达到运用法律制度保护被侵权人和减少侵权行为、惩治侵权人的目的。

1. 追究网络欺凌行为人的责任

网络欺凌行为认定成立后,要对实施欺凌者进行追责。网络欺凌之所以产生严重的后果,是因为网络欺凌者往往是多人参与,容易给受害人带来严重的身心伤害。在追责主体上,可以将网络欺凌者分为原始的信息上传人、信息转发人和跟帖评论人。原始上传人通常是事件的起点,所上传的信息对未成年人具有伤害性,可对其进行追责;转发人也是导致欺凌事件扩散并对被欺凌人造成伤害的关键点,转发人的恶意"添油加醋"造成未成年人欺凌事件扩大或后果严重的,也应追究转发行为人的责任;跟帖评论人也会对被欺凌人造成伤害,对反复、恶意的跟帖或评论行为人也应依法追究责任。

2. 网络服务提供者须承担网络欺凌防范责任

一般情况下,只提供技术服务的网络服务提供者不应承担出版者或发布者的责任。按照相关法律的规定,网络服务提供者履行"通知—删除"程序后无须为网络用户侵犯他人权益承担侵权责任。但是面对日益凸显的网络欺凌行为,在向未成年人提供网络服务的同时,网络服务提供者理应考虑安全技术措施是否到位。网络服务提供者在特殊情况下应该完成谨慎审查义务，针对不同的侵权行为，网络服务提供者承担不同的责任。①

预见侵权行为的责任，即网络服务提供者有义务监控有可能发生侵权行为的环境，并采取相应的防御措施。早在 2013 年，Twitter 就在自己的平台上增加了"举报辱骂"按钮，让用户可以更及时有效地举报网络恶意行为。韩国和日本纷纷在青少年使用的智能手机中推广预防网络欺凌的安全软件，该软件能自动过滤并阻止暴力威胁性语言，以防范网络欺凌的发生。

侵权利益相关责任，即网络服务提供者在侵权行为发生过程中获得利益，并从降低防御机制形成的低成本服务和中间服务以外的收费服务带来了盈利，如任由非法言论泛滥以牟利，则网络服务提供者必须承担相应的侵权损害赔偿等责任。

3. 强化家庭、学校的主体责任意识

家长和学校被誉为未成年人保护的第一道防线。学校的作用是预防网络欺凌事件的出现，加强学生安全意识和法治意识，推进学生平等化管理和取消学生差异化管理。对情节严重的网络欺凌行为人，学校有权对其警告、停学甚至开除。

未成年人网络欺凌事件的发生，家长的责任较重，未成年人在家中上网的机会更多，家长做好监护，及时与孩子沟通并解决问题，有可能避免或减少网络欺凌不良后果的出现。家长应改善教育方式，增加与孩子的沟通，言传身教，培养孩子良好的品行，增强其法律常识、网络安全意识等。

（三）明确违法犯罪处理机制

对未成年人网络欺凌行为的处理，是建立和完善法律制度的基本问

---

① 参见陈昶屹：《网络人格侵权责任研究》，北京大学出版社 2014 年版，第 14 页。

题。第一,发生侵权行为后,有明确的法律制度要求行为人及时承担侵权责任。通过损害赔偿等方式,弥补被侵权人损失,消除影响等。例如,通过经济赔偿款项治疗受损害人,使其身体健康得以康复。第二,对侵权人进行相关民事处罚,并判令其承担侵权责任,对于情节严重的个人或组织依法追究其刑事责任。需要注意的是,未成年人网络欺凌的行为人,很可能同样是未成年人。如果网络欺凌的行为人是未成年人,则应根据情节和后果予以区分处理:对情节较轻者,要求学校或父母等监护人对其加强教育,注意培养和提高其遵纪守法的法律意识;对情节较重者,依据《预防未成年人犯罪法》和《刑法》相关规定予以处理。第三,要求相关责任人或法人承担责任。例如,学校、家长的监管职责的失职以及教育缺失,网络服务提供者不作为和网络环境责任人的管理失职等情形,要求直接责任人或法人承担经济赔偿、完善相关机制,甚至取消服务资格等。

建立和完善未成年人网络欺凌法律规制的主要目的是保护未成年人权利,使其免于遭受欺凌伤害。随着社会经济、政治、文化的全面发展,互联网技术的不断更新,网络欺凌的手段呈现多样化的趋势,受欺凌的未成年人范围也在不断扩大,未成年人网络欺凌已经成为严重的社会问题,因此,利用法律手段对其进行约束势在必行。当前,我们必须采取主动防御与积极介入相结合的立法策略,一方面要通过立法确保学校、家庭和社会各方都能参与未成年人网络保护工作,提高未成年人的网络规范意识与安全上网技能、自我防护能力;另一方面要通过明确的法律规定打击各种程度、各种形式的网络欺凌,对一般的网络欺凌也要予以必要的惩戒,对恶性的未成年人网络欺凌行为要予以严惩。

第五章　网络沉迷的法律规制与未成年人保护

当代未成年人的生活方式、学习方式、休闲娱乐方式深受互联网的影响。随着未成年人触网年龄的降低,用网时间的增加,用网智能化设备的更新升级带来的上网便捷化,以及网络游戏、网络音乐、网络视频、网络直播等网络娱乐类应用的快速发展,未成年人网络沉迷已经成为网络空间影响未成年人身心健康的突出社会问题,网络过度使用的防治也迎来了新挑战,亟须法律规制。面对已经出现的未成年人网络沉迷问题,如何保障未成年人健康安全、合理用网,预防和减少未成年人沉迷网络,是未成年人网络空间保护的重要内容之一。为避免歧义,本章在通用意义上使用“网络沉迷”这一概念,与网络过度使用、网络成瘾在概念上不作区分。

一、未成年人网络沉迷的界定和几种常见类型

(一)网络沉迷的界定

对网络沉迷问题最初的关注来自医学领域,随

后开始成为社会学、传播学乃至未成年人网络保护、政府网络治理等领域的重要议题。网络沉迷,也有学者称为网络过度使用或网络成瘾,是个体使用网络的时间和频率超出正常限度,导致明显的社会心理功能损害现象,对其作用机制的探讨较多地集中在医学领域的心理学或精神病学方向。最初网络沉迷的概念,专家多从精神病学、心理学的角度对其进行阐述。早在1994年,美国精神病医师伊凡·戈德堡就提出"网络沉溺障碍"概念,1996年匹兹堡大学教授金伯利·扬进一步提出"病理性网络使用"的概念,并将其概括为一种无沉溺物质作用下的冲动控制障碍。之后,围绕网络过度使用,还产生了问题网络使用、病态网络使用、网络行为依赖、网络沉迷等概念。网络沉迷有多重表现形式,但是本质上均表现为网络过度使用或网络成瘾。鉴于网络成瘾这些年成为特别的社会敏感话题,加之媒体频频曝出一些所谓的专业公司以帮助青少年戒除网瘾为名做出伤害未成年人的事例,最近国内谈到未成年人网络成瘾问题,多使用"网络沉迷"一词替代。

关于网络成瘾的界定,有以下几种代表性的观点:

按照世界卫生组织的定义,网络成瘾又称网络成瘾障碍、互联网性心理障碍,是指由于过度使用网络而导致的一种慢性或周期性的着迷状态,并产生难以抗拒的再度使用的欲望,是一种对网络的病态使用。①

1997年,我国台湾地区学者周荣、周倩将网络成瘾界定为由于重复使用网络所导致的一种慢性或周期性的着迷状态,并对上网所带来的快感形成生理与心理上的依赖,产生难以抗拒的再度使用的欲望。②

《中国青少年健康教育核心信息及释义》(2018版)也对网络成瘾进行了界定。所谓网络成瘾是指在无成瘾物质作用下对互联网使用冲动

---

① 参见蒋月:《互联网时代的未成年人权利保护》,载《福建政法管理干部学院学报》2008年第2期。

② 转引自钟欣、陶然、杨凤池:《网络成瘾心理干预研究》,载《首都医科大学学报》2008年第5期。

的失控行为，具体表现为过度使用互联网后导致明显的学业、职业和社会功能的损伤。该信息同时指出，持续时间是诊断网络成瘾障碍的一个重要标准，通常相关行为至少持续一年才能确诊。这一定义，虽然不是法律上的界定，但是对于我们思考网络成瘾的概念、特征以及从法律上对其予以界定，具有一定的参考价值。

综上所述，虽然对于网络成瘾的界定，有各式各样的定义，但通过梳理和对比，不难发现，不同的定义却具有一个相同点，即均将网络成瘾界定为一种病态的沉迷于网络的行为，均过度使用网络。《未成年人保护法》(2020修订)关注到了未成年人网络沉迷的问题，并在第五章“网络保护”专章中予以了简要规定。[①] 遗憾的是，对于网络沉迷或沉迷网络，并未从法律上直接予以定义。笔者认为，所谓网络沉迷是指网民在心理作用的驱使下频繁过度使用网络，并对网络产生一种周期性的着迷状态而不能自拔的不健康的用网行为和心理状态。

（二）未成年人网络沉迷

《2020年全国未成年人互联网使用情况研究报告》数据显示：2020年未成年网民对互联网的主观依赖程度较2019年略有提升。未成年网民中认为自己非常依赖（有空闲就要上网）或比较依赖互联网的比例为19.6%，较2019年（17.3%）提升2.3个百分点。大部分未成年人自己拥有上网设备，比例高达82.9%，新型智能终端普及迅速。[②] 互联网在未成年人学习、休闲娱乐、社交等方面发挥了重要作用。尤其自2020年以来，互联网成为未成年人获取疫情动态、坚持学习、与朋友保持沟通的重要保障。听音乐和玩游戏目前依然是未成年网民的主要网上娱乐活动，短视频作为新兴网上娱乐方式受众持续递增。上网设备在未成年人

① 参见《未成年人保护法》(2020修订)第68条。

② 近2/3的未成年网民拥有自己的手机作为上网设备，其次为平板电脑，为26.0%；智能手表（含电话手表）的比例达到25.3%。数据来源于《2020年全国未成年人互联网使用情况研究报告》。

中的普及以及未成年人对网络娱乐、放松、休闲功能的依赖，均容易导致未成年人陷于网络沉迷。

手机、平板电脑、智能手表等移动上网设备的普及，使未成年人上网变得随时随地，也为未成年人网络沉迷的发生提供了更大可能。同时，伴随着数字经济的繁荣，网络游戏、网络视频、网络音乐、网络直播、网络文学等丰富的网络娱乐类应用应时而生，又在一定程度上为网络沉迷提供了场景和内容。未成年人身心尚未成熟，自身的成熟度和自制力不足，更容易被网络游戏、网络视频、网络直播等吸引，沉溺于其中，难以自拔。再加上家庭学校教育和监管的不到位以及社会力量社会责任感的缺乏，很容易导致未成年人沉迷网络，不自觉地对网络产生盲目的依赖感。

关于未成年人网络沉迷的评判研究也进行了多年。2009 年，当时的卫生部对于《未成年人健康上网指导（征求意见稿）》征求意见时，将未成年人的网络使用情况分为网络使用正常和网络使用不当。网络使用不当又分为网络使用失调和沉迷于网络社会功能严重受损两种情形。该征求意见稿认为，在“网络成瘾”定义不确切时不应以此界定不当使用网络对人的社会功能和身体健康的损害。① 如前文所述，2018 年国家卫生健康委员会发布的《中国青少年健康教育核心信息及释义》（2018版），其中对网络成瘾才有了明确界定。据此，未成年人网络成瘾也有了明确的时间和表征的评判标准。评判标准的确定，对于我们研究和预防未成年人网络沉迷具有重要意义。

（三）未成年人网络沉迷的常见类型

随着移动互联网的普及推广应用，很多人在享受网络便利和功能强大的同时养成了“不移动”的生活方式。未成年人的网络使用形式大致

---

① 参见《卫生部疾控局就“未成年人健康上网指导”征求意见》，载中央政府门户网 2009 年 11 月 5 日，http://www.gov.cn/gzdt/2009-11/05/content_1456838.htm。

分为在线学习、在线娱乐、网络社交、网络消费等。从未成年人网络使用的诸多数据来看，未成年人在网络游戏、音乐消遣、网络社交、视频观看等方面显示出明显的网络沉迷特征。数据显示，超过三成家长担心孩子的上网时间过长。值得注意的是，1.2%的家长表示自己无力对孩子的过度上网情况进行干预，其中部分原因在于家长自己不懂得如何使用互联网，或缺乏对孩子上网进行监管的条件。①《中国青少年健康教育核心信息及释义》(2018版)②提出要提高对网络信息的辨别力，抵制网络成瘾，并将未成年人网络成瘾分为以下六种类型：

1. 信息收集成瘾

信息收集成瘾是网络使用类型中信息获取过度化的表现。网络信息具有海量化和实时更新的特征，加之开放性与自由性程度较高，未成年网民对于丰富的网络信息缺乏真假辨别力以及价值判断力，容易出现信息收集成瘾。信息收集成瘾主要表现在个体漫无目的地搜获信息、不能自已控制搜索行为，或者下载过多对现实生活没有实质意义的冗余、垃圾信息。未成年网民由于心智不够成熟，对未知事物充满好奇，在猎奇心理的影响下，遇到纷繁复杂的网络信息难以抵制各种诱惑，出于对网络世界的盲目崇拜和对网络空间的深度依赖，因此不停地浏览网页、观看并收集无用的甚至有害的信息，从而导致对网络信息的频繁刷新获取和累积，沉迷于网络信息的收集。

2. 网络游戏成瘾

网络游戏成瘾，是指未成年人在接触网络游戏后在行为和心理上产生对游戏的依赖表现，通常伴随的是对游戏时间的难以自控，对生活、学习和社会交往的严重障碍，这也是目前网络成瘾表现最为常见的一种。

---

① 数据来源于《2020年全国未成年人互联网使用情况研究报告》。

② 参见国家卫生健康委员会:《中国青少年健康教育核心信息及释义》(2018版)，载国家卫生健康委员会网2018年9月25日，http://www.nhc.gov.cn/wjw/zccl/201809/820dd3db393c43c1a230817e2e4b9fd5.shtml。

未成年人大部分处于中小学教育或学前教育阶段，强烈的好奇心和较差的自我约束力，加之网络游戏具有较大的诱惑力，使未成年人很容易沉迷于网络游戏而不能自拔，因此未成年人网络游戏成瘾尤为常见。从2015年至2019年，我国游戏市场实际销售收入从1407.0亿元增长到2308.8亿元，同时网络游戏产业逐渐细分至移动游戏、客户端游戏和网页游戏等。[①] 2020年，我国游戏市场实际销售收入再创新高，达到2786.87亿元，比2019年增加了478.1亿元。[②] 网络游戏可观的利润、市场份额的增加、移动游戏创新步伐的加快、细分市场的出现，为未成年人网络游戏带来了更多的选择空间和更好的游戏体验。但同时也为未成年人网络游戏成瘾埋下了隐患。据统计，62.5%的未成年网民会经常在网上玩游戏，较2019年的61.0%又提升1.5个百分点，[③]这凸显了未成年人对网络游戏的迷恋和过度热衷。

未成年人在网络游戏中更容易找到游戏玩伴，即使游戏玩伴是未曾谋面的陌生人，也不影响其对网络游戏的体验以及从网络游戏中获得满足感和乐趣。网络游戏成瘾又可分为以下几种类型：第一，游戏关系成瘾，即玩家将生活的全部时间和精力投入在游戏关系中，他们把游戏中发展的网络社交关系看得比现实生活中的社交关系更为重要；第二，游戏内容成瘾，或称为游戏情节成瘾，指玩家将网络游戏的虚拟世界看得比现实世界更加重要，往往沉醉在虚拟游戏中的生活、购买装备、经营等活动之中，导致其因游戏情节的变化而产生明显的情绪波动；第三，游戏程序成瘾，或称为游戏技术成瘾，指玩家热衷于研究游戏程序的设计、游

---

① 参见中国音数协游戏工委(GPC)、国际数据公司(IDC)：《2019年中国游戏产业报告》，载GameRes游资网2019年12月19日，https://www.gameres.com/859559.html。

② 参见中国音数协游戏工委(GPC)、中国游戏产业研究院：《2020年中国游戏产业报告》，载199IT中文互联网数据资讯网2020年2月28日，http://www.199it.com/archives/1208945.html。

③ 数据来源于《2020年全国未成年人互联网使用情况研究报告》。

戏技术的使用,过分的工具使用倾向或对技术的痴迷也会影响其正常的学习生活;第四,游戏方式成瘾,在移动互联网普及的趋势下,移动端成为未成年人进行网络游戏的重要渠道。据统计,未成年网民上网玩游戏的设备中,手机游戏比例为56.4%,手机是未成年人网络游戏的主要设备。① 显然,手机游戏因其便携式、碎片化的使用方式更容易造成网络沉迷,未成年人过分热衷在移动端小屏进行网络游戏,可以称为游戏方式成瘾。

网络游戏成瘾主要表现在玩家对网络游戏异常兴奋,对网络游戏的欲望强烈;一接触游戏便注意力十分集中,长时间沉溺于游戏中不能自拔;不进行网络游戏时头脑中也会不断出现游戏中的情节,甚至谈话中也多谈及游戏,比如如何升级、如何打怪、如何修炼等网络游戏用语。网络游戏成瘾后主要表现为玩家整天沉溺在网络游戏中,作息时间不正常、生物钟紊乱、情绪低落、思维迟钝,甚至影响其身体健康,严重的还会因为受到网络空间虚拟关系、虚拟内容等虚拟世界的影响,导致其道德失范、行为失轨甚至走上违法犯罪的道路。

值得注意的是,2018年6月,世界卫生组织发布了新版《国际疾病分类》,将"游戏障碍"即"游戏成瘾"归类为精神疾病,将游戏成瘾纳入医疗体系,这充分说明网络游戏成瘾已经给全世界范围内的未成年人带来诸多不良影响,造成了巨大的困扰。未成年人网络游戏成瘾,不仅需要纳入医疗体系予以对症下药,也需要予以法律规制。

3. 网络色情成瘾

网络色情成瘾,或称网络性成瘾,是指未成年人由于好奇心强但阅历不足、自控力差而过分迷恋网络色情内容,包括色情文学、色情视频、色情音乐、色情图片等。

媒体报道披露的南非警方调查显示,近年来南非未成年人色情淫秽

---

① 数据来源于《2020年全国未成年人互联网使用情况研究报告》。

犯罪呈现逐渐上升趋势。南非保护儿童计划项目负责人哈塔丝介绍，随着手机和互联网的普及，未成年人通过手机浏览色情信息已经变得不再稀奇，其容易成为色情网站的牺牲品。英国全国防止虐待儿童协会（National Society for the Prevention of Cruelty to Children，NSPCC）于2015年年初发布的一项调查显示，英国青少年观看色情片现象严重，在12岁及13岁青少年中，有1/10观看色情片成瘾。相关统计显示，我国未成年网民在遭遇网络不良信息中淫秽色情内容的比例为14%。[①] 形形色色的涉黄群组和淫秽色情信息正悄悄地潜进青少年群体的手机。

网络色情对于未成年人来说具有强烈的吸引力和刺激性。未成年人对色情内容的抵御能力差，过早过度接触网络色情信息，容易形成网络依赖，甚至出现心理危机，影响其身心健康发展。在缺乏法律规制的网络空间中，加之网络色情具有隐蔽性等特点，网络色情的传播和泛滥，会对未成年人的感官形成强烈的刺激和诱惑，甚至使未成年人从心理上盲目认同和效仿网络色情内容。此外，网络色情信息的腐蚀性强，对未成年人价值观具有强烈的腐蚀和冲击。对网络色情的沉迷，容易导致未成年人形成扭曲的性观念，严重者甚至会出现行为上的失范甚至诱发性犯罪等违法犯罪行为。

4. 网络关系成瘾

互联网作为一种信息工具，甚至是超信息工具，尤其被年轻一代认为是保持关系的一种技术手段。[②] 网络关系成瘾，也可称为网络交往成瘾、网络社交成瘾，是指未成年人过度地将时间和精力放在社交网站的浏览、聊天工具的使用上，现实生活中的同学、朋友甚至亲人被虚拟的网络社交群体和人际关系取而代之。未成年人的社交范围较小，交往对象较少。但互联网的普及，网络聊天工具和社交网站的不断增加，为未成

---

① 数据来源于《2020年全国未成年人互联网使用情况研究报告》。

② 参见［法］卢西亚·罗莫、［法］斯蒂芬妮·比乌拉克等：《青少年电子游戏与网络成瘾》，葛金玲译，上海社会科学院出版社2016年版，第9页。

年人的网络交往提供了多种平台，未成年人可以通过网络平台迅速找到自己的兴趣圈子，以此来丰富业余生活或缓解学习压力。据统计，未成年人的网络交往主要以网上聊天、使用社交网站、逛微博、逛论坛、互联网粉丝应援为主，其中聊天成了未成年人网络社交的主要行为，使用比例高达55.1%。①

清华大学新闻与传播学院蒋俏蕾副教授将网络社交沉迷归纳为以下三种情况：一是对平台本身强烈的依赖感；二是对平台提供内容有较强烈的使用倾向和依赖感；三是没目的、类似强迫症的行为层面。② 网络关系成瘾的最大危害就是很多未成年人会把网络世界当作现实世界，过分使用社交应用、关注网络关系，最终沉迷网络而不能自拔，很容易接触到网络有害信息和遭遇网络欺凌等各种网络风险。在一些大型多人在线角色扮演游戏（Massive Multiplayer Online Role-Playing Game，MMORPG）中，玩家常常在角色扮演中与其他玩家建立各种不同的人际关系，如朋友关系、情侣关系、夫妻关系、师徒关系、仇人关系等。网游的高度仿真性，导致不少未成年人陷入网恋，再加上“婚姻系统无微不至”的周到安排，很容易导致未成年人分不清线上线下，戏里戏外，沉迷于不属于他们的成人婚恋角色或其他虚拟角色之中。

5. 网络技术成瘾

网络技术成瘾，又称为计算机成瘾。这种网络过度使用是未成年人工具过分使用倾向的体现，表现在未成年人在使用网络时，对网络技术十分感兴趣，对网络应用的技术、程序具有强烈的好奇心，将其大部分时间和精力投注于研究网络技术上，却忽视了网络中有意义的内容。在网络游戏成瘾的表现中，对游戏技术的成瘾也是网络技术成瘾的体现。对网络技术的热衷控制在一定的限度内，对未成年人创新意识、创新能力

---

① 数据来源于《2020年全国未成年人互联网使用情况研究报告》。

② 参见任文岱：《未成年人网络社交沉迷监管亟须补强》，载《民主与法制时报》，2020年1月5日，第4版。

的培养具有益处。但是一旦沦陷其中,未成年人很容易失去理智、迷失自己,可能会因为对技术的狂热而影响正常的学习生活,甚至出现违法犯罪行为。

曾经被公安部督办的“海燕3号”特大信用卡诈骗案侦破时,最令警方吃惊的是破译19万个银行账户,涉及近15亿元案值的主犯竟然是一个痴迷计算机技术的未成年人。2017年11月,一名中学生自编“锁屏”程序植入学校网络系统中,造成该校近50台教学用电脑瘫痪,该学生的目的仅仅是通过网络炫耀自己计算机知识和恶搞同学。因此网络技术成瘾,容易导致未成年人涉足非法网络交易、扰乱网络空间秩序、侵犯他人合法权益,甚至危害国家网络安全和数据安全。

6. 网络过度消费

网络过度消费,是指未成年人在网络使用的过程中,特别是在进行网络游戏、网络购物和观看网络直播中产生的过度支付行为和现象。网络过度消费行为主要是在移动支付兴起、未成年人自主可支配收入增加、网络应用多样化发展等趋势的影响下产生的。

艾瑞咨询发布的《中国12~18岁未成年人消费行为洞察报告》显示,57.8%的未成年人可定期获得零用钱,月均零用钱达370元①。《中国青少年网络游戏行为与保护研究报告(2017)》显示,七成青少年有过网络游戏付费行为,约2/3的青少年通过网络支付工具给网络游戏付费②,同时,未成年人直播打赏行为层出不穷:9岁女孩打赏主播5万元,未成年女生3个月内打赏某主播65万余元,13岁男孩玩游戏打赏主播2万元,10岁男孩破解朋友的手机支付密码打赏主播3万元……这些网

① 参见艾瑞研究院:《中国12~18岁未成年人消费行为洞察报告:你想不到的八大特征》,载艾瑞网2018年9月12日,http://report.iresearch.cn/report_pdf.aspx?id=3269。

② 参见腾讯研究院安全研究中心、DCCI互联网数据中心:《向上的青春:中国青少年网络游戏行为与保护研究报告(2017)》,载腾讯云2018年2月1日,https://cloud.tencent.com/developer/article/1034460。

络过度消费行为给未成年人自身、家庭、社会造成了不可逆的损失。虽然网络过度消费行为短时间内满足了未成年人的欲望诉求,但却容易造成家庭财产的巨额损失,并给社会不法分子利用支付系统漏洞的可乘之机。

二、未成年人网络沉迷的社会背景与心理机制

未成年人沉迷网络,产生网络成瘾的背后原因复杂。首先,未成年人网络沉迷,与未成年人心智不成熟、自控能力差、网络素养欠缺有关;其次,家庭教育中监护人对未成年人沉迷网络的危害认识不足而导致监管疏忽,学校教育体系的不完善,网络平台提供者或网络服务提供者社会责任感的缺乏,以及现实中学业的压力等因素都可能导致未成年人对网络过度依赖,沉迷网络。

(一)未成年人网络沉迷的社会背景

未成年人因沉迷网络而诱发身心受损、成绩下降、交往障碍甚至违法犯罪,客观原因在于社会背景因素的影响,主要包括网络空间特点、家庭教育、学校教育、社会环境及对应的法律规制不健全等因素。

1. 网络空间特性对未成年人有强大吸引力

互联网的普及和迅速扩张,数字产业的高速发展使社会各个方面、各个群体都受益匪浅。网络空间的特性及由此产生的强大吸引力,是滋生未成年人沉迷网络的温床。

网络对于未成年人的吸引力,主要表现在它的开放性、超时空、丰富性、隐匿性、虚拟性等特点。网络的开放性使未成年人摆脱现实社会中的各种规范和约束,能够轻松地进行网页浏览、信息搜索、娱乐消遣和网络社交等活动。网络的超时空使未成年人突破现实社会时空的局限,在虚拟世界中随时随地地畅游。网络资源内容丰富、形式多样,涵盖的范围广阔,能够极大地满足未成年人的各种网络诉求。他们不仅可以利用网络进行学习,还可以进行网络娱乐、网络交往、网络购物。多样化的网络应用为未成年人提供了丰富的选择。更重要的是,网络具有隐匿性的特点,未成年人可以不受现实社会的种种约束,自由自在、无所顾忌地使用网络,虚拟的世界为他们提供了一个释放压力、诠释自我、表达自我的另类平台。网络的开放性和自由性给予了未成年人释放心理压力和实现自由活动的宽广平台,那种无拘无束的自由感深深地吸引着未成年人,从而使其慢慢网络成瘾①。

此外,互联网的移动化、智能化及社交化趋势使未成年人网络使用的频率加大。以快手、抖音等为代表的短视频平台和各类直播网站凭借视频获取的即时化、内容表达的通俗化也不断向未成年人伸出诱惑之手。

2. 家庭引导和管理不足导致未成年人网络沉迷

家庭是未成年人成长的基本社会单元和重要成长环境。尽管当前家庭教育的总体状况良好,但对于未成年人在网络空间行为的引导和管理方面,家庭教育仍存在一些问题。家庭对于未成年人上网的引导和管理不足是导致未成年人沉迷网络的重要原因。家庭引导和管理不足主要表现为以下几个方面:首先,家庭结构不健全。当今社会迅速增长的离婚率使单亲家庭未成年人比例明显上升,未成年人由于心智尚未成熟,没有足够的心理承受能力面对家庭结构的变化和动荡。单亲家庭中的未成年人,容易缺乏安全感,性格上也比较敏感,虚拟的网络容易成为其倾诉和寻求温暖的平台。其次,家庭关系或亲子关系不融洽。未成年人正处于叛逆期,父母对于孩子的教育如果不注重沟通方式,不能与未成年子女之间形成良好的互动,孩子不愿与家长沟通,反而更愿意接触和使用网络去表达甚至宣泄自己的情感。中国青少年研究中心课题组的调查显示,网瘾未成年人亲子关系不良的比例较高,与父母交流及共同活动较少。网瘾未成年人大多数都曾与父母发生过激烈的冲突,对父

---

① 参见邓验:《青少年网瘾问题的成因及其监控机制研究》,载《湖南大学学报(社会科学版)》2014 年第 1 期。

母的情感是冷漠的、厌恶的，甚至是敌对和仇视的。[①] 最后，教养方式不正确。民主互动的教养方式能够使孩子性格健全，健康发展；专制独断的教养方式会使孩子产生心理上的负担和成长上的压力，甚至形成逆反心理。此外，值得注意的是，家长在未成年人网络素养方面投入家庭教育的时间和经费不太充分。家长面临缺少管教的时间、网络知识不足等困难，这既有客观原因，也有主观原因。家长精力的不足、网络技能的有限以及家长自身对互联网也可能存在依赖心理，这些因素都可能导致未成年人过度用网。数据显示，1.2%的家长表示自己无力对孩子的过度上网情况进行干预，其中部分原因在于家长自己不懂得如何使用互联网，或缺乏对孩子上网进行监管的条件。在家长对孩子网上娱乐行为的管理方面，7.4%的家长不具备管理孩子上网娱乐行为的精力或能力。[②]

3. 学校教育引导机制建设跟不上网络快速发展步伐

近年来，基础教育的信息化水平不断提升，2019年全国98.4%的中小学（含教学点）实现了网络接入，90.1%的中小学已拥有多媒体教室。但是，学校作为未成年人活动的最重要场所，在网络素养培养和教育、学生用网引导机制建设方面却明显滞后。目前的中小学教育，未成年人的网络安全教育、网络文明教育一直未能跟上网络发展的速度，网络教育课程大部分处于表面化、形式化。在教学方式上，以应试教育和“唯成绩论”为导向，教学内容枯燥乏味，缺乏趣味性，严重抑制了学生的创新意识，给学生造成极大压力，从而使其产生厌学、逃学现象，转而进入虚拟的网络世界进行身心放松。校园人际关系的不融洽或者疏远，导致未成年人远离甚至放弃现实世界的校园交往，转向虚拟的网络空间寻找精神寄托，这也会成为未成年人沉迷网络的因素。调查发现，有网瘾的未成年人，师生关系或同学关系较差，较难从学校环境中即老师或同学那里

---

① 参见中国青少年研究中心课题组：《关于未成年人网络成瘾状况及对策的调查研究》，载《中国青年研究》2010年第6期。

② 参见《2020年全国未成年人互联网使用情况研究报告》。

获得足够的认可、认同等积极情感和心理支持,网瘾未成年人缺乏积极的同学关系,在同伴群体中得到的认同较少①。

4. 经济效益至上的社会环境容易诱发未成年人沉迷网络

社会经济文化大环境对未成年人的成长和发展具有重要的影响。分析未成年人网络沉迷的原因,社会环境诸要素的影响不容忽略:首先,社会观念和价值观导向。当前的社会有急功近利、注重经济效益的一面,对于未成年人沉迷网络这一社会性问题重视程度不够、治理措施不到位。社会对未成年人沉迷网络的危害性不够重视,在这方面的研究不够深入,法律规制尚不健全,导致未成年人沉迷网络的预防、救济和责任机制缺失。其次,网络服务提供者或网络内容发布者社会责任感不强。例如,我国《互联网上网服务营业场所管理条例》明文规定,互联网上网服务营业场所经营单位不得接纳未成年人进入营业场所。② 但现实却是有相当一部分未成年人不时出现在网吧中。涉及的文化、公安、工商等社会有关部门仅仅是对网吧常规性内容比如治安、消防等进行监管,而对于未成年人进入网吧的行为却未能形成持之以恒的有效的干预和惩罚机制。许多网吧唯利益是图,只注重经济效益而不关注未成年人的发展,以各种不正当的手段容留未成年人上网,“黑心网吧”“不良网吧”的存在为未成年人沉迷网络提供了场地。

5. 未成年人网络保护中网络沉迷的法律规定有限

对于未成年人网络保护,我国已出台了《未成年人保护法》《预防未成年人犯罪法》等有关的法律,涉及网络使用、网络安全、网络教育等方面,但对于未成年人网络沉迷的防治规定比较概括且规定有限。2017年,国家互联网信息办公室发布了针对未成年人网络保护方面的《未成年人网络保护条例(送审稿)》并公开征求意见,但最终未正式出台;

---

① 参见中国青少年研究中心课题组:《关于未成年人网络成瘾状况及对策的调查研究》,载《中国青年研究》2010 年第 6 期。

② 参见《互联网上网服务营业场所管理条例》第 21 条。

2022年3月，国家互联网信息办公室会同司法部根据新修订制定的《未成年人保护法》《个人信息保护法》等法律和社会公众反馈意见，对《未成年人网络保护条例（征求意见稿）》进行了修改完善，再次征求意见；2020年，第二次修订的《未成年人保护法》虽然增加了“网络保护”专章，但内容有限，过于概括，未成年人网络保护的独立性、专门性法律仍然缺失。相对于迅速发展的互联网而言，如何将未成年人网络沉迷的法律规制纳入我国未成年人网络保护体系，并达到预防和惩治的目的，依然是立法者需要面对的问题。

综上所述，结合未成年人网络沉迷的社会背景，笔者认为，在对未成年人的网络沉迷进行法律规制时，应从政府、家庭、学校、网络服务平台等不同主体多角度多层次予以规定：政府在确认未成年人网络主体地位，保障其数字权利的同时，应协调不同的政府部门建立预防和监管未成年人沉迷网络的机制；家长应提高网络技能和网络素养，家庭应重视对未成年人网络素养和网络安全的教育，这也是对未成年人进行数字抚育的重要内容；学校应建立和完善防止未成年人沉迷网络的教育体系；网络服务平台等应承担起这方面的社会责任，通过技术手段和管理手段，防止未成年人沉迷网络。

（二）未成年人网络沉迷的心理机制

未成年人之所以会沉迷网络，除外在客观原因之外，也有未成年人内在主观原因。未成年人身心发育尚不成熟，这一时期特殊的心理需求是导致未成年人沉迷网络的重要原因。未成年人正处于心理和行为上的成长期和转变期，价值观和人生观尚未形成，生理发育不断变化，再加上好奇心强、求知欲旺，对事物缺乏科学的识别力和判断力，加之其许多心理需求在现实生活中可能得不到满足，很容易受到网络的诱惑而沉迷其中。

1. 未成年人的好奇心和求知欲驱动

未成年人具有强烈的好奇心和求知欲，对网络新鲜事物充满兴趣。

网络内容丰富多样,网络信息包罗万象,这些能最大限度地调动和激发未成年人的求知心理,满足未成年人对于未知领域的探索和追求。但是,未成年人由于身心发展不成熟,对网络信息没有分辨力,对网络使用没有自控力,面对着海量涌来的网络信息,他们毫无戒备、无力甄别,以及不加选择地接受,对网络世界形成的认知误区导致其沉迷网络。

2. 未成年人的情感宣泄和交往心理需求

互联网为未成年人的社会交往与宣泄情感,提供了一个形式上更为"自由"的平台。社会交往是个体社会化的过程,未成年人正处在个体交往需求最为强烈的时期,交往也是未成年人社会化和心理成熟必须要经历的过程,他们渴望与人沟通,建立联系,倾诉心理需求。但因为其心理不成熟、交往经验缺乏,从而导致其在交往中出现自闭、自卑甚至交往恐惧等心理。然而在网络空间,未成年人可以通过隐瞒身份、年龄及性别等个人信息,通过虚拟身份进行网络社交、网络游戏等。从现实中的个体真实交往转场到网络中虚拟的相对自由的交往空间,逃避现实世界的压力,未成年人的心理需求更容易在网络空间中得到形式上的满足。这种满足感,容易使未成年人身陷"网络",沉迷其中,难以自拔。

3. 未成年人的性意识萌发与性心理作用

未成年人的性心理不成熟,性意识处于萌芽到成熟的阶段,生理的逐渐变化和心理上的需求使他们产生性冲动、性幻想。然而当前的学校教育和家庭环境对性教育却过分忽视或有意回避,这样反而容易让未成年人对性充满好奇心理,渴望结交异性、了解异性。处于青春期的未成年人在性心理驱使下的行为如果无法得到正确的教育和引导,很容易与社会的道德评判标准产生背离。在这种背景下,未成年人把时间和精力转移到了虚拟网络的世界。未成年人通过接触网络色情内容,在虚拟世界中猎奇或尽情宣泄,以满足其无法得到社会认可的性需求。网络色情为未成年人提供了接触色情或性内容的更方便的途径,如果缺乏严格的法律规制,未成年人很容易沉迷于网络色情而无法自拔。

4. 未成年人自我发展和自我实现的心理作用

自我实现、自我发展、得到他人和社会的认可和尊重，是未成年人普遍的心理诉求。未成年人尤其渴望得到赞扬和肯定，成功、完美等形象逐渐成为其追求的品质。但在现实生活中，由于家庭和学校教育的偏差，未成年人可能得不到其所期盼或希望的关爱和尊重，网络世界便成为其谋求发展的另一个空间。网络空间的虚拟性，容易让未成年人觉得这是一个不论出身、条件、学习成绩好坏的自由空间，是展现自我、施展才华的空间和平台，其可以更加自由开放地表达自我、展示自我，甚至塑造一个与现实截然不同的自我，以获得自我价值的实现和满足①。这种错觉导致未成年人沉迷网络，进而影响正常的学习生活，影响其身心的健康成长。这并不是其实现自我的初衷，而是沉迷网络负面作用的体现。

三、网络沉迷对未成年人的不良影响及危害

互联网的迅速发展，为未成年人提供了现实世界之外的另外一个生存和发展空间。但网络生态环境，也在潜移默化地影响着未成年人的心理发展、价值导向、学习发展、能力提升以及社会交往。未成年人之所以被称为弱势群体，主要是因为其身心发展不成熟，不能正确分辨社会事物，自控力较差，抵制不住外界的侵蚀和诱惑。网络空间的丰富资源和易接触性，容易导致未成年人沉迷网络，并对其心理、行为、社会关系等产生不良影响。

（一）网络沉迷使未成年人身心健康受损

未成年人在网络运用过程中不断用脑，网络的各种应用在潜移默化地影响着未成年人的心理状态，未成年人的心理健康问题越来越突出。网络沉迷会使未成年人产生强烈的网络使用欲望，形成难以控制的网络

---

① 参见邓验：《青少年网瘾问题的成因及其监控机制研究》，载《湖南大学学报（社会科学版）》2014 年第 1 期。

使用需求。未成年人过分沉溺在网络空间中,在网络空间中没有白天黑夜,缺乏时间观念,导致其现实生活时间减少,进而影响其与现实社会接触,在现实社会中参加的社交活动也减少,并逐渐丧失现实社会的交往能力,甚至会对现实的社会交往产生抵触情绪,不敢面对甚至逃避现实社会,由此造成了孤僻冷漠、沉默寡言的性格,并将自己封闭在网络世界中。以上种种心理效应也会带来生理机能上的受损,比如情绪低落、视力下降、大脑昏沉、疲惫不堪,甚至出现免疫力下降,诱发各种疾病。腾讯研究院 S-Tech 工作室发布的实验报告《社交的尺度》显示,社交斋戒后实验对象的工作/学习投入显著提升,而高中生们在社交网络上花费时间越多,越可能罹患抑郁症。[①] 我国于 2019 年 12 月印发的《健康中国行动——儿童青少年心理健康行动方案(2019 ~ 2022 年)》和 2021 年 7 月印发的《关于加强学生心理健康管理工作的通知》均提出落实儿童青少年心理行为问题和精神障碍的预防干预措施,全方位提升学生心理健康水平。

(二)网络沉迷使未成年人学习能力下降

过度的网络娱乐、网络社交等网络沉迷行为会使得未成年人学习时间被挤占。据统计,网瘾未成年人更不喜欢学习,成绩较差,不喜欢学习的占比为 17.9%,感觉学习负担重的占比为 42.8%。[②]

根据《2020 年全国未成年人互联网使用情况研究报告》数据显示,按照工作日和非工作日对未成年网民每日上网时长进行统计,工作日未成年网民平均每天上网时长在 2 小时以上的占比为 11.5%,节假日平均上网时长在 5 小时以上的占比为 12.2%。同时,未成年网民对互联网的依赖程度比 2019 年也有所提高,非常或比较依赖互联网的未成年网民

① 参见任文岱:《未成年人网络社交沉迷监管亟须补强》,载《民主与法制时报》2020 年 1 月 5 日,第 4 版。

② 参见中国青少年研究中心课题组:《关于未成年人网络成瘾状况及对策的调查研究》,载《中国青年研究》2010 年第 6 期。

占比为19.6%，而完全不依赖的占比仅为16.3%。[①] 未成年人网络使用时长的增加，必然会占用其学习的时间。未成年人正处在学习知识的良好时机，也是学习能力较强的时期，沉迷网络使未成年人投入在学习上的时间和精力大幅下降，甚至对课程内容不关心，对学习成绩不重视，对学校学习没兴趣，后果就是学习成绩下降，更为严重的是产生厌学、逃课、逃学等现象。中小学生沉迷网络，常与一些不良网络行为捆绑在一起，下载不健康的内容，传播、散布虚假信息，在论坛、聊天室侮辱、谩骂，窥探、传播他人隐私等这些不良网络行为在中小学生群体中普遍存在。沉迷网络的学生出现网络不良行为的比例明显高于其他学生。学习成绩下滑的背后是学习意愿和学习能力的下降，未成年人过度依赖网络，缺乏钻研能力和创新意识，从而导致学习能力下降，最终影响其个人发展。此外，在智能化传播信息的背景下，各类商业平台提供的信息服务都逐渐在利用算法技术，"短视频、个性资讯和网络文学等定制化推送形成的'信息茧房'、'软成瘾'效应对未成年人学习生活造成干扰"，[②]在网络过度使用被技术裹挟后，未成年人的学习生活将会受到更大影响。

（三）网络沉迷导致未成年人出现社会交往障碍

未成年人社会交往障碍的首要表现就是与父母关系的疏远。有调查显示，网瘾未成年人的父母表示与孩子关系不融洽的比例为8.6%，高于非网瘾未成年人3.3%的比例。[③]

未成年人的发展是逐渐社会化的过程，在现实生活中的学习和生活会让其社会阅历逐渐丰富，社会交往能力提升，为日后进入社会打下坚

---

① 2019年非常依赖或比较依赖互联网的未成年网民占比为17.3%。数据来源于《2020年全国未成年人互联网使用情况研究报告》。

② 季为民、刘博睿：《重视未成年人网络主体地位 加快完善网络生态环境建设——我国未成年人互联网运用的现状、问题和对策》，载季为民、沈杰主编：《中国未成年人互联网运用报告（2020）》，社会科学文献出版社2020年版，第27页。

③ 参见中国青少年研究中心课题组：《关于未成年人网络成瘾状况及对策的调查研究》，载《中国青年研究》2010年第6期。

实的基础。而沉迷网络使未成年人的上网时间增加,与家人、同学的沟通渐少,对现实生活中的人情冷暖缺乏兴趣,对周围的事物逐渐漠视甚至对抗,导致其社会交往圈子缩小。在网络社交的环境下,人与人的交流不是直接的,真假难以辨别。未成年人基本采用网络聊天的形式,没有现实生活中人与人交往、人与群体共存的经历,从而导致其社会交往能力下降。社会交往圈子缩小,社会交往能力下降使未成年人逐渐出现社会交往障碍,不愿在现实社会中与人交往,逃避现实,不愿接触社会,进而更加依赖网络。

(四)网络沉迷容易诱发未成年人违法犯罪

未成年人长期在虚拟世界中遨游,容易混淆网络世界和现实社会之间的界限。网络社交的引导偏差、网络游戏的暴力血腥、网络色情的淫秽刺激都会对未成年人的心理和行为造成影响,从而诱发未成年人违法犯罪。据中国预防青少年犯罪研究会的调查结果显示,超80%的未成年人犯罪与网络相关,网络成了刺激未成年人违法犯罪的重灾区。

网络沉迷对未成年人违法犯罪的影响表现在以下几方面:

首先,网络沉迷导致暴力犯罪。由于网络信息的良莠不齐,未成年人在网络使用过程中往往会遭遇暴力、血腥、抢劫、赌博、吸毒等不良内容,《2020年全国未成年人互联网使用情况研究报告》显示,34.5%的未成年网民在上网过程中遭遇过不良信息,在网上遭到讽刺谩骂的比例达19.5%。网络暴力往往会使未成年人对现实社会产生认知偏差,将网络中的行为误认为在现实中是可行的,因此在现实社会中实施了抢劫、故意伤害、杀人等犯罪行为。

其次,网络沉迷导致财产犯罪。未成年人沉溺于网络需要大量的资金,而其本身经济尚未独立,尚不具备赚钱的能力,从家庭索要不可能次次都得到满足。当网络使用的欲望较重时,便会产生盗窃、抢劫、敲诈勒索等犯罪行为。因沉迷网络为了支付上网行为发生的各种费用,实施抢劫、实施盗窃的未成年犯占比分别为 23.2% 和 21.1% 。[①]

最后，网络沉迷导致色情犯罪。有学者曾对某青少年犯管教所 61 名网瘾青少年犯罪者进行调查，其中强奸犯高达 14 人，占比为 23% 。[②] 网络色情对未成年人的侵蚀和污染较为严重，色情文学、色情影片、色情图片等使未成年人过早、过度地追求性刺激和性体验，加之未成年人好奇心强、爱好模仿、自控力差，很容易产生性犯罪冲动，进而诱发强奸、卖淫、猥亵等违法犯罪行为。

四、我国防治未成年人网络沉迷的法律、法规和规章

现阶段，我国并没有未成年人网络保护的专门法。防治未成年人网络沉迷的规定，主要散见于未成年人保护方面的法律和互联网发展方面的法律。而在相关法律中，有关未成年人网络保护的不同立法位阶的法律较多，但专门针对未成年人网络沉迷的规定相对较少。

（一）《未成年人保护法》对网络沉迷的规定

《未成年人保护法》于 1991 年通过，2006 年第一次修订，2012 年修正，对未成年人网络使用和网络沉迷作出了相关规定；2020 年进行了第二次修订，并重点增加了第五章“网络保护”专章。针对未成年人网络沉迷，该法第五章中有四个法律条文对网络沉迷作出了明确规定，可以从以下几个角度去理解：

一是预防宣传教育和干预，从多元主体共同参与的角度提出了具体行动指南。该法主要规定了政府各部门在预防未成年人网络沉迷中的责任，同时提出禁止以侵害未成年人身心健康的方式干预未成年人沉迷

① 参见中国青少年研究中心课题组：《关于未成年人网络成瘾状况及对策的调查研究》，载《中国青年研究》2010 年第 6 期。

② 参见倪小峰、贾献红：《网络时代青少年违法犯罪现象的分析与思考》，载《青少年犯罪问题》2003 年第 4 期。

网络。①

二是实行家校结合，即学校和未成年人的监护人的监督教育有机结合。该法规定了学校和未成年人的监护人对沉迷网络的未成年人的共同教育、引导义务；为避免学生随时上网，对未成年学生将上网设备带入课堂进行了禁止性规定，并规定了学校发现未成年学生沉迷网络的，有及时告知其监护人的义务。②

三是从网络产品和服务提供者对未成年人的义务角度予以了规定，主要包括：禁止网络产品和服务提供者提供诱导未成年人沉迷的服务和产品；网络服务提供者对于未成年人使用其服务应设置时间、权限、消费管理等功能；禁止在以未成年人为服务对象的在线教育产品和服务中插入网络游戏链接或推送与教学无关的广告等信息。③ 前述规定是基于互联网新应用迅速发展的现实背景，从网络游戏、网络直播、网络音视频、网络社交等服务角度为预防未成年人网络沉迷规定的预防措施，也是网络产品和网络服务提供者的社会责任。

四是针对网络游戏沉迷的具体治理，从网络游戏运营的审批管控、网络游戏的实名登录、网络游戏产品的分类和适龄提示，以及技术应用过滤不良信息与游戏时间控制等多方面予以了具体规定，预防和控制未

---

① 《未成年人保护法》第68条规定："新闻出版、教育、卫生健康、文化和旅游、网信等部门应当定期开展预防未成年人沉迷网络的宣传教育，监督网络产品和服务提供者履行预防未成年人沉迷网络的义务，指导家庭、学校、社会组织互相配合，采取科学、合理的方式对未成年人沉迷网络进行预防和干预。任何组织或者个人不得以侵害未成年人身心健康的方式对未成年人沉迷网络进行干预。"

② 《未成年人保护法》第70条规定："学校应当合理使用网络开展教学活动。未经学校允许，未成年学生不得将手机等智能终端产品带入课堂，带入学校的应当统一管理。学校发现未成年学生沉迷网络的，应当及时告知其父母或者其他监护人，共同对未成年学生进行教育和引导，帮助其恢复正常的学习生活。"

③ 参见《未成年人保护法》第74条。

成年人沉迷网络游戏。①

此外,《未成年人保护法》"家庭保护""社会保护"专章中也有预防未成年人网络沉迷的相关条款。"家庭保护"一章主要是对于未成年人的监护人对预防未成年人沉迷网络的责任予以规定,即未成年人的监护人不得放任其沉迷网络。② 而"社会保护"一章则是从社会主体比如对互联网上网服务营业场所选址的限制即学校、幼儿园周边不得设置互联网上网服务营业场所等不适宜未成年人活动的场所,禁止未成年人进入前述场所,以及电子游戏设备禁止向未成年人提供的时间限制等方面进行了规定。③ 上述规定,从网络内容和网络场所的角度,对未成年人沉迷网络进行了预防和规制,也说明对未成年人网络沉迷的法律规制,不仅需要提高未成年人的网络素养,而且需要其监护人、各种社会力量的积极参与。

以上法律规定,从宏观的社会治理,到中观的教育引导,再到微观的服务使用均有涉及,体现了《未成年人保护法》在修订中对未成年人网络沉迷问题的重视程度不断增强,治理措施更加全面,同时更加注意网络

① 《未成年人保护法》第75条规定:"网络游戏经依法审批后方可运营。国家建立统一的未成年人网络游戏电子身份认证系统。网络游戏服务提供者应当要求未成年人以真实身份信息注册并登录网络游戏。网络游戏服务提供者应当按照国家有关规定和标准,对游戏产品进行分类,作出适龄提示,并采取技术措施,不得让未成年人接触不适宜的游戏或者游戏功能。网络游戏服务提供者不得在每日二十二时至次日八时向未成年人提供网络游戏服务。"

② 《未成年人保护法》第17条规定,未成年人的父母或者其他监护人不得放任未成年人沉迷网络,接触危害或者可能影响其身心健康的图书、报刊、电影、广播电视节目、音像制品、电子出版物和网络信息等。

③ 《未成年人保护法》第58条规定:"学校、幼儿园周边不得设置营业性娱乐场所、酒吧、互联网上网服务营业场所等不适宜未成年人活动的场所。营业性歌舞娱乐场所、酒吧、互联网上网服务营业场所等不适宜未成年人活动场所的经营者,不得允许未成年人进入;游艺娱乐场所设置的电子游戏设备,除国家法定节假日外,不得向未成年人提供。经营者应当在显著位置设置未成年人禁入、限入标志;对难以判明是否是未成年人的,应当要求其出示身份证件。"

直播、音视频及网络技术应用等互联网新发展趋势对未成年人网络使用的影响,具有一定的前瞻性和可操作性。但同时我们应该进一步思考如何推进未成年人自发性增强网络使用的媒介素养,如何具体发挥技术在网络使用中的作用机制,如何规定相关主体违反法律义务的法律责任,以便进一步解决未成年人网络沉迷问题,从而推动未成年人网络空间的法律保护更加完善。

(二)《民法典》对未成年人网络沉迷的规制

《民法典》涵盖了处理民事法律关系的各个方面。其中与未成年人相关的条款可以在未成年人网络使用行为产生民事责任时给予指导。

首先,从普遍意义上讲,《民法典》与未成年人网络使用相关、具有针对性的就是关于未成年人民事行为能力的规定。以 8 周岁、16 周岁、18 周岁三个年龄为界限,将未成年人分为无民事行为能力人、限制民事行为能力人、视为完全民事行为能力人,并对应规定了无民事行为能力的未成年人的法定代理制度、限制民事行为能力的未成年人的法定代理人代理或者法定代理人同意、追认制度。①

随着直播经济的兴起,未成年人居家在线学习的同时,参与电商直播、网络游戏、网络付费、网络打赏等行为也越来越普遍。但由于未成年人心智尚不成熟,经常在父母不知晓的情况下发生巨额打赏等网络过度消费现象,造成家庭财产的巨大损失。根据《民法典》关于限制民事行为能力人的民事法律行为的实施,应由其法定代理人代理或经其法定代理人同意、追认的规定,未成年人在网络直播中巨额打赏的网络支付行为如果未得到其法定代理人同意或追认,那么最终属于无效的民事法律行为,其父母或其他法定代理人有权要求网络直播服务提供者退还未成年人支付的打赏金额。对未成年人民事法律行为能力的规定及相关的法定代理制度,有助于消除未成年人网络过度使用、过度消费的不良法律

---

① 参见《民法典》第 17 ~ 20 条。

后果，遏制未成年人在网络空间中的冲动消费，并规定了未成年人的法定代理人对未成年人的监护职责和法定代理职责。

除《民法典》对未成年人网络冲动消费的保护性规定外，值得注意和肯定的是，2020 年 11 月，国家广播电视总局发布了《关于加强网络秀场直播和电商直播管理的通知》。该通知规定对未成年用户的打赏功能实行封禁，禁止未成年用户打赏，对于主播及其经纪代理引诱未成年用户以虚假身份信息“打赏”的，也对平台提出了处理和报告要求。① 这一规定，从源头上阻断了未成年人网络直播中非理性消费的“打赏”行为，也有助于引导未成年人形成正确的消费观和网络使用行为规范。

（三）规制未成年人沉迷网络的行政法规和部门规章

1.《未成年人网络保护条例（送审稿）》和征求意见稿

2017 年 1 月，国务院法制办公室发布了关于《未成年人网络保护条例（送审稿）》公开征求意见的通知，标志着未成年人网络保护立法迈上新台阶。② 该条例送审稿共 6 章 36 条，主要内容包括：第一章“总则”规定了要教育和引导未成年人正确使用网络，防范未成年人沉迷网络。第

---

① 《关于加强网络秀场直播和电商直播管理的通知》（广电发〔2020〕78 号）规定：“六、网络秀场直播平台要对网络主播和‘打赏’用户实行实名制管理。未实名制注册的用户不能打赏，未成年用户不能打赏。要通过实名验证、人脸识别、人工审核等措施，确保实名制要求落到实处，封禁未成年用户的打赏功能。平台应对用户每次、每日、每月最高打赏金额进行限制。在用户每日或每月累计‘打赏’达到限额一半时，平台应有消费提醒，经短信验证等方式确认后，才能进行下一步消费，达到‘打赏’每日或每月限额，应暂停相关用户的‘打赏’功能。平台应对‘打赏’设置延时到账期，如主播出现违法行为，平台应将‘打赏’返还用户。平台不得采取鼓励用户非理性‘打赏’的运营策略。对发现相关主播及其经纪代理通过传播低俗内容、有组织炒作、雇佣水军刷礼物等手段，暗示、诱惑或者鼓励用户大额‘打赏’，或引诱未成年用户以虚假身份信息‘打赏’的，平台须对主播及其经纪代理进行处理，列入关注名单，并向广播电视主管部门书面报告。”

② 参见《国务院法制办公室就〈未成年人网络保护条例（送审稿）〉公开征求意见》，载中央人民政府网 2017 年 1 月 6 日，http://www.gov.cn/xinwen/2017-01/06/content_5157423.htm。

二章指出国家鼓励并支持研发、生产和推广未成年人上网保护软件，从技术角度防范未成年人网络过度使用。第四章其中有三个法律条文，从预防和干预的角度，对家庭、学校、教育、卫生计生等部门在预防和干预未成年人网络沉迷中的责任予以了规定；对社会力量在预防和干预未成年人沉迷网络中的禁止性行为进行了规定；对网络游戏服务提供者在预防未成年人沉迷网络游戏方面的责任也进行了规定。①《未成年人网络保护条例（送审稿）》从信息内容、权益保障、预防干预、法律责任以及技术应用等多个角度明确了预防干预未成年人网络沉迷的主体、义务和措施、法律责任等，目的是保障未成年人合理地使用网络。该条例虽然并未出台，不具有法律效力，但是也为之后《未成年人保护法》的修订奠定了基础。

2022 年 3 月，国家互联网信息办公室会同司法部根据新修订的《未成年人保护法》《个人信息保护法》等法律和社会公众反馈意见，对《未成年人网络保护条例（征求意见稿）》进行了修改完善，再次公开征求意见。该征求意见稿第五章对于防治网络沉迷予以专章规定，共 11 个条文，内容主要包括：预防和干预未成年人沉迷网络应遵守合法性；卫生健康、教育、市场监督管理等部门应各司其职；家校共同教育和引导有网络沉迷倾向的未成年学生；未成年人的监护人应当监督未成年人安全合理

---

① 《未成年人网络保护条例（送审稿）》第 19 条规定，“家庭、学校应当教育、引导未成年人正确使用网络，预防和干预未成年人沉迷网络。对于有沉迷网络倾向的未成年学生，学校应当指导其监护人开展家庭教育，配合家庭、社区及其他机构进行教育和引导”；第 20 条规定，“教育、卫生计生等部门依据各自职责，组织开展预防未成年人沉迷网络的宣传教育，对未成年人沉迷网络实施干预。任何组织和个人不得通过虐待、胁迫等非法手段从事预防和干预未成年人沉迷网络的活动，损害未成年人身心健康，侵犯未成年人合法权益”；第 23 条规定，“网络游戏服务提供者应当建立、完善预防未成年人沉迷网络游戏的游戏规则，对可能诱发未成年人沉迷网络游戏的游戏规则进行技术改造。网络游戏服务提供者应当按照国家有关规定和标准，采取技术措施，禁止未成年人接触不适宜其接触的游戏或游戏功能，限制未成年人连续使用游戏的时间和单日累计使用游戏的时间，禁止未成年人在每日的 0:00 至 8:00 期间使用网络游戏服务”。

使用网络并合理安排未成年人的用网时间;禁止网络产品和服务提供者向未成年人提供诱导其沉迷的产品和服务;网络游戏、网络直播、网络音视频、网络社交等网络服务提供者提供服务时应设置青少年模式,在使用时段、时长、功能和内容等方面应依法依规,合理限制未成年人单次消费数额和单日累计消费数额,禁止向未成年人提供与其民事行为能力不符的付费服务,为监护人履行监护职责提供相应的功能;网络游戏服务提供者应当要求未成年人用户实名注册和登录使用,并验证其真实身份信息,否则,禁止为其提供服务;网络游戏服务提供者应当建立、完善预防未成年人沉迷网络游戏的游戏规则,应当落实适龄提示标准规范,对游戏产品进行分类,明确游戏产品所适合的未成年人用户年龄阶段,并在用户下载、注册、登录界面等位置显著提示;国家新闻出版、网信部门和国务院教育、文化和旅游、卫生健康等部门应当定期开展预防未成年人沉迷网络的宣传教育,监督检查网络产品和服务提供者履行预防未成年人沉迷网络的义务,指导家庭、学校、社会组织互相配合,采取科学、合理的方式对未成年人沉迷网络进行预防和干预;国家新闻出版部门为组织开展未成年人沉迷网络游戏防治工作的牵头部门,卫生健康、教育等部门应开展未成年人沉迷网络所致精神障碍和心理行为问题的基础研究和筛查评估、诊断、预防、干预等应用研究。

2.《儿童个人信息网络保护规定》

2019年10月1日,《儿童个人信息网络保护规定》开始施行,这是我国首个关于儿童个人信息网络保护的部门规章。该规定对网络运营者的经营行为提出了具体要求,对儿童及其监护人的权利也予以了明确规定。该规定同时鼓励互联网行业组织指导推动网络运营者制定儿童个人信息保护的行业规范、行为准则等,加强行业自律,履行社会责任。虽然该规定主要是围绕儿童个人信息的网络安全和网络保护制定,没有针对未成年人网络沉迷作出直接规定,但其对网络运营者的具体要求能够从提供网络服务的源头对网络沉迷进行预防,鼓励行业组织指导网络运营者制定行业规范等要求也对预防未成年人网络沉迷具有积极意义。

综上所述,可以看出我国关于未成年人网络保护的法律、行政法规、部门规章等越来越多,相关规定也越来越具体,但是关于预防和干预未成年人网络沉迷的具体法律规定尚未出台,有关未成年人网络保护的专门法律仍然缺位。我们只能从未成年人保护的法律以及互联网治理的法律中重点解读有关预防和干预未成年人网络沉迷的规定。

五、我国防治未成年人网络沉迷的其他规范性文件

对于未成年人网络沉迷问题,我国政府有关部门已意识到该问题的严重性,并先后颁布了一些规范性文件,以应对系统性法律缺位和对相关问题法律规制的不足。预防和干预未成年人网络沉迷等未成年人不当使用网络行为的规范性文件主要有:

(一)《关于进一步加强和改进未成年人思想道德建设的若干意见》

该意见共28条分10个部分。意见指出要净化未成年人的成长环境,并从网络使用环境、网络使用软件以及网络经营秩序等方面对未成年人的网络空间提出规范性意见和要求。

针对网络服务提供商、学校等公共服务机构,该意见提出了具体要求,要求各类互联网站积极传播先进文化,倡导文明健康的网络风气,充分认识所肩负的社会责任。重点新闻网站和主要教育网站在给未成年人提供健康绿色的网络空间方面要发挥主力军作用。学校要规范上网内容,加强对校园网站的管理。①

关于游戏内容及软件技术手段,该意见第25条指出,“严格审查面向未成年人的游戏软件内容……推广绿色上网软件,为家长监管未成年人在家庭中的上网行为提供有效技术手段”,针对游戏软件审查、网络终

① 参见中共中央、国务院《关于进一步加强和改进未成年人思想道德建设的若干意见》第21条。

端过滤、绿色上网软件等技术性指导对网络技术提出要求，以预防和避免未成年人沉迷网络游戏、接触不良信息以及其他网络不当使用行为的发生。

在净化未成年人成长环境、治理未成年人网络空间方面，该意见结合其他部门的专门性规定，对经营性网吧、电子游戏场所的经营作出了要求，明确提出禁止在中小学校园周边 200 米内开设互联网上网服务营业场所和电子游戏经营场所，禁止在可能干扰学校教学秩序的地方设立经营性娱乐场所。①

该意见从净化网络空间、规范网络服务、提高网络技术以及培养网络素养等方面为未成年人正确合理使用网络提供了指导性意见，有助于从宏观层面形成积极向上的未成年人网络空间氛围，帮助未成年人养成正确的用网理念。

（二）网络游戏分级相关的文件

2004 年，中国青少年网络协会正式推出中国第一套网络游戏分级标准即《中国绿色游戏推荐标准》，这是我国网络游戏分级制度的初步尝试，该标准从年龄和内容两个维度规定了级别标准，内容包括五项静态评测标准和七项动态评测标准。② 同年 10 月，中国消协与中国软件行业协会游戏软件分会联合出台了《游戏软件分级标准》，此标准是以年龄为标准将游戏软件分为适合未成年人、在家长老师指导下和只适合成年人三类。2008 年上海市两会上，民革上海市委递交了一份提案——《关于

---

① 参见中共中央、国务院《关于进一步加强和改进未成年人思想道德建设的若干意见》第 25 条。

② 所谓静态评测标准，就是指厂商在制作游戏中设定的确定性内容，这些内容在游戏进行过程中必然会出现。五项静态评测标准为暴力、色情、恐怖、社会道德、文化内涵；七项动态评测标准为游戏虚拟世界的 PK 行为（真人对杀）、非法程序（外挂）、聊天系统的文明度、游戏内部社会体系的秩序、游戏时间限制、游戏形象宣传、社会责任感。参见《中国绿色游戏推荐标准》，载中国扫黄打非网 2004 年 10 月 18 日，http://www.shdf.gov.cn/contents/767/46817.html。

加强网络游戏产业管理,给青少年一个纯净的网络文化空间的建议》,建议推行游戏年龄分级制度①。

随着网络游戏多样化、智能化、移动化及社交化等趋势的加强,未成年人对网络游戏的使用程度逐步加深,因此,推进网络游戏分级制度的制定至关重要。

(三)网络游戏防范沉迷系统技术的相关文件

2005 年,当时的国家新闻出版总署制定了《网络游戏防沉迷系统开发标准》,该标准旨在利用网络开发的技术手段来限定未成年人网络游戏的时间。2006 年,新闻出版总署又组织有关方面制定配套的《网络游戏防沉迷系统实名认证方案》,主要是配合《网络游戏防沉迷系统开发标准》的实施。2007 年,新闻出版总署联合教育部、共青团中央以及公安部等八部委联合发布了《关于保护未成年人身心健康实施网络游戏防沉迷系统的通知》,要求网络游戏运营企业严格按照以上开发标准和认证方案进行网络游戏功能开发,对违反规定的将依法予以查处。这一系列举措的施行意味着我国"网络游戏防范沉迷系统"的真正启动。

《网络游戏防沉迷系统开发标准》对健康游戏时间标准进行了定义,未成年人累计在线游戏时间达 3 小时以内的为"健康"游戏时间;累计在线游戏达 3 小时之后,再持续下去的 2 小时游戏时间为"疲劳"游戏时间;累计在线游戏时间超过 5 小时的为"不健康"游戏时间。该标准由此对未成年人进行网络游戏的时间进行了严格的限定,这一标准的制定对网络游戏开发商的游戏时间设定提出限定,也为父母监管未成年人沉迷网络游戏提供了参考准则。

《网络游戏防沉迷系统实名认证方案》由注册系统、验证系统、查询系统三部分组成。网络游戏用户在提交实名身份信息进行注册之后,网

① 参见《民革上海市委建议对网络游戏实行分级制》,载上海政协网 2008 年 1 月 26 日,https://www.shszx.gov.cn/node2/node1721/node1819/node1821/u1a25153.html。

络游戏运营商将会对网络游戏用户的身份信息进行识别,识别后将初步认定为成年人的用户信息提交给公安部门,由公安部门对信息进行核实。通过实名认证确定为未成年人的,将被纳入网络游戏防沉迷系统。而家长则可以通过该防沉迷系统的查询系统查询其未成年子女使用网络游戏的情况。

网络游戏防沉迷系统在国家部委的支持下,对网络游戏运营商提出了严格的限定条件,促使其对用户实行实名认证,从身份信息上防止未成年人接触网络游戏;对未成年人的父母也提出了网络教育指导,父母可以根据时间范围确定子女游戏时间是否合理、健康,从而对其进行有效引导,避免未成年人沉迷于网络游戏。

2019 年 10 月,国家新闻出版署公布了《关于防止未成年人沉迷网络游戏的通知》。该通知从六个方面对未成年人沉迷网络游戏进行规制,具体包括:要求网络游戏用户账号实名注册;严控未成年人使用网络游戏时段及时长;规范网络游戏企业向未成年人提供付费服务,对各年龄段未成年人每月游戏充值金额进行限制;加强行业监管;探索实施适龄提示制度以及推进家长、学校等社会力量承担保护未成年人的责任等。与 2007 年的《关于保护未成年人身心健康实施网络游戏防沉迷系统的通知》相比,该通知更加具体规定了严格控制未成年人网络游戏时段、时长,每日 22 时至次日 8 时,网络游戏企业不得以任何形式为未成年人提供游戏服务,同时还规定网络游戏企业向未成年人提供游戏服务的时长,法定节假日每日累计不得超过 3 小时,其他时间每日累计不得超过 1.5 小时。此外,该通知还要求网络游戏企业应限制未成年人使用与其民事行为能力不相符的付费服务,同时提出了年龄和累计金额标准相结合的限制规定。《关于防止未成年人沉迷网络游戏的通知》从使用时长、消费额度、适龄提示及行业监管等多个角度进一步遏制未成年人沉迷网络、网络过度消费等情况,推进网络游戏企业树立正确的服务意识和社会责任观,为深入推进预防和避免未成年人沉迷网络游戏工作打下坚实基础。

（四）《"网络游戏未成年人家长监护工程"实施方案》

2011年1月，原文化部联合教育部、公安部、共青团中央等八家单位联合印发了《"网络游戏未成年人家长监护工程"实施方案》，其中包括限制孩子每天或每周玩游戏的时间长度，限制玩游戏的时间段等，并对网络游戏经营单位提出了具体而强制性的要求，要专人负责、有专线电话、有专区设置、有季度报告等。这一工程从增进政府职能部门协作配合、强化社会监督作用、规范网络游戏企业等角度加大对未成年人网络游戏保护力度，预防和规制未成年人沉迷网络游戏。

从严格意义上说，监护工程并不是政府行政层面的强制性举措，而是八大部门针对家长与网络游戏企业倡导的指导性举措，旨在加强家长对未成年人参与网络游戏的监管，推进企业在网络游戏服务方面进行规范。这一工程最早是由腾讯、盛大游戏、网易、完美时空、巨人网络、搜狐畅游等六家网络游戏企业共同发起并参与实施，而后由国家八大行政部门进一步推动。这一工程以政府推动、企业自发、家长参与的联动模式加强了未成年人网络游戏保护，为避免未成年人沉迷网络游戏提供了良好的规制模式。

（五）防范未成年人沉迷网络的其他政策文件

政府相关部门出台了一系列防范未成年人沉迷网络的政策性文件，主要有：

2016年12月，原文化部发布的《网络表演经营活动管理办法》明确规定，"网络表演经营单位应当加强对未成年人的保护，不得损害未成年人身心健康。有未成年人参与的网络表演，不得侵犯未成年人权益"①，这对于未成年人网络过度娱乐问题进行了规制，有助于为未成年人营造良好的网络氛围。

---

① 原文化部发布的《网络表演经营活动管理办法》第7条。

2018 年 4 月，教育部办公厅印发《关于做好预防中小学生沉迷网络教育引导工作的紧急通知》。该通知要求各地各部门要充分认识预防中小学生沉迷网络的极端重要性和现实紧迫性，要从全面排查、专题教育、学校日常管理、家长监护等方面将预防未成年人沉迷网络工作落到实处。

2018 年 8 月，教育部等八部门印发《综合防控儿童青少年近视实施方案》，该方案提出要科学合理使用电子产品，"实施网络游戏总量调控，控制新增网络游戏上网运营数量，探索符合国情的适龄提示制度，采取措施限制未成年人使用时间"。①

2019 年 4 月，国家广播电视总局《未成年人节目管理规定》开始施行，该规定第 4 条提出，"未成年人节目管理工作应当坚持正确导向，坚持教育保护并重，实行社会共治，防止未成年人节目出现商业化、成人化和过度娱乐化倾向"，要求不得宣传、介绍不利于未成年人身心健康的网络游戏，同时规定了网络视听节目服务机构要以建立专区的形式播放未成年人节目，还提出要建立未成年人节目评价制度、公众监督举报制度、监听监看制度以及违法行为举报制度，这一系列制度强化了对未成年人节目的网上网下统一管理，并从前期把关、制作及监管的角度全方位规制未成年人节目。

在网络直播及信息产品日益多样化的背景下，许多有关网络节目、程序等方面的规定陆续出台。例如，《互联网直播服务管理规定》《移动互联网应用程序信息服务管理规定》《关于加强网络视听节目直播服务管理有关问题的通知》《互联网新闻信息服务管理规定(2017)》等。虽然这些政策并未细致化、专门性地提及未成年人网络保护内容，但其从宏观把握、具体指导等方面对网络直播的内容、网络应用程序的服务权

---

① 《教育部等八部门关于印发〈综合防控儿童青少年近视实施方案〉的通知》，载教育部网 2018 年 8 月 30 日，http://www.moe.gov.cn/srcsite/A17/moe_943/s3285/201808/t20180830_346672.html。

限、网络视听节目的形式都作出了明确规定,有利于为未成年人成长营造良好的网络环境。

我国政府相关施政方案及管理规定,涉及未成年人保护的比较多,但与未成年人网络过度使用相关的较少,以上列举的意见、实施方案、制度尝试以及规范系统均对未成年人的网络使用进行了一定程度上的指导,从网络企业、网络场所、网络沉迷、网络游戏、网络直播、身心健康等不同角度开展未成年人网络保护,为新时期新形势下规制未成年人网络过度使用提供了有益经验。

六、我国防治未成年人网络沉迷的行业自律性文件

网络技术的便捷化、未成年网民数量的增加及触网年龄的降低,让互联网企业发现了未成年人网络服务的商机。在网络产业化的进程中,许多网站过分追求经济效益,却忽视了未成年人保护的社会效益。我国网络行业在法律的强制性规定、政府的强力监管下有序开展工作的同时,互联网企业也在不断提高自律意识和自律水平,先后签署自律公约,开展自律活动。互联网企业的行业自律对防范未成年人网络沉迷具有显著作用。

(一)行业自律公约的规范作用

互联网行业运营的方面较多、范围较广,有许多领域是法律规制未曾涉及的,行业内部相关协会或企业联合发起执行的自律公约便具有独到的作用。

2001 年,中国青少年网络协会发布《全国青少年网络文明公约》。该公约主要包括五大方面的内容:要善于上网学习,不浏览不良信息;要诚实友好交流,不侮辱欺诈他人;要增强自护意识,不随意约会网友;要维护网络安全,不破坏网络秩序;要有益身心健康,不沉溺虚拟时空。该公约倡议全社会共同关注青少年网络环境,防范青少年的不良网络行为。2003 年,包括人民网、新华网等主流媒体网站在内的 30 多家中国互联网信息服务单位签署了《互联网新闻信息服务自律公约》,进一步规范互联网新闻信息服务行为，对创建良好的网络环境起到了一定的积极作用。2016年，北京市网络文化协会与百度、新浪、爱奇艺等20家网络服务企业发布《北京网络直播行业自律公约》，明确提出"不为18岁以下的未成年人提供主播注册通道"，从源头上杜绝了未成年人成为网络直播的主播。2020年，中国互联网协会发布《防范未成年人沉迷网络倡议书》，其中重点提到"各网络视频平台、网络直播平台等要利用技术遏制网络不良信息，新闻媒体及网络服务提供者要推广预防未成年人网络沉迷的有效手段"①，从企业、平台、家长、学校以及媒体等角度提出未成年人网络沉迷的社会多元共治构想。近年来，中国互联网协会及其他社会组织等先后发布了一系列的公约或规范，具体见表5-1。

表5-1　国内互联网领域的网络自律公约、规范、倡议书

自律公约/规范/倡议书	制定者或发起者	实施时间
《全国青少年网络文明公约》	中国青少年网络协会	2001年
《中国互联网行业自律公约》	中国互联网协会	2002年
《互联网新闻信息服务自律公约》	中国互联网协会	2003年
《互联网站禁止传播淫秽、色情等不良信息自律规范》	中国互联网协会	2004年
《搜索引擎服务商抵制违法和不良信息自律规范》	中国互联网协会	2004年
《中国互联网网络版权自律公约》	中国互联网协会	2005年
《文明上网自律公约》	中国互联网协会	2006年
《抵制恶意软件自律公约》	中国互联网协会	2006年
《博客服务自律公约》	中国互联网协会	2007年
《文明博客倡议书》	中国互联网协会	2007年

① 《中国互联网协会发布〈防范未成年人沉迷网络倡议书〉》，载中国互联网协会网2020年6月1日，https://www.isc.org.cn/article/37603.html。

续表

自律公约/规范/倡议书	制定者或发起者	实施时间
《“中国互联网协会网络诚信推进联盟”发起倡议书》	中国互联网协会	2009 年
《未成年人健康参与网络游戏提示》	中国青少年网络协会	2010 年
《互联网终端软件服务行业自律公约》	中国互联网协会	2011 年
《互联网搜索引擎服务自律公约》	中国互联网协会	2012 年
《中国互联网协会抵制网络谣言倡议书》	中国互联网协会	2012 年
《“积极传播正能量,坚守‘七条底线’”的倡议》	中国互联网协会	2013 年
《百家网站网络关爱青少年倡议书》	全国百家网站共同发起	2013 年
《北京网络直播行业自律公约》	北京市网络文化协会	2016 年
《儿童个人网络信息保护倡议书》	中国网络社会组织联合会	2019 年
《防范未成年人沉迷网络倡议书》	中国互联网协会	2020 年

(二)互联网企业的积极主动作为

未成年人网络权益保护日益受到重视,互联网企业也在逐步提升社会责任感,更加关注未成年人的网络健康使用。行业自律公约及相关规范对未成年人沉迷网络能起到一定的约束作用。

在我国,未成年人网络保护的社会保护基本上是以企业与政府等社会组织联合发起活动,或企业自主探索未成年人网络使用保护应用等多种措施,为未成年人健康使用网络提供安全而绿色的发展空间。

第一,企业与政府、社会组织间的联合行动。2013 年,360 公司与团中央网络影视中心共同发起了“青少年网络安全教育工程”,其目的是通过系列的网络安全课程教育以及公益活动,提升校园网络的安全性,通过网络媒介素养教育的形式提高青少年网络信息辨别能力。同年 9 月,全国百家网站发起了主题为“绿色网络　助飞梦想”的网络关爱青少年倡议活动。这次活动旨在呼吁网络媒体积极参与网络关爱青少年行动,加强网络空间管理,为青少年创造良好的网络空间。《百家网站网络关爱青少年倡议书》对国内网站发出倡议,号召网络媒体坚持正确导向,恪守媒体职责;依法文明办网,守住“七条底线”;加强内容建设,服务学习生活;严格行业自律,加强内部管理;开展网络关爱,呵护青少年成长。① 互联网企业在法律规制下开展行业自律行动,会对未成年人健康合理的网络使用行为产生积极影响。2015 年,未来网与 360 公司在政府相关部门的指导下共同承办了青少年网络安全科普网,以“守护未来——关注儿童网络安全”为主题,向网民们介绍了国家网络安全青少年科普示范基地的建设情况,同时还开设了青少年网络安全教育体验区,为青少年的网络使用提供了用户体验的专门服务。

第二,社会范围内营造良好的网络文化环境。近年来,网络共享共治的良好风气和社会环境正在逐渐形成。2014 年,原中央网络安全和信息化领导小组办公室会同中央机构编制委员会办公室、教育部、科技部、工业和信息化部、公安部、中国人民银行、原国家新闻出版广电总局等部门,确定将每年 9 月的第三周设立为网络安全宣传周。2015 年第二届国家网络安全宣传周活动主题为“共建网络安全,共享网络文明”,特别强调了青少年网络安全宣传教育的重要性,号召家长、学校和社会给予青少年更多的引导和教育,帮助其“适度用网、健康用网、安全用网”。2017 年的国家网络安全宣传周还在青少年日当天开展了国家网络安全宣传周青少年日主题活动,旨在培养未成年人文明网络素养。2017 年,

---

① 参见《百家网站网络关爱青少年倡议书(全文)》,载人民网 2013 年 9 月 29 日,http://media.people.com.cn/BIG5/n/2013/0929/c40733-23079173.html。

“未成年人网络保护”被首次纳入了第四届世界互联网大会议程。“维护网络文化安全,为青少年健康成长营造充满正能量的网络文化环境”也成了 2018 年第五届世界互联网大会的共识。

第三,网络服务提供者的自主行动。在我国网络应用迅速发展、法律规制逐步完善、网络文化环境逐渐改观的多重背景下,包括许多互联网巨头在内的网络服务提供商纷纷在提供游戏、直播、短视频等网络应用上尝试未成年人网络使用保护的新举措。

腾讯公司在构建未成年人网络保护体系,特别是防治未成年人网络游戏沉迷等方面走在行业前列,公司创始人马化腾连续三年在全国两会上提出建议多措并举加强未成年人网络保护。为了防治未成年人网络过度使用,腾讯公司以准入确认、事前设置、事中管理和事后服务的闭环模式构建未成年人网络保护体系。在准入确认方面,腾讯公司推出“儿童锁”模式和“16 + ”试点。13 周岁以下未成年人需要家长“开锁”后才能进行网络游戏行为,“16 + ”是指年满 16 周岁的用户才可以获得网络系统的授权直接登录游戏,16 周岁及以上的未成年人要遵守健康系统防沉迷规则的管理,即每天限定的网络游戏时间为 2 小时。在事前设置上,腾讯公司推出家庭、教师和自我管理的三级“成长守护平台”,特别是“星星守护”模式,以师生互动的形式让老师加入学生网络游戏行为的引导中,老师能及时了解并协助管理学生的网络游戏行为,避免学生过度使用网络。在事中管理方面,腾讯公司主要采取“健康系统”控制未成年人上网时长,并进行实名认证的人脸识别,未满 13 周岁的未成年人每天限玩 1 小时,且每日 21 时至次日 8 时禁玩,13 周岁及以上未成年人每天限玩 2 小时。在腾讯“健康系统”中,《王者荣耀》率先启动了“账号时长共享”功能,防止未成年人网络沉迷。在事后服务方面,腾讯公司实行“少年灯塔主动服务工程”,从限制非理性的网络过度消费和提供免费教育辅导两个角度提供帮助。截至 2019 年 4 月,已有 76% 的腾讯未成年人游戏账户消费得到有效控制①。腾讯公司针对未成年人网络游戏沉迷、非理性网络消费等网络过度使用现象,以网络技术为引领,提出了全面性与针对性相结合的多元化举措,特别是在 2019 年 5 月又发布了首个网络保护标准——《网络游戏未成年人守护指南》,用以引导未成年人健康使用网络游戏。

2019 年 6 月,人民网起草《游戏适龄提示草案》,该草案将游戏玩家分为"6 +""12 +""16 +""18 +"四个等级,并从游戏内容、类型和运营设计等角度提出了不同的提示体系,草案也从企业游戏运营和服务的角度为网络分级制度提出了更高水平的标准。人民网依此联合腾讯、网易、金山、完美世界等十余家知名游戏企业共同发起了《游戏适龄提示倡议》,在国内第一次明确提出了"游戏适龄划分"的概念。该倡议书虽然是基于企业社会责任角度的行业自律行为,但其从年龄分级、游戏内容和类型、付费标准等方面提出具体建议,有助于网络游戏行业健康发展,也为未成年人适度的网络游戏行为提出合理化建议,为我国网络游戏分级制度的建立提供了基础经验。

第四,短视频、网络直播等兴起背景下的企业责任。在技术进步与应用创新的背景下,使用短视频、直播等新兴互联网应用的未成年人逐渐增多。根据北京青少年法律援助与研究中心发布的《中国未成年人网络保护法律政策研究报告》显示,"4.25 亿网络直播用户中青少年观看直播的比例达到 45.2%"②,2019 年,"未成年网民在互联网上经常收看短视频的比例达到 46.2%,收看网络直播的比例由 2018 年的 13.4% 增加到 19.8%"③。短视频与网络直播中的内容,题材丰富却良莠不齐,各

---

① 参见《腾讯保护未成年人健康上网新尝试:将启动"16 +"试点》,载腾讯网 2019 年 4 月 22 日,https://tech.qq.com/a/20190422/006548.htm。

② 许雯:《〈中国未成年人网络保护法律政策研究报告〉发布 建议限制 14 岁以下未成年人当网络主播》,载《公民与法(综合版)》2019 年第 9 期。

③ 数据来源于《2019 年全国未成年人互联网使用情况研究报告》。

商业平台依据算法进行个人兴趣的精准内容推送更容易产生网络过度使用的可能，因此防止未成年人网络过度娱乐需要进一步加大力度。2019 年 1 月，作为行业自律规范的《网络短视频平台管理规范》发布，该规范提出对未成年人在线时间，网络短视频平台应当采用技术手段予以限制，设立未成年人家长监护系统，建立未成年人保护机制，有效防止未成年人沉迷短视频。关注青少年健康成长的抖音“向日葵计划”从审核、产品、内容等多个层面启动未成年人保护模式，在未成年人保护工具中开启时间锁和青少年模式，限定使用时间，并无法直播、打赏等。例如，快手通过上线“家长控制模式”保障只呈现适合未成年人观看的内容，同时未成年人无法进行打赏、充值、提现、直播等行为。

由于 2016 年实行的《互联网直播服务管理规定》并未对未成年人注册使用作出限制，导致近年来有未成年人进入网络直播平台并沉迷其中，社会乱象频出，负面影响不断。《中国未成年人网络保护法律政策研究报告》建议限制 14 周岁以下未成年人当网络主播。目前，抖音、快手、火山小视频等平台均已经禁止未成年人成为网络主播，企业从用户入口的角度规制未成年人网络不当使用的做法是必要且紧迫的。

在未成年人的网络使用中，许多社会企业从入口、内容、应用等多个角度采取措施保护未成年人健康使用网络，上文只列举了当下具有代表性的案例。我国政府行政部门、社会行业组织和互联网服务提供商都在不同角度、不同程度上开始构建未成年人网络安全使用的保护教育体系，为规制未成年人沉迷网络提出多元化的创新举措。

随着未成年人使用网络的频率和程度不断加深，未成年人因网络过度使用而产生的负面效应也在逐渐凸显。针对未成年人的网络过度使用问题，我国在法律规制方面的举措主要包括具有强制性的法律规定、具有指导性的政策规范以及具有协调性的自律公约。在法律方面，法律的层级较低，内容宽泛，针对性弱，不能及时有效地针对未成年人网络过度使用作出强有力的规范；在政策规范方面，相关的意见、决定、措施都具有行政政策属性,缺少法律的强制效力和法律责任等法律后果,对未成年人网络过度使用问题的解决只能起到指导性作用;在自律公约方面,网络服务运营商完全靠自律意识对未成年人网络过度使用进行保护,缺乏有效的监管。

但我们也应看到,《未成年人保护法》特别增加“网络保护”专章,《民法典》对未成年人网络过度使用的规制,政府行政部门相继出台具有针对性的未成年人保护方面的政策或举措,在这些法律规制和政策条例的影响下,网络服务提供商开始进行未成年人网络使用保护的应用开发、系统构建,网络安全环境、社会的网络文化氛围也在进一步呈现良好的态势。在网络空间法治化的背景下,我国未成年人沉迷网络的法律规制正在向着“疏堵结合”的方向进一步发展和完善。

第六章　我国未成年人网络法律保护现状及思考

为了加强对网络空间的治理,健全网络社会秩序,创造良好的网络文化氛围,我国积极推进网络空间特别是未成年人网络空间法律规制的进程。一方面,国家加快了面向网络空间立法的脚步,先后出台了一系列涉及网络安全、网络信息服务、网络空间权益保护、网络文化建设的法律;另一方面,国家也采取了修订和完善既有法律的措施,来推动网络空间的法治化。未成年人网络空间权益的保护在国家陆续推出和修订的法律规范中受到了较多关注,但是,现有未成年人网络保护法律规制在系统性、协调性和立法层级等方面都有待提升,未成年人网络空间法律规制的道路依然任重而道远。笔者将从立法层级和立法内容两个维度对我国未成年人网络空间法律规制现状进行考察,并就有关问题进行思考。

一、从立法层级看我国网络空间未成年人保护的法律规制现状

未成年人网络空间保护的法律规范涵盖不同立法层级。从立法层级来看,我国未成年人网络保护立法涵盖了宪法、法律、行政法规、部门规章、司法解释等不同层级的立法,此外,还有国家标准、行业技术文件、行业公约等规范性文件。

(一)宪法

《宪法》作为国家的根本大法,为未成年人保护奠定了立法基础,主要体现在以下几方面:第一,国家尊重和保障人权;第二,公民的人格尊严不受侵犯,不得用任何方法对公民进行侮辱、诽谤和诬告陷害;第三,公民的通信自由和通信秘密受法律保护,除法定情形外,禁止任何组织或个人以任何理由侵犯公民的通信自由和通信秘密;第四,儿童受国家的保护;第五,父母有抚养教育未成年子女的义务;第六,禁止虐待儿童;第七,公民有受教育的权利和义务,国家培养未成年人在品德、智力、体质等方面全面发展。①

(二)法律

涉及未成年人网络权益保护已出台的法律主要有全国人民代表大会常务委员会《关于维护互联网安全的决定》、全国人民代表大会常务委员会《关于加强网络信息保护的决定》、《民法典》、《刑法》、《未成年人保护法》、《家庭教育促进法》、《网络安全法》、《数据安全法》、《预防未成年人犯罪法》、《社区矫正法》、《广告法》、《教育法》、《公共文化服务保障法》、《公共图书馆法》、《电影产业促进法》、《个人信息保护法》、《法律援助法》等。

1. 全国人民代表大会常务委员会《关于维护互联网安全的决定》

全国人民代表大会常务委员会《关于维护互联网安全的决定》于2000年12月28日通过并公布,2009年进行了修正。该决定旨在促进我国互联网的健康发展,对破坏或危害互联网网络安全和运行安全的各

---

① 参见《宪法》第33条、第38条、第40条、第46条、第49条。

种违法犯罪行为根据《刑法》《治安管理处罚法》的规定进行定罪处罚。决定中的具体规定,涉及对侵犯未成年人网络隐私权的行为、网络欺凌行为以及网络有害信息的法律规制。

2. 全国人民代表大会常务委员会《关于加强网络信息保护的决定》

全国人民代表大会常务委员会《关于加强网络信息保护的决定》于2012年12月28日公布并自公布之日起施行。这一决定突出强调对个人电子信息的保护以及对个人网络空间隐私权的保护,规定了网络服务提供者等企事业单位在网络信息保护方面应承担的责任和义务。在我国缺少网络信息保护单行法的前提下,该决定具有重要的意义和作用,为未来制定个人信息保护法和网络隐私权保护法奠定了法律基础。

3.《民法典》

《民法典》于2020年5月28日通过并公布,自2021年1月1日起施行。就未成年人权益来看,《民法典》对未成年人无民事行为能力、限制民事行为的年龄结合未成年人身心发育的现状作出了调整。这一调整自然关系到未成年人网络空间权益的保护机制。此外,《民法典》还在第四编"人格权"增加了"隐私权和个人信息保护"的内容。

4.《刑法》

我国1997年的《刑法》就规定了非法侵入计算机信息系统罪、破坏计算机信息系统罪等。近年我国对于刑事立法规定和补充了一些与网络犯罪有关的内容,从2009年逐步关注到更多的信息安全犯罪问题。

2009年的《刑法修正案(七)》,增加了侵犯公民个人信息的犯罪,①

---

① 《刑法修正案(七)》第7条规定,在《刑法》第253条后增加一条,作为第253条之一,具体条文为:"国家机关或者金融、电信、交通、教育、医疗等单位的工作人员,违反国家规定,将本单位在履行职责或者提供服务过程中获得的公民个人信息,出售或者非法提供给他人,情节严重的,处三年以下有期徒刑或者拘役,并处或者单处罚金。窃取或者以其他方法非法获取上述信息,情节严重的,依照前款的规定处罚。单位犯前两款罪的,对单位判处罚金,并对其直接负责的主管人员和其他直接责任人员,依照各该款的规定处罚。"

并增加了非法获取计算机信息系统数据、非法控制计算机信息系统罪以及提供侵入、非法控制计算机信息系统程序、工具罪。①

自 2015 年 11 月 1 日起施行的《刑法修正案(九)》对信息网络犯罪进行了规定,增加了通过信息网络实施侮辱、诽谤行为的有关取证问题的特别规定②;调整了侵犯公民个人信息罪③;增加了拒不履行信息网络安全管理义务罪④;

① 《刑法修正案(七)》第 9 条规定,在《刑法》第 285 条中增加两款作为第 2 款、第 3 款,具体条文为:"违反国家规定,侵入前款规定以外的计算机信息系统或者采用其他技术手段,获取该计算机信息系统中存储、处理或者传输的数据,或者对该计算机信息系统实施非法控制,情节严重的,处三年以下有期徒刑或者拘役,并处或者单处罚金;情节特别严重的,处三年以上七年以下有期徒刑,并处罚金。提供专门用于侵入、非法控制计算机信息系统的程序、工具,或者明知他人实施侵入、非法控制计算机信息系统的违法犯罪行为而为其提供程序、工具,情节严重的,依照前款的规定处罚。"

② 《刑法》第 246 条规定:"以暴力或者其他方法公然侮辱他人或者捏造事实诽谤他人,情节严重的,处三年以下有期徒刑、拘役、管制或者剥夺政治权利。前款罪,告诉的才处理,但是严重危害社会秩序和国家利益的除外。通过信息网络实施第一款规定的行为,被害人向人民法院告诉,但提供证据确有困难的,人民法院可以要求公安机关提供协助。"

③ 在《刑法修正案(七)》的基础上扩大了侵犯公民个人信息罪的犯罪主体,具体规定参见《刑法》第 253 条之一:"违反国家有关规定,向他人出售或者提供公民个人信息,情节严重的,处三年以下有期徒刑或者拘役,并处或者单处罚金;情节特别严重的,处三年以上七年以下有期徒刑,并处罚金。违反国家有关规定,将在履行职责或者提供服务过程中获得的公民个人信息,出售或者提供给他人的,依照前款的规定从重处罚。窃取或者以其他方法非法获取公民个人信息的,依照第一款的规定处罚。单位犯前三款罪的,对单位判处罚金,并对其直接负责的主管人员和其他直接责任人员,依照各该款的规定处罚。"

④ 《刑法》第 286 条之一规定:"网络服务提供者不履行法律、行政法规规定的信息网络安全管理义务,经监管部门责令采取改正措施而拒不改正,有下列情形之一的,处三年以下有期徒刑、拘役或者管制,并处或者单处罚金:(一)致使违法信息大量传播的;(二)致使用户信息泄露,造成严重后果的;(三)致使刑事案件证据灭失,情节严重的;(四)有其他严重情节的。单位犯前款罪的,对单位判处罚金,并对其直接负责的主管人员和其他直接责任人员,依照前款的规定处罚。有前两款行为,同时构成其他犯罪的,依照处罚较重的规定定罪处罚。"

增加了非法利用信息网络罪①和帮助信息网络犯罪活动罪②。

5.《未成年人保护法》

《未成年人保护法》自 1991 年通过后，历经 2006 年、2012 年、2020 年三次修订。其中第三次修订自 2019 年 10 月启动，至 2020 年 10 月 17 日由全国人大常委会修订通过，并自 2021 年 6 月 1 日起施行。《未成年人保护法》第三次修订，历经一年，其修订的重点内容之一就是增加了针对未成年人的网络保护，对未成年人的网络保护作出了专章规定。③

6.《网络安全法》

《网络安全法》于 2016 年 11 月 7 日通过并公布，自 2017 年 6 月 1 日起施行。《网络安全法》是我国第一部对于网络空间安全予以规制的法律。该法共 7 章，一共有 79 个法律条文，该法在"总则"部分规定了国家和国家网信部门在网络支持与安全方面的责任，从网络运营安全和网络信息安全两个不同的维度对于网络安全进行了规定，该法在"附则"部分对"网络""网络安全""网络运营者""网络数据""个人信息"等用语首次从法律层面进行了界定。

---

① 《刑法》第 287 条之一规定："利用信息网络实施下列行为之一，情节严重的，处三年以下有期徒刑或者拘役，并处或者单处罚金：(一)设立用于实施诈骗、传授犯罪方法、制作或者销售违禁物品、管制物品等违法犯罪活动的网站、通讯群组的；(二)发布有关制作或者销售毒品、枪支、淫秽物品等违禁物品、管制物品或者其他违法犯罪信息的；(三)为实施诈骗等违法犯罪活动发布信息的。单位犯前款罪的，对单位判处罚金，并对其直接负责的主管人员和其他直接责任人员，依照第一款的规定处罚。有前两款行为，同时构成其他犯罪的，依照处罚较重的规定定罪处罚。"

② 《刑法》第 287 条之二规定："明知他人利用信息网络实施犯罪，为其犯罪提供互联网接入、服务器托管、网络存储、通讯传输等技术支持，或者提供广告推广、支付结算等帮助，情节严重的，处三年以下有期徒刑或者拘役，并处或者单处罚金。单位犯前款罪的，对单位判处罚金，并对其直接负责的主管人员和其他直接责任人员，依照第一款的规定处罚。有前两款行为，同时构成其他犯罪的，依照处罚较重的规定定罪处罚。"

③ 参见《未成年人保护法》第五章。

7.《数据安全法》

2020年7月3日《数据安全法(草案)》在中国人大网公布，于2020年7月3日至2020年8月16日公开征求社会意见。2021年6月10日，《数据安全法》公布，自2021年9月1日起施行。该法在第一章“总则”部分对于数据、数据处理和数据安全予以了界定；对于数据安全的负责部门和数据安全监管部门予以了规定。在第二章、第三章、第四章、第五章，该法主要对于数据安全与发展、数据安全制度、数据安全保护义务、政务数据安全与开放等进行了规定。

8.《预防未成年人犯罪法》

《预防未成年人犯罪法》自1999年颁布施行以来，历经两次修订。最新一次修订的《预防未成年人犯罪法》已于2020年12月26日发布，自2021年6月1日实施。该法对未成年人犯罪的预防，不仅包括在现实生活中的教育、引导和预防，也包括在网络空间的预防，无论是社会主义核心价值观的教育，还是学生欺凌防控制度，都和未成年人的网络空间法律规制相关。沉迷网络及阅览、观看或者收听宣扬淫秽、色情、暴力、恐怖、极端等内容的读物、音像制品或者网络信息等均属于影响未成年人健康成长的不良行为，也是预防未成年人犯罪需要重点关注的问题。

9.《社区矫正法》

《社区矫正法》于2019年12月28日通过并公布，自2020年7月1日起施行。该法对未成年人权益的保护主要体现在对未成年人的社区矫正予以了特别规定，主要内容包括：(1)对于未成年社区矫正对象，社区矫正机构应采取针对性的矫正措施；(2)对未成年人的社区矫正，应当与成年人分别进行；(3)社区矫正机构工作人员和其他依法参与社区矫正工作的人员对履职过程中取得的未成年人身份信息负有保密义务，禁止将未成年社区矫正对象的档案信息对外提供，司法机关办案需要或者有关单位进行依法查询的除外。进行依法查询的单位，同样对取得的信息负有保密义务。

10.《广告法》

《广告法》自1994年颁布以来，历经2015年、2018年、2021年三次修改。该法在“广告内容准则”中明确规定广告不得损害未成年人的身心健康；在“广告行为规范”中规定禁止利用不满10周岁的未成年人作为广告代言人，禁止在针对未成年人的大众传播媒介上发布危害未成年人身心健康的网络游戏广告以及规定了其他禁止发布的广告类型，并对于以不满14周岁的未成年人为对象的商品或服务的广告禁止包含的内容进行了规定。①

11.《教育法》

《教育法》自1995年颁布以来，历经2009年、2015年两次修正。2015年教育法修改的一项重要内容就是增加了教育信息化的内容。②

12.《公共文化服务保障法》

《公共文化服务保障法》于2016年12月25日公布，自2017年3月1日起施行。该法对未成年人群体予以了特别关注，明确规定了政府责任以及免费向中小学生开放公共文化设施的要求。③ 此外，该法还倡导公共文化服务要运用科技，通过现代信息技术和传播技术提高公众科学素养和公共文化服务水平。④

13.《公共图书馆法》

《公共图书馆法》于2017年制定颁布，2018年进行了修正。修正后的《公共图书馆法》针对未成年人保护，从图书馆设施、图书馆提供的内容以及服务违反禁令应承担的法律责任等方面进行了特别规定，要求政府设立的公共图书馆应设置少年儿童阅览区域，并配备相应的专业人员

① 参见《广告法》第10条、第38条、第40条。
② 参见《教育法》第66条。
③ 参见《公共服务保障法》第9条、第31条。
④ 参见《公共服务保障法》第11条。

予以阅读指导和教育。还规定条件允许的地区,可以单设少年儿童图书馆。另外,规定了不得向未成年人提供内容不适宜的文献信息,并规定了相应的法律责任。①

14.《电影产业促进法》

《电影产业促进法》于2016年11月7日通过,自2017年3月1日起施行。该法就未成年人权益的保护作出以下规定:电影内容不得侵害未成年人合法权益或者损害未成年人身心健康;对于可能引起未成年人等观众身体或心理不适的电影放映,应当予以提示。此外,该法还规定了国务院教育、电影主管部门应为未成年人推荐有利于其健康成长的电影以及使义务教育的学生能免费观看,为未成年人等特殊人群观看电影提供便利。国家鼓励促进未成年人健康成长的电影的创作、摄制。②

15.《个人信息保护法》

《个人信息保护法》于2021年8月20日通过,自2021年11月1日起施行。该法对未成年人权益的保护主要体现在对未成年人个人信息的保护。该法将“不满十四周岁未成年人的个人信息”纳入“敏感个人信息”的范围,除要求特定目的、充分的必要性以及严格的保护措施是信息处理者处理敏感个人信息的前提外,还对“不满十四周岁的未成年人个人信息”的处理规则提出了特别要求:第一,应取得未成年人父母或其他监护人的同意;第二,个人信息处理者应当制定专门的个人信息处理规则来处理不满14周岁未成年人个人信息。

16.《法律援助法》

《法律援助法》于2021年8月20日通过,自2022年1月1日起施行。该法对未成年人权益的保护主要体现在两方面:一是规定未成年人是刑事案件的犯罪嫌疑人、被告人且没有委托辩护人的,人民法院、人民

---

① 参见《公共图书馆法》第34条、第37条、第50条。

② 参见《电影产业促进法》第16条、第20条、第28条、第36条。

检察院、公安机关应当通知法律援助机构指派律师担任辩护人①;二是在法律援助的程序和实施上,规定法律援助申请人能够证明其属于无固定生活来源的未成年人的,免予核查经济困难状况。②

17.《家庭教育促进法》

《家庭教育促进法》于2021年10月23日通过,自2022年1月1日起施行。该法共6章55条,不仅对家庭教育予以了概念上的界定,规定了家庭教育根本任务、负责实施家庭教育的主体、家庭教育应满足的要求、政府及政府相关部门、社会组织在家庭教育中的角色职责,还对家庭责任、国家支持、社会协同及法律责任等予以了规定。该法明确"尊重未成年人人格尊严,保护未成年人隐私权和个人信息,保障未成年人合法权益"是家庭教育应符合的要求之一。另外,该法在"家庭责任"一章明确了父母或其他监护人承担对未成年人实施家庭教育的主体责任,具有完全民事行为能力的共同生活的其他家庭成员在家庭教育中具有协助和配合的义务。还明确了家庭教育的内容指引,其中包括帮助未成年人树立正确的成才观,引导其培养健康审美追求和良好学习习惯;引导其养成良好生活习惯和行为习惯,促进其身心健康发展;关注未成年人心理健康,对其进行健康上网和反欺凌、防诈骗、防性侵等方面的安全知识教育,帮助其掌握安全知识和技能,增强其自我保护的意识和能力等。③

除了上文所述已经实施或即将实施的法律对未成年人权益的特别保护,还有一些法律草案也关涉到了未成年人网络空间权益的保护。例如,2021年3月16日国家广播电视总局公布了《中华人民共和国广播电视法(征求意见稿)》,在该征求意见稿中明确规定了禁止广播电视节目中含有侵害未成年人合法权益或者危害未成年人身心健康,不利于未成

① 参见《法律援助法》第25条。
② 参见《法律援助法》第42条。
③ 参见《家庭教育促进法》第5条、第14条、第16条。

年人树立正确价值观、人生观、世界观的内容,①对比目前有效正在实施的《广播电视管理条例》(2020 修订)关于未成年人权益保护的空白,无疑是一种进步。另外,2022 年 3 月,国家互联网信息办公室会同司法部根据新修订制定的《未成年人保护法》《个人信息保护法》等法律和社会公众反馈意见,对 2017 年公布的《未成年人网络保护条例(征求意见稿)》进行了修改完善,再次公开征求意见。②

需要说明的是,虽然前文所述草案或征求意见稿尚未形成对应的生效的法律,但是草案或征求意见稿本身对于未成年人权益保护有着积极的价值和意义,所以笔者予以了关注,放在了这里。

此外,我国的三大程序法即《民事诉讼法》《刑事诉讼法》《行政诉讼法》也有关于未成年人权益保护的相关法律规定。

(三)行政法规

为了规范互联网平台的信息服务和传播,国务院先后颁布了一系列的行政法规,这些行政法规对于未成年人网络保护也提供了有力的支撑,具体见表 6-1。

表 6-1　涉及未成年人网络保护的主要行政法规一览

标题	颁布部门	颁布日期	实施日期	要点	效力层级
《娱乐场所管理条例》(2020 修订)	国务院	2020-11-29	2020-11-29	管理娱乐场所	行政法规

① 参见《中华人民共和国广播电视法(征求意见稿)》,载国家广播电视总局网 2021 年 3 月 16 日,http://www.nrta.gov.cn/art/2021/3/16/art_158_55406.html。

② 参见《未成年人网络保护条例(征求意见稿)》,载中华人民共和国中央人民政府网 2022 年 3 月 14 日,http://www.gov.cn/hudong/2022-03/14/content_5678971.htm。

续表

标题	颁布部门	颁布日期	实施日期	要点	效力层级
《互联网上网服务营业场所管理条例》(2022 修订)	国务院	2022-03-29	2022-03-29	规范上网服务营业场所	行政法规
《关于促进移动互联网健康有序发展的意见》	中共中央办公厅、国务院办公厅	2017-01-15	2017-01-15	规范移动互联网	行政法规
《信息网络传播权保护条例》(2013 修订)	国务院	2013-01-30	2013-03-01	互联网;著作权规范	行政法规
《计算机信息系统安全保护条例》(2011 修订)	国务院	2011-01-08	2011-01-08	网络安全管理	行政法规
《互联网信息服务管理办法》(2011 修订)[1]	国务院	2011-01-08	2011-01-08	规范互联网信息服务活动	行政法规
《计算机信息网络国际联网安全保护管理办法》(2011 修订)	国务院	2011-01-08	2011-01-08	网络安全管理	行政法规
《电影管理条例》	国务院	2001-12-25	2002-02-01	管理电影行业	行政法规

[1]2021 年 1 月 8 日,国家互联网办公室公布了《互联网信息服务管理办法(修订草案征求意见稿)》,征求意见稿 54 条,相比现行的 27 条,无论是实质内容还是篇幅形式都有较大变化。

（四）部门规章①

国务院各部委根据法律和行政法规颁布的涉及未成年人网络保护内容的部门规章数量较多，主要见表6－2。

表6－2　涉及未成年人网络保护的主要部门规章一览

标题	颁布部门	颁布日期	实施日期	要点	效力层级
《数据出境安全评估办法》	国家互联网信息办公室	2022－07－07	2022－09－01	个人信息保护；数据出境	部门规章
《互联网信息服务算法推荐管理规定》	国家互联网信息办公室、工业和信息化部、公安部、国家市场监督管理总局	2021－12－31	2022－03－01	算法推荐；未成年人；网络保护	部门规章
《专网及定向传播视听节目服务管理规定》（2021修订）	国家广播电视总局	2021－03－23	2021－03－23	网络内容；生态治理	部门规章
《未成年人法律援助服务指引（试行）》	司法部公共法律服务管理局、中华全国律师协会	2020－09－16	2020－09－16	公共法律服务；未成年人；法律援助	部门规章
《网络安全审查办法》	国家互联网信息办公室等13部门	2021－12－28	2022－02－15	网络安全	部门规章

① 需要说明的是，有些规范性文件在一些法律检索平台上如北大法宝上被标注为“部门性文件”或“部门工作文件”，但是从内容来看，其实是关于行业的国家标准，属于行业技术文件，因此，笔者在分类时，从行业规范管理的角度，将其与行业自律公约等放在了一起，并未将其列为部门规章。

续表

标题	颁布部门	颁布日期	实施日期	要点	效力层级
《网络信息内容生态治理规定》	国家互联网信息办公室	2019－12－15	2020－03－01	网络信息；生态治理	部门规章
《网络音视频信息服务管理规定》	国家互联网信息办公室、文化和旅游部、国家广播电视总局	2019－11－18	2020－01－01	互联网；音视频信息服务管理	部门规章
《云计算服务安全评估办法》	国家互联网信息办公室、国家发展和改革委员会、工业和信息化部、财政部	2019－07－02	2019－09－01	互联网；网络安全管理	部门规章
《未成年人节目管理规定》(2021 修订)	国家广播电视总局	2021－10－08	2021－10－08	未成年人节目管理	部门规章
《区块链信息服务管理规定》	国家互联网信息办公室	2019－01－10	2019－02－15	信息服务；生态治理	部门规章
《具有舆论属性或社会动员能力的互联网信息服务安全评估规定》	国家互联网信息办公室、公安部	2018－11－15	2018－11－30	互联网；信息服务安全评估	部门规章
《公安机关互联网安全监督检查规定》	公安部	2018－09－15	2018－11－01	网络安全管理	部门规章

续表

标题	颁布部门	颁布日期	实施日期	要点	效力层级
《互联网文化管理暂行规定》(2017修订)	原文化部	2017-12-15	2017-12-15	互联网;文化管理	部门规章
《电影剧本(梗概)备案、电影片管理规定》(2017修正)	原国家新闻出版广电总局	2017-12-11	2017-12-11	规范和改进电影剧本(梗概)备案和电影片管理	部门规章
《互联网新闻信息服务新技术新应用安全评估管理规定》	国家互联网信息办公室	2017-10-30	2017-12-01	互联网;新闻信息服务安全评估	部门规章
《互联网新闻信息服务管理规定》	国家互联网信息办公室	2017-05-02	2017-06-01	互联网;新闻信息服务规范	部门规章
《互联网信息内容管理行政执法程序规定》	国家互联网信息办公室	2017-05-02	2017-06-01	互联网;内容治理	部门规章
《互联网广告管理暂行办法》	原国家工商行政管理总局	2016-07-04	2016-09-01	互联网;广告管理	部门规章
《电视剧内容管理规定》(2016修正)	原国家新闻出版广电总局	2016-05-04	2016-05-04	规范;电视剧内容管理	部门规章
《互联网视听节目服务管理规定》(2015修订)	原国家新闻出版广电总局	2015-08-28	2015-08-28	互联网;视听节目服务管理	部门规章

续表

标题	颁布部门	颁布日期	实施日期	要点	效力层级
《电信和互联网用户个人信息保护规定》	工业和信息化部	2013-07-16	2013-09-01	互联网；个人信息保护	部门规章
《电影艺术档案管理规定》(2010)	原国家广播电影电视总局、国家档案局	2010-06-29	2010-08-01	电影艺术档案管理	部门规章
《通信网络安全防护管理办法》	工业和信息化部	2010-01-21	2010-03-01	通信；网络安全管理	部门规章

2022年3月1日开始实施的《互联网信息服务算法推荐管理规定》，明确要求算法推荐服务提供者不得利用算法推荐服务传播法律、行政法规禁止的信息，应当采取措施防范和抵制传播不良信息。算法推荐服务提供者应当加强信息内容管理，建立健全用于识别违法和不良信息的特征库，完善入库标准、规则和程序；不得设置诱导用户沉迷、过度消费等违反法律法规或者违背伦理道德的算法模型。该规定在第三章"用户权益保护"部分，专条规定算法推荐服务提供者向未成年人提供服务的，应当依法履行未成年人网络保护义务，并通过开发适合未成年人使用的模式、提供适合未成年人特点的服务等方式，便利未成年人获取有益身心健康的信息；算法推荐服务提供者不得向未成年人用户推送可能引发未成年人模仿不安全行为和违反社会公德行为、诱导未成年人不良嗜好等可能影响未成年人身心健康的信息内容，不得利用算法推荐服务诱导未成年人沉迷网络。①

① 参见《互联网信息服务算法推荐管理规定》第18条。

为适应数字时代的发展，保障个人信息安全和维护网络空间主权，2022年7月7日，国家互联网信息办公室公布《数据出境安全评估办法》，该办法自2022年9月1日起施行。办法明确了四种应当申报数据出境安全评估的情形，主要包括：数据处理者向境外提供重要数据；关键信息基础设施运营者和处理100万人以上个人信息的数据处理者向境外提供个人信息；自上年1月1日起累计向境外提供10万人个人信息或者1万人敏感个人信息的数据处理者向境外提供个人信息；其他依法需要申报的情形。①

（五）司法解释

针对各类网络犯罪和违法行为，最高人民法院和最高人民检察院对适用法律过程中出现的具体法律应用问题作出一系列司法解释，其中与未成年人网络保护相关的司法解释，见表6－3。

表6－3 与未成年人网络保护相关的主要司法解释一览

标题	颁布部门	颁布日期	实施日期	要点	效力层级
《关于审理侵害信息网络传播权民事纠纷案件适用法律若干问题的规定》（2020修正）	最高人民法院	2020－12－29	2021－01－01	依法审理信息网络传播权纠纷	司法解释

① 《数据出境安全评估办法》第4条规定："数据处理者向境外提供数据，有下列情形之一的，应当通过所在地省级网信部门向国家网信部门申报数据出境安全评估：（一）数据处理者向境外提供重要数据；（二）关键信息基础设施运营者和处理100万人以上个人信息的数据处理者向境外提供个人信息；（三）自上年1月1日起累计向境外提供10万人个人信息或者1万人敏感个人信息的数据处理者向境外提供个人信息；（四）国家网信部门规定的其他需要申报数据出境安全评估的情形。"

续表

标题	颁布部门	颁布日期	实施日期	要点	效力层级
《关于办理侵犯公民个人信息刑事案件适用法律若干问题的解释》	最高人民法院、最高人民检察院	2017-05-08	2017-06-01	侵犯公民个人信息；刑事案件	司法解释
《关于办理利用互联网、移动通讯终端、声讯台制作、复制、出版、贩卖、传播淫秽电子信息刑事案件具体应用法律若干问题的解释》	最高人民法院、最高人民检察院	2004-09-03	2004-09-06	依法惩治利用互联网、移动通讯终端、声讯台制作、复制、出版、贩卖、传播淫秽电子信息等犯罪活动	司法解释
《关于办理利用互联网、移动通讯终端、声讯台制作、复制、出版、贩卖、传播淫秽电子信息刑事案件具体应用法律若干问题的解释(二)》	最高人民法院、最高人民检察院	2010-02-02	2010-02-04	依法惩治利用互联网、移动通讯终端、声讯台制作、复制、出版、贩卖、传播淫秽电子信息等犯罪活动	司法解释
《关于利用网络云盘制作、复制、贩卖、传播淫秽电子信息牟利行为定罪量刑问题的批复》	最高人民法院、最高人民检察院	2017-11-22	2017-12-01	利用网络云盘制作、复制、贩卖、传播淫秽电子信息牟利的定罪量刑	司法解释

续表

标题	颁布部门	颁布日期	实施日期	要点	效力层级
《检察机关办理侵犯公民个人信息案件指引》	最高人民检察院	2018-11-09	2018-11-09	侵犯公民个人信息	司法解释性质文件
《最高人民检察院发布6起侵犯公民个人信息犯罪典型案例》	最高人民检察院	2017-05-16	2017-05-16	侵犯公民个人信息犯罪典型案例	司法解释性质文件
《最高人民法院、最高人民检察院发布7起侵犯公民个人信息犯罪典型案例》	最高人民法院、最高人民检察院	2017-05-10	2017-05-10	侵犯公民个人信息犯罪典型案例	司法解释性质文件
《关于加强新时代未成年人审判工作的意见》	最高人民法院	2020-12-24	2020-12-24	未成年人;审判工作	司法解释性质文件
《最高人民检察院发布5起侵害未成年人案件强制报告典型案例》	最高人民检察院	2020-05-29	2020-05-29	侵害未成年人;强制报告;典型案例	司法解释性质文件
《关于建立侵害未成年人案件强制报告制度的意见(试行)》	最高人民检察院、国家监察委员会、教育部等	2020-05-07	2020-05-07	侵害未成年人;强制报告制度	司法解释性质文件

续表

标题	颁布部门	颁布日期	实施日期	要点	效力层级
《关于审理利用信息网络侵害人身权益民事纠纷案件适用法律若干问题的规定》(2020修正)	最高人民法院	2020-12-29	2021-01-01	网络安全管理;侵犯人身权益	司法解释
《最高人民法院发布7起依法严惩侵害未成年人权益典型案例》	最高人民法院	2020-05-18	2020-05-18	侵害未成年人;典型案例	司法解释性质文件
《最高人民检察院发布3件依法严惩利用未成年人实施黑恶势力犯罪典型案例》	最高人民检察院	2020-04-23	2020-04-23	未成年人;黑恶势力;典型案例	司法解释性质文件
《关于依法严惩利用未成年人实施黑恶势力犯罪的意见》	最高人民法院、最高人民检察院、公安部、司法部	2020-04-23	2020-04-23	未成年人;黑恶势力犯罪;利用	司法解释性质文件
《最高人民检察院发布20起检察机关依法严惩侵害未成年人犯罪 加强未成年人司法保护典型案例》	最高人民检察院	2019-12-20	2019-12-20	侵害未成年人;司法保护	司法解释性质文件

续表

标题	颁布部门	颁布日期	实施日期	要点	效力层级
《最高检发布推动加强和创新未成年人保护社会治理十大典型案（事）例》	最高人民检察院	2019－05－27	2019－05－27	未成年人保护；社会治理	司法解释性质文件
《最高人民法院发布保护未成年人权益十大优秀案例》	最高人民法院	2019－05－31	2019－05－31	保护未成年人权益	司法解释性质文件
《最高人民法院发布10起利用互联网侵害未成年人权益的典型案例》	最高人民法院	2018－06－01	2018－06－01	互联网侵害未成年人；典型案例	司法解释性质文件
《最高检发布10起检察机关依法惩治侵害未成年人犯罪加强未成年人司法保护典型案（事）例》	最高人民检察院	2018－05－29	2018－05－29	侵害未成年人；未成年人司法保护	司法解释性质文件
《最高人民法院发布6起依法惩治侵害未成年人犯罪典型案例》	最高人民法院	2017－06－01	2017－06－01	侵害未成年人；典型案例	司法解释性质文件

续表

标题	颁布部门	颁布日期	实施日期	要点	效力层级
《未成年人刑事检察工作指引(试行)》	最高人民检察院	2017-03-02	2017-03-02	未成年人;刑事检察	司法解释性质文件
《最高人民检察院发布10起未成年人全面综合司法保护典型案(事)例》	最高人民检察院	2017-01-01	2017-01-01	未成年人;司法保护	司法解释性质文件
最高人民检察院发布10起检察机关加强未成年人司法保护典型案例》	最高人民检察院	2016-05-27	2016-05-27	未成年人司法保护;典型案例	司法解释性质文件
《关于加强未成年人检察工作专业化建设的意见》	最高人民检察院	2016-03-25	2016-03-25	未成年人检察工作专业化	司法解释性质文件
《最高人民法院公布八起侵害未成年人合法权益典型案例》	最高人民法院	2015-08-31	2015-08-31	侵害;未成年人合法权益;典型案例	司法解释性质文件
《检察机关加强未成年人司法保护八项措施》	最高人民检察院	2015-05-12	2015-05-12	未成年人;司法保护	司法解释性质文件

续表

标题	颁布部门	颁布日期	实施日期	要点	效力层级
《检察机关加强未成年人司法保护典型案(事)例》	最高人民检察院	2015-05-27	2015-05-27	未成年人;司法保护	司法解释性质文件
《惩治性侵害未成年人犯罪典型案例》	最高人民法院	2015-05-28	2015-05-28	性侵害未成年人;典型案例	司法解释性质文件
《关于进一步加强未成年人刑事检察工作的通知》	最高人民检察院	2014-12-02	2014-12-02	未成年人;刑事检察	司法解释性质文件
《关于依法处理监护人侵害未成年人权益行为若干问题的意见》	最高人民法院、最高人民检察院、公安部、民政部	2014-12-18	2015-01-01	监护人侵害未成年人	司法解释性质文件
《最高人民法院通报14起未成年人审判典型案例》	最高人民法院	2014-11-24	2014-11-24	未成年人;典型案例	司法解释性质文件
《最高人民法院公布七起通过网络实施的侵犯妇女未成年人等犯罪典型案例》	最高人民法院	2014-10-21	2014-10-21	网络;未成年人;典型案例	司法解释性质文件
《人民检察院办理未成年人刑事案件的规定》(2013修订)	最高人民检察院	2013-12-27	2013-12-27	未成年人刑事案件	司法解释性质文件

续表

标题	颁布部门	颁布日期	实施日期	要点	效力层级
《关于依法惩治性侵害未成年人犯罪的意见》	最高人民法院、最高人民检察院、公安部、司法部	2013-10-23	2013-10-23	性侵害未成年人	司法解释性质文件
《最高法公布三起性侵害未成年人犯罪典型案例》	最高人民法院	2013-10-24	2013-10-24	性侵害未成年人；典型案例	司法解释性质文件
《关于办理利用信息网络实施诽谤等刑事案件适用法律若干问题的解释》	最高人民法院、最高人民检察院	2013-09-06	2013-09-10	网络犯罪；网络安全管理	司法解释
《最高人民法院发布侵犯未成年人权益犯罪典型案例》	最高人民法院	2013-05-29	2013-05-29	未成年人权益；典型案例	司法解释性质文件
《最高人民检察院关于进一步加强未成年人刑事检察工作的决定》	最高人民检察院	2012-10-22	2012-10-22	未成年人刑事检察的决定	司法解释性质文件
《关于办理网络赌博犯罪案件适用法律若干问题的意见》	最高人民法院、最高人民检察院、公安部	2010-08-31	2010-08-31	网络犯罪；招揽未成年人参与网络赌博	司法解释

续表

标题	颁布部门	颁布日期	实施日期	要点	效力层级
《关于人民法院在互联网公布裁判文书的规定》(2016修订)	最高人民法院	2016－08－29	2016－10－01	未成年人犯罪的,法院裁判文书不在互联网公布	司法解释
《关于司法公开的六项规定》	最高人民法院	2009－12－08	2009－12－08	文书互联网公开时涉及未成年人的例外	司法解释性质文件
《人民检察院办理未成年人刑事案件的规定》(2013修订)	最高人民检察院	2013－12－27	2013－12－27	未成年人权益保障;司法保护	司法解释性质文件
《关于办理未成年人刑事案件适用法律的若干问题的解释》	最高人民法院	1996－01－30	1996－01－30	未成年人刑事案件;法律适用	司法解释
《关于认真开展未成年人犯罪案件检察工作的通知》	最高人民检察院	1992－09－22	1992－09－22	未成年人犯案件;检察工作	司法解释性质文件

[1]之所以称为司法解释性质文件,是因为它虽然不是直接的司法解释,但是是由最高司法机关依法发布的,具有司法解释性质,因此称为司法解释性质文件,并将其纳入了司法解释序列中。

(六)行业技术文件(国家标准)、行业协会及网络运营服务提供者的自律性规定

与未成年人网络保护相关的行业技术文件(国家标准)、行业协会及网络运营服务提供者的自律性规定,主要见表6-4。

表6-4 与未成年人网络保护相关的标准化规定、自律公约一览

标题	颁布部门	颁布日期	实施日期	要点	性质
《面向网络内容的未成年人不适龄提醒测评指南》	中国互联网协会	2021-04-27	2021-04-27	互联网;老少妇幼残保护;网络安全管理	标准化综合规定
《网络游戏行业企业社会责任管理体系》	中国互联网协会	2021-04-27	2021-04-27	互联网;老少妇幼残保护;网络安全管理	标准化综合规定
《数据安全治理能力评估方法》	中国互联网协会	2021-04-27	2021-04-27	互联网;老少妇幼残保护;网络安全管理	标准化综合规定
《关于发布〈广播电视网络安全等级保护定级指南〉等两项广播电视和网络视听行业标准的通知》	国家广播电视总局	2020-11-23	2020-11-23	网络安全	规范性文件
《网络安全标准实践指南——人工智能伦理安全风险防范指引》	全国信息安全标准化技术委员会秘书处	2021-01-05	2021-01-05	网络安全;人工智能伦理安全风险防范	规范性文件

续表

标题	颁布部门	颁布日期	实施日期	要点	性质
《网络安全标准实践指南——移动互联网应用程序(App)使用软件开发工具包(SDK)安全指引》	全国信息安全标准化技术委员会秘书处	2020-11-27	2020-11-27	网络安全;互联网	规范性文件
《网络安全标准实践指南——移动互联网应用程序(App)系统权限申请使用指南》	全国信息安全标准化技术委员会秘书处	2020-09-18	2020-09-18	网络安全	规范性文件
《网络安全标准实践指南——移动互联网应用程序(App)个人信息保护常见问题及处置指南》	全国信息安全标准化技术委员会秘书处	2020-09-18	2020-09-18	网络安全;移动互联应用;个人信息保护	规范性文件
《网络安全标准实践指南——移动互联网应用程序(App)收集使用个人信息自评估指南》	全国信息安全标准化技术委员会秘书处	2020-07-22	2020-07-22	互联网;个人信息;网络安全	规范性文件
《网络安全标准实践指南——远程办公安全防护》	全国信息安全标准化技术委员会秘书处	2020-03-13	2020-03-13	网络安全;远程办公安全防护	规范性文件

续表

标题	颁布部门	颁布日期	实施日期	要点	性质
《全国信息安全标准化技术委员会〈网络安全标准实践指南〉管理办法(暂行)》	全国信息安全标准化技术委员会秘书处	2019-08-21	2019-08-21	网络安全管理	规范性文件
《网络安全实践指南——移动互联网应用基本业务功能必要信息规范》	全国信息安全标准化技术委员会秘书处	2019-06-01	2019-06-01	网络安全管理	规范性文件
《网络安全实践指南——应对截获短信验证码实施网络身份假冒攻击的技术指引》	全国信息安全标准化技术委员会秘书处	2018-02-11	2018-02-11	网络安全管理	规范性文件
《关于联合开展未成年人网络环境专项治理行动的通知》	教育部等六部门	2020-08-19	2020-08-19	未成年人;网络环境;专项治理	规范性文件
《关于防止未成年人沉迷网络游戏的通知》	国家新闻出版署	2019-10-25	2019-10-25	未成年人;网络游戏	规范性文件
《全国信息安全标准化技术委员会〈网络安全标准实践指南〉管理办法(暂行)》	全国信息安全标准化技术委员会秘书处	2019-08-21	2019-08-21	互联网;网络安全管理	规范性文件

续表

标题	颁布部门	颁布日期	实施日期	要点	性质
《互联网个人信息安全保护指南》	公安部网络安全保卫局等	2019-04-10	2019-04-10	个人信息;安全保护	规范性文件
《关于发布〈网络关键设备和网络安全专用产品安全认证实施规则〉的公告》	国家认证认可监督管理委员会	2018-06-27	2018-06-27	网络安全管理	规范性文件
《网络关键设备和网络安全专用产品安全认证实施要求》	国家认证认可监督管理委员会	2018-05-30	2018-05-30	网络安全管理	规范性文件
《网络安全等级保护测评机构管理办法》	公安部第十一局	2018-03-23	2018-03-23	网络安全管理	规范性文件
《公共互联网网络安全突发事件应急预案》	工业和信息化部	2017-11-14	2017-11-14	网络安全管理;突发事件	规范性文件
《公共互联网网络安全威胁监测与处置办法》	工业和信息化部	2017-08-09	2018-01-01	网络安全管理	规范性文件
《国家网络安全事件应急预案》	中央网信办	2017-01-10	2017-01-10	网络安全管理	规范性文件
《关于加强国家网络安全标准化工作的若干意见》	原中央网络安全和信息化领导小组办公室等	2016-08-12	2016-08-12	网络安全标准	标准化工作规定

续表

标题	颁布部门	颁布日期	实施日期	要点	性质
《关于进一步加强对网上未成年人犯罪和欺凌事件报道管理的通知》	国家互联网信息办公室	2015-06-30	2015-06-30	互联网信息;未成年人犯罪	规范性文件
《关于开展第二批全国未成年人社会保护试点工作的通知》	民政部	2014-07-31	2014-07-31	未成年人;社会保护	规范性文件
《关于开展未成年人社会保护试点工作的通知》	民政部	2013-05-06	2013-05-06	未成年人;社会保护	规范性文件
《关于加大对网吧接纳未成年人违法行为处罚力度的通知》	原文化部	2010-03-19	2010-03-19	网吧;未成年人;违法;处罚力度	规范性文件
《关于印发〈未成年人网络游戏成瘾综合防治工程工作方案〉的通知》	原文化部、国家互联网信息办公室、工商总局等	2013-02-05	2013-02-05	未成年人;网络游戏;综合防治	规范性文件
《关于开展“网络游戏未成年人家长监护工程”实施情况检查工作的通知》	原文化部文化市场司	2011-03-24	2011-03-24	网络游戏;未成年人;家长监护	规范性文件

续表

标题	颁布部门	颁布日期	实施日期	要点	性质
《关于充分发挥工商行政管理职能作用深入推进未成年人思想道德建设的通知》	原国家工商行政管理总局	2010-01-28	2010-01-28	未成年人;思想道德;加强网吧管理;倡导文明网购	规范性文件
《关于严厉打击侵害未成年人违法犯罪活动切实保护未成年人健康成长的通知》	公安部	2009-06-01	2009-06-01	打击侵害未成年人违法犯罪活动;保护未成年人;健康成长	规范性文件
《关于贯彻落实〈中共中央办公厅、国务院办公厅关于进一步净化社会文化环境促进未成年人健康成长的若干意见〉的通知》	原文化部、国家文物局	2009-03-19	2009-03-19	社会文化;环境;未成年人健康	规范性文件
《关于向社会推荐第三批适合未成年人网络游戏产品的公告》	原文化部游戏产品内容审查委员会	2008-01-18	2008-01-18	未成年人;网络游戏;产品内容审查	规范性文件
《信息安全技术信息系统安全等级保护定级指南》	全国信息安全标准化技术委员会	2007-06-27	2007-06-27	信息安全;国家标准管理	规范性文件

续表

标题	颁布部门	颁布日期	实施日期	要点	性质
《关于公益性文化设施向未成年人免费开放的实施意见》	原文化部等12部委	2004-10-13	2004-10-13	公益性文化;未成年人;免费开放	规范性文件
《关于对广播影视加强和改进未成年人思想道德建设工作进行督察的通知》	国家广电总局	2004-07-12	2004-07-12	广播影视;未成年人;思想道德	规范性文件
《关于印发〈广播影视加强和改进未成年人思想道德建设的实施方案〉的通知》	原国家广播电影电视总局	2004-04-30	2004-04-30	未成年人;思想道德	规范性文件
《教育部关于学习贯彻〈中共中央国务院关于进一步加强和改进未成年人思想道德建设的若干意见〉的实施意见》	教育部	2004-06-01	2004-06-01	未成年人;义务教育	规范性文件
《关于公共文化设施向未成年人等社会群体免费开放的通知》	原文化部、国家文物局	2004-03-19	2004-03-19	公共文化设施;未成年人;免费开放	规范性文件
《关于正确引导未成年人健康上网游戏的意见》	原文化部游戏产品内容审查委员会	2005-07-20	2005-07-20	产品内容审查;未成年人健康	规范性文件

续表

标题	颁布部门	颁布日期	实施日期	要点	性质
《关于暑假期间开展禁止未成年人进入网吧特别行动的通知》	原文化部、原国家工商行政管理总局、教育部、共青团中央	2004－06－18	2004－06－18	禁止未成年人；网吧	规范性文件
《关于贯彻落实全国加强和改进未成年人思想道德建设工作会议精神的实施意见》	原国家工商行政管理总局	2004－05－26	2004－05－26	未成年人；思想道德	规范性文件
《关于落实广播影视加强和改进未成年人思想道德建设工作电视电话会议精神的通知》	原国家广播电影电视总局	2004－05－18	2004－05－18	广播影视；未成年人；思想道德	规范性文件
《关于保障未成年人合法权益做好未成年人法律援助工作的通知》	司法部、共青团中央	1996－11－12	1996－11－12	未成年人；合法权益；法律援助	规范性文件
《防范未成年人沉迷网络倡议书》	中国互联网协会	2020－06－01	2020－06－01	未成年人，网络沉迷	自律公约
《儿童个人网络信息保护倡议书》	中国网络社会组织联合会	2019－07－18	2019－07－18	网络保护；未成年人；个人信息	自律公约

续表

标题	颁布部门	颁布日期	实施日期	要点	性质
《北京网络直播行业自律公约》	北京市网络文化协会	2016－04－13	2016－04－13	互联网；网络规范	自律公约
《互联网搜索引擎服务自律公约》	中国互联网协会	2012－11－01	2012－11－01	互联网；网络服务	自律公约
《抵制网络谣言倡议书》	中国互联网协会	2012－04－08	2012－04－08	互联网；生态治理	自律公约
《互联网终端软件服务行业自律公约》	中国互联网协会	2011－08－11	2011－08－11	互联网；网络服务	自律公约
《未成年人健康参与网络游戏提示》	中国青少年网络协会	2010－05－28	2010－05－28	未成年人；网络游戏	自律公约
《博客服务自律公约》	中国互联网协会	2007－08－21	2007－08－21	互联网	自律公约
《抵制恶意软件自律公约》	中国互联网协会	2006－12－27	2006－12－27	互联网；网络安全	自律公约
《文明上网自律公约》	中国互联网协会	2006－04－19	2006－04－19	互联网	自律公约
《中国互联网网络版权自律公约》	中国互联网协会	2005－09－03	2005－09－03	互联网	自律公约
《搜索引擎服务商抵制淫秽、色情等违法和不良信息自律规范》	中国互联网协会	2004－12－22	2004－12－22	互联网；生态治理	自律公约

续表

标题	颁布部门	颁布日期	实施日期	要点	性质
《互联网站禁止传播淫秽、色情等不良信息自律规范》	中国互联网协会	2004－06－10	2004－06－10	互联网；生态治理	自律公约
《互联网新闻信息服务自律公约》	中国互联网协会	2003－12－08	2003－12－08	互联网；信息服务	自律公约
《中国互联网行业自律公约》	中国互联网协会	2001－12－03	2001－12－03	互联网	自律公约
《全国青少年网络文明公约》	中国青少年网络协会	2001－11－22	2001－11－22	网络素养；网络安全	自律公约

此外，还有全国百家网站共同发起的《百家网站网络关爱青少年倡议书》，中国互联网协会发起的《"积极传播正能量，坚守'七条底线'"的倡议书》《"中国互联网协会网络诚信推进联盟"发起倡议书》等自律性文件。

另外，关于互联网安全的国家标准，还公布了以下征求意见稿，见表6－5：

表6－5 信息安全技术国家标准的专项征集意见稿一览

草案及征求意见稿	颁布部门	征求意见的时间
国家标准《信息安全技术 反垃圾邮件产品技术要求和测试评价方法》（征求意见稿）	全国信息安全标准化技术委员会秘书处	2021年1月26日发布，2021年3月26日截止
国家标准《信息安全技术 区块链信息服务安全规范》（征求意见稿）	全国信息安全标准化技术委员会秘书处	2021年1月22日发布，2021年3月22日截止

续表

草案及征求意见稿	颁布部门	征求意见的时间
国家标准《信息安全技术 信息安全事件分类分级指南》(征求意见稿)	全国信息安全标准化技术委员会秘书处	2021年1月22日发布,2021年3月22日截止
国家标准《信息安全技术 公共域名服务系统安全要求》(征求意见稿)	全国信息安全标准化技术委员会秘书处	2021年1月22日发布,2021年3月22日截止
国家标准《信息安全技术 可信执行环境服务规范》(征求意见稿)	全国信息安全标准化技术委员会秘书处	2020年12月30日发布,2021年2月28日截止
国家标准《信息安全技术 个人信息安全规范》(征求意见稿)	全国信息安全标准化技术委员会秘书处	2019年6月25日发布,2019年8月8日截止
国家标准《信息安全技术 个人信息安全工程指南》(征求意见稿)	全国信息安全标准化技术委员会秘书处	2019年6月25日发布,2019年8月8日截止
国家标准《信息安全技术 网络安全等级保护定级指南》(征求意见稿)	全国信息安全标准化技术委员会秘书处	2018年1月19日发布,2018年3月5日截止

二、从立法内容看我国网络空间未成年人保护的法律规制现状

未成年网络空间的法律规制,牵涉立法、行政、司法不同的环节。从未成年人网络空间权益的法律属性来看,既包括私法上的利益,也包括公法上的利益,甚至是第三法益社会法上的利益。从保护客体的角度来看,所保护的法益可能为财产权益,也可能为人格权等人身权益。从保护的权利来看,包括网络生存权、网络发展权、网络参与权以及司法保护权。从立法内容上来看,我国现有法律规范涵盖了网络空间未成年人个人信息和隐私保护、网络安全管理、网络空间生态治理、数据安全管理等

方面。我国网络空间未成年人保护的立法内容散见于私法、社会法等不同的法律中。现对于我国已经出台的涉及未成年人网络空间权益保护的主要立法内容梳理如下：

(一)《民法典》关于未成年人保护、隐私权和个人信息保护的规定

1. 有关未成年人和未成年人保护的规定

首先,《民法典》对“未成年人”进行了定义。对于未成年人网络空间的法律规制,自然“未成年人”和“网络空间”是其中的关键词。《民法典》首次对“未成年人”进行了明确界定,即“不满十八周岁的自然人为未成年人”,①以 18 周岁为分界线,18 周岁以上的自然人为成年人。

其次,《民法典》将未成年人中的限制民事行为能力人与无民事行为能力人的年龄界限由原《民法通则》的“10 周岁”调整为了“8 周岁”。同时结合了未成年人的民事行为能力的受限抑或没有确定未成年人民事法律行为如何实施的规则。

最后,《民法典》明确父母对未成年子女负有抚养、教育和保护的义务,其中“保护”的内容为新增内容,并对未成年人的监护人以及监护人的顺序进行规定。② 民法典对于夫妻双方对未成年子女的权利、义务规

---

① 需要注意的是,《未成年人保护法》对“未成年人”也进行了定义,“本法所称未成年人是指未满十八周岁的公民”。对比《民法典》对“未成年人”的定义“不满十八周岁的自然人为未成年人”,不难发现,两部法律对“未成年人”的定义稍有不同,“公民”和“自然人”还是有区别的。《民法典》于 2020 年 5 月 28 日公布,2021 年 1 月 1 日开始实施。《未成年人保护法》于 2020 年 10 月 17 日修订公布,于 2021 年 6 月 1 日起施行。从制定、公布时间和法律实施(施行)时间来看,《未成年人保护法》明明在后,为什么它没有和《民法典》的规定保持一致,是立法者忽略了还是故意而为之,不得而知。笔者从法律体系的一致性角度,认为《未成年人保护法》采用《民法典》对“未成年人”的定义更为合适。

② 《民法典》第 26 条第 1 款规定:“父母对未成年子女负有抚养、教育和保护的义务。”第 27 条规定:“父母是未成年子女的监护人。未成年人的父母已经死亡或者没有监护能力的,由下列有监护能力的人按顺序担任监护人:(一)祖父母、外祖父母;(二)兄、姐;(三)其他愿意担任监护人的个人或者组织,但是须经未成年人住所地的居民委员会、村民委员会或者民政部门同意。”

定了平等享有、共同承担的原则,①同时规定父母对未成年子女造成他人损害的行为依法承担民事责任。②

2.有关隐私权和个人信息保护

为适应社会发展,强化人格权中隐私权和个人信息的保护,《民法典》第四编"人格权"编第六章对隐私权和个人信息保护予以了专章规定,明确规定自然人享有隐私权,对"隐私"予以了法律概念上的界定,③对侵害隐私权的方式进行了列举式规定。④

《民法典》在个人信息保护的法律条文中对个人信息进行了概念上的界定。⑤ 同时,《民法典》规定了个人信息的收集、存储、使用、加工、传输、提供、公开等处理应遵循合法、正当、必要原则,且必须符合个人信息处理限制的四个条件即征得同意、公开处理规则、明示处理方式和处理范围及处理目的、不得违反法律或约定;⑥明确规定了自然人对其个人信息的查阅复制权、提出异议权、请求删除权;⑦在对个人信息进行保护的同时,为了不影响正常的社会运行,规定了信息处理者不承担民事责任的情形;⑧对于个人信息中的私密信息适用隐私权的规定还是适用个人信息保护的

---

① 参见《民法典》第1058条。这里的保护,既是家庭关系中父母对未成年子女的权利,也是义务。

② 参见《民法典》第1068条。

③ 隐私是自然人的私人生活安宁和不愿为他人知晓的私密空间、私密活动、私密信息。参见《民法典》第1032条。

④ 参见《民法典》第1033条。

⑤ 参见《民法典》第1034条第2款规定:"个人信息是以电子或者其他方式记录的能够单独或者与其他信息结合识别特定自然人的各种信息,包括自然人的姓名、出生日期、身份证件号码、生物识别信息、住址、电话号码、电子邮箱、健康信息、行踪信息等。"

⑥ 参见《民法典》第1035条。

⑦ 参见《民法典》第1037条。

⑧ 《民法典》第1036条规定:"处理个人信息,有下列情形之一的,行为人不承担民事责任:(一)在该自然人或者其监护人同意的范围内合理实施的行为;(二)合理处理该自然人自行公开的或者其他已经合法公开的信息,但是该自然人明确拒绝或者处理该信息侵害其重大利益的除外;(三)为维护公共利益或者该自然人合法权益,合理实施的其他行为。"

规定,规定了适用规则;规定了国家机关及其工作人员对自然人的隐私和个人信息的保密义务。① 此外,《民法典》还作出规定,法律对未成年人的民事权利保护有特别规定的,依照其规定。②

(二)《未成年人保护法》中网络保护的相关规定

2020 年 10 月修订、自 2021 年 6 月 1 日起开始施行的《未成年人保护法》增设了"网络保护"专章,该章通过十七个法律条文,从网络保护的理念、网络环境管理、网络企业责任、网络信息管理、个人网络信息保护、网络沉迷防治、网络欺凌及侵害的预防和应对等方面进行了规范。这是我国第一部对未成年人网络空间法律规制予以专章规定的法律,在一定程度上填补了未成年人网络空间保护法律缺失的问题。

《未成年人保护法》网络保护的具体内容主要包括:应当加强未成年人及未成年人父母或其他监护人网络素养宣传教育,培养提高未成年人及其父母或其他监护人的网络素养③;国家鼓励和支持有利于未成年人健康成长的网络内容的创作与传播,鼓励和支持专为未成年人服务并适合未成年人的网络技术、产品、服务的研发、生产和使用④;网信部门及有关部门应当加强对未成年人网络保护工作的监督检查和依法惩处,以及对可能影响未成年人身心健康网络信息的种类、范围和判断标准进行甄别确定⑤;沉迷网络的预防和干预⑥;网络保护软件或其他安全保护技术设施的安装要求⑦;网络教学活动的合理使用⑧;信息处理者对未成年人个人信息通过网络处理时的义务;网络产品(包括但不限于网络游戏)

---

① 参见《民法典》第 1039 条。
② 参见《民法典》第 128 条。
③ 参见《未成年人保护法》第 64 条、第 71 条。
④ 参见《未成年人保护法》第 65 条。
⑤ 参见《未成年人保护法》第 66 条、第 67 条。
⑥ 参见《未成年人保护法》第 68 条。
⑦ 参见《未成年人保护法》第 69 条。
⑧ 参见《未成年人保护法》第 70 条。

和服务提供者以未成年人为服务对象时的特别义务①；对未成年人实施网络欺凌行为的禁止以及救助权②；投诉、举报以及报告危害未成年人身心健康的渠道和路径③。

《未成年人保护法》新增的“网络保护”专章，是我国未成年人网络空间法律规制内容上的一大立法进步，但是，由于它是在保留原有框架体系下进行的立法修订，因此在未成年人保护法立法体系逻辑融洽性上存在一定的问题。修订后的《未成年人保护法》一共九章，剔除立法常有的“总则”“法律责任”“附则”，我们可以看到该法第二章到第七章的标题分别是“家庭保护”“学校保护”“社会保护”“网络保护”“政府保护”“司法保护”。从章标题来看，不难发现除网络保护外，其他各章基本上是从未成年人保护义务的承担主体的角度来进行规定的。只有“网络保护”一章，是从未成年人生活的互联网环境来进行规定的。《未成年人保护法》在2020年修订前，是从国家、社会、学校、家庭作为不同的责任主体，在各自职责范围内履行保护责任的角度予以规定的。2020年修订增加的“政府保护”，与原有的立法框架也是相洽的，然而，“网络保护”这一章打破了原有立法框架的和谐性。网络保护涉及政府保护、家庭保护、学校保护和社会保护，且政府、家庭、学校、社会的职责界限相互衔接、交叉，单一主体履行单一职责难以实现全面的网络保护。

《未成年人保护法》在增加“网络保护”专章的基础上，第八章“法律责任”也相应规定了信息处理人或者网络产品和服务提供者在违反《未

---

① 参见《未成年人保护法》第73～76条。

② 参见《未成年人保护法》第77条。

③ 参见《未成年人保护法》第78～80条。

成年人保护法》相关规定时，有关部门可以对其采取的处罚措施。①

修订后的《未成年人保护法》“附则”对“学生欺凌”的含义进行了界定，从而将学生欺凌中的网络欺凌也间接纳入未成年人保护法的调整范围。②

（三）《预防未成年人犯罪法》对未成年人不良网络行为的干预

2020年12月26日修正、自2021年6月1日开始施行的《预防未成年人犯罪法》，紧跟《未成年人保护法》的修订，也增加了预防未成年人网络犯罪的相关内容。首先，第一章“总则”部分规定各级人民政府在预防未成年人犯罪方面的工作职责时，首次将“网信”部门纳入开展预防未成年人犯罪工作的政府部门。其次，第二章“预防犯罪的教育”增加了建立学生欺凌防控制度，这一制度的责任主体是教育行政部门及其要会同的有关部门。最后，第三章“对不良行为的干预”对“不良行为”进行了定义，并将网络沉迷和接触不良网络信息纳入不良行为。③ 此外，《预防未成年人犯罪法》还将建立学生欺凌防控制度纳入第二章“预防犯罪的教育”部分。需要注意的是，《预防未成年人犯罪法》规定建立学生欺凌防控制度的责任部门是教育部门会同有关部门，学校负责健全发现和处

---

① 《未成年人保护法》第127条规定：“信息处理者违反本法第七十二条规定，或者网络产品和服务提供者违反本法第七十三条、第七十四条、第七十五条、第七十六条、第七十七条、第八十条规定的，由公安、网信、电信、新闻出版、广播电视、文化和旅游等有关部门按照职责分工责令改正，给予警告，没收违法所得，违法所得一百万元以上的，并处违法所得一倍以上十倍以下罚款，没有违法所得或者违法所得不足一百万元的，并处十万元以上一百万元以下罚款，对直接负责的主管人员和其他责任人员处一万元以上十万元以下罚款；拒不改正或者情节严重的，并可以责令暂停相关业务、停业整顿、关闭网站、吊销营业执照或者吊销相关许可证。”

② 参见《未成年人保护法》第130条。关于学生欺凌防控工作制度的规定，参见该法第39条。

③ 《预防未成年人犯罪法》第28条规定，“本法所称不良行为，是指未成年人实施的不利于其健康成长的下列行为：……（四）沉迷网络……（八）阅览、观看或者收听宣扬淫秽、色情、暴力、恐怖、极端等内容的读物、音像制品或者网络信息等……”

置学生欺凌的工作流程;①而《未成年人保护法》规定学校不仅应当建立学生欺凌防控工作制度,还应当肩负开展防治学生欺凌的教育和培训的义务,以及发现学生欺凌行为时的制止、通知、报告义务等。两部法律就学生欺凌制度的责任主体规定不太一致。

(四)《网络安全法》和网络安全管理的相关规定

《网络安全法》适用于我国境内建设、运营、维护和使用网络以及网络安全的监督管理。该法自 2017 年 6 月 1 日起施行。该法立法目的就是保障网络安全即网络运行安全和网络信息安全,该法对“网络”“网络安全”“网络运营者”“网络数据”“个人信息”均进行了界定。②

该法规定负责统筹协调网络安全和监管管理的政府责任部门为国家网信部门,其他政府部门依法在各自职责范围参与网络安全保护和监管。③ 对于未成年人的网络环境安全,该法规定国家鼓励支持有助于未成年人身心健康成长的网络产品、服务的研发,并依法惩治通过网络实施的侵害未成年人身心的行为。④

另外,根据该法规定,国家实行网络安全等级保护制度。2018 年 6 月,公安部发布的《网络安全等级保护条例(征求意见稿)》将网络分为五个安全保护等级,第五级为最高级。其中将公民的合法权益造成损

---

① 参见《预防未成年人犯罪法》第 20 条。

② 《网络安全法》第 76 条规定:“(一)网络,是指由计算机或者其他信息终端及相关设备组成的按照一定的规则和程序对信息进行收集、存储、传输、交换、处理的系统。(二)网络安全,是指通过采取必要措施,防范对网络的攻击、侵入、干扰、破坏和非法使用以及意外事故,使网络处于稳定可靠运行的状态,以及保障网络数据的完整性、保密性、可用性的能力。(三)网络运营者,是指网络的所有者、管理者和网络服务提供者。(四)网络数据,是指通过网络收集、存储、传输、处理和产生的各种电子数据。(五)个人信息,是指以电子或者其他方式记录的能够单独或者与其他信息结合识别自然人个人身份的各种信息,包括但不限于自然人的姓名、出生日期、身份证件号码、个人生物识别信息、住址、电话号码等。”

③ 参见《网络安全法》第 8 条。

④ 参见《网络安全法》第 13 条。

害、造成严重损害、造成特别严重损害分别对应第一级、第二级、第三级。① 不过该征求意见稿后续并没有正式出台。

(五)《数据安全法》和数据安全管理的相关规定

数据安全管理也是未成年人网络空间权益保护法律规制需要关注的问题。《数据安全法》共七章五十五条。该法"总则"对"数据""数据处理""数据安全"均进行了定义②,并规定了数据分类分级保护的数据安全制度、数据安全审查制度,以及网络安全等级制度基础上的数据安全保护义务。根据该法对"数据"的定义,可以看到电子方式对信息的记录属于数据安全法的保护范围,因此,以电子方式对未成年人信息的记录当然也属于《数据安全法》的保护范围。此外,该法还规定个人与数据有关的权益受国家保护,禁止数据处理活动损害个人的合法权益。③ 同《网络安全法》一样,《数据安全法》明确依法负责统筹协调网络数据安全和相关监管工作的是国家网信部门,公安机关、国家安全机关依法在各自职责范围内承担数据安全监管职责。通过对照《网络安全法》和《数据安全法》的相关规定,可以发现,国家网信部门既是网络安全又是数据安全的统筹协调、监管部门。

该法规定数据处理活动的开展必须合法,并对收集数据的方式、目

---

① 参见《网络安全保护等级条例(征求意见稿)》,载公安部网2018年6月27日,https://www.mps.gov.cn/n2254536/n4904355/c6159136/content.html?from=timeline。

② 参见《数据安全法》第3条规定:"本法所称数据,是指任何以电子或者其他方式对信息的记录。数据处理,包括数据的收集、存储、使用、加工、传输、提供、公开等。数据安全,是指通过采取必要措施,确保数据处于有效保护和合法利用的状态,以及具备保障持续安全状态的能力。"

③ 《数据安全法》第7条规定:"国家保护个人、组织与数据有关的权益,鼓励数据依法合理有效利用,保障数据依法有序自由流动,促进以数据为关键要素的数字经济发展。"第8条规定:"开展数据处理活动,应当遵守法律、法规,尊重社会公德和伦理,遵守商业道德和职业道德,诚实守信,履行数据安全保护义务,承担社会责任,不得危害国家安全、公共利益,不得损害个人、组织的合法权益。"

的、范围应遵循的规则进行了规定。同时，该法对国家机关的数据收集和使用也进行了限制，并规定了国家机关对个人隐私和个人信息的保密义务。①

需要指出的是，相比《数据安全法（草案）》，《数据安全法》将"数据活动"调整为"数据处理"②。对比"数据活动"和"数据处理"这两个定义，可以发现数据处理适用范围更广泛。对于数据传输，无论是否构成数据交易，都属于数据处理，都要适用《数据安全法》的相关规定。

（六）《个人信息保护法》和未成年人个人信息保护的相关规定

对于自然人来讲，无论是成年人还是未成年人，其个人信息在大数据时代都更容易遭到侵害，都需要法律保护。

2017 年 3 月颁布、自 2017 年 10 月 1 日开始实施的《民法总则》首次明确规定自然人的个人信息受法律保护。③ 2020 年 5 月 28 日公布、自 2021 年 1 月 1 日起施行的《民法典》在规定自然人个人信息受法律保护的基础上，对"个人信息"进行了法律概念上的界定，并对处理个人信息的限制及免责事由、个人信息决定权以及信息处理者应承担的个人信息安全义务、国家机关及其工作人员对个人信息的保密义务予以了规定。2020 年 10 月 21 日，《中华人民共和国个人信息保护法（草案）》公布。2021 年 8 月 20 日，《个人信息保护法》经第十三届全国人民代表大会常务委员会第三十次会议通过并公布，自 2021 年 11 月 1 日起施行。该法的颁布，为数字化时代的中国个人信息保护提供了专门法律，是我国数字治理法治化进程中的重要里程碑。综观我国个人信息保护法的立法进程，体现了我国对个人信息保护的重视。《个人信息保护法》不仅规定

---

① 参见《数据安全法》第 8 条、第 32 条、第 38 条。

② 《数据安全法（草案）》第 3 条规定，"数据活动指数据的收集、存储、加工、使用、提供、交易、公开等行为"。《数据安全法》第 3 条规定，"数据处理包括数据的收集、存储、使用、加工、提供、传输、公开等行为"。

③ 《民法典》生效后，《民法总则》失效。

了个人信息保护法的立法目的和基本原则，还对个人信息处理规则、个人信息跨境流动规则、个人信息处理活动中个人的权利和个人信息处理者的义务、个人信息保护的职责部门以及法律责任予以了单章规定。

《个人信息保护法》对未成年人的保护主要体现在将“不满十四周岁未成年人的个人信息”纳入“敏感个人信息”的规定，适用敏感个人信息处理规则。具体处理规则主要包括：第一，除非采取严格保护措施且具有特定的目的和充分的必要性，否则个人信息处理者不可处理敏感个人信息；第二，应取得个人的单独同意，如果法律、行政法规要求应取得书面同意的，从其规定；第三，个人信息处理者在处理个人信息前，除向个人告知个人信息处理者的名称或者姓名和联系方式外，还应向个人告知处理敏感个人信息的必要性以及对个人权益的影响，法律另有规定的除外；第四，个人信息处理者处理不满 14 周岁未成年人个人信息的，应取得未成年人的父母或其他监护人的同意；第五，个人信息处理者处理不满十四周岁未成年人个人信息的，应当制定专门的个人信息处理规则。①

遗憾的是，该法仅将“不满十四周岁未成年人个人信息”纳入了“敏感个人信息”，对未成年人的个人信息保护却没有实施不分年龄的全面平等保护原则。另外，该法对“个人信息”的界定与《网络安全法》对“个人信息”的界定也不一致。② 两部法律为何会做区分界定，是否可能因此导致法律适用的纷争？这种不一致的目的何在，尚需立法者进行进一

① 参见《个人信息保护法》第 28 ~ 31 条。

② 《个人信息保护法》第 4 条对“个人信息”“个人信息的处理”进行了界定，即“个人信息是以电子或者其他方式记录的与已识别或者可识别的自然人有关的各种信息，不包括匿名化处理后的信息。个人信息的处理包括个人信息的收集、存储、使用、加工、传输、提供、公开、删除等”。《网络安全法》第 76 条将“个人信息”界定为“个人信息，是指以电子或者其他方式记录的能够单独或者与其他信息结合识别自然人个人身份的各种信息，包括但不限于自然人的姓名、出生日期、身份证件号码、个人生物识别信息、住址、电话号码等”。

步的解释或者出台相关的司法解释。

关于互联网未成年人个人信息保护的规定还有《儿童个人信息网络保护规定》《互联网个人信息安全保护指南》。《互联网个人信息安全保护指南》对“个人信息”的定义同《网络安全法》。① 该指南作为部门规范性文件,在引言中明确“……供互联网服务单位在个人信息保护工作中参考借鉴”,“参考借鉴”一词的使用,使该规范性文件的效力大打折扣。

《儿童个人信息网络保护规定》是由国家互联网信息办公室于 2019 年 8 月 22 日公布,自 2019 年 10 月 1 日起施行的部门规章。该规定一共 29 条,从网络运营者的义务及儿童、儿童监护人的权利的角度进行了规定,主要包括以下内容:(1)网络运营者:处理信息应遵循“正当必要、知情同意、目的明确、安全保障、依法利用”的原则②;不得违反法律或约定收集儿童个人信息,存储不得超过实现其收集、使用目的所必需的期限;应采取加密等措施存储,对其工作人员控制授权范围、知悉范围、信息访问权限;委托第三方处理时,应进行安全评估。(2)儿童或者监护人:有要求更正、删除权。

该规定在特定时段和范围内,特别是在《未成年人保护法》(2020 修订)施行前从一定程度上填补了我国未成年人个人信息网络保护的立法缺失。该规定至今依然有效,且从未进行修订,但是从其公布施行的时间、立法依据以及适用范围来看,我们发现该规定也存在一些问题:首先,在立法依据上,“根据《中华人民共和国网络安全法》《中华人民共和国未成年人保护法》等法律法规”,该规定制定和公布时依据的《未成年人保护法》目前已然发生了很大变化。其次,在适用范围上,该规定的

---

① 《网络安全法》第 76 条规定,“个人信息,是指以电子或者其他方式记录的能够单独或者与其他信息结合识别自然人个人身份的各种信息,包括但不限于自然人的姓名、出生日期、身份证件号码、个人生物识别信息、住址、电话号码等”。

② 参见《儿童个人信息网络保护规定》第 7 条、第 9 条、第 10 条。

"所称儿童,是指不满十四周岁的未成年人"①这一界定将已满 14 周岁不满 18 周岁的未成年人排除在了适用范围之外,使他们无法受到该规定的保护。这一做法,不仅与《民法典》《未成年人保护法》不协调,而且与我国已经加入的联合国《儿童权利公约》也不协调。联合国《儿童权利公约》阐明儿童因身心尚未成熟,在其出生以前和以后均需要特殊的保护和照料,包括法律上的适当保护,并在公约第一条对"儿童"进行了界定,"儿童系指 18 岁以下的任何人,除非对其适用之法律规定成年年龄低于 18 岁"。《民法典》或者《民法典》颁布实施之前的《民法总则》②均规定了"十八周岁以上的自然人为成年人。不满十八周岁的自然人为未成年人"。而《儿童个人信息网络保护规定》依然另设标准,将"儿童"界定为不满 14 周岁的未成年人,实为不妥。结合《民法典》关于监护、法定代理的规定,也未将 14 周岁作为一个标准另弄一套制度。最后,该规定从"网络运营者"单一主体规定儿童个人信息保护,明显过于局限。儿童个人信息的网络保护,不仅和网络运营者有关,开展个人信息的收集、利用、加工、传输活动的一项或多项的法人、非法人组织,即信息业者都可能与此有关,如网络服务提供者等。

（七）涉及未成年人保护的网络内容规制

《广告法》《公共文化服务保障法》《公共图书馆法》《电影产业促进法》等法律从产品内容、文化服务等角度对于涉及未成年人的内容予以了特别规定,相关规定要点已经在本章"从立法层级看我国未成年人网络空间法律规制的发展"中进行了阐述,此处不再赘述。除上述法律外,涉及网络内容管理的主要行政法规有:

国务院于 2011 年 1 月 8 日颁布并实施的《互联网信息服务管理办法》,对互联网信息服务活动予以规范。该办法将通过互联网向上网用

---

① 参见《儿童个人信息网络保护规定》第 1 条、第 2 条。

② 《民法典》施行后,《民法总则》《民法通则》废止。

户提供信息的服务活动称为互联网信息服务①,并按照是否有偿提供信息服务活动将其分为经营性和非经营性两类。需要说明的是,现行有效的《互联网信息服务管理办法》(2011 修订),在互联网信息服务从事提供者的禁止性行为中并没有直接规定不得制作、复制、发布、传播含有危害未成年人身心健康,不利于未成年人健康成长的信息或者为含有危害未成年人身心健康,不利于未成年人健康成长的信息提供技术、设备支持或者其他帮助。2021 年 1 月 8 日,国家互联网信息办公室发布了《互联网信息服务管理办法(修订草案征求意见稿)》,在该征求意见稿中,增加了互联网信息服务提供者不得制作、复制、发布、传播含有危害未成年人身心健康,不利于未成年人健康成长的信息或者为含有危害未成年人身心健康,不利于未成年人健康成长的信息提供技术、设备支持或者其他帮助的禁止性义务条款。② 这一调整,有利于更明确地保护未成年人的网络权益。

国务院于 2020 年 11 月 29 日公布并开始实施的《出版管理条例》(2020 修订)规定,以未成年人为对象的出版物不得含有诱发未成年人模仿违反社会公德的行为和违法犯罪的行为的内容,不得含有恐怖、残酷等妨害未成年人身心健康的内容。③

《电影管理条例》规定,“国家鼓励、扶持科学教育片、纪录片、美术片及儿童电影片的制片、发行和放映”。④

此外,还有一大批行政规章、部门性文件针对网络内容管理作出了

---

① 目前正在公开征求意见的《互联网信息服务管理办法(修订草案征求意见稿)》对“互联网信息服务”重新进行了界定,互联网信息服务“是指为用户提供互联网信息发布和应用平台,包括但不限于互联网新闻信息服务、搜索引擎、即时通讯、交互式信息服务、网络直播、网络支付、广告推广、网络存储、网络购物、网络预约、应用软件下载等互联网服务”。

② 参见《互联网信息服务管理办法(修订草案征求意见稿)》(2021)第 26 条。

③ 参见《出版管理条例》第 26 条。

④ 参见《电影管理条例》第 50 条。

规定，具体来说主要有《未成年人节目管理规定》《网络信息内容生态治理规定》《互联网文化管理暂行规定》《互联网信息服务管理办法》①《电视剧内容管理规定》《电影剧本（梗概）备案、电影片管理规定》《专网及定向传播视听节目服务管理规定》《网络出版服务管理规定》《关于防止未成年人沉迷网络游戏的通知》《关于正确引导未成年人健康上网游戏的意见》等。这些行政规章、部门性文件针对网络内容管理规定的主要内容如下：

《未成年人节目管理规定》适用于未成年人节目的制作、传播活动。该规定对“未成年人节目”进行了定义。② 根据该定义，无论是广播电视节目通过网络播放，还是网络视听节目，只要是属于未成年人节目的，均要遵循该规定。该规定从节目规范、传播规范、监督管理、法律责任等维度进行了全面规定，主要内容如下：规定未成年人节目应尊重未成年人人格尊严，保护未成年人的隐私等合法权益，防止未成年人节目商业化、成人化和过度娱乐化，以保护未成年人身心健康，保障未成年人合法权益；③对于节目规范，列举规定了未成年人节目禁止包含的内容；④对于未成年人节目前后播出广告或者播出过程中插播广告予以了专门规定；⑤对于传播规范规定了“未成年人专门频率频道、网络专区不得播出

① 2021年1月公布征求意见稿，目前实施的是2011年修订版本。

② 《未成年人节目管理规定》第2条第2款规定：“本规定所称未成年人节目，包括未成年人作为主要参与者或者以未成年人为主要接收对象的广播电视节目和网络视听节目。”

③ 参见《未成年人节目管理规定》第1条、第4条。

④ 参见《未成年人节目管理规定》第8条、第9条。第9条关于未成年节目禁止有的内容共16项，笔者将在网络空间中比较容易进行呈现的内容即“渲染暴力、血腥、恐怖，教唆犯罪或者传授犯罪方法；除健康、科学的性教育之外的涉性话题、画面；介绍或者展示自杀、自残和其他易被未成年人模仿的危险行为及游戏项目等；宣传、介绍不利于未成年人身心健康的网络游戏”从规定中特意提取出来，其他禁止有的内容详见第9条规定。

⑤ 参见《未成年人节目管理规定》第18条。

未成年人不宜收听收看的节目”的规则；规定播前审查制度；规定至少每隔30分钟发送提示休息的信息；并对未成年人专门频率频道播出未成年人节目的比例进行了规定；广播电视播出机构、网络视听节目服务机构[①]应建立未成年人保护专员制度、未成年人节目评估委员会以及未成年人节目社会评价制度。

《网络信息内容生态治理规定》是根据《国家安全法》《网络安全法》《互联网信息服务管理办法》等法律、行政法规制定，适用于网络信息内容生态治理活动[②]。该规定明确网络信息内容生态治理和监督管理工作由网信部门负责统筹协调，从网络信息内容生产者、网络信息内容服务平台、网络信息内容服务使用者、网络行业组织、监督管理、法律责任等维度进行了规定。[③] 该规定特别规定了网络信息内容生产者应当采取措施，防范和抵制制作、复制、发布含有可能引发未成年人模仿不安全行为和违反社会公德行为、诱导未成年人不良嗜好等的不良信息。[④] 该规定鼓励网络信息内容服务平台坚持主流价值导向，优化信息推荐机制，加强版面页面生态管理，在专门以未成年人为服务对象的网络信息内容专栏、专区和产品等(包括服务类型、位置版块等)积极呈现符合该

---

① 《未成年人节目管理规定》第39条规定，“本规定所称网络视听节目服务机构，是指互联网视听节目服务机构和专网及定向传播视听节目服务机构”。

② 根据该规定，网络信息内容生态治理是指政府、企业、社会、网民等主体，以培育和践行社会主义核心价值观为根本，以网络信息内容为主要治理对象，以建立健全网络综合治理体系、营造清朗的网络空间、建设良好的网络生态为目标，开展的弘扬正能量、处置违法和不良信息等相关活动。参见《网络信息内容生态治理规定》第2条。

③ 网络信息内容生产者，是指制作、复制、发布网络信息内容的组织或者个人。网络信息内容服务平台，是指提供网络信息内容传播服务的网络信息服务提供者。网络信息内容服务使用者，是指使用网络信息内容服务的组织或者个人。参见《网络信息内容生态治理规定》第41条。

④ 参见《网络信息内容生态治理规定》第7条。

规定第5条①规定的信息；鼓励网络信息内容服务平台开发适合未成年人使用的模式，提供适合未成年人使用的网络产品和服务，便利未成年人获取有益身心健康的信息。②

《互联网文化管理暂行规定》的立法依据是《网络安全法》、全国人民代表大会常务委员会《关于维护互联网安全的决定》、《互联网信息服务管理办法》。该规定对“互联网文化产品”“互联网文化活动”“互联网文化单位”进行了定义，③对从事互联网文化活动的条件和申请文件进行了规定；将互联网文化活动分为经营性和非经营性两类，并分别予以了规定；对互联网文化单位的文化产品不得载有的内容也进行了列举式规定，主要是参照了《互联网信息服务管理办法》的有关规定。④ 遗憾的是，该规定未对未成年人互联网文化产品、文化活动予以特别关注和规

---

① 《网络信息内容生态治理规定》第5条规定：“鼓励网络信息内容生产者制作、复制、发布含有下列内容的信息：（一）宣传习近平新时代中国特色社会主义思想，全面准确生动解读中国特色社会主义道路、理论、制度、文化的；（二）宣传党的理论路线方针政策和中央重大决策部署的；（三）展示经济社会发展亮点，反映人民群众伟大奋斗和火热生活的；（四）弘扬社会主义核心价值观，宣传优秀道德文化和时代精神，充分展现中华民族昂扬向上精神风貌的；（五）有效回应社会关切，解疑释惑，析事明理，有助于引导群众形成共识的；（六）有助于提高中华文化国际影响力，向世界展现真实立体全面的中国的；（七）其他讲品味讲格调讲责任、讴歌真善美、促进团结稳定等的内容。”

② 参见《网络信息内容生态治理规定》第11条、第13条。

③ 《互联网文化管理暂行规定》第2条规定，“互联网文化产品是指通过互联网生产、传播和流通的文化产品，主要包括：（一）专门为互联网而生产的网络音乐娱乐、网络游戏、网络演出剧（节）目、网络表演、网络艺术品、网络动漫等互联网文化产品；（二）将音乐娱乐、游戏、演出剧（节）目、表演、艺术品、动漫等文化产品以一定的技术手段制作、复制到互联网上传播的互联网文化产品”；第3条规定，“互联网文化活动是指提供互联网文化产品及其服务的活动，主要包括：（一）互联网文化产品的制作、复制、进口、发行、播放等活动；（二）将文化产品登载在互联网上，或者通过互联网、移动通信网等信息网络发送到计算机、固定电话机、移动电话机、电视机、游戏机等用户端以及网吧等互联网上网服务营业场所，供用户浏览、欣赏、使用或者下载的在线传播行为；（三）互联网文化产品的展览、比赛等活动”；第4条规定，“互联网文化单位，是指经文化行政部门和电信管理机构批准或者备案，从事互联网文化活动的互联网信息服务提供者”。

④ 参见《互联网信息服务管理办法》第15条。

定。另外,作为其立法依据的《互联网信息服务管理办法》目前正在进行修订,修订草案正在公开征求意见。

《电视剧内容管理规定》根据《广播电视管理条例》制定。该规定要求电视剧不得载有的内容之一就有禁止电视剧载有有害未成年人身心健康或侵害未成年人合法权益的内容。①

《电影剧本(梗概)备案、电影片管理规定》根据《电影管理条例》制定。该规定虽然在关于电影片禁止载有的内容的条文中,没有像《电视剧内容管理规定》那样直接规定禁止含有有害未成年人身心健康或侵害未成年人合法权益的内容,但是规定了国家提倡创作有利于保护未成年人健康成长的优秀电影。②

《专网及定向传播视听节目服务管理规定》是为规范专网及定向视听节目服务秩序,促进行业健康有序发展而制定。该规定对专网及定向传播视听节目服务进行了定义③,并规定禁止专网及定向传播视听节目服务单位传播的节目含有损害未成年人身心健康或侵害未成年人合法权益的内容。④

《网络出版服务管理规定》从网络出版服务许可、网络出版服务管理、监督管理、保障与奖励、法律责任等多维度进行了规定,并对"网络出版服务"和"网络出版物"进行了定义。该规定在"网络出版服务管理"一章明确规定禁止网络出版物含有披露未成年人个人隐私的内容、诱发未成年人模仿违反社会公德和违法犯罪行为的内容以及恐怖、残酷等妨害未成年人身心健康的内容;⑤在"保障与奖励"一章规定,国家支持、鼓励专门以未成年人为对象、内容健康的或者其他有利于未成年人健康成

① 参见《电视剧内容管理规定》第 5 条。
② 参见《电影剧本(梗概)备案、电影片管理规定》第 12 条、第 13 条。
③ 参见《专网及定向传播视听节目服务管理规定》第 2 条。
④ 参见《专网及定向传播视听节目服务管理规定》第 16 条。
⑤ 参见《网络出版服务管理规定》第 25 条。

长的优秀的、重点的网络出版物的出版。①

《关于防止未成年人沉迷网络游戏的通知》是国家新闻出版署为规范网络游戏服务，有效预防和遏制未成年人沉迷网络游戏、过度消费等行为而公布的。根据该通知规定，网络游戏企业应遵守网络游戏用户实名制的要求，应严格控制未成年人使用网络游戏的时段、时长以及落实对游戏用户的适龄提示制度。该通知通过规定不同年龄段的未成年人单次充值金额上限、单月充值金额上限对网络游戏企业向未成年人提供付费服务进行了规范。

《关于正确引导未成年人健康上网游戏的意见》是原文化部 2005 年 7 月 20 日公布的。该意见指出网络游戏在丰富未成年人业余生活的同时，也带来了未成年人沉迷网络游戏和暴力等不良内容侵害的问题。原文化部游戏产品内容审查委员会负责对进口游戏产品的内容审查，并对国产游戏进行备案，防止暴力、恐怖、残忍等有害内容的产品进入我国。该意见认为，应当允许孩子适度游戏，但要严格限制游戏时间，坚决避免沉迷游戏。正确引导未成年人健康上网游戏，需要政府、学校、家长、企业、协会以及社会各界的共同努力。该意见也是为了贯彻落实 2004 年发布的中共中央、国务院《关于进一步加强和改进未成年人思想道德建设的若干意见》的相关精神。

三、思考之一：我国未成年人网络保护法律规制的不足

近几年，我国规制网络空间的法律密集出台，相比之前的空白或缺失，无疑是一大进步，但是我们也必须清醒地认识到，有关未成年人网络空间规制的法律规定系统化还不够，已经出台或即将出台的法律之间的衔接性、一致性以及系统性还存在一些不足。我们只有意识到这些不足，并解决这些问题，才能进一步完善未成年人网络空间的法律规制，从而实现未成年人网络空间法律规制的根本目的，为未成年人营造一个风

① 参见《网络出版服务管理规定》第 46 条。

清气正的网络空间。

（一）立法层级偏低，专门性偏弱

虽然先后颁布的全国人民代表大会常务委员会《关于维护互联网安全的决定》《关于加强网络信息保护的决定》均适用于未成年人网络空间的法律规制，但是由于其对互联网安全和网络信息保护适用的广泛性，导致其在适用于未成年人网络空间法律规制时，具体内容和针对性上偏弱。目前我国关于未成年人网络空间法律规制的法律主要有《未成年人保护法》《预防未成年人犯罪法》。此外，《民法典》《网络安全法》《数据安全法》《个人信息保护法》《法律援助法》《教育法》《广告法》《公共文化服务保障法》《公共图书馆法》《电影产业促进法》《家庭教育促进法》等，这些虽然在立法位阶上属于法律，但是关于未成年人网络空间法律规制内容的基本只有一两个法律条文。《未成年人保护法》虽然增加了关于未成年人"网络保护"的专章，但是，未成年人网络空间法律规制不是该法第五章十五个法律条文就可以涵盖的。

关于未成年人网络空间信息服务的规范、未成年人网络空间安全的规范在行政法规层面予以了极为有限的规定，例如，《互联网信息服务管理办法》《互联网上网服务营业场所管理条例》《信息网络传播权保护条例》《计算机信息系统安全保护条例》《计算机信息网络国际联网安全保护管理办法》《电影管理条例》《娱乐场所管理条例》等均是国务院出台的行政法规。

关于未成年人个人信息网络保护的规范、未成年人网络空间内容的生态治理以及未成年人网络空间安全的规范，主要停留在部门规章层面。例如，《网络信息内容生态治理规定》《儿童个人信息网络保护规定》《网络音视频信息服务管理规定》《电视剧内容管理规定》《电视和互联网用户个人信息保护规定》《具有舆论属性或社会动员能力的互联网信息服务安全评估规定》《互联网新闻信息服务新技术新应用安全评估管理规定》《互联网新闻信息服务管理规定》《互联网文化管理暂行规定》《电影剧本(梗概)备案、电影片管理规定》《电影艺术档案管理规定》《网络安全审查办法》《互联网个人信息安全保护指南》《信息安全等级保护管理办法》《App 违法违规收集使用个人信息行为认定方法》《关于开展 App 违法违规收集使用个人信息专项治理的公告》《网络出版服务管理规定》《网络交易管理办法》《专网及定向传播视听节目服务管理规定》《互联网视听节目服务管理规定》《互联网广告管理暂行办法》《互联网信息内容管理行政执法程序规定》《未成年人节目管理规定》《关于进一步加强对网上未成年人犯罪和欺凌事件报道管理的通知》《关于加大对网吧接纳未成年人违法行为处罚力度的通知》《关于严厉打击侵害未成年人违法犯罪活动切实保护未成年人健康成长的通知》《关于进一步净化社会文化环境促进未成年人健康成长的若干意见》《关于公益性文化设施向未成年人免费开放的实施意见》《关于公共文化设施向未成年人等社会群体免费开放的通知》《关于保障未成年人合法权益做好未成年人法律援助工作的通知》《关于联合开展未成年人网络环境专项治理行动的通知》《关于防止未成年人沉迷网络游戏的通知》《未成年人网络游戏成瘾综合防治工程工作方案》《关于开展"网络游戏未成年人家长监护工程"实施情况检查工作的通知》《关于向社会推荐第三批适合未成年人网络游戏产品的公告》《关于正确引导未成年人健康上网游戏的意见》《关于暑假期间开展禁止未成年人进入网吧特别行动的通知》《关于落实广播影视加强和改进未成年人思想道德建设工作电视电话会议精神的通知》《关于促进移动互联网健康有序发展的意见》等。

关于未成年人网络空间的司法保护，则停留在司法解释或司法解释性质的规范性文件层面，主要有《关于审理侵害信息网络传播权民事纠纷案件适用法律若干问题的规定》(2020 修正)、《关于办理侵犯公民个人信息刑事案件适用法律若干问题的解释》、《关于办理利用互联网、移动通讯终端、声讯台制作、复制、出版、贩卖、传播淫秽电子信息刑事案件具体应用法律若干问题的解释》、《关于办理利用互联网、移动通讯终端、声讯台制作、复制、出版、贩卖、传播淫秽电子信息刑事案件具体应用法律若干问题的解释(二)》、《关于利用网络云盘制作、复制、贩卖、传播淫秽电子信息牟利行为定罪量刑问题的批复》、《检察机关办理侵犯公民个人信息案件指引》、《关于加强新时代未成年人审判工作的意见》、《最高人民检察院发布5起侵害未成年人案件强制报告典型案例》、《关于建立侵害未成年人案件强制报告制度的意见(试行)》、《最高人民法院发布7起依法严惩侵害未成年人权益典型案例》、《最高人民检察院发布3件依法严惩利用未成年人实施黑恶势力犯罪典型案例》、《关于依法严惩利用未成年人实施黑恶势力犯罪的意见》、《最高人民检察院发布20起检察机关依法严惩侵害未成年人犯罪 加强未成年人司法保护典型案例》、《最高检发布推动加强和创新未成年人保护社会治理十大典型案(事)例》、《最高人民法院发布保护未成年人权益十大优秀案例》、《最高人民法院发布10起利用互联网侵害未成年人权益的典型案例》、《最高检发布10起检察机关依法惩治侵害未成年人犯罪 加强未成年人司法保护典型案(事)例》、《最高人民法院发布6起依法惩治侵害未成年人犯罪典型案例》《未成年人刑事检察工作指引(试行)》、《最高人民检察院发布10起未成年人全面综合司法保护典型案(事)例》、《最高人民检察院发布10起检察机关加强未成年人司法保护典型案例》、《关于加强未成年人检察工作专业化建设的意见》、《最高人民法院公布八起侵害未成年人合法权益典型案例》、《关于印发〈检察机关加强未成年人司法保护八项措施〉的通知》、《关于进一步加强未成年人刑事检察工作的通知》、《关于依法处理监护人侵害未成年人权益行为若干问题的意见》、《最高人民法院通报14起未成年人审判典型案例》、《最高人民法院公布七起通过网络实施的侵犯妇女未成年人等犯罪典型案例》、《人民检察院办理未成年人刑事案件的规定》、《关于依法惩治性侵害未成年人犯罪的意见》、《最高法公布三起性侵害未成年人犯罪典型案例》、《关于办理利用信息网络实施诽谤等刑事案件适用法律若干问题的解释》、《最高人民法院发布侵犯未成年人权益犯罪典型案例》、《最高人民检察院关于进一步加强未成年人刑事检察工作的决定》、《关于办理网络赌博犯罪案件适用法律若干问题的意见》、《关于司法公开的六项规定》、《人民检察院办理未成年人刑事案件的规定》(2013 修订)、《关于办理未成年人刑事案件适用法律的若干问题的解释》、《关于认真开展未成年人犯罪案件检察工作的通知》、《关于审理利用信息网络侵害人身权益民事纠纷案件适用法律若干问题的规定》(2020 修正)等。

(二)法律之间存在不协调

有关未成年人网络空间规制的法律之间,如《未成年人保护法》《民法典》之间,《未成年人保护法》《预防未成年人犯罪法》《教育法》《家庭教育促进法》之间,《网络安全法》《数据安全法》《个人信息保护法》之间,《民法典》《个人信息保护法》《未成年人保护法》《儿童个人信息网络保护规定》之间均存在不同程度的协调性差或互相之间不协调的问题。

1.《未成年人保护法》和《民法典》之间的不协调

《未成年人保护法》和《民法典》对于“未成年人”的概念定义不同。虽然说可以一词多义,但是在法律条文中,除非有特别的考虑因素,为避免不协调或有歧义理解,建议法律词语概念上予以协调统一。《未成年人保护法》第 2 条规定“本法所称未成年人是指未满十八周岁的公民”,《民法典》第 17 条规定“不满十八周岁的自然人为未成年人”。《民法典》于 2020 年 5 月颁布,自 2021 年 1 月 1 日起实施,《未成年人保护法》于 2020 年 10 月通过并公布,自 2021 年 6 月 1 日起施行。从两部法律的公布时间以及生效时间来看,明显《未成年人保护法》修改公布在后,生效实施时间也在后,但是其在关于“未成年人”的定义上却没有遵循《民法典》对“未成年人”的定义,而是另外进行了规定。对比两部法律关于“未成年人”的定义,主要有两点不同:(1)“未满”和“不满”;(2)“公民”和“自然人”。如果说第一点不同只是文字形式上的不同,在含义上并不构成实质区别,那么第二点不同则不仅是文字形式上的不同,很明显“公民”和“自然人”的内涵并不一样。两部法律关于“未成年人”定义的不同,将直接影响法律的适用范围和保护的主体范围的不同。《未成年人保护法》关于“未成年人”的这一定义,笔者认为,“未满”“不满”这种形式上的不同,为避免造成误解,建议用词统一。关于“自然人”和“公民”的不同,因为涉及保护对象的范围不同,考虑网络空间的无国界、无地域性特点,笔者认为用“自然人”更为合适。

需要指出的是,与《未成年人保护法》基本同步修订的《预防未成年人犯罪法》在其法律条文中未对“未成年人”再进行单独的定义。

2.《未成年人保护法》《预防未成年人犯罪法》《教育法》之间的不协调

《未成年人保护法》《预防未成年人犯罪法》《教育法》之间的不协调造成对未成年人不良行为的干预主体规定的不一致,不同法律之间需要协调统一规定。《预防未成年人犯罪法》将“沉迷网络”“进入法律法规规定未成年人不宜进入的场所”以及“阅览、观看或者收听宣扬淫秽、色情、暴力、恐怖、极端等内容的读物、音像制品或者网络信息等”①均列为了不利于未成年人健康成长的不良行为。但是,对于不良行为的干预主体,只列了未成年人的父母或者其他监护人、公安机关、居委会、村委会、学校,连“幼儿园”都没有列在内。《未成年人保护法》明确规定“保护未成年人,是国家机关、武装力量、政党、人民团体、企业事业单位、社会组织、城乡基层群众性自治组织、未成年人的监护人以及其他成年人的共同责任”。笔者认为,对不良行为的干预,本质上也是对未成年人的一种保护。根据《未成年人保护法》的规定,学校、幼儿园、校外培训机构、未成年人救助保护机构、儿童福利机构等均被界定为“密切接触未成年人

---

① 参见《预防未成年人犯罪法》第28条。

的单位”①。未成年人接受教育的第一阶段就是学前教育,未成年人触网的年龄越来越低,《预防未成年人犯罪法》在规定不良行为的干预主体时却忽略了“幼儿园”,很明显是一种立法上的瑕疵。《教育法》第二章“教育的基本制度”明确规定了“学前教育”,并在第三章教育主体上规定了“学校和其他教育机构”。对于不同法律之间的相关规定如何协调或解释,是未成年人网络空间法律规制亟待解决的问题。

3.《网络安全法》《数据安全法》《个人信息保护法》之间的不协调

《网络安全法》《数据安全法》《个人信息保护法》对规定信息处理者处理信息的原则有待协调。根据《数据安全法》对“数据”②的定义,网络信息实质上也是一种数据。而个人信息,本质上也是一种数据。网络空间中的未成年人个人信息,既属于网络信息安全的保护范畴,也属于数据安全的应有之义。未成年人个人信息、网络信息安全和数据安全密不可分。目前《网络安全法》第四章“网络信息安全”主要是对网络运营者对其收集的用户信息需承担的义务和遵循的原则进行了规定,并规定了个人对于其个人信息对网络运营者享有的权利。《网络安全法》对网络运营者收集、使用个人信息,提出了“合法、正当、必要、公开、明示、同意”的收集、使用原则。③《数据安全法》第四章“数据安全保护义务”主要对重要数据处理者的义务进行了规定,并对任何组织、个人收集数据的原则以及收集、使用数据的目的、范围进行了规定。《数据安全法》对

① 《未成年人保护法》第130条规定,“密切接触未成年人的单位,是指学校、幼儿园等教育机构;校外培训机构;未成年人救助保护机构、儿童福利机构等未成年人安置、救助机构;婴幼儿照护服务机构、早期教育服务机构;校外托管、临时看护机构;家政服务机构;为未成年人提供医疗服务的医疗机构;其他对未成年人负有教育、培训、监护、救助、看护、医疗等职责的企业事业单位、社会组织等”。

② 《数据安全法》第3条规定,“本法所称数据,是指任何以电子或者其他方式对信息的记录”。

③ 《网络安全法》第41条第1款规定,“网络运营者收集、使用个人信息,应当遵循合法、正当、必要的原则,公开收集、使用规则,明示收集、使用信息的目的、方式和范围,并经被收集者同意”。

于数据的收集,只提出了“合法、正当”的要求。《个人信息保护法》对于“个人信息的收集”,提出了应限于实现处理目的的最小范围,不得过度收集个人信息的要求。关于个人信息的处理,《个人信息保护法》规定应遵循合法、正当、必要、诚信、公开、透明原则,禁止通过误导、欺诈、胁迫等方式处理个人信息,应公开个人信息处理规则,明示处理的方式、范围、目的。① 从条文来看,《个人信息保护法》的“具有明确、合理的目的,并应当与处理目的直接相关,采取对个人权益影响最小的方式”可以理解为《网络安全法》的“必要”“遵循公开、透明的原则,明示个人信息处理规则”同《网络安全法》的“公开、明示”原则。但是,《网络安全法》的“经被收集者同意”的同意原则,只是《个人信息保护法》对于个人信息处理者可以处理个人信息的情形之一②,并没有和“合法、正当、必要、诚信、公开、透明”一样作为原则。

《儿童个人信息网络保护规定》则是规定网络运营者在处理儿童个人信息时,须遵循“正当必要、知情同意、目的明确、安全保障、依法利用的原则”。在处理个人信息,尤其是未成年人个人信息时,如何界定信息处理者？信息处理者是否只包括网络运营者？以及如何确立处理未成年人个人信息的原则？这些问题都非常重要,只有在《网络安全法》、《数据安全法》以及《个人信息保护法》协调适应的基础上,才有利于对未成年人的个人信息的处理原则从严规定。

---

① 参见《个人信息保护法》第5~7条。

② 《个人信息保护法》第13条规定:“符合下列情形之一的,个人信息处理者方可处理个人信息:(一)取得个人的同意;(二)为订立、履行个人作为一方当事人的合同所必需,或者按照依法制定的劳动规章制度和依法签订的集体合同实施人力资源管理所必需;(三)为履行法定职责或者法定义务所必需;(四)为应对突发公共卫生事件,或者紧急情况下为保护自然人的生命健康和财产安全所必需;(五)为公共利益实施新闻报道、舆论监督等行为,在合理的范围内处理个人信息;(六)依照本法规定在合理的范围内处理个人自行公开或者其他已经合法公开的个人信息;(七)法律、行政法规规定的其他情形。依照本法其他有关规定,处理个人信息应当取得个人同意,但是有前款第二项至第七项规定情形的,不需取得个人同意。”

(三)未成年人网络保护相关法律规定不一致

1. 不同法律对学生欺凌防控制度的责任主体规定不一致

例如,《预防未成年人犯罪法》第二章"预防犯罪的教育"规定了建立学生欺凌防控制度,根据该法规定,负有建立学生欺凌防控制度的责任主体是"教育行政部门会同有关部门",学校负有完善学生欺凌发现和处置的工作流程,加强日常安全管理,严格排查并及时消除可能导致学生欺凌行为的各种隐患的义务。① 《未成年人保护法》规定了学校应当建立学生欺凌防控工作制度,并规定了学校开展防治学生欺凌的教育和培训的义务,以及发现学生欺凌行为时的制止、通知、报告义务等。②《未成年人保护法》并没有直接对"教育行政部门""有关部门"作为建立学生欺凌防控制度的责任主体予以特别规定,只是规定了"对严重的欺凌行为,学校不得隐瞒,应当及时向公安机关、教育行政部门报告,并配合相关部门依法处理"。可见两部法律对于学生欺凌制度的责任主体的规定不太一致。

2. 不同法律对于未成年人保护事项的年龄划分标准不一致

《民法典》以 8 周岁为界,将 8 周岁以上的未成年人规定为限制民事行为能力人,将不满 8 周岁的未成年人视为无民事行为能力人。对于限制民事行为能力人,其实施民事法律行为由其法定代理人代理或者经其法定代理人同意、追认,但其可以独立实施纯获利益的民事法律行为或者与其年龄、智力相适应的民事法律行为。而无民事行为能力人,由其

---

① 参见《预防未成年人犯罪法》第 20 条、第 21 条关于学生欺凌防控制度的相关规定。

② 《未成年人保护法》第 39 条规定:"学校应当建立学生欺凌防控工作制度,对教职员工、学生等开展防治学生欺凌的教育和培训。学校对学生欺凌行为应当立即制止,通知实施欺凌和被欺凌未成年学生的父母或者其他监护人参与欺凌行为的认定和处理;对相关未成年学生及时给予心理辅导、教育和引导;对相关未成年学生的父母或者其他监护人给予必要的家庭教育指导。对实施欺凌的未成年学生,学校应当根据欺凌行为的性质和程度,依法加强管教。对严重的欺凌行为,学校不得隐瞒,应当及时向公安机关、教育行政部门报告,并配合相关部门依法处理。"

法定代理人代理实施民事法律行为。①

《未成年人节目管理规定》则是分别适用14周岁、10周岁的标准，其规定未成年人节目前后播出广告或者播出过程中插播广告，针对不满14周岁的未成年人的商品或者服务的广告，不得含有劝诱其要求家长购买广告商品或者服务、可能引发其模仿不安全行为的内容；不得利用不满10周岁的未成年人作为广告代言人。②

《未成年人节目管理规定》规定"不得利用不满十周岁的未成年人作为广告代言人"，对未成年人的年龄限制未采用8周岁的标准。如果说是因为《未成年人节目管理规定》颁布实施时间为2019年，早于《民法典》的颁布才会如此。但是实际上2017年颁布并实施的《民法总则》③已经以8周岁作为了划分无民事行为能力人和限制民事行为能力人的标准。

3.《网络安全法》《信息保护法》及相关司法解释对"个人信息"的定义不一致

《网络安全法》规定，"个人信息，是指以电子或者其他方式记录的能够单独或者与其他信息结合识别自然人个人身份的各种信息，包括但不限于自然人的姓名、出生日期、身份证件号码、个人生物识别信息、住址、电话号码等"。④《个人信息保护法》规定，"个人信息是以电子或者其他方式记录的与已识别或者可识别的自然人有关的各种信息，不包括匿名化处理后的信息"。比较《网络安全法》和《个人信息保护法》关于对"个人信息"的界定，可以看出，《个人信息保护法》将"匿名化处理后的信息"排除在个人信息的范围之外。而最高人民法院、最高人民检察院《关于办理侵犯公民个人信息刑事案件适用法律若干问题的解释》对

---

① 参见《民法典》第19条、第20条。

② 参见《未成年人节目管理规定》第18条。

③ 《民法典》施行后，《民法总则》已废止。

④ 参见《网络安全法》第76条。

《刑法》第 253 条规定的侵犯公民个人信息罪中的“公民个人信息”则定义为指以电子或者其他方式记录的能够单独或者与其他信息结合识别特定自然人身份或者反映特定自然人活动情况的各种信息，包括姓名、身份证件号码、通信联系方式、住址、账号密码、财产状况、行踪轨迹等。同样的法律用语，在不同法律之间有无做不一样界定的必要？这也是值得立法者思考的问题。

4.《个人信息保护法》《儿童个人信息网络保护规定》对“个人信息的处理”的界定不一致

《个人信息保护法》第 4 条规定，“个人信息的处理包括个人信息的收集、存储、使用、加工、传输、提供、公开、删除等”。而根据《儿童个人信息网络保护规定》的规定，“通过网络从事收集、存储、使用、转移、披露儿童个人信息等活动”①均为对儿童个人信息的处理。通过对比发现，《个人信息保护法》《儿童个人信息网络保护规定》中“收集、存储、使用”都属于个人信息的处理，但是《个人信息保护法》中的“加工、运输、提供、公开、删除”和《儿童个人信息网络保护规定》中的“转移、披露”并不一致。

（四）未成年人网络空间司法保护制度有待建立健全

《未成年人保护法》2020 年修订版保留了“司法保护”专章，并在原有内容基础上增加了以下规定：（1）司法机关②应确定专门机构或指定专人办理涉及未成年人案件，办理此类案件时应听取未成年人的意见，并对办案人员性别、专业技能提出了要求和评价考核标准。③（2）除查找失踪、被拐卖未成年人等情形外，禁止司法机关披露案件中未成年人

① 《儿童个人信息网络保护规定》第 3 规定：“在中华人民共和国境内通过网络从事收集、存储、使用、转移、披露儿童个人信息等活动，适用本规定。”

② 所谓司法机关是对公安机关、人民检察院、人民法院、司法行政部门的统称，下同。

③ 参见《未成年人保护法》第 101 条。

的姓名、影像等可能识别出其身份的个人信息。① (3)法律援助机构或司法机关对于需要法律援助或司法救助的未成年人,应当给予对应的帮助。② (4)检察院有权依法监督涉及未成年人的诉讼活动,有权督促、支持有关组织和个人对于未成年人合法权益受到侵害的事宜代为提起诉讼,并有权对涉及公共利益的提起公益诉讼。③ (5)规定了公安机关、检察院、法院讯问或询问未成年当事人应遵守的规则,同时规定了应采取技术手段等保护措施保护必须出庭作证的未成年被害人、证人的隐私;④对在未成年人遭受性侵害或者暴力伤害案件中询问未成年被害人、证人应遵守的规则予以了规定。⑤ (6)对遭受性侵害或者暴力伤害的未成年被害人及其家庭,政府有关部门与社会力量应互相配合,提供心理干预、法律援助、经济救助、转学安置等保护措施。⑥《未成年人保护法》"司法保护"专章上述内容的增加,无疑是未成年人保护立法上的一大进步。但遗憾的是,"司法保护"专章主要是对未成年人的诉权及诉讼活动给予的保护,却未对未成年人网络空间的司法保护给予特别规定。该法"网络保护"和"司法保护"两章,从法条上也是割裂开的,没有

① 《未成年人保护法》第103条规定:"公安机关、人民检察院、人民法院、司法行政部门以及其他组织和个人不得披露有关案件中未成年人的姓名、影像、住所、就读学校以及其他可能识别出其身份的信息,但查找失踪、被拐卖未成年人等情形除外。"

② 参见《未成年人保护法》第104条。

③ 参见《未成年人保护法》第105条、第106条。

④ 《未成年人保护法》第110条规定:"公安机关、人民检察院、人民法院讯问未成年犯罪嫌疑人、被告人,询问未成年被害人、证人,应当依法通知其法定代理人或者其成年亲属、所在学校的代表等合适成年人到场,并采取适当方式,在适当场所进行,保障未成年人的名誉权、隐私权和其他合法权益。人民法院开庭审理涉及未成年人案件,未成年被害人、证人一般不出庭作证;必须出庭的,应当采取保护其隐私的技术手段和心理干预等保护措施。"

⑤ 《未成年人保护法》第112条规定:"公安机关、人民检察院、人民法院办理未成年人遭受性侵害或者暴力伤害案件,在询问未成年被害人、证人时,应当采取同步录音录像等措施,尽量一次完成;未成年被害人、证人是女性的,应当由女性工作人员进行。"

⑥ 参见《未成年人保护法》第111条。

任何衔接。对于网络空间侵犯未成年人个人信息的违法犯罪行为，最高人民法院、最高人民检察院《关于办理侵犯公民个人信息刑事案件适用法律若干问题的解释》也并没有将其列为刑法第253条之一规定的“情节严重”或“情节特别严重”的情形。对于网络服务提供者拒不履行法律规定的未成年人个人信息网络安全管理义务的，也没有特别规定。笔者建议，基于网络空间传播的迅捷性以及传播范围的扩大和未成年人弱势群体的特殊主体属性，对于网络空间侵犯未成年人个人信息的犯罪行为，应制定专门的侵犯未成年人个人信息罪以及对未成年人拒不履行信息网络安全管理义务罪，并在情节认定时宜从宽，在定罪量刑上宜从严。对未成年人的网络空间予以特殊的司法保护，保护儿童不受网络空间的伤害或在其受到网络空间的伤害时给予及时有效的司法救济，这对于建立适合未成年人健康成长的世界非常重要。

（五）相关法律之间的衔接有待完善

1.《数据安全法》《网络安全法》《个人信息保护法》之间的衔接问题

2021年6月10日公布、自2021年9月1日起施行的《数据安全法》规定，重要数据的处理者应当按照规定对其数据活动定期开展风险评估，并向有关主管部门报送风险评估报告，风险评估报告的内容应包括处理的重要数据的种类、数量，数据处理活动的开展情况等。① 但是该法对于“重要数据”缺少界定，对于“有关主管部门”是指网信部门还是行业主管部门抑或是公安机关、国家安全机关，也是语焉不详。对于未成年人的个人信息、个人数据能否视为重要数据，《个人信息保护法》对此也没有进行规定，只是将不满14周岁的未成年人的个人信息纳入了“敏感个人信息”。

此外，《数据安全法》第3条对“数据”“数据处理”“数据安全”进行

① 参见《数据安全法》第30条。

了界定,①根据该法的规定,数据包括电子数据或者其他方式对信息的记录。但是已经颁布实施的《网络安全法》中用的却是“网络数据”,《网络安全法》将“网络数据”定义为“通过网络收集、存储、传输、处理和产生的各种电子数据”。网络数据和电子数据是否是同一个概念?其内涵和外延是否相同?《数据安全法》的相关条文,不仅要考虑该法本身条文之间的系统性和逻辑性,和已经生效实施的《网络安全法》之间的衔接也很重要,因为这将事关法律的实施效果。《个人信息保护法》对“个人信息”进行了界定,那么网络数据、电子数据、个人信息相互之间是一个什么样的关系?因此《网络安全法》《个人信息保护法》《数据安全法》之间的衔接协调适用,依然是立法者需要解决的问题。

2.《家庭教育促进法》《教育法》《未成年人保护法》之间的衔接问题

关于家庭教育的主体问题,《家庭教育促进法》和《未成年人保护法》之间的衔接存在问题。《家庭教育促进法》第2条对何为家庭教育进行了界定,所谓“家庭教育,是指父母或者其他监护人为促进未成年人全面健康成长,对其实施的道德品质、身体素质、生活技能、文化修养、行为习惯等方面的培育、引导和影响”。该法规定未成年人的父母或者其他监护人是实施家庭教育的责任主体,共同生活的其他成年家庭成员在家庭教育中是协助、配合的角色。② 根据上述规定可以看出,未成年人家庭教育的责任主体是未成年人的父母或其他监护人,共同生活的其他成年家庭成员在家庭教育中具有协助、配合义务。但是根据《未成年人保护法》“家庭保护”中的规定,“共同生活的其他成年家庭成员有协助教

---

① 《数据安全法》第3条规定,“数据,是指任何以电子或者其他方式对信息的记录。数据处理,包括数据的收集、存储、使用、加工、传输、提供、公开等。数据安全,是指通过采取必要措施,确保数据处于有效保护和合法利用的状态,以及具备保障持续安全状态的能力”。

② 参见《家庭教育促进法》第4条、第14条第2款。

育和保护未成年人的义务”。[①] 两部法律对共同生活的其他成年家庭成员在家庭教育中的角色定位除“协助”义务外,虽然只是“配合”“保护”一词之差,但是词语的内涵却完全不同,特别是在未成年人的权益遭到父母或其他监护人侵害时,共同生活的其他成年家庭成员的角色定位、权利义务以及责任,对于未成年人权益的保护就很重要。

关于未成年人的网络素养问题,《家庭教育促进法》《未成年人保护法》之间缺乏衔接。《未成年人保护法》明确规定家庭应培养和提高未成年人的网络素养,未成年人的监护人应规范自身用网行为,提高网络素养,从而引导和监督未成年人用网行为。[②]《家庭教育促进法》虽然规定未成年人的父母或者其他监护人应当针对不同年龄段未成年人的身心发展特点,开展以关注未成年人心理健康,教导其珍爱生命,对其进行健康上网和防欺凌、防诈骗、防拐卖、防性侵等方面的安全知识教育,帮助其掌握安全知识和技能,增强其自我保护意识和能力为内容的家庭教育,但是并未直接规定网络素养的培养。“网络素养”和“健康上网、防欺凌、防诈骗、防拐卖、防性侵”是否能等同?笔者认为并不能直接画等号。另外,《教育法》规定“在中华人民共和国境内的各级各类教育,适用本法”,根据《教育法》的条文可以发现,其主要是规定学校教育的,宽泛地讲,是对学校和其他教育机构的教育予以规定,但是它涵盖了针对未成年人的学前教育、初等教育、中等教育等。《家庭教育促进法》和《教育法》之间的关系和衔接,包括现有的《教育法》是否需要调整法律名称,都值得思考和商榷。

四、思考之二:我国未成年人网络保护立法的核心问题

未成年人网络空间法律规制,和信息技术领域的立法密切相关。未

---

① 《未成年人保护法》第15条规定:“未成年人的父母或者其他监护人应当学习家庭教育知识,接受家庭教育指导,创造良好、和睦、文明的家庭环境。共同生活的其他成年家庭成员应当协助未成年人的父母或者其他监护人抚养、教育和保护未成年人。”

② 参见《未成年人保护法》第64条、第71条。

成年人网络空间的法律规制，不仅横跨传播学、信息学、法学等多个学科，涉及新媒体的社会治理、互联网的技术发展、未成年人的权益保护，而且在法学内部，也涉及公法、私法、社会法三大法域，具有复杂性、交叉性和综合性。

（一）未成年人网络保护法保护的法益

法律是诸多规范互联网的方法和手段中最基础最根本的保障。对未成年人的网络空间进行规制，必须研究未成年人网络立法保护的法益以及规制对象。在此基础上，才能确立未成年人网络立法的基本原则，并勾勒出基本的立法框架。

1. 未成年人网络保护法的法益特点

立法的核心问题是认识和协调利益。立法以追求利益最大化为目的，并在利益选择过程中兼顾法律的人道化。这里的利益最大化当然是指社会利益总量的最大化。利益，按其是否具有法属性可界分为法益、非法利益、法外放任利益。法益指法承认、实现、保障的利益，非法利益则指法反对、排斥的利益，法外放任利益是指法所不予干涉、由其自生自灭、放任自流的利益。但是并不是所有利益都受法律认可和保护。法益实现了“法”与“利益”的有机结合，是法律所保护的利益，是法的核心问题。

未成年人网络保护立法的利益最大化，不是简单的经济、物质利益最大化，而是更多地将对未成年人这一弱势群体的人文关怀注入利益的协调之中。未成年人网络保护立法以未成年人这一特殊群体的法益为立法初衷和立法目的。互联网具有虚拟性、广域性、开放性、交互性等不同于现实社会的特征，这些特征直接导致现行法调整的各种利益平衡关系在网络空间中受到冲击。网络色情、网络诈骗等网络犯罪，更容易让未成年人成为直接犯罪的“受害者”。另外，作为弱势群体的未成年人在网络空间中面临个人信息被不当收集、使用、传播的危险处境。未成年人由于其识别和控制能力尚未完全发育成熟，其完整人格尚未形成，未成年人在网络空间接触的不良信息,容易影响其人格健康发展和素质培养,因此对于未成年人网络空间中的隐私权等人格权保护更为重要。

未成年人的网络空间保护,形式上是保护了未成年人这一弱势群体的网络空间权益,以期通过法律为未成年人提供一个安全健康的网络环境,实质上未成年人网络空间立法保护的法益不止于此,它对维护国家安全、互联网发展、社会秩序均有协调和促进的作用。从这个意义上讲,未成年人网络保护法的法益,不仅有未成年人这一特定群体的财产、人格方面的"私益",也有国家、社会方面的"公益"。在进行未成年人网络空间规制时,立法保护的并不是单一法益,而是具有综合性,其间必然会涉及三类法益:未成年人的法益、国家法益、社会法益。未成年人网络空间的法律规制应为三类法益提供一体化的保护,但是,三类法益并不处在同一保护水平之上。在三类法益中,要以未成年人法益为前提和核心,国家法益和社会法益的实现,取决于未成年人法益的实现效果。未成年人在网络空间的法益不是通过立法虚构创设出来的,而是已经存在于现实中,需要通过法律保护和实现的利益。

2. 未成年人网络保护法法益的主要内容

《未成年人保护法》第 3 条第 1 款规定,"国家保障未成年人的生存权、发展权、受保护权、参与权等权利"。随着互联网的发展和应用普及,笔者认为,未成年人的生存权、发展权、受保护权、参与权等权利,已经不仅存在于现实生活的物理空间,而且存在于互联网这一具有虚拟性的网络空间。为了保障未成年人的身心健康和合法权益,需要对互联网这一网络空间进行利益的取舍和协调。对未成年人在网络空间的生存权、发展权、受教育权、参与权予以法律保护,构成了对未成年人的网络保护。在对未成年人网络保护这一问题上,国家、社会、学校和家庭具有不可推卸的社会义务和责任。

网络空间未成年人保护,调整的是在网络空间未成年人建立和发展的各种社会关系。未成年人网络空间,属于未成年人参与互联网上的公共生活空间,因此未成年人网络保护的法益首先具有“公法益”的特点,例如,通过对交互对象的“言论自由”的限制,保护未成年人健康的“受教育权”的实现等。而对未成年人个人信息的保护以及对其姓名权、肖像权、隐私权等人格权的保护,则具有典型的“私法益”的特点。

未成年人网络保护的“公法益”主要内容包括:第一,未成年人的网络生存权。在互联网出现前,人们主要以阅读印刷书籍作为获取信息的主要方式,随着互联网时代的到来,人们包括未成年人越来越多地通过网络空间获取信息。未成年人“触网”已经越来越普及,未成年人的在线生活形成了未成年人的网络生存空间。互联网必须依法对未成年人开放,以保障未成年人的网络生存权。第二,未成年人的网络参与权。互联网导致未成年人接受教育的传统方式发生了巨大变化,互联网重构了传统家庭教育、学校教育的社会结构,创造出了新的虚拟社会空间。未成年人真正进入社会化的进程已经提前,网络空间已经成为未成年人重要的社会交往空间,无论是游戏、娱乐,还是表达自我抑或聊天交友,网络空间使未成年人更有主体意识。未成年人网络参与权的确认和保护,是未成年人融入社会生活的必需。第三,未成年人的网络发展权。互联网导致未成年人的认知结构发生了更新,互联网这一新的媒介,使未成年人形成了一种多元化态势的认知结构。这种认知结构,使未成年人在传统教育之外更可能形成包括审美能力、创造力、想象力等在内的智力延伸和发展。对于农村的未成年人来讲,网络发展权也意味着一种受教育权。根据调查,上网给未成年人尤其是农村未成年人带来的最大变化就是交流和知识获取更容易。农村未成年人的互联网运用对学习产生的作用超出娱乐方面,因此,在某种程度上,农村未成年人运用互联网也成为学习的一种方式,而并非传统意义上的运用互联网进行娱乐消遣。互联网时代要彻底排除互联网这一信息传播方式对未成年人的影响已经不可能,引导和保障未成年人的网络发展权已是大势所趋。

未成年人网络保护的“私法益”主要体现在未成年人网络空间的人

格权。《民法典》将“人格权”单独成编，并明确规定生命权、身体权、健康权、姓名权、肖像权、名誉权、荣誉权、隐私权等权利是民事主体享有的人格权，此外，还明确规定自然人享有基于人身自由、人格尊严产生的其他人格权益。同时，《民法典》还规定人格权不得放弃、转让或继承。未成年人作为自然人，当然享有前述人格权和人格权益，自然人的人格权并不受年龄所限。不仅如此，未成年人作为特殊的弱势群体，从人道主义角度出发，未成年人的人格权理应受到特殊保护。《民法典》“人格权”编还对于“隐私权和个人信息保护”予以了专门规定，对“隐私”“个人信息”和不得实施的侵害隐私权的行为以及处理个人信息应遵循的原则和处理信息的条件进行了规定。这些均体现了《民法典》对自然人，包括自然人中的未成年人的“私法益”的保护。《未成年人保护法》在2020年的修订内容中，专门增加了应以最有利于未成年人的原则保护未成年人的规定，同时，对于涉及未成年人事项的处理提出了“尊重未成年人人格尊严；保护未成年人隐私权和个人信息；适应未成年人身心健康发展的规律和特点；听取未成年人的意见；保护与教育相结合”等具体要求。① 其中，给予未成年人特殊、优先保护和保护未成年人隐私权和个人信息，是《未成年人保护法》2020年修订时新增的内容，既是对未成年人“私法益”在专门法上的明确确认，也体现了对未成年人“私法益”的重视。网络空间的虚拟性，使未成年人在网络空间的安全问题显得尤为突出。虚拟性使各种危害行为的发生和不良信息对未成年人的侵蚀变得更为便利，未成年人的隐私和个人信息更容易被非法收集和使用，其人格权更易受到侵害。互联网的开放性和广域性，互联网传播信息的广泛和迅捷，也使未成年人个人信息一旦被窃取，人格权一旦受到侵害，其程度之深和不可恢复远甚于非网络空间的人格权受侵害。如何保护未成年人在网络空间中的隐私不被窥视和侵入，个人信息不被非法收集利

① 参见《未成年人保护法》第4条。

用,未成年人在网络空间不被非法侵扰,是未成年人网络保护“私法益”时需要重点关注和解决的问题。

未成年人网络保护法益的特点和内容,决定了不能简单地将未成年人网络规制的法律纳入“公法”或“私法”的范畴,因为它不仅要保护“公法益”,而且还要保护“私法益”。因此,在对于未成年人网络保护的规制对象和规则制定上,要注意我国刑事法律、民事法律、行政法律的已有规定和不足,将公法规则与私法规则尽可能通过未成年人网络空间专门立法予以较好地结合。

(二)未成年人网络保护法的规制对象

网络空间主体具有多样性。互联网主体是指互联网法律关系的参加者。从目前的实践来看,互联网主体包括基础电信业务经营者、互联网接入服务提供者、互联网信息服务提供者、政府监管部门和互联网用户等。网络空间的法律关系主体既包括平等关系的民事法律关系主体,也包括网络空间监管中不平等的行政法律关系主体,甚至特殊情况下的其他关系主体。未成年人网络空间权益的保护,需要依法明确政府、学校等教育机构、父母等未成年人的监护人以及网络服务提供者、网络用户的相关义务和责任。因此,以未成年人网络保护的“公法益”和“私法益”为视角,为实现未成年人网络保护之立法目的,未成年人网络立法的规制对象应包括国家、网络服务提供者、学校等教育机构、家长、社会力量等。

1. 国家

无论是互联网网络体系的自身安全还是互联网的信息安全,以及网络经营者的市场准入、权利、义务、责任,都需要国家制定专门的法律、法规予以调整,对网络空间的国家利益、未成年人利益、社会利益以及其他互联网法律关系中的不同法益进行选择处理,并由政府代表国家行使互联网监管权责。在此基础上,未成年人的法益才能得以保障和实现,这也是未成年人网络立法的立法目的。国家对于互联网空间的立法规制和网络监管,既是保护未成年人网络权益的需要,也是维护国家安全、社会秩序安宁、促进互联网健康发展的需要。

目前我国对于网络的监管处于工业和信息化部、教育部、文旅部、国务院新闻办公室、中国新闻出版总署、中国互联网协会多头管理状态。这些部门所颁布的规范性文件时有交叉或冲突,建议通过立法明确政府设立专门的管理机构作为对于未成年人网络监管的"有关主管部门",避免出现"政出多门却无门管理"的现象。同时,政府应制定细致、全面的不良信息判断标准,对网络服务提供者进行监督和管理。

2. 网络服务提供者

网络服务提供者是未成年人网络空间安全性的重要因素。网络服务提供者应采取必要的措施和技术保护未成年人的信息安全和人格权不受侵犯。网络服务提供者不得随意收集、披露和使用未成年人的个人信息,例如,姓名、生日、住址、消费习惯、父母职业与收入等信息,除非获得未成年人的监护人同意且收集的信息合法、正当且处在合理范围内,并公开其收集、使用规则。对于收集的未成年人个人信息,网络服务提供者应建立有安全防护的个人信息资料库,保障其收集的未成年人信息的安全性,不得泄露、篡改、毁损、出售或向他人非法提供,政府允许的数据分析和应司法要求提供时除外。

另外,网络服务提供者应提供过滤和屏蔽软件,应用于其自身或第三方提供的网络信息上,承担起内容管理责任。从互联网技术上过滤淫秽信息、色情信息,并及时向对应的政府监管部门报告,限制用户的恶意或违法行为,最大限度地减少网络不良信息对未成年人的侵害,保障未成年人上网浏览的信息安全。《民法典》第七编"侵权责任"明确规定了除法律另有规定外,网络服务提供者利用网络侵害他人民事权益的,应当承担侵权责任,同时规定了网络用户利用网络服务实施侵权行为的,在以下两种情形下,网络服务提供者需与网络用户承担连带责任:(1)网络服务提供者在接到权利人的通知后,除及时将通知转送有关网络用户后，还应根据侵权的初步证据和服务类型采取必要的措施，未及时采取必要措施的，对损害的扩大部分与网络用户需承担连带责任；(2)网络服务提供者在知道或应当知道网络用户利用其网络服务侵害他人民事权益，未采取必要措施的，与网络用户承担连带责任。以上《民法典》关于网络服务提供者连带责任的规定，实质上是要求网络服务提供者在提供网络服务时应履行监督管理的义务，尤其是在为未成年人提供网络服务时，应遵守高度谨慎注意义务和及时报告义务，否则应根据不同情形可能会承担民事、行政或刑事责任。为此，笔者建议应尽快建立互联网内容的分级与过滤制度，使网络服务提供者有标准和制度可依；在建立互联网内容分级与过滤制度的基础上，网络服务提供者还应为学校、家长免费提供内容过滤器。

3. 其他网络用户

网络空间中，除网络服务提供者之外，还有各种各样的网络用户。当所有的网络用户都处于开放的网络空间时，就有可能发生摩擦甚至侵权、违法犯罪等行为。网络空间作为某种意义上的公共场所，所有的网络用户均应遵守一定的网络使用规则，不得侵犯其他用户的合法权益，尤其不得侵犯未成年人的网络空间权益。为了规范和便于管理网络用户的行为，避免不良信息的制造和传播，预防违法犯罪行为的发生，对网络用户实行实名制管理很有必要。2012 年通过的全国人民代表大会常务委员会《关于加强网络信息保护的决定》第 6 条规定，网络服务提供者为用户服务，应在确认提供服务时，要求用户提供真实身份信息。该决定有助于网络实名制的推行，并且一定意义上有助于规范网络用户的言论自由，打击犯罪，减少网络色情的侵害。但网络实名制的确立，根据《立法法》的规定，需要通过法律来施行。① 因此，笔者建议，在制定未成

① 全国人大常委会的前述“决定”虽然具有类法律的效力，但是毕竟不同于法律。根据《立法法》的规定，“决定”效力上视同法律，但是在立法技术、立法内容和立法严谨程度上，“决定”毕竟不同于通过严格的立法程序和立法技术制定的法律。

年人网络保护立法时,应明确规定成年人登录未成年人网站或者在网络空间发表针对未成年人的言论或信息时,该网络用户必须实名登录。

4. 学校等教育机构

对于未成年人来讲,教育机构主要是幼儿园和中小学。鉴于未成年人心智尚不成熟,认知能力、辨别能力和控制能力尚不完整,学校等教育机构的示范、引导、教育和保护义务,尤为突出。未成年人在其成长期,除家庭外,幼儿园、学校构成了其生活的主要场所。学校以及教师应积极行使对未成年人的教育和保护职责,执行和遵守国家的未成年人网络安全政策,避免未成年人接触和访问网络上不适合的内容,保护未成年人的个人信息,做好校园网络的安全工作。笔者建议把学校等教育机构的网络安全工作情况作为考评其教学评估的一个重要指标。

5. 家长

在未成年人网络保护中,家长作为未成年人的法定监护人,负有当然的引导、保护和教育义务。家长应注意引导未成年人选择安全、健康的网站以及网站内容,避免色情网站、色情信息对未成年人的影响,帮助其未成年子女养成良好的网络使用习惯,不接触、不沉溺于不适合的网站及网站内容,让未成年子女懂得"少儿不宜"的意义,避免在网络空间中发生不必要的各类风险。此外,家长作为成年人,在家庭内部使用网络时,也应注意采取一定的技术措施,通过技术控制,避免自己浏览的不适合未成年人的网络内容提供给未成年人,真正做到对未成年人负责。

6. 未成年人

从未成年人网络权益保护的角度看,未成年人在网络空间中可能会面临个人信息泄露以及隐私权等人格权受到侵犯的风险。抛开网络空间其他主体的义务和责任,未成年人自身也应主动接受网络安全教育,提高防范意识和自我保护意识等网络素养,在未知会监护人的情况下,不在网络空间内提供、泄露个人信息或个人及家庭其他隐私。

五、思考之三：我国未成年人网络保护立法模式的思考

（一）未成年人网络保护专门立法时机已成熟

“举事必循法以动，变法者因时而化。”立法模式和立法时机密切相关。未成年人网络保护的法律规制，不可能一蹴而就，因为它涉及未成年人网络安全、数据安全、未成年人个人信息保护、未成年人的隐私权、未成年人互联网文化产品和互联网文化活动以及相关的监督机制、法律责任等诸多内容。我国目前关于互联网安全的法律，有全国人民代表大会常务委员会《关于维护互联网安全的决定》、全国人民代表大会常务委员会《关于加强网络信息保护的决定》、《网络安全法》、《数据安全法》、《个人信息保护法》、《家庭教育促进法》。网络保护和网络安全、数据安全、个人信息保护密不可分，随着数字经济、电子商务、信息技术、网络安全等领域国际规则和标准的制定以及前述国内法的逐步制定和完善，笔者认为，在《网络安全法》《数据安全法》《个人信息保护法》等关于网络安全和网络保护的法律相继出台的背景下，针对未成年人网络保护制定单行法的立法时机已经成熟。

（二）未成年人网络保护专门立法可破解现有法律规定协调性和系统性弱的问题

我国目前关于未成年人网络空间规制的法律虽然不再是一片空白，但是无论是在法律形式还是规制内容上，都过于零散和杂乱。如何将现有的法律规定延伸至网络空间？在现有的法律中增加对于未成年人网络空间的特别保护，且可以实现系统性和协调性，不是简单地修法就可以实现的。对于目前的困境，要么通过立改废释的方式将现有的法律重新整合，要么制定一部专门的未成年人网络保护法予以统一规制。根据前文对相关规定的梳理，明显可以看出，前者的工作量过大且牵涉立法部门过多，不同层级的法律规范混杂，并且有些法律规定对于未成年人网络保护的规定过于概括，即使是最近两年刚修订或出台的针对未成年人网络保护的法律，也存在立法的局限性、不协调性。

以专门与未成年人网络保护相关的《未成年人保护法》和《儿童个人信息网络保护规定》为例，虽然新修订的《未成年人保护法》设了“网络保护”专章，并且国家互联网信息办公室也出台了《儿童个人信息网络保护规定》，但是《未成年人保护法》修订并未调整原有的立法体系和架构，“网络保护”专章与其他各章“家庭保护”“学校保护”“社会保护”“政府保护”“司法保护”并列。一方面，其他各章都是从未成年人责任保护主体的角度进行的规定，而“网络保护”是从未成年人生活的网络空间的角度着手，规制的维度不一样；另一方面，“网络保护”与其他各章在内容上有很多交叉，与各章之间不是简单地并列的关系，形式逻辑上不能做到统一和自洽。《儿童个人信息网络保护规定》作为部门规章，立法位阶偏低，而且由于该规定将“儿童”界定为“不满十四周岁的未成年人”，导致该规定的保护对象范围有限，不能对所有未成年人的个人信息网络保护提供法律依据。《儿童个人信息网络保护规定》主要是对于网络运营者收集、存储、使用、转移、披露儿童个人信息的原则、方式、禁止性规定、义务等进行了规定，对于网络运营者却没有进行界定。另外，实践中网络空间侵害未成年人个人信息的，不一定只有网络运营者，还可能是网络服务提供者或者其他信息处理者。于 2021 年 11 月 1 日生效的《个人信息保护法》也未将所有未成年人的个人信息纳入“敏感个人信息”的范围，只是将不满 14 周岁的未成年人的个人信息作为“敏感个人信息”处理，考虑联合国《儿童权利公约》中“儿童”的界定以及我国《民法典》对“未成年人”的界定，笔者建议对未成年人的个人信息保护应作为未成年人网络保护的内容之一予以专门统一规定。

（三）综合考量法律效力和法律效果，建议对未成年人网络保护予以专门立法

根据法律保留原则，国家对公民权利的干预，必须以制定法律的方式来进行。根据这一原则，国家若以行政法规、地方性法规等规范性文件，限制或剥夺公民言论自由等基本权利，则其“合宪性”将会受到质疑。

制定未成年人网络保护法,通过制定法律来对特定情形下的网络言论自由予以限制,将能更好地保护未成年人网络权益。如前文所述,未成年人网络保护的法益既包括"公法益",也包括"私法益",且在法益发生交叉冲突时,应以保护未成年人的最大利益为首要原则。在法律关系中,既有公法法律关系,也有私法法律关系,还包括社会法中社会主体的特别注意义务和社会责任等,因此,制定未成年人网络保护法面临综合性、复杂性、交叉性、可行性的诸多挑战。未成年人网络空间治理,牵涉我国社会管理、政府责任、网络服务商等网络新媒体的社会责任、未成年人权益保护等,需要独特的法律机制。未成年人网络保护法的法益的复杂性、综合性和特别的利益衡量原则以及未成年人网络空间法规制对象的广泛性、义务主体的多样性,需要专门法予以协调。

综上所述,笔者建议对未成年人网络保护专门立法。对未成年人网络保护专门立法,有利于整合现有的关于未成年人网络保护的各种规定,避免各法律之间的规定不一致,解决现有法律规定无法衔接的问题。此外,对未成年人网络保护专门立法,也是国际通行做法。

六、思考之四:我国未成年人网络保护的具体立法建议

(一)确定未成年人网络保护法的原则

联合国《儿童权利公约》规定,关于儿童的一切行动,均应以儿童的最大利益为一种首要考虑。[①] 1991 年 12 月,全国人大常委会作出关于批准《儿童权利公约》的决定,根据《未成年人保护法》第 2 条的规定,履行《儿童权利公约》第 6 条所规定的义务。[②] 因此,我国未成年人网络空间法律规制,应以未成年人的最大利益为立法的根本原则和首要考虑。

以保护未成年人网络空间安全,促进未成年人健康成长作为未成年人网络保护法的立法目的和基本原则,培养未成年人网络素养,加强未

---

① 参见联合国《儿童权利公约》第 3 条第 1 款。

② 联合国《儿童权利公约》第 6 条第 2 款规定:"缔约国应最大限度地确保儿童的存活与发展。"

成年人网络安全教育,以法律推动未成年人网络空间的安全和健康。把从立法和司法上保护未成年人网络空间权益摆在特殊重要的位置,从而在法律上促进和保障建立一个适合未成年人生长的网络空间。

(二)明确未成年人网络保护法的保护对象

未成年人网络保护法应以"未成年人"为保护对象。但是目前关于未成年人网络保护的法律规定,对所保护的"未成年人"定义和范围,法律和法律之间不一致,法律和部门规章之间也不一致。

《民法典》第 17 条明确规定:"十八周岁以上的自然人为未成年人。不满十八周岁的自然人为未成年人。"《未成年人保护法》第 2 条规定:"本法所称未成年人是指未满十八周岁的公民。"两部法律关于"未成年人"的规定看似一样,都是以不满十八周岁为年龄标准,但是,一个落在了"自然人"上,一个落在了"公民"上。《民法典》是 2020 年 5 月 28 日通过并公布,自 2021 年 1 月 1 日起施行,修订后的《未成年人保护法》于 2020 年 10 月 17 日通过,自 2021 年 6 月 1 日起施行。《民法典》相比《民法通则》(已废止)关于对未成年人的定义,其中一个最大的不同,就是用"自然人"替换了成年人、未成年人定义中的"公民"。《未成年人保护法》修订在后,却采用了和《民法典》不一致的定义,不知是立法者的疏忽还是有其他用意?另外,目前现行有效的《儿童个人信息网络保护规定》又将"儿童"界定为"不满十四周岁的未成年人",因此该规定仅适用于不满 14 周岁的未成年人个人信息网络保护。《民法典》对于"未成年人"已经进行了明确界定,并且按照年龄以 8 周岁为界限,将未成年人分为限制民事行为能力人和无民事行为能力人。鉴于我国已经加入了联合国《儿童权利公约》,也为了保持法律的一致性,笔者建议未成年人网络保护法对未成年人的定义应按照《民法典》的现有规定进行表述,即对不满 18 周岁的未成年人予以网络保护。

(三)建立健全未成年人网络运用统计调查制度

中国互联网络发展状况统计调查是由中国互联网络信息中心牵头

组织开展的。正如《中国互联网络发展状况统计报告》(以下简称《报告》)在其前言中陈述的"《报告》力图通过核心数据反映我国网络强国建设历程,已成为我国政府部门、国内外行业机构、专家学者等了解中国互联网发展状况、制定相关政策的重要参考"。为了更好地为相关政策和法律的制定提供参考,笔者建议以后的《报告》"网民规模及结构状况"在按照网民年龄属性结构进行分类统计时,将未成年人即18周岁以下的网民群体进行单独的统计。如果对未成年人再进行细分统计,建议结合已经生效的《民法典》关于未成年人无民事行为能力人的年龄标准进行细分统计,即从18岁以下、8岁以下两个维度进行统计,而不是现在的"10岁以下""10~19岁"的统计标准。如果有可能,建议建立单独的未成年人互联网运用统计报告制度,这将会更有助于跟踪和了解未成年人网络保护中存在的问题,从而制定合适的政策和法律,并根据未成年人网络运用统计调查制度,建立统一高效的未成年人网络安全风险报告机制、情报共享机制、研判处置机制以及救济机制。

(四)建立未成年人网络空间内容生态治理机制

网络空间已经成为未成年人的精神家园。安全、文明、清朗、洁净的网络空间,良好的网络生态,对于未成年人非常重要。未成年人的网络空间应注重以正确的价值导向为引领,严格内容审核:制定审核标准、提升审核技术,对未成年人网络空间的内容随机抽检,对图文、视频课程等进行二次审核和把关;不得传播违背社会主义核心价值观的内容,不得散布色情低俗、血腥暴力等违背公序良俗的内容,不得以"技术中立"或"算法推荐"为由,推送不适宜未成年人的信息或广告引流内容。只有未成年人的网络空间生态良好,未成年人才能培养正确的人生观、价值观和世界观,才能健康成长。因此,有必要对未成年人网络空间的参与者及其活动进行法律规制。

如前文所述,《未成年人节目管理规定》《互联网文化管理暂行规定》《电视剧内容管理规定》《专网及定向传播视听节目管理规定》《电影剧本(梗概)备案、电影片管理规定》《网络出版服务管理规定》等各部委出台的部门规章或多或少地针对未成年人的网络空间内容生态予以了规定,但是这些规定比较零散或者局限于某种网络内容生态。2019 年 12 月,国家互联网信息办公室公布了《网络信息内容生态治理规定》,自 2020 年 3 月 1 日起施行。该规定从鼓励、禁止以及防范和抵制三种维度对网络信息内容生产者①制作、复制、发布的内容信息进行了明确规定,②将"可能引发未成年人模仿不安全行为和违反社会公德行为、诱导未成年人不良嗜好等的"信息列为网络信息内容生产者应当采取措施防范和抵制的不良信息。③《网络信息内容生态治理规定》的出台,关注网络空间生态治理,是我国互联网立法的一大进步。但是,对于未成年人的网络空间生态治理机制,更适合单独进行规定。笔者认为,未成年人网络空间生态治理机制至少应包括以下内容:(1)对于在未成年人网络空间行事的网络信息内容生产者、网络信息服务提供者应规定一定的准入门槛以及特别的注意义务、提示义务;(2)规定未成年人网络空间生态治理的审核和监督主体,建立国家网信部门、教育行政主管部门联合协作的审核监督机制,并规定学校的定期报告制度和随时报告义务;(3)为防止有害信息、不健康信息或不宜信息在网络空间对未成年人健康成长的影响,建议在网络空间推行内容分级制度;(4)违反规定的后果和法律责任,加大惩戒力度。

(五)建立健全未成年人个人信息保护制度和隐私权保护制度

根据历次中国互联网络发展状况统计报告,在网民遇到的各类网络安全问题中,排名居首的就是个人信息泄露问题。未成年人由于自我保

---

① 网络信息内容生产者,是指制作、复制、发布网络信息内容的组织或者个人。参见《网络信息内容生态治理规定》第 41 条。

② 关于鼓励和禁止的内容参见《网络信息内容生态治理规定》第 5 条、第 6 条的列举式规定。

③ 参见《网络信息内容生态治理规定》第 7 条。

护意识缺乏，其个人信息更容易被非法收集、使用或披露。

笔者建议，将未成年人个人信息保护制度作为未成年人网络保护法的重要内容，并按照《民法典》的规定不满 18 周岁的自然人即所有未成年人均受该法保护。未成年网络保护法应该对未成年人个人信息实行风险管理、全程控制，规定未成年人个人信息的特别处理规则，即处理未成年人个人信息应当遵循正当必要、知情同意、目的明确、目的限定、安全保障的原则，不得通过欺诈、误导等方式非法处理未成年人的个人信息，具体内容如下：所谓正当必要，是指非必要不得处理未成年人个人信息；知情同意原则应该和未成年人的监护制度相结合，未经未成年人监护人知晓和同意，不得处理未成年人个人信息；目的明确原则是指应当具有特定、具体的处理未成年人个人信息的目的；目的限定原则是指应在特定目的范围内，不得超出特定目的范围处理未成年人个人信息；安全保障原则是指未成年人个人信息的信息处理者，应采取技术措施保障处理活动的安全。信息处理者包括开展未成年人个人信息收集、使用、加工、提供、共享等信息处理活动的自然人、法人或其他组织，政务部门也包括在内。因此该法还应明确履行未成年人个人信息保护职责的部门，同时从严规定违反未成年人个人信息保护的法律责任。笔者建议，成立一个单独的未成年人个人信息保护组织，对未成年人个人信息的处理保护实施监督检查，并有权依法向人民法院对其发现的侵害未成年人个人信息的情形，提起诉讼，以便更及时、有效地保护未成年人网络空间的合法权益。

自然人享有隐私权。《民法典》明确规定禁止以刺探、侵扰、泄露、公开等方式侵害他人的隐私权。① 个人信息中的私密信息，适用有关隐私权的规定没有规定的，适用有关个人信息保护的规定。未成年人由于其身心尚未成熟，未来人生道路漫长，隐私权更应该受到法律的特别保护。

---

① 参见《民法典》第 1032 条。

《未成年人保护法》明确规定,处理涉及未成年人事项,应当尊重未成年人人格尊严,保护未成年人隐私权和个人信息。笔者建议应将网络空间未成年人个人信息作为敏感信息予以特别保护,建立事前风险评估制度,并赋予未成年人、未成年人的父母或监护人以及履行未成年人保护职责的部门"被遗忘权"。"被遗忘权"即当未成年人、未成年人的父母或监护人以及履行未成年人保护职责的部门向未成年人的个人信息处理者提出删除未成年人的个人信息时,未成年人的个人信息处理者应当立即配合并执行。网络保护法应将对未成年人个人信息的保护和隐私权的保护统一起来,对网络空间未成年人的个人信息和隐私权给予特殊保护。

(六)建立健全未成年人网络空间司法保护制度

健全未成年人司法保护体系,是建设公正高效权威的中国特色社会主义司法制度的重要内容。而建立健全未成年人网络空间司法保护制度,是互联网时代健全未成年人司法保护体系必不可少的内容。未成年人网络空间,可能涉及民事案件、刑事案件甚或行政案件。网络民事纠纷,突破了传统的地域概念,以地域为基础的管辖权很难发挥作用,属人管辖原则即原告对被告的原则是否可行?是否会成为保护未成年人网络空间权益的阻碍?我国现有的现实环境中的民事管辖制度、行政管辖制度、刑事管辖制度是否适用?这是网络法需要考虑的一个问题。而未成年人的网络空间,由于"未成年人"和"网络空间"双重因素的叠加,建立健全其司法保护制度就更为重要。

就建立健全未成年人网络空间司法保护制度,笔者建议从以下几方面着手:

1. 管辖权问题

我国至今尚没有全国性法律明确规定网络民事纠纷案件的国内管辖权问题,也没有网络刑事管辖的专门立法。虽然《民事诉讼法》规定,因侵权行为提起的诉讼，由侵权行为地或者被告住所地人民法院管辖。[①] 最高人民法院《关于适用〈中华人民共和国民事诉讼法〉的解释》（2020 修正）规定，民事诉讼法规定的侵权行为地，包括侵权行为实施地、侵权结果发生地。信息网络侵权行为实施地包括实施被诉侵权行为的计算机等信息设备所在地，侵权结果发生地包括被侵权人住所地。[②] 前述司法解释，虽然在一定程度上给予了信息网络侵权行为中被侵权人住所地法院的司法管辖权，但是也只适用于信息网络侵权行为，并没有涵盖所有的网络民事纠纷，另外也并未排斥侵权行为实施地或者被告住所地法院的管辖权。笔者建议，对于未成年人网络空间侵权纠纷在发生管辖权冲突时，应给予未成年人保护组织或者未成年人的监护人优先选择权，在司法实践中真正贯彻最有利于未成年人的原则。

网络犯罪和传统犯罪的不同，主要在于犯罪手段的不同。对于网络犯罪案件，很多都是跨区域的。网络犯罪案件的侦查和起诉，对于网络犯罪案件的侦破和网络犯罪行为的惩治非常重要。侦查机关是谁，直接决定了后面的检查机关是谁，在实践中，也容易发生管辖权的争抢或推诿现象。

目前我国个别城市设立了互联网法院[③]，是集中管辖所在市的辖区内特定类型互联网案件的基层人民法院。互联网法院的案件管辖范围和受理的案件类型均有明确限制，并没有在全国范围内实现线上纠纷线上审理，之所以强调是特定类型，而非所有互联网案件，这也与互联网技

---

① 参见《民事诉讼法》第 29 条。

② 参见最高人民法院《关于适用〈中华人民共和国民事诉讼法〉的解释》（2020 修正）第 24 条、第 25 条。

③ 2017 年 6 月 26 日，中央全面深化改革领导小组会议审议通过《关于设立杭州互联网法院的方案》。2018 年 7 月 6 日，中央全面深化改革委员会通过《关于增设北京互联网法院、广州互联网法院的方案》，决定在北京、广州两地增设互联网法院，进一步深化互联网法院试点探索，健全完善互联网案件审判格局。至今，我国共有北京、杭州、上海三地设立了互联网法院。

术和现代经济社会生活的融合程度密切相关。为统一规范杭州、北京、广州3家互联网法院的诉讼活动，最高人民法院于2018年9月6日印发了《关于互联网法院审理案件若干问题的规定》，该规定明确了互联网法院的管辖范围、上诉机制和诉讼平台建设要求，确立了在线身份认证、立案、应诉、举证、庭审、送达、签名、归档等诉讼规则。根据该规定要求，签订、履行行为均在互联网上完成的网络服务合同纠纷，在互联网上侵害他人人身权、财产权等民事权益而产生的纠纷以及检察机关提起的互联网公益诉讼案件等均属于互联网法院集中管辖所在市的辖区内应当由基层人民法院受理的第一审案件。对于牵涉未成年人的，该规定并没有作出特别规定。互联网司法杭州经验是否可在全国范围内复制推广？笔者认为，至少在短期内是不现实的，因为在线审理是全新事物，互联网案件的审理规则、裁判规则、在线审理机制运行规则均需要探索，需要过程，而且对审判人员的素质也有特别要求。

2. 侵权举证责任问题

关于未成年人网络空间的侵权责任纠纷，建议实行举证责任倒置原则，即由被告承担举证责任，而不是“谁主张，谁举证”。

3. 关于诉权的建议

建议将未成年人网络空间权益受到侵害的案件纳入检察院的职责，赋予检察院依法提起公益诉讼或支持诉讼的权力。建议规定检察院在履行职责中发现侵害未成年人网络空间权益的行为，在没有特定的机关和组织或者前款规定的机关和组织不提起诉讼的情况下，检察院可以向人民法院提起诉讼；①特定的机关或者组织提起诉讼的，检察院可以支

---

① 2021年8月6日，检察机关对于未成年人网络空间权益保护发布了公告，请拟提起民事公益诉讼的机关和社会组织在公告发出三十日内将有关情况书面反馈至该院。具体缘由如下：北京市海淀区检察院在履行职责中发现，深圳市腾讯计算机系统很悠闲公司的微信产品“青少年模式”不符合《中华人民共和国未成年人保护法》的规定，侵犯了未成年人合法权益，因此，该检察院根据《民事诉讼法》的第55条之规定发布了公告。参见《北京市海淀区人民检察院公告》（京海检民公告〔2021〕1号），2021年8月6日。

持起诉。

4. 关于法律责任的建议

加大对利用网络空间以未成年人为犯罪对象的犯罪行为的惩罚力度。在网络信息犯罪中，当犯罪对象指向未成年人时，由于未成年人自我保护意识偏弱，认知和判断能力有限，对危险的敏感度和察觉能力较弱，其人身权和财产权更容易受到侵犯，此类犯罪的社会危害性明显更大，因此，笔者认为对于网络信息犯罪以未成年人为犯罪对象时，应予以加重处罚，不应当再要求情节恶劣或者后果严重，或在认定情节严重时从宽把握，在适用刑罚时应从重处罚。

未成年人网络空间的法律规制，旨在为未成年人提供一个安全的网络空间，以便其更好地行使网络权利，享有净化的网络空间。未成年人的网络空间，需要净化和防控，但不是简单地废止或禁用。良好的未成年人网络空间的法律规制，有利于促进未成年人互联网世界的健康、创新发展，有利于实现对未成年人互联网的安全、有效管理。互联网法以网络空间①为核心领域，以特定的网络法律关系为调整对象，无论其调整方法如何变化，都必须在尊重互联网应用技术结构的基础上才能实施，这是其特异性规范所在。② 我国信息化水平还需要提升，互联网立法还不够完备，这一现实必然影响未成年人网络立法的技术性和先进性。互联网技术的不断发展，导致网络空间的网络安全不断地面临新的挑战。技术的发展，会影响立法的进程和法律的稳定性。

我国已经走上了保障未成年人网络空间权益的道路，但是基于网络科技的不断发展进步，以及法律体系内部有机统一的内在要求，这条路

① 根据2013年最高人民法院、最高人民检察院发布的《关于办理利用信息网络实施诽谤等刑事案件适用法律若干问题的解释》和《刑法》第293条的规定，网络空间被认定属于与刑法意义上的“公共场所”类似的空间。但是由于互联网的特殊性，网络空间的开放性和私密性，笔者认为具有不确定性。因此，在立法规制时，需要结合互联网的特点进行。

② 参见张平：《互联网法律规制的若干问题探讨》，载《知识产权》2012年第8期。

目前只是一个开始。在下一步的未成年人网络空间规制的立法工作中，笔者建议：在对未成年人网络空间法律规制出台专门法的基础上，要注意立法草案或征求意见稿与已有立法的协同配套；及时出台法律的配套规定，争取法律和配套规定或法律解释同步研究、同步起草、同步实施，从而增强未成年人网络空间法律规制的整体功效。此外，针对法律规定之间不一致、不协调、不适应问题，建议应及时组织清理，并通过立改废、法律解释等手段进行协调统一和完善。

附录一　域外网络空间有害信息法律规制介绍

鉴于有害信息对网络信息环境的污染，对社会的危害，世界各国都在着手对有害信息采取相应的防范和治理措施，法律规制成了防治网络有害信息最重要、最有效的手段。不过，基于法律体系、经济发展状况、社会文化背景以及政治制度等方面的差异，各国对互联网内容管制方法和管制程度略有不同。

一、国际社会网络有害信息的法律规制

（一）有关网络有害信息规制的国际公约

1. 联合国《儿童权利公约》①

《儿童权利公约》是目前世界上最重要、最全面

① 1989 年第 44 届联合国大会通过了《儿童权利公约》。根据《儿童权利公约》第 1 条的规定，儿童系指 18 岁以下的任何人，除非对其适用之法律规定成年年龄低于 18 岁。该规定与我国《民法典》对未成年人的界定基本一致。

的保护儿童权利的国际立法。《儿童权利公约》对保护儿童免受有害信息侵害作出了明确规定,鼓励缔约国根据公约第 13 条和第 18 条的规定制定适当的准则,保护儿童不受可能有害信息的侵害。① 另外,该公约规定:缔约国承担保护儿童免遭一切形式的色情剥削和性侵犯之害,为此目的,缔约国尤应采取一切适当的国家、双边和多边措施,以防止引诱或强迫儿童从事任何非法的性活动,利用儿童卖淫或从事其他非法的性行为,利用儿童进行淫秽表演和充当淫秽题材。②《儿童权利公约》把以儿童为传播内容和题材,以成年人为受众的有害信息也包括在内,扩大了有害信息的范围,有利于加强对儿童权利的保护。

《儿童权利公约》强调了对儿童权利的保护,但囿于当时的互联网发展水平和人们对互联网的认知,尚未对保护儿童免受网络有害信息侵害予以明确规定。但是,该公约涉及保护儿童免受有害信息侵害的内容,即公约的第 17 条和第 34 条,可以适用于对有害信息的规制,包括禁止有害信息在网络空间对未成年人进行传播。

2. 联合国《〈儿童权利公约〉关于买卖儿童、儿童卖淫和儿童色情制品问题的任择议定书》

2000 年,联合国第 54 次大会通过了旨在打击儿童色情制品和与儿童色情制品有关行为的第 263 号决议,即《关于买卖儿童、儿童卖淫和儿童色情制品问题的任择议定书》(以下简称《议定书》)。《议定书》是为更好地实现《儿童权利公约》的宗旨和各项规定而出台的,是

---

① 《儿童权利公约》第 17 条规定,"缔约国确认大众传播媒介的重要作用,并应确保儿童能够从多种的国家和国际来源获得信息和资料,尤其是旨在促进其社会、精神和道德福祉和身心健康的信息和资料,为此目的,缔约国应:(A)鼓励大众传播媒介本着第 29 条的精神散播在社会和文化方面有益于儿童的信息和资料;(B)鼓励在编制、交流和散播来自不同文化、国家和国际来源的这类信息和资料方面进行国际合作;(C)鼓励儿童读物的著作和普及;(D)鼓励大众传播媒介特别注意属于少数群体或土著居民的儿童在语言方面的需要;(E)鼓励根据第 13 条和第 18 条的规定制定适当的准则,保护儿童不受可能损害其福祉的信息和资料之害"。

② 参见《儿童权利公约》第 34 条。

基于《儿童权利公约》确认的儿童有权受到保护,呼吁各缔约国加强对儿童权利的保护,使其不受买卖儿童、儿童卖淫和儿童色情制品的影响。《议定书》是针对互联网和其他不断发展的技术提供了越来越多的儿童色情制品而拟定。该议定书认为需要努力提高公众意识,以减少消费者对买卖儿童、儿童卖淫和儿童色情制品的需求,并认为需要加强全球合作以及在国家一级改善执法行动的重要性。《议定书》回顾了1999年维也纳会议即打击互联网上的儿童色情制品国际会议提出的在全世界范围内对儿童色情材料的制作、传播、出口、播送、进口、蓄意占有和宣传予以刑事处罚,各国政府与互联网工业间应建立更加密切的合作与伙伴关系。该议定书禁止儿童色情制品,并对儿童色情制品予以了界定。所谓儿童色情制品是指以任何方式表现儿童正在进行真实或模拟的直露的性活动或主要为取得性满足而以任何方式表现儿童身体的一部分的制品。笔者认为,基于《议定书》出台的目的和背景,"任何方式"自然包括了网络方式。根据该议定书的规定,每一缔约国应至少确保按照其国刑法将生产、发售、传播、进口、出口、主动提供、销售或拥有儿童色情制品的行为和活动规定为犯罪行为,并按照严重程度对相关罪行予以定罪量刑,使相关犯罪行为受到刑事处罚。该议定书还规定,在不违反国内法的前提下,每一缔约国应采取适当措施确定法人前述罪行的责任,且可将法人的这一责任定为刑事、民事或行政责任。①

对于《议定书》所禁止行为的儿童受害者的权益,《议定书》向缔约国提出了特别的司法保护要求:第一,各缔约国应当采取适当措施,在刑事司法程序的各个阶段保护本议定书所禁止行为的儿童受害者的权

① 参见《议定书》第3条。

益；[①]第二，规定缔约国应确保受害者实际年龄不详不会妨碍开展刑事调查，包括旨在查明受害者年龄的调查；第三，规定各缔约国应确保刑事司法系统须以儿童的最佳利益为重来处理作为本议定书所列罪行的儿童受害者事宜。[②]

《议定书》要求各缔约国特别重视保护特别容易遭受这些做法伤害的儿童，为预防《议定书》所列罪行，应通过或加强、执行和宣传对应的法律、行政措施、社会政策和方案；各缔约国应对《议定书》所列罪行的有害影响进行宣传、教育和培训，增进包括儿童在内的广大公众的认识，并采取预防措施；各缔约国应采取可行的措施向这些罪行的受害者提供一切适当的援助，包括使他们完全重新融入社会并使他们身心得到完全康复；确保《议定书》所列罪行的所有儿童受害者均有权提起适当法律程序，在不受歧视的情况下要求须负法律责任者作出损害赔偿；各缔约国应采取措施有效禁止生产和传播宣传本议定书所列的各项罪行的材料。[③]

此外，《议定书》还倡导缔约国之间的国际合作，消除促使儿童易受儿童卖淫、儿童色情制品和狎童旅游等行为之害的根源，如贫困和发展不足等。

---

① 《议定书》第8条第1款规定："各缔约国应当采取适当措施，在刑事司法程序的各个阶段保护本议定书所禁止的行为的儿童受害者的权益，特别应当：(一)承认儿童受害者的脆弱性并对程序进行修改，从而承认他们的特别需求，其中包括他们作为证人的特别需求；(二)向儿童受害者介绍其权利、其作用和司法程序的范围、时间和进度以及对其案件的处置；(三)应按照国家法律的程序规则允许在影响到儿童受害者的个人利益的司法程序中提出和审议儿童受害者的意见、需求和问题；(四)在整个司法程序中向儿童受害者提供适当的支助服务；(五)适当保护儿童受害者的隐私和身份，并根据国家立法采取措施，避免错误发布可能导致泄露儿童受害者身份的消息；(六)在适当情况下确保儿童受害者及其家庭和证人的安全，使他们不受恐吓和报复；(七)避免在处理案件和执行向儿童受害者提供赔偿的命令或法令方面出现不必要的延误。"

② 参见《议定书》第8条第3款。

③ 参见《议定书》第9条。

联合国《儿童权利公约》等国际公约，对于指导和督促各国加快制定儿童权利保护方面的法律，减少或避免儿童遭受包括网络空间侵害在内的各种侵害，促进各国进行国际合作，具有重要的意义和作用。

(二)欧盟网络有害信息的法律规制

除联合国外，欧盟对网络有害信息的监管也是卓有成效的。与互联网有害信息作斗争是欧盟互联网治理方面的一项重点工作，欧盟及其成员国先后发布了一系列政策性文件。1996年，欧盟电信部长理事会通过了《关于防止因特网非法有害内容尤其是儿童色情内容传播的决议》。同年，欧洲委员会又发布了《关于因特网上非法内容的通信》和《关于在视听和信息服务中保护未成年人和人的尊严的绿皮书》。此后，欧盟又陆续通过了《关于采取联合行动与贩卖人口和向儿童色情内容的行为作斗争》(1997年)、《关于促进国家在保护未成年人和人的尊严方面采取共同有效行动，发展欧洲视听和信息服务业竞争的决定》(1998年)、《关于与因特网上非法有害内容作斗争的决定》(1999年)、《促进因特网安全使用行动计划》(1999年)、《关于促进因特网安全使用的政策建议》(2001年)、《儿童色情框架规定》(2004年)等。

欧盟连续发布的这一系列法律文件和相关计划，体现了欧盟对网络所产生的负面影响的高度重视。上述这些文件涉及保护未成年人免遭网络有害信息侵害的方方面面。《关于因特网上非法有害内容的通信》主要提出了欧盟采取相关政策措施的建议，例如，鼓励网络接入提供商进行自行调节和自愿采取过滤和定级系统等技术解决方案。《关于在视听和信息服务中保护未成年人和人的尊严的绿皮书》提出要在视听和信息服务迅速发展的同时，保护未成年人和人的尊严等公共利益问题，并着手对该领域需要面对的相关挑战进行调研。欧洲议会通过的《关于与因特网上非法有害内容作斗争的决定》(1999年)确立了互联网安全使用行动计划的总体目标。欧洲联盟理事通过的《促进因特网安全使用行动计划》(1999年)直接勾勒了计划的工作要点。前述文件为欧盟有效监管网络有害信息提供了重要的方向和指导。

值得一提的是,《促进因特网安全使用行动计划》(1999年)针对网络有害信息的治理有一定启发性,该计划列出的工作重点涉及四个方面内容:第一,打造安全的网络环境。鼓励工业部参与推动建立国家网络热线,用户可以及时举报在用网过程中发现的非法内容,以此来限制这些内容的传播;鼓励网络服务提供商加强合作,发挥其在限制非法和有害内容传播方面的作用。第二,推广使用过滤和定级系统。通过定级系统依照普遍认同的方法将网上内容,例如,色情和暴力等内容划分成不同等级,使网上的内容更容易鉴别;通过过滤系统帮助用户根据需要选择信息内容;呼吁在内容定级方面加强与世界其他地区的合作,确保定级系统的国际兼容性。第三,开展增强公民意识行动。尤其是要强化家长、教师对互联网的认识,包括利用互联网的好处和可能产生的不利影响,增强他们帮助未成年人安全使用互联网的责任和信心,并使他们掌握一定的方法,用以保护未成年人免受网上不良内容的影响。第四,对各国"促进因特网安全使用行动计划"的实施情况进行研究和评估,包括对网络服务和内容产业、欧洲联盟机构、成员国或消费者可能采取的进一步措施进行研究和评估。①

二、欧美各国网络有害信息的法律规制

(一)美国网络有害信息的规制

美国是互联网较为发达的国家之一,很早便意识到互联网的负面影响。在保护未成年人免受网络有害信息侵害问题上,美国走在了世界前列。美国的《通信端正法》(*Communication Decency Act*, CDA)、《儿童网络保护法》(*Children's Internet Protection Act*, CIPA)、《反垃圾邮件法》(*Controlling the Assault of Non-Solicited Pornography and Marketing Act of*

① 参见郑海燕:《欧洲联盟信息政策研究》,北京图书馆出版社2004年版,第135~142页。

2003,CAN-SPAM)等多部法律均规定了保护未成年人免受网络有害信息的侵害。

1996 年美国国会修订了《电信法》(*Telecommunications Act*),增加了避免未成年人接触淫秽色情信息的内容,这部分内容被统称为《通信端正法》,这是美国第一部旨在限制网络淫秽色情信息的联邦法律。该法案为保护儿童免受网上不良信息侵害,向未成年人传送或发送淫秽色情信息行为的法律责任予以了专门规定:任何人在州际或国际通讯中明知信息接收者在 18 岁以下,仍以电子通讯手段故意传送任何淫秽或不雅的评论、要求、建议、图像或其他内容,或任何人故意允许其管理的电子通讯设施传播上述信息,均应处以罚款或两年以下监禁,或两刑并罚;任何人在州际或国际通讯中通过电脑向成年人或 18 岁以下的未成年人发送,或通过电脑以 18 岁以下的人可能接触到的方式展示关于性活动或性器官、排泄活动或排泄器官的任何评论、要求、建议、图像或其他内容,其描述方式按照当代社区标准属于明显令人厌恶,或任何人故意允许通过其管理的电子通讯设施传播上述信息,均应处以罚款或两年以下监禁,或两刑并罚。遗憾的是,自该法案实施以来,便被反对者以限制了成年人利益为理由而主张违宪,并最终被判决违宪。

1998 年,美国出台了《儿童在线保护法》(*Child Online Protection Act*,COPA)。该法案规定:所有网站必须要求网民提供信用卡信息或其他能够证明自身已经成年的证据方可浏览儿童不宜的信息。任何为牟利而使用互联网传播有害儿童身心健康的信息文字者,将被处以 5 万美元以下罚金或 6 个月以下监禁,也可两者并罚。如遇诉讼,被告方必须保证已制定严格措施防止儿童接触不良读物。该法案推出后因为苛刻的要求而引起了很大的争议。2004 年最高法院最终作出裁决,认为该法案妨碍了成年人的言论自由应暂缓实施。

2000 年,美国出台了《儿童网络保护法》(*Children's Internet Protection Act*,CIPA),2001 年年初颁布了 CIPA 相关实施规则,并在

2011年对这些规则进行了更新。该法案立法目的在于保护儿童在网上避免接触淫秽或有害内容,比如,国家建立了"E-rate"计划向缺乏资金的学校和图书馆提供联邦技术资金,该法案要求学校和图书馆除非证明他们采取了有技术保护措施的互联网安全政策,否则不得享受"E-rate"计划。学校和图书馆采取的保护措施应要阻止或过滤淫秽、儿童色情信息或对未成年人有害的内容的互联网访问。具体来说,学校和图书馆应对于以下事项采取和实施互联网安全政策:未成年人接触互联网上的不适当内容;未成年人使用电子邮件、聊天室和其他形式的直接电子通信时的安全和保障;未成年人线上未经授权的访问,包括所谓的"黑客行为",以及其他非法活动;未经授权披露、使用和传播有关未成年人的个人信息;未成年人接触网上有害内容。该法案的制定实施,标志着美国对未成年人网络空间保护进入"过滤时代"。

2003年美国出台《反垃圾邮件法》。该法案规定,任何人不得在州际商业活动中,向受到保护的计算机发送或者传播含有露骨描写性行为信息的商业性电子邮件;含有露骨描写性行为信息的商业性电子邮件应当含有或者附有可以清楚识别的标志或提示,以便告知收件人上述事实并有助于过滤上述电子邮件。故意违反上述规定的人,将会被处以罚金或者5年以下有期徒刑,或者并处上述两种刑罚。

为了防范未成年人受到网络诈骗和性骚扰,2006年美国众议院曾经提出一项名为《打击网络侵犯者法案》(*Deleting Online Predators Act*, DOPA)的法案。该法案禁止未成年人访问一些社交网站,命令学校和图书馆封锁社交网站的接入。该法案的缺陷在于限制范围过于宽泛,限制了学生的上网自由。

上述一系列法案,显示出美国保护未成年人免受网络有害信息侵害的决心和立法尝试。但是,有的法案因和宪法中的表达自由相冲突,个别条款被判违宪,导致预期的立法目的落空。

之后,美国试图将政府引导、家庭教育、行业自律、技术保护等方面纳入监管模式中,以编织一张使未成年人免受网络有害信息侵害的严密保护网。美国颁布了对未成年人、父母以及学校具有指导性和可操作性的使用指南,其中影响力较大的有美国教育部的《父母上网指南》、联邦调查局的《互联网安全父母指南》《儿童上网安全提示》,以及司法部的《互联网注意事项》。虽然政府的这些引导性举措没有强制性效果,但在防止未成年人接触色情暴力等网络有害信息方面,为家长和孩子提供了具体实用的指导措施。

在行业自律方面,美国鼓励非政府组织和行业团体合作开展打击色情等不良网站的活动。例如,通过加强对网站及其服务器的追踪和定位,一旦发现传播色情等不良信息的网站,即可向相关政府部门举报。在保护未成年人不受色情网站侵害的行动中,美国儿童网站协会充分发挥行业组织的作用,向政府部门举报了数千家色情网站。此外,美国的一些企业也积极参与到打击不良网站的行动中来,美国互联网服务商例如 Verizon communications,Time Warner 和 Sprint communications 等曾联手封杀全美范围内的儿童色情网站及论坛。①

美国还通过技术手段对网络有害信息进行监管,监管的主要方式是对网络内容进行分级和过滤。"因特网内容选择平台"是目前美国主要的分级技术标准,该标准通过累计不适当网络信息的数据库作为筛选标准,如"裸露""性""暴力"等主要指向互联网色情暴力信息,对保护未成年人免受网络有害信息侵害起到了预防作用。

此外,美国政府还注重加强家长和儿童网络素养培养,帮助他们树立网络安全意识,使他们自觉过滤和控制网上内容。为保障儿童合法权益,美国新泽西州成立了由儿童组成的"网络天使"志愿组织,志愿组织的这些儿童都接受了美国联邦调查局等政府部门的培训,是儿童自律的

① 参见张恒山:《透视美国互联网内容监管的主要内容和措施》,载《中国出版》2010 年第 13 期。

典范。成立这一组织旨在为家长和儿童讲解如何预防和避免网络有害信息的侵害。①

从国家立法、政府引导、家庭教育到行业自律、技术保护,再到未成年人网络素养教育,美国在保护未成年人免受网络有害信息侵害问题上形成了全方位、多层次相辅相成的法律监管体系。

(二)英国网络有害信息的法律规制

与同为英美法系的美国相比,英国保护未成年人不受网络有害信息侵害的法律不是很系统。"倡导行业自律和协调,监督而非监控"是英国网络监管的重要特点。②

基于严格的言论自由保护立场,英国在网络规制立法方面非常谨慎。保护未成年人免受网络不良信息影响和侵害的相关法律规定,大多分散在其他法案中。涉及未成年人保护和网络有害信息监管的法律主要包括:1959 年和 1964 年的《淫秽出版物法令》(*The Obscene Publications Act*, OPA)、1994 年的《刑事正义与公共秩序法》(*Criminal Justice and Public Order Act*, CJPOA)、1999 年的《儿童保护法》(*Protection of Children Act*, PCA)、2004 年的《儿童法》(*Children Act*, CA)、2003 年的《性侵犯保护法案》(*Sexual Offences Act*, SOA)、2018 年的《数据保护法案》(*Data Protection Act*, DPA)③及 1996 的行业性法规《3R 安全网络规则》(*R3 Safety-Net*)等。这些法案都明确规定禁止传播有关未成年人的色情信息,并禁止向未成年人传播色情等有害内容。

除立法监管外,英国在保护未成年人免受网络有害信息影响和侵害方面,采用了一种政府、行业与民众相互结合的模式。隶属于英国政府

① 参见张化兵:《互联网内容规制的比较研究》,中国社会科学院 2011 年博士学位论文,第 65 页。

② 参见北京市互联网信息办公室:《国内外互联网立法研究》,中国社会科学出版社 2014 年版,第 212 页。

③ 英国政府在 1984 年、1998 年和 2018 年共颁布了三部《数据保护法案》(DPA1984、DPA1998 和 DPA2018),《2018 年数据保护法案》新增多项内容。

的通信办公室,不仅负责网络信息内容标准的维护和对网络非法内容的管制,还负责推动建立分级制度和过滤系统。英国政府强制性要求青少年学习网络安全的课程,规定5岁以上的孩子都应当学习打包、压缩、标记等网络安全的技术,不在网络上轻易泄露自己信息。2001年,英国内政部成立了儿童网络保护特别组,负责网络上的儿童安全,内政部开展宣传活动向家长介绍网络潜在的危险及对儿童可能造成的伤害。2006年,政府又设立了保护未成年人的"儿童开发与在线保护中心",建立起公众、执法机构和网络运营商之间的联系,跟踪并检举嫌疑人,防止犯罪分子以儿童为目标进行犯罪。英国政府这一系列举措,都旨在保护未成年人免受网络侵害,保护未成年人在网络空间中的健康成长。

英国互联网监察基金会(Internet Watch Foundation,IWF)①也对网上不利于未成年人的有害内容进行了有效防控。IWF开通了举报热线,网民可随时举报儿童虐待、色情犯罪、种族歧视等有害内容,IWF积极听取公安部门对有害内容的评估后进行处理:对于追踪到的境内服务器,IWF将对网络运营商实行"通告和取缔",并将通报送往英国警方;对于追踪到的境外服务器,IWF会与互联网热线提供方联盟一起进行热线通报,然后将通报送往儿童剥削和网络保护中心,并发布给国际警察组织。IWF还确立了网络内容的分类标准,通过在网页中植入电子标签来提示网民这些网页具有不合适的内容,对未成年网民进行了有效保护。IWF还采取了制定"黑名单"方式,通过将非法网站拉入"黑名单"的方式实现对未成年人的保护。IWF成立近二十年来网络监管成效卓著,特别是在保护未成年人免受网络有害内容影响和侵害方面作出很大贡献。

---

① 英国互联网监察基金会(Internet Watch Foundation,IWF),成立于1996年,是由英国的网络服务商在政府的资助和引导下自发组成的行业自治组织。英国互联网监察基金会尽管是一个行业机构,但同政府、社会和公众都保持着密切联系。该机构的董事会成员代表着网络企业、教育、文化、警察、公众、慈善机构和儿童保护组织等,最大限度地确保了全社会对网络监管的参与和平衡。

虽然英国在保护未成年人免受网络有害内容影响和侵害方面的国家立法不太系统完善,但事实证明,英国从政府、行业与民众相结合的监管模式也取得了相当不错的效果,源自英国本土的非法内容,特别是与儿童色情相关的内容在网络上有了明显的减弱趋势。

(三)法国网络有害信息的法律规制

法国是世界上极为重视本土文化保护和未成年人保护的国家之一,但是由于其互联网使用迟于英美国家,因此未成年人网络保护立法相对落后。法国政府一方面通过制定或修改相应的法律和政策,保障未成年人网络空间的权益不受侵害;另一方面则从思想上、技术上对未成年人和家长进行充分教育和引导。

法国保护未成年人免受网络有害信息侵害的法律主要是《未成年人保护法》。其中该法第 227 条第 22 款规定,犯罪人利用网络向不确定的青少年大众进行犯罪活动,或犯罪地点位于学习、教育场所的,可判刑 7 年,罚款 10 万欧元。该法第 227 条第 23 款规定,记录或传递未成年人的色情照片可判 3 年监禁和 4.5 万欧元罚款。对于利用网络对未成年人传播有害信息的犯罪行为,《未成年人保护法》规定从严从重处罚,从而对不法分子起到了警示作用。

法国政府还采取了一些指导性措施,这些措施使未成年人网络保护更加全面。2003 年,法国教育部下属的互联网使用委员会设立了"未成年人保护网站",鼓励民众举报非法色情网站,同时为未成年人提供法律援助,该网站还对互联网上未成年人保护问题从家庭和学校两个层面提出建议。2004 年,互联网使用委员会提出了"网络信任"计划,旨在帮助儿童和大众了解互联网使用中存在的风险。除互联网使用委员会外,法国司法部也下设了"网络与未成年人"网站,旨在从法律上为未成年人提供援助,保护未成年人不受恋童癖者的骚扰。这些指导性措施,从思想上和技术上对未成年人及其家长进行了充分引导,有效保障了未成年人免受网络有害内容的侵害。

在法国,一些社会组织也在积极致力于保护未成年人上网安全。例如,法国出版公司 Carpe Diem 通过其创立的未成年人保护网给予家长网络技术的解答和指导,诸如怎样正确安装、使用过滤软件等。政府部门和社会组织共同努力为未成年人营造健康安全的网络环境,有力促进了未成年人网络保护工作的开展。

学校教育和家庭保护是法国在未成年人网络保护方面最具特色的监管方式。在学校教育方面,为保障未成年人上网安全,各中小学主要通过实行校长负责制、加强校园网保护、在礼仪与公民教育课中增加网络安全教育的内容等措施,来降低未成年人接触有害信息网站的风险。学校也会给家长提供学习平台,指导未成年人在家的网络活动,并通过给学生颁发资格证、与之签订契约等特殊方式来对未成年人进行特殊的网络保护。在家庭保护方面,法国政府要求家长与孩子制定上网公约,公约包括家长陪同年龄小的孩子一起上网,电脑要放在公用的房间,规定可浏览和不可进入的网站和服务器,安装保护软件如监督软件、网站浏览历史记录软件等内容。通过家庭成员之间的相互制约,来防范未成年人对网络有害信息的接触。

(四)德国网络有害信息的法律规制

德国是欧洲信息技术最发达的国家,也是世界上第一个通过立法对网络有害信息进行监管的国家。德国非常重视对未成年人的保护,在保护未成年人免受网络有害信息侵害问题上有一套比较规范的法律制度。从世界上第一部全面规范互联网的法律《多媒体法》的颁布,到修订《青少年媒介保护国家条约》,再到实现网络内容分级制度,德国较为完备、严苛的法律体系大大降低了未成年人接触网络有害信息的风险。

1997 年,德国通过的《多媒体法》是一部全面的综合性法律,该法涉及了有关互联网治理的方方面面,其中也包括对未成年人的网络保护。《多媒体法》的中心原则之一就是保护未成年人,其保护原则主要如下:(1)修订《刑法典》和《违反治安条例法》的相关条款,把《刑法典》中著作权的概念扩大到电子网络上来,对严重危害青少年身心健康的不法内容的提供者追究刑事责任;(2)由危害青少年出版物联邦检查处将危害青少年身心健康的内容记录在案,只有当这些内容通过技术手段确保未成年人无法获得的情况下,才可以传播;(3)如果网络服务提供者在其所提供的信息中有可能包含危害青少年身心健康的内容,就有义务接受政府委派的"青少年保护特派员"指导其业务。[①]《多媒体法》为未成年网络使用者提供了法律保障,有效阻止了色情和暴力等有害信息在网络上的传播,有利于未成年人健康成长。

2003年,德国通过了《广播电视和电信媒体中人格保护和未成年人保护国家合同》(又称《青少年媒介保护国家条约》)。该条约详细列举了互联网上禁止向青少年提供的有害内容[②],明确规定了暴力色情、儿童性虐待或青少年性行为等内容属于"违法内容",禁止网络传播。

2010年,德国颁布了一部反儿童色情法案——《屏蔽通讯网络儿童色情法》。[③] 根据此法案,由联邦犯罪调查局出具一份儿童色情网站名单,该网站名单每日会被进行更新,互联网服务供应商将根据此名单屏蔽相关的儿童色情网站。

以上法律对网络不良信息进行了规定和限制,避免未成年人由于网

---

① 参见唐绪军:《破旧与立新并举义务与自由并重——德国"多媒体法"评介》,载《新闻与传播研究》1997年第3期。

② 具体来说,有害内容包括了以下十种有害信息:(1)反对自由民主基本制度或民族和解的宣传材料;(2)使用《刑法典》规定的违宪组织标志;(3)宣扬种族主义;(4)辱骂、诽谤或对人格尊严进行侵犯;(5)宣扬纳粹主义;(6)宣扬暴力;(7)颂扬战争;(8)通过展示正在或已经死亡或承受身体上或精神上严重痛苦的人,重视真实的场景,但却不存在运用这一展示或报道形式的正当利益的;(9)展示儿童或少年非自然的强调性别的身体姿势的;(10)宣扬色情、性虐待等不良性内容的。

③ 2009年6月18日,德国联邦议院通过了《屏蔽通讯网络儿童色情法》。但是当时的联邦总统霍斯特·克勒拒绝签署该法律,要求联邦政府就相关信息进行补充。2010年2月17日,克勒总统签署了该法律。《屏蔽通讯网络儿童色情法》于2010年2月22日公告,次日生效。2011年4月5日,德国联合政府决定废除该法律。该法律的有效期截至2011年12月28日。

络过度使用而受到不良信息的毒害。随着移动社交网络的兴起,社交媒体上的未成年人用户增多,未成年人的网络社交使用也越来越受到重视。

2010年,德国各联邦批准了《青少年媒介保护国家条约》的最新修订版,该版条约于2011年1月1日正式生效。最新修订版条约,旨在保护未成年人免遭网络有害信息的侵害,重点规定和推出了互联网内容分级制度。为使未成年人使用网络时只能看到其年龄允许接触的内容,德国政府要求各网站和服务商为其内容设置年龄许可标志,并且要配套过滤软件等技术手段。目前,德国互联网内容分级标准分为三个年龄级别:6岁以上、12岁以上、16岁或18岁以上(可浏览)。《青少年媒介保护国家条约》的修订,加大了对网络有害内容法律监管的力度,也体现了在未成年人网络保护中法律监管的重要性。

2017年,德国联邦议会通过了《网络执行法》。《网络执行法》改变了德国政府对网络信息内容进行监管的方式,通过将网络监管与行政处罚相结合的方式,而不再单纯依赖行业自律。该法明确了社交网络平台删除或屏蔽某些刑事违法内容的义务。

以上法律是德国对保护未成年人免受网络有害信息而推出的专门立法。此外,德国《刑法典》《青少年保护法》等既有法律的相关条款也有对网络有害内容的规制。德国《刑法典》第184条规定,向青少年传播色情信息的,将被处以罚款或三年以下有期徒刑;传播或有组织传播儿童色情信息的将被处以最高10年有期徒刑。《青少年保护法》规定,电脑游戏、电影和录像带等音像制品必须贴有最低年龄限制标签且只能销售给标签上限制年龄以上青少年;那些严重危害青少年的媒体资料,特别是有暴力内容的,要加大查处和惩罚力度。该法还规定,一些美化战争、伤害人权、有色情倾向的书籍、录像、CD、DVD,即使没有被列入联邦危害青少年媒体审查所的禁止目录中,也要受到相应的惩罚。为了保障法律得到有效实施,德国还建立了严格的执法队伍,以保障立法效果的实现。

在政府监管上，德国也有一些成熟的经验。德国联邦内政部是负责互联网信息安全的最高国家行政机构，其将色情等有害内容作为重点防范内容之一，以保护未成年人免受有害信息侵害。德国还设立了联邦青少年有害媒介检验局、青少年媒介保护委员会，这些部门专门负责监察和判断各媒体和网站是否违反《青少年媒介保护国家条约》，限制对网络有害内容的传播，共同保障未成年人在网络中的权益。德国教育部门和青少年保护机构，还在青少年活动中心、学校等地设置专属网吧，为加强青少年上网的安全意识，要求到网吧的学生在相关管理规定上签名，并要求所有网吧的电脑必须设置黄色信息过滤器和网站监控系统。另外，德国政府还大力推广“青少年网络行动”，并设立综合性网站，将学习与信息娱乐相结合，以多种多样的形式吸引青少年参与并为其提供专属服务。

在行业自律方面，为了贯彻保护未成年人的原则，德国的广电传媒机构建立了自律机构（Freiwillige Selbstkontrolle der Filmwirtschaft，FSK），负责对剧情片播出前进行分级，并在网络传播领域专门建立了多媒体行业自律组织，负责确保互联网内容提供商遵循有关未成年人保护的各项规定。德国全国性的互联网服务商自愿自我检查组织（Freiwillige Selbstkontrolle Multimedia – Diensteanbieter，FSM）致力于青少年上网保护，与政府监管部门合作，提供有害网站名单，协调会员单位设置技术屏障措施。①

法律规制、政府监管、行业自律共同构成德国防范未成年人遭受网络有害信息侵害的法律保护体系，我国可参考其中一些运行多年的成熟做法。

三、亚洲国家网络有害信息的法律规制

（一）日本网络有害信息的法律规制

日本的互联网发展在亚洲国家趋于领先地位，未成年人互联网保护

---

① 参见钟忠：《中国互联网治理问题研究》，金城出版社2010年版，第15页。

的法律监管也比较成熟。近年来,日本颁布实施了《特定电子通信服务提供商损害赔偿责任限制及发信者信息公开法》(2001)、《交友类网站限制法》(2003 颁布、2014 修订)、《保护青少年安全安心上网环境的整顿法》(又称《青少年网络规范法》,2008 颁布、2009 修订)等一系列关于未成年人网络保护的法律。

《交友类网站限制法》第 10 条明示禁止使用规定,“异性交友网站经营者在对其网上异性交友业务做广告宣传时,必须依照国家公安委员会规则的规定,明示未成年人不得使用”。① 该法同时规定异性交友网站的经营者还需要采取措施确保使用者不是儿童。作为监护人的家长必须懂得如何使用过滤软件过滤儿童不宜浏览的内容。此外日本各级警察部门还公布了举报电话,并实施“网络巡逻”。②

2008 年,“鉴于互联网上存在诸多对青少年有害的不良信息,通过采取必要措施引导青少年掌握正确合理使用互联网的能力,同时通过提高互联网不良信息过滤软件的性能并促进其得到推广应用以及其他能够尽可能减少青少年接触互联网不良信息的措施,确保青少年能够安全、安心地利用互联网,切实保护青少年的合法权益”,③日本颁布了《保护青少年安全安心上网环境整顿法》,该法首次以法律的形式确定了技术过滤的合法地位,并从政府及地方公共团体、相关企业、家长等责任主体的责任与义务出发,提出建立涵盖政府及地方公共团体、有关机构、互联网相关服务企业以及开展互联网相关活动的民间团体的完备的合作体制,用以全面保障未成年人免受网络有害信息的影响和侵害。

行业自律和技术监管在日本网络内容生态治理中也起到了重要作

---

① 中央网络安全和信息化领导小组办公室、国家互联网信息办公室政策法规局编:《外国网络法选编·青少年专辑》,中国法制出版社 2017 年版,第 558 页。

② 参见石军:《日本、韩国出台新规阻止网络侵害》,载《世界电信》2010 年第 3 期。

③ 中央网络安全和信息化领导小组办公室、国家互联网信息办公室政策法规局编:《外国网络法选编·青少年专辑》,中国法制出版社 2017 年版,第 569 页。

用。在行业自律方面，日本电信服务协会组织网络运营商共同制定了《互联网事业者伦理准则》，要求互联网服务提供商禁止向用户传播违法和有害信息。在技术监管方面，主要是通过“促进过滤机构”和“其他开展正确使用网络活动的民间团体”，促进过滤活动，普及和推广过滤软件和服务，推进过滤软件的技术开发。

除以上专门性法律外，其他法律如《刑法》《青少年保护条例》《儿童卖淫、儿童色情行为的处罚及儿童保护等的相关法律》等也涉及了保护未成年人免受网络有害信息侵害的相关规定，这些法律并明确规定了相应处罚措施。

(二)韩国网络有害信息的法律规制

与欧美国家相比，韩国在未成年人网络保护方面的监管成熟而完善，其中也包括对未成年人网络有害信息的监管。为保障未成年人健康成长，韩国以立法为主要推动力，以分级过滤为制度保障，并设置多个政府监管机构，形成了有特色的未成年人网络保护体系。

首先，通过立法保护未成年人免受有害信息污染，构建健康的未成年人网络生长环境。在1991年的《电信事业法》中，韩国就将“危险通信信息”作为管制对象，该法将“对年轻人构成伤害的信息”作为审查内容之一，由信息通信道德委员会进行审查和管制。真正意义上关于未成年人网络保护的法律是1997年的《青少年保护法》，该法规定了媒体有保护未成年人的严格义务。该法要求应按规定设置“对青少年有害”的标识，并不得向未成年人传播含有未成年人有害信息的内容。以《青少年保护法》为基础，韩国又进一步制定和完善了包括《电信事业法》《国家信息化基本法》《信息通信基本保护法》《网络安全管理规定》《通信秘密保护法》在内的数十部法律，这些法律均对传播色情、暴力、恐怖等网络有害信息的行为做出了规制。为进一步保护未成年人不受网络有害信息的侵扰，《不当站点鉴定标准》和《互联网内容过滤法令》要求对互联网上违法和有害信息进行鉴别和过滤，在法律层面上规定了网络空间信息内容过滤的合法性。法律要求阻止青少年接触不良信息,限制色情等敏感网站的准入,要求网吧等公共上网场所安装过滤软件,保障未成年人获取健康的网络信息。

其次,韩国还从制度保护入手,避免未成年人受到网络有害信息的影响和侵扰。在制度保护方面,韩国采取了青少年有害信息标识制度、互联网内容分级制度以及网络实名制三种措施。《关于促进信息通信网络使用及信息保护的法案》(2011 修订)第 46 条"青少年有害内容的标识"详细规定了"青少年有害媒介"的标识方法,并提出若未按规定进行青少年有害标识的互联网有害内容,会由"未成年人有害信息"转变为"违法"信息,可见韩国对此制度的高度重视。互联网内容分级制度是指视不同年龄段未成年人的实际情况对网络内容进行分级和过滤,以保障在保护未成年人的同时不会对其上网造成限制。此外,韩国通信标准委员会与各地教育主管部门加大推广力度向有需求的家庭免费提供过滤软件,避免未成年人在家庭网络中接触有害信息。韩国政府从 2005 年起便开始推行网络实名制,网民必须登记真实的身份信息,通过认证后方可在网络上进行评论、留言等活动。该制度使网络服务提供者能够对未成年用户进行识别,同时对于散布未成年人有害信息的人,政府也给予了有力打击。网络实名制有效防范了未成年人浏览不良网站、接触有害信息。

最后,在网络有害信息的监管方面,韩国政府设立了很多专门机构并组织了相应专家。1992 年韩国成立了信息道德委员会,1995 年改组为信息通信道德委员会,该委员会负责对网络内容的全面监控,并针对未来可能出现的违法或有害信息的形式提出相关鉴定标准等。2006 年,韩国又设立了互联网安全委员会,其主要职责是负责反国家和诽谤诉讼内容、非法赌博、食品卫生和自杀内容,以及其他需要特别处理的内容。2008 年,韩国政府将广播委员会、通信委员会和互联网安全委员会整合为新的韩国通信委员会,并新组建了韩国通信标准委员会,这两个机构不仅承担了韩国互联网未成年人有害信息的监管职责,并且还是整个电信通信网络的监管机构。这些专门监管机构及下属机构的设立,足以反映韩国对网络有害信息监管以及未成年人网络保护的重视。

(三)新加坡网络有害信息的法律规制

新加坡是世界上第一个全民网络互联的国家,也是第一个宣布对互联网进行管制的国家。为了保护未成年人不受网络有害信息的侵害,新加坡主要采取立法监管和公众教育两手抓的方式,既实行严格的法律制度,也实行引导、宣传等柔性管理政策,形成了管育结合的未成年人网络保护制度。

新加坡将未成年人网络有害信息作为互联网内容监管的重点,尤其是含有色情及猥亵的信息、提倡性放纵和性乱交的信息、刻画或宣扬变态性行为的信息。根据新加坡2004年《分类许可证制度》(2012年予以修订)的规定,所有网络运营商必须在新加坡传媒发展局(Media Development Authority,MDA)登记后才能开始运作,目的在于规范网络运营商的运营行为,预防和及时清除不良信息和不当言论,保护使用者尤其是未成年人的合法权益。2013年,MDA又修订了《互联网执照管理条例》,将以往针对报纸、广播、电视及艺术娱乐业经营者的个别执照制度扩展到网络媒体,这一举措是对《分类许可证制度》的有益补充。《互联网操作规则》则对网络内容的定义、范围和认定标准都进行了明确规定,被许可人如果对一项内容是否受到禁止不能确定的,可提请广播管理局作出决断。对于违反互联网相关法律条例者,新加坡政府常以"铁腕"手段追责。具体的法律成文和严明的惩处措施,保障了未成年人在网络空间中的合法权益。

在政府引导方面,新加坡通过设立专门机构来加强对公众尤其是家长的教育,从而引导未成年人健康上网。MDA于1999年成立互联网家长顾问小组(Parents Advisory Group for the Internet,PAGI),其主要职能是为家长提供长期指导,协助家长帮助孩子安全使用网络。该组织开发并鼓励家长使用“家庭上网系统”过滤色情和不良信息，为青少年提供良好的网络环境。2007 年，MDA 实施了“网络健康”项目，其核心内容是促进网络健康，包括对网络有害信息的了解，以及如何保护自己和他人免受影响。2009 年，由新加坡教育部和新加坡通讯及新闻部发起设立跨部门网络健康指导委员会（Inter – Ministry Cyber Wellness Steering Committee，ICSC），以加强未成年人网络健康教育。这些部门的成立和项目的实施，在防范未成年人接触网络有害信息方面起到了重要作用。

在公众教育方面，除政府机构的引导外，新加坡还有许多社区组织也致力于未成年人的网络安全教育。这些非营利社区组织与学校、家长积极开展合作，教育家长如何应对网络不良内容也专门为未成年人提供咨询服务，培养其良好的上网习惯，自觉主动抵制有害信息，从源头上阻断对网络有害信息的接触。

附录二　域外未成年人网络隐私权的法律保护

互联网技术席卷全球的今天,未成年人网络隐私权的保护已经不再是某个国家独自面对的问题,而是已经成为全球性议题并为世界各国所关注。对未成年人网络隐私权的保护,既要预防和减少网络世界对其隐私权的伤害,又不能因噎废食,牺牲甚至放弃未成年人在网络空间的发展权等权益。正如联合国儿童基金会《2017年世界儿童状况:数字时代的儿童》所指出的,“我们要迅速采取行动,加强投资与合作,保护儿童在日趋互联的世界中免受伤害;同时也要利用数字时代的机遇,确保每个儿童从中受益”。①

① 联合国儿童基金会:《2017年世界儿童状况:数字时代的儿童》,载联合国儿童基金会网2018年5月31日,https://www.unicef.cn/media/4606/file/数字时代的儿童.pdf。

一、欧盟未成年人网络隐私权的法律保护

欧洲是现代儿童权利保护的发源地。1924 年《日内瓦儿童权利宣言》诞生，该宣言首次明确提出了“儿童权利”的概念，这是从国际社会层面签订的第一部保护儿童权利的文件。经过将近一百年的发展，欧盟已经成为未成年人权益保障体系最健全的地区之一。作为一个国际性的经济政治组织，欧盟建立了从国际组织层面到成员国层面的全方位、立体化的未成年人权益保障法律制度。以欧盟成员国瑞典为例，作为一个典型的高福利国家，瑞典拥有统一成熟的未成年人权益保护体系，该体系涵盖了对未成年人的经济支持、儿童照料、教育、医疗等诸多方面。

（一）欧盟保护公民隐私权的传统和立法推进

从隐私保护方面看，欧盟是世界上较早从法律层面对公民进行隐私保护的地区，其隐私保护力度和范围都走在世界前列。《欧洲人权公约》第 8 条规定，人人有权享有使自己的私人和家庭生活、家庭和通信得到尊重的权利。《欧洲联盟基本权利宪章》第 8 条也规定了个人资料受保护的权利。以上这些条款成为保护欧盟成员国公民隐私权的渊源和法律基础。在这些条款精神的指导下，1981 年欧洲理事会颁布了《有关个人资料自动化处理之个人保护公约》，这是国际上第一个强调对个人隐私信息保护有约束力的国际性公约。1982 年，欧盟要求各成员国加入该公约。

1995 年欧盟《个人资料隐私保护指令》出台。该指令的宗旨之一是保护个人隐私权利，这里也包括未成年人的网络隐私权。该指令具有明显的域外法律效力，给欧盟各国在保护公民隐私权方面带来了巨大的压力。该指令颁布后，欧盟各成员国根据本国国情也制定了相关法律保护公民网络隐私权，例如，比利时 1998 年的《个人资料处理法案》、瑞典 1998 年的《个人数据法》、英国 1998 年的《英国信息公开法》、法国 2000 年的《信息自由法》等。值得一提的是，意大利是第一个把个人数据保护

写进国家隐私法的欧盟国家。[①] 有学者认为,《个人资料隐私保护指令》的制定和实施,有效提升了欧盟各国公民隐私权的保护程度,也促进了世界各国隐私保护水平的提高。[②] 该指令的进步之处在于,它首次采用了综合性的方式对个人隐私权进行多角度的全面保护,适用范围广,成为欧盟隐私权保护法律体系的核心文件。同时该指令也成为欧洲乃至世界范围内进行隐私权保护的标杆性法令。

1997 年欧盟又推出了《欧盟电信行业数据保护指南》。该指南规定,各成员国应该通过国内立法,以确保利用公共电信网络和公共电信服务所进行的通信的机密性,特别应当禁止在没有获得用户同意的情况下,对用户通信信息进行收听、窃听、存储或其他形式的监听或监视。[③] 据此,欧盟各成员国根据本国国情制定了形式、内涵各异的隐私权保护法律体系。有学者将欧盟国家对隐私权的保护模式分为三种:(1)直接保护模式,这种模式以德国和法国为代表;(2)间接保护模式,这种模式以英国为代表;(3)特定领域内的专门保护模式,这种模式以瑞典为代表。[④] 欧盟对公民隐私权保护力度之大,标准之严,从欧盟禁止美国公司在欧洲提供云服务一事就可以看出。欧盟方面担心,如果美国公司大规模地为欧洲提供云服务,很有可能会造成欧洲公民隐私的大范围泄露。[⑤]

20 世纪 90 年代,随着互联网的大规模普及,欧洲各国政府和国际组织开始思考和制定网络环境下公民隐私权保护的相关法律。有关网络

---

① 参见罗利亚:《欧盟主要成员国的隐私管理模式研究及其启示》,载《档案》2011 年第 6 期。

② 参见杨阳:《欧盟〈个人资料隐私保护指令〉域外效力研究》,中国政法大学 2014 年硕士学位论文,第 10 页。

③ 参见马志刚:《中外互联网管理体制研究》,北京大学出版社 2014 年版,第 185 页。

④ 参见王志昆:《论欧盟国家关于隐私权的法律保护》,山东大学 2008 年硕士学位论文,第 12 页。

⑤ 参见一丁:《欧盟的云计算隐私忧虑》,载《计算机世界》2011 年第 27 期。

隐私权保护的法律相继出台,除《个人资料隐私保护指令》《欧盟电信行业数据保护指南》外,还包括1997年的《电信事业个人信息处理及隐私保护指令》、1999年的《关于在信息高速公路上收集和传递个人数据的保护指令》、2001年的《关于与欧共体和组织的个人数据处理相关的个人保护以及关于此种数据自由流动的规章》、2002年的《关于电子通信领域个人资料处理和隐私保护指令》、2006年的《数据留存指令》等。以《关于电子通信领域个人资料处理和隐私保护指令》为例,该指令规定电子通信服务提供商应该采取下列措施,切实保护用户个人隐私权:(1)告知用户信息安全风险、服务提供商将要采取的信息安全保护措施以及可能发生的费用,确保其所提供的电子通信服务的安全;(2)告知用户其个人信息的收集目的、收集类型和存储时间,用户个人数据只能在提供账单和互联费用所必需的范围内被存储有限的时间;(3)发展电子通信服务的用户选择权,允许用户选择匿名,主叫有权选择号码不被显示;(4)告知用户主叫、被叫识别线路以及识别号码已经自动存储在电子通信网络之中,用户可以向电子通信服务提供商提出申请,要求基于呼叫的隐私保护选择权,但是,国内法对呼叫跟踪识别另有规定除外;(5)电子通信服务提供商应当采取的其他措施。① 前述规定,既有原则性的条款,又有可操作性的规则,顺应了网络时代保护公民隐私权的新要求,有利于保护公民在网络空间中的隐私权。

除此之外,许多致力于公民网络隐私权保护的组织机构开始出现,例如,欧盟数据保护专员(European Data Protection Supervisor,EDPS)②和欧洲网络与信息安全署(European Network and Information Security Agency,ENISA)等。在各成员国层面,大多设有专门且独立的数据保护专员来履行相关法律职责。在企业层面也可自主设立隐私官处理相关

---

① 参见马志刚:《中外互联网管理体制研究》,北京大学出版社2014年版,第190页。

② 该机构的主要职责是规制欧盟机构的数据处理行为,检查欧盟的计划和实践是否与欧盟数据保护法相符,同时对欧盟层面数据保护政策的制定有着重大影响。

个人隐私信息的保护问题。[①] 欧盟还对于互联网的某些专门领域制定了公民隐私权保护规则,保护措施十分精准。例如,2009 年欧盟隐私监管机构针对网络社交平台涉及个人信息极多、隐私泄露风险大的问题,专门制定了社交平台用户隐私权保护的相关规则,以保护社交平台用户的隐私信息。

2018 年 5 月 25 日,欧盟正式实施《一般数据保护条例》(*General Data Protection Regulation*,GDPR)[②]。这是欧盟近几年隐私权保护立法方面的最大进展。该条例设有专门针对未成年人隐私保护的具体规定,例如,条例要求网络服务提供者对成年人和未成年人进行技术区别,以禁止对未成年人进行精确的数据画像;网络服务提供者在收集、处理未满 16 周岁的未成年人的个人信息时(允许各成员国设定更低的年龄界限,但不得低于 13 周岁),需要取得其父母的同意;网络服务提供者应使用简洁、未成年人易于理解的语言告知关于数据主体处理的信息;将隐私保护的理念融入网络产品与服务设计的最初阶段。[③]

(二)欧盟未成年人网络隐私权保护法律的特点

从前文介绍我们可以看出,虽然欧洲没有制定专门针对未成年人网络隐私的法律,但是未成年人网络隐私权被天然地包含进了庞大的网络隐私信息保护的法律体系和未成年人权益法律保障体系之中。欧盟关于未成年人网络隐私权保护的法律具有以下特点:

1. 标准化程度高,具有示范意义

作为主权国家的政治经济联盟,在欧盟框架内制定的法律对欧盟成

---

① 参见陈盼:《欧盟网络隐私权保护模式研究——兼述欧盟对 Facebook 面部识别技术的调查》,载《研究生法学》2013 年第 8 期;曾丽洁、刘彦麟:《欧盟以国家为主导的资讯隐私权保护模式》,载《湖北大学成人教育学院学报》2012 年第 6 期。

② 该条例明确要求无论直接或间接识别到个人的资料,都属于个人数据范围,政府或者民间组织,均有义务保护因为业务需要所收集、处理、利用的个人数据。

③ 参见付新华:《大数据时代儿童数据法律保护的困境及其应对——兼评欧盟〈一般数据保护条例〉的相关规定》,载《暨南学报(哲学社会科学版)》2018 年第 12 期。

员国具有普遍的约束力。此外,为提高信息安全保护力度,欧洲设有统一的信息保护机构,如前文提到的欧洲网络与信息安全署(ENISA)等,这对国家之间关于未成年人网络隐私权理解差异造成的矛盾提供了解决基础。前文提到的1995年的《个人资料隐私保护指令》是各国保护未成年人网络隐私权的重要法律渊源,在该指令精神的指导下,各国采取各种法律和行政手段积极保护未成年人网络隐私权,以符合该指令的要求。这就形成了对未成年人网络隐私权保护基本一致的统一标准。该标准的统一意义重大,表现在欧盟成员国之间的相关个人资料的转移只要符合一般资料的处理要求即可以转移,而欧盟成员国和第三方国家和地区在进行个人资料的转移时,第三方国家和地区也必须遵守欧盟的相关规定。如果第三方的国家和地区没有满足该指令的标准,欧盟将采取措施限制甚至禁止个人资料的传递。这不仅有效促进了欧盟成员国之间和欧盟与外部世界之间的各种社会、经济、文化交流,又有效保护了包括未成年人网络隐私权在内的公民隐私权。欧盟在隐私权保护和信息交流、数据流通之间,取得了成功的平衡。这方面典型的例子就是在2000年美国与欧盟对于保护网络空间的隐私达成了一致,为美国在欧洲开展大规模的电子商务扫除了重大障碍。

作为区域性的国际性组织,欧盟之间统一的未成年人网络隐私权保护的标准,有利于为其他国家和地区在未成年人网络隐私保护方面形成标杆式的示范,为未成年人网络隐私权保护的国际合作起到了重要的引领作用,有助于未成年人网络隐私权保护的全球化和一体化。

2. 规制措施详尽严密,可操作性强

整体上看,欧洲对未成年人网络隐私权保护的相关规制措施已经高度系统化,规制措施详尽严密,既有欧盟和成员国层面原则性的法律规定,又有细致入微的行业自律。当未成年人网络隐私权受到侵犯时,既有行政手段的救济,又有司法手段的救济。此外,相关保护措施和手段全方位地覆盖了用户、网络服务商、政府以及各种社会组织,欧洲未成年人网络隐私权保护体系呈现多维立体化的特征。

此外，欧洲未成年人网络隐私保护的规制措施有很强的现实针对性和可操作性。以前文提到的《个人资料隐私保护指令》为例，该指令明确规定了个人信息控制者的义务和资料当事人的权利，其中义务部分可以概括为：合法、目的、透明、合适、保密、安全、监控。此外，该指令还详细规定了个人资料传递至第三方的充分性标准。① 例如，前文提到的欧洲对社交网站上个人隐私信息的保护，相关规则要求社交网站有义务提高默认安全设置的等级，并应允许用户限制向第三方暴露数据；要求网络运营者不能在用户删除自己的账号后保留其个人信息，而且网络运营者应该删除长期处于未激活状态的账号。②

二、美国未成年人网络隐私权的法律保护

（一）美国未成年人网络隐私权的立法保护原则

美国非常重视未成年人网络隐私权的保护，从立法规制、行政管理、行业组织、教育等多个层面对儿童网络隐私权予以保护，尤其是在立法层面，美国国会于 1998 年颁布了《儿童在线隐私权保护法案》（*Children's Online Privacy Protection Act*, COPPA），该法案于 2000 年生效。2011 年，美国联邦贸易委员会（Federal Trade Commission, FTC）在全国范围内对该法案进行修订咨询，经过两年多的充分讨论，新修订的法案于 2013 年正式生效。除此之外，还有 2011 年《请勿追踪儿童法案》③（*Do Not Track Kids Act of* 2011）和 2013 年 9 月 23 日美国加利福尼

---

① 参见曾丽洁、刘彦麟：《欧盟以国家为主导的资讯隐私权保护模式》，载《湖北大学成人教育学院学报》2012 年第 6 期。

② 参见刘迎：《欧盟安全信息保障架构概述》，载《信息网络安全》2009 年第 8 期。

③ 根据《请勿追踪儿童法案》，互联网公司将被要求解释其收集的未成年人个人信息类型，以及使用和公布这些信息的方式。该法案草案还要求制定“维护青少年权利的数字营销法案”（Digital Marketing Bill of Rights for Teens），对收集青少年个人信息（如地理位置信息）的活动加以限制。之后，该法案又有修订，《2018 儿童反追踪法案》（*Do Not Track Kids Act of* 2018）对于 COPPA 中儿童年龄的限制进行了修订，将原先仅涉及 13 周岁以下儿童的保护制度扩大到了“12～16 岁的青少年”。

亚州参议院通过的第568号法案即橡皮擦法案[①],橡皮擦法案于2015年1月1日生效,同样致力于未成年人网络隐私权保护。从全球立法实践来看,单独对儿童网络隐私权予以专门立法的并不多见。美国未成年人网络隐私权的法律保护原则主要为:

1. 儿童至上原则

儿童至上原则是当今世界保护儿童的基本准则之一。虽然美国因为种种原因并未加入联合国《儿童权利公约》(*Convention on the Rights of the Child*,CRC),但儿童至上原则却贯穿美国的儿童立法实践。在美国,儿童至上原则并不是一个笼统的原则性规定,自20世纪90年代以来,该原则逐步贯穿到美国儿童立法的具体法案中。美国有很多涉及儿童的专门性法律,例如,《家庭教育权和隐私权法案》(*Family Educational Rights and Privacy Act*,FERPA)、《儿童网络保护法》(*Children's Internet Protection Act*, CIPA)、《儿童色情预防法案》(*Child Pornography Prevebtion Act*,CPPA)、《儿童电视法案》(*Children's Television Act*,CTA)等。通过上述专门的儿童立法,我们可以明显地感受到美国对儿童保护和儿童权益保障的重视,而且这些法律都有很强的现实针对性和可操作性,对保障美国儿童权益意义重大。

2. 个人主义原则

美国极其强调个人主义在社会生活中的作用,个人主义是美国价值观的核心,也是美国民族文化的核心。个人主义强调尊重人的天性。个人主义早已成为美国传统价值观和国家哲学的重要内涵之一。作为一个近代哲学范畴,个人主义高度推崇个体的生命、价值、尊严,反对外界

---

① 该法案要求谷歌、脸书、推特等社交网站允许未成年人删除自己上网时发布的各种信息,就如同允许未成年人用橡皮擦擦去自己的上网痕迹一般,所以又被形象地称为"橡皮擦法案"。该法案不再只是被动地在未成年人网络隐私遭受侵犯时提供救济,而是主动进行监督,界定网络服务商职责,同时赋予未成年人充分的删除权。该法案不仅保护网络受害者,也对有网络不当行为的未成年人采取了宽容保护的态度,其最终目的就是防止网络个人信息"反噬"未成年人,为未成年人的健康成长构筑起坚实的保护屏障。

对个体意识、思想、行为的非法干预,把个体的重要性置于一个相当的高度。因此个人主义有利于调动个体的积极性和创造性。基于个人主义,美国重视对个体人格权的尊重。人格权作为人权的一项内容,保障的是人的生命、健康、独立、发展、尊严。而隐私权作为人格权的一项内容,保护隐私权自然地成为个人主义关注的重点,这也是隐私权最早在美国被提出和关注的原因之一。

事实上,美国儿童网络隐私权的保护,正是以儿童至上、个人主义为原则,通过专门法和判例共同构成的一种法律保护模式。

(二)美国的儿童网络隐私保护模式①

1.系统化的网络隐私权保护法案为儿童隐私权保护提供了基础保障

美国先后制定并颁布了系统化的网络隐私保护法案,这些法案虽然没有直接以儿童网络隐私权的保护为立法目的,但是却为儿童网络隐私权的保护提供了基础性法律保障。换句话说,相关法案和判例涵盖了儿童网络隐私权,为儿童网络隐私权在实践中被原则性地保护提供了法律精神指引。

1974 年美国通过了《隐私权法案》(*Privacy Act*,PA),该法案承认个人有不受打扰的权利。该方案给所有公民有审查多数关于他们的政府文件的权利,来防止这些记录被不合理地公开和篡改。当美国社会进入互联网时代后,网络隐私问题成为立法者聚焦的重点。1986 年,美国颁布《电子通讯隐私法案》(*Electronic Communications Privacy Act*,ECPA)。该法案高度适用于互联网空间中的隐私传播问题,强有力地保护公民网络隐私免受非法获取。1988 年又制定了《电脑匹配与隐私权法案》(*The Computer Matching and Privacy Protection Act*,CMPPA)。还有上文提到

① 参见彭焕萍、王龙珺:《美国儿童网络隐私保护模式对中国的启示》,载《成都行政学院学报》2015 年第 2 期。

的《家庭教育权和隐私权法案》,该法案禁止学校和教育机构在未经父母同意的情况下,向未授权者传播能确定个人身份的信息,包括所谓的姓名、地址、名录。上述法案的规定涵盖了儿童网络隐私权的保护,即当儿童网络隐私权受到侵犯时,受害者可以根据上述法律的规定提起诉讼。有类似法律效力的法案还包括《储存传播法案》(*Stored Communications Act*,SCA)等。

上述法案的制定实施,为儿童网络隐私权的法律保护提供提供了法律基础,但是对构成儿童网络隐私权的侵权构成要件规定得不是很清晰,在法律适用中留给法官的自由裁量权可能过大。《儿童在线隐私权保护法案》的制定和实施,有效弥补了上述缺陷,成为美国儿童网络隐私权法律保护的尖兵利器。

2. 明确规定未成年人隐私权保护中监护人的权利和责任

儿童心智发育尚不健全,判断力、识别力及社会活动能力要远弱于成年人。网络素养的有限和网络安全意识的欠缺,使儿童网络隐私权的自我保护能力有限。此外,儿童隐私权的法律救济具有特殊性、儿童因无民事行为能力或限制民事行为能力,当其网络隐私权受到侵犯需要法律救济时,需要其父母、其他监护人、特定的社会组织或国家机关施以援手。《儿童在线隐私权保护法案》规定,网站和网络在线服务运营商收集13周岁以下儿童(含13周岁)的个人信息前,必须在隐私政策中提供特定信息并且需要获得家长的同意,其中隐私政策应当明确且易读,且要包括以下内容:收集个人信息的所有运营商名单;陈述收集的儿童个人信息的内容(如姓名、地址、爱好等)及收集方式(直接或间接等);将会如何使用儿童个人信息以及是否将收集的儿童个人信息披露给第三方。根据该法案的规定,以下情形之一均被视为信息的收集:(1)鼓励、请求或提示用户提交信息,即使该操作是可选的,不是必需的。(2)公开某项信息,除非采取合理措施在公开发布信息之前删除所有个人信息及个人信息的记录。(3)被动地在线跟踪儿童。其他公司通过针对儿童的网站或网络在线服务商收集儿童个人信息,也适用该法案。此外,该法案还要求隐私政策中应包括关于家长权利的陈述,在隐私政策中应告诉家长:不会要求儿童披露参加一项活动合理必需之外的信息,家长有查看及要求删除其孩子个人信息的权利,并有拒绝进一步收集或使用儿童个人信息的权利,以及家长行使权利时的程序。根据该法案,家长作为监护人有权对儿童网络隐私权予以监督和管理,从而有效阻止侵犯儿童隐私权的行为,从源头上可以预防或减少侵犯儿童网络隐私权的行为发生。

3. 强化网站、网络运营商的责任

为了与欧盟高水准的个人信息保护规则相衔接,美国与欧盟签署了"安全港(Safe Harbor)协议"。所谓安全港是指信息控制人在履行、满足了法律规定的某种要求或条件之后,即可免于承担因他人实施的侵权行为而引起的共同连带侵权责任。这种模式我们又可以称之为"安全港模式"。《儿童在线隐私权保护法案》对网站、网络运营商责任予以了规定,该法案要求网站或网络运营商首先要在醒目位置以适当方式告知收集儿童个人信息的行为,其次要采取合理措施,通过建立并实行合理的程序,保障收集的儿童个人信息的私密性、安全性和完整性。该法案要求收集的信息的范围适用尽量减少原则,仅向有能力维护个人信息私密性、安全性和完整性的服务提供商或第三方披露收集的儿童个人信息,且应采取合理的步骤并保障接收信息的服务提供商或第三方会遵守信息安全保障义务。另外,该法案还要求保留儿童个人信息的时间不得超过收集目的所需合理的必要的期限,当无正当理由保留儿童个人信息时,应予以安全地处置。同时,网络运营商应自觉接受联邦贸易委员会即 FTC 的调查和执法,如果网络运营商违背了《儿童在线隐私权保护法案》的相关规定,必须接受相关的处罚。2014 年,美国某移动开发商的游戏允许儿童用其个人隐私信息换取虚拟货币。联邦贸易委员会(FTC)调查后认为该移动开发商违背了美国关于儿童网络隐私保护的相关规定①,责令该移动开发商删除数据库中所有年龄在13周岁以下儿童的个人信息,并对其予以数额高达30万美元的罚款。② 2019年2月,因前身Musical. ly收集13岁以下用户信息的行为违反了《儿童在线隐私权保护法案》,抖音国际版TikTok收到了FTC 570万美元的罚单,这也是FTC迄今为止因儿童网络隐私权问题开出的最大罚单。③

对网络运营商责任的强调还体现在《请勿追踪儿童法案》(2011)和加州第568号法案即橡皮擦法案的相关规定中。《请勿追踪儿童法案》首次规定了未成年人有权采取一种在技术上可执行的方式删除在网络信息运营商所提供的平台上发布过的各种信息。这种权利被称为“被遗忘权”。橡皮擦法案则最大化地体现了未成年人的“被遗忘权”,该法案除规定未成年人有权删除自己的信息外,还规定了网络运营服务商有义务提醒使用其服务的未成年人有权要求网络运营服务商遵守未成年人关于删除其信息的要求。如果相关信息不能完全删除,应将详情向未成年人用户充分说明。

综上所述,上述法案对网络运营服务商的责任予以了严格规定,以督促网络运营商自觉遵守相关法律的规定,同时也为网络运营商的监管机构提供了执法检查的依据。法案中具体明确的法律规定,有助于准确评估网络运营商对儿童网络隐私权保护措施是否合法合理妥当,同时也为儿童及家长对儿童网络隐私权的主张提供了法律依据。

---

① 这些规定包括,没有在网站和在线服务器上对于其从儿童那里所收集来的信息、如何使用这些信息、信息被披露的情况,以及其他所要求公开的内容提供相应的通知。没有对于其在网络上从儿童那里收集到的信息、如何使用这些信息、信息被披露的情况,以及包含但不限于以上这些的其他所需内容向儿童的父母提供直接的通知。在收集和使用任何儿童信息之前没有从父母处获得可证实的同意。

② 《游戏收集儿童信息触犯隐私TinyCo被罚184万》,载人民游戏网,2014年9月22日,http://games. qq. com/a/20140919/024972. htm。

③ 《因违反美国儿童隐私法,美版抖音TikTok将被处以570万美元罚款》,载界面新闻2019年9月5日,https://www. 163. com/dy/article/E94A7COG051480G7. html。

4. 联动化、立体化的儿童网络隐私权保护模式

近年来，美国已经建立以COPPA为核心系统化的儿童网络隐私权的法律保护体系，形成了以监护人责任、网络运营商责任为两翼的全方位、立体化、联动式的儿童网络隐私保护模式。COPPA生效于世纪之交，2013年再次修订已是十几年之后，在这十几年中，美国社会和媒介技术都发生了巨大的变化。以移动互联网为代表的新媒体技术飞入寻常百姓家，智能化移动终端已然成为人们生活的必需品。“911”事件和斯诺登事件深刻影响着美国社会对于隐私的认知。正是基于美国社会变迁和互联网技术的发展以及网络时代的到来，才对COPPA进行了修订。

随着时代的发展，儿童网络隐私权的内涵也发生了变化。互联网技术的突飞猛进也使网络隐私的边界变得不那么明晰，网络隐私权的侵权行为主体也越来越多元化，从而使侵权行为越来越复杂。新修订的COPPA至少在五个核心问题上作出了修订，具体是：什么是网络信息收集行为？什么是儿童网络隐私泄露行为？什么是可接触的网络信息？谁是网络运营商？什么是个人隐私信息？新修订后的COPPA根据时代语境对这几个问题用法律的语言做了准确描绘，条款更加细化，可操作性和适用性大大提高。例如，关于个人信息的定义，就包括了可追踪个人邮箱的昵称、用户地理定位的信息、个人音频、视频文件等。

涉及监护人责任和网络运营商责任的联动主要表现在对“监护人监管”的重新认识上。新修订的COPPA倾向于鼓励网络运营商开发出能够高效、便捷、真实地征得家长同意提供儿童个人信息的确认方法，这需要网络运营商在技术上给予保障。新修订的COPPA在对网络运营商的监管上采取灵活、平衡的态度。具体来说，不给网络运营商施加过大的责任和压力，以免加重网络运营商负担，影响符合儿童福祉的信息生产。此外，新修订的COPPA提出加强对网络运营商自我规制行为的支持，鼓励其内生性地发展和运用多种技术手段加强对儿童网络隐私权的保护。

很多儿童游戏企业在开发相关游戏产品时,都将 COPPA 的有关规定纳入考量范围。例如,英国公司 SuperAwesome 与移动广告公司 Bee7 达成合作协议,将共同打造一个儿童移动游戏广告网络,帮助品牌商和发行商在 Android 游戏中向儿童推出广告同时两家公司也作出承诺,新的儿童移动游戏广告网络一定要符合 COPPA 的规定。①

与此同时,美国对相关网络应用监管的力度也没有放松。FTC 曾对中国一款名为"宝宝巴士"的 App 进行警告,认为这款 App 涉嫌获取用户的精准地理位置定位信息,而且在收集相关信息时并没有征得儿童监护人的同意,因此存在侵犯儿童网络隐私权的可能。之后,该款 App 在苹果应用商店、亚马逊应用商店和谷歌应用商店均被下架。

三、日本未成年人网络隐私权的法律保护

第二次世界大战以后,日本通过长期的实践,建立了系统的未成年人福利法律保障体系,相关的法律包括《儿童福利法》《儿童扶助法案》《少年法》等,整套法律保障体系可谓内容完备、机制完善。日本的未成年人保护原则是在其《宪法》精神指导下形成的。日本《宪法》明确规定,该法所保障的国民的基本人权,作为不可侵犯的永久权利,现在及将来均赋予国民。国民享有的一切基本人权不受妨碍。国民作为个人均应受到尊重。对于谋求生存、自由以及幸福的国民权利,只要不违反公共福利,在立法及其他国政上都应受到最大的尊重。② 根据《宪法》精神,日本未成年人保护的基本理念之一就是健康成长。日本《儿童福利法》更是直接明确了儿童权利保障的基本理念,即所有国民应致力于让儿童身心健康地出生以及成长。该法还提出了一切儿童平等,其生活应得到保障与爱护。③ 跨文化传播研究的成果显示,日本是一个集体主义

---

① 参见《英国两家公司合作欲共同打造儿童手游广告网络》,载网易游戏频道 2015 年 4 月 3 日,http://play.163.com/15/0403/09/AM93IRFH00314OSE.html。

② 参见日本《宪法》第 11 条、第 13 条。

③ 参见日本《儿童福利法》第 1 条。

和个人主义并存且盛行的国家，有着深厚的个人隐私保护社会文化传统。日本人既推崇群体隐私，也十分重视个人隐私的保护。在这一文化传统的影响下，我们就可以很自然地推演出日本对网络空间未成年人隐私权保护重视的文化渊源。

（一）积极建设未成年人网络隐私权保护的有效保护网

日本目前虽然没有专门针对未成年人网络隐私权保护的法律，但是涉及互联网的相关法律都有关于个人隐私权和个人信息保护的条款，这些法律条款和未成年人权利保障法律相互配合，构建起未成年人网络隐私权的保护网。

20 世纪 80 年代，日本成立"私生活保护研究会"对网络隐私权保护进行研究。1982 年 9 月，日本制定了《个人数据信息处理中隐私保护对策》，该对策提出制定网络隐私权相关法律时应遵循的以下基本原则：限制收集原则；限制利用的原则；个人参与的原则；正确管理的原则；责任明确的原则。1988 年制定并于 1989 年 10 月开始实施的《关于行政机关电子计算机处理和保护个人信息的法律》，规定了公务人员对其管理的个人隐私信息承担保密义务，这一规定有利于对行政机关持有的个人隐私信息予以保护。

除国家层面外，一些行业性的规定也开始关注个人信息的保护，且随着社会环境变化不断予以完善。例如，财团法人日本信息处理系统中心于 1987 年 3 月制定了《关于金融机构等保护个人数据的指针》，并于 1999 年 4 月对该指针进行了修订；经济产业省 1989 年制定了《关于民间电子部门计算机处理和保护个人信息的指导方针》，并于 1997 年对该方针进行了修订；总务省 1991 年制定了《关于电气通信事业保护个人信息的指导方针》，并于 1998 年对该方针进行了修订。

（二）"个人信息保护关联五法案"

社会全面进入互联网时代后，日本政府高度重视国民在互联网空间中的个人隐私信息的保护。1996 年高度信息通信网络社会推进战略本部正式提出隐私保护的概念，并在1998年制定的《向高度信息化通信社会推进的基本方针》中详细规定了对个人隐私的保护。财团法人日本信息处理开发协会据此开始实施“隐私保护标志认证”制度，鼓励企业采取各种有效措施保护其持有的个人隐私信息。1999年高度信息通信网络社会推进战略本部先后建立个人信息保护研究部和个人信息保护法制化专门委员会。个人信息保护研究部作了一份名为《个人信息保护体系的基本观点》的报告，该报告从国家和社会两个角度详细论述了保护个人隐私信息的基本措施。个人信息保护法制化专门委员会则在2000年出台了《关于个人信息保护基本法大纲草案》。① 2003年5月日本通过隐私权保护领域的第一个综合性法案即《个人信息保护法案》②，之后又通过了《行政机关保有的个人信息保护法》《信息公开、个人信息审查会设置法》《独立行政法人等保有的个人信息保护法》《伴随（行政机关保有的个人信息保护法）等的施行而整理相关法律的法律》四部立法，“个人信息保护关联五法案”构建起日本个人信息保护的基本法律体系。

2013年5月日本国会通过了《“通用号码”法案》（“*Common Number*” *Bill*），于2016年1月开始实施。该法案规定由权威的第三方独立委员会对数据处理不当的公职人员负责监督和指控，那些非法泄露或出售ID信息的人将面临监禁或罚款的处罚。③

为更能适应互联网时代互联网技术的发展和个人信息内涵外延的变化，日本也对原有的法律进行了修订优化。2015年日本对《个人信息保护法案》进行了大幅修改，修改后的法案自2017年5月30日起实施。

---

① 参见方爱乡：《日本信息化发展过程中的安全与隐私保护问题》，载《财经问题研究》2002年第12期。

② 制定该法案的主要目的是正确处理个人信息保护和利用之间的关系，在确保个人信息安全的情况下去利用个人信息，防范滥用个人信息等不法行为。该法案已于2005年实施。

③ 参见孙继周：《日本数据隐私法律：概况、内容及启示》，载《现代情报》2016年第6期。

此外，日本对个人信息的法律保护也受到了国际立法趋势的影响。2012年美国公布了“消费者隐私权利准则”，2013年经合组织制定了“隐私保护方针”，2014年欧盟议会通过了“个人数据保护规定”。在此背景下，日本考虑与他国制度的协调性，也修订了原有的法律规定，以保障日本企业与外国企业间可以无障碍交换并共享个人数据。至此，日本从数据处理、数据服务及法律责任等方面建立起了个人隐私权的保护体系。

（三）日本未成年人网络隐私权保护的特点

日本未成年人网络隐私权保护具有以下特点：第一，未成年人权益保障和互联网法律规制高度融合。健全完备的未成年人权益保障法作为未成年人网络隐私权保护的法律基础。而相关的涉及网络空间中网络隐私权保护的法律规定和政策措施则是未成年人权利在网络空间中的延展，二者相互配合，共同保护未成年人隐私权。第二，政府保护和行业保护双管齐下。前文我们详细介绍了日本保护未成年人网络隐私权的诸多法律，实际上，在行业层面，许多企业也积极采取多种有效手段开展未成年人网络隐私权的保护，形成了行业自律的氛围。例如，为推进个人信息保护，1999年3月日本工业标准（JIS）制定了《关于个人信息保护管理体制要求事项（JIS Q 15001）》，并将其适用于很多行业。[①] 第三，全国上下协力保护。在日本，不仅中央政府层面，很多地方政府也都致力于保护未成年人网络隐私权。这种纵向保护机制，有利于构建起全国性的未成年人网络隐私权保护体系，形成全国上下齐抓共管的有效局面。

---

① 参见方爱乡：《日本信息化发展过程中的安全与隐私保护问题》，载《财经问题研究》2002年第12期。

附录三　域外网络欺凌的法律规制与未成年人保护

网络欺凌问题是伴随网络传播技术与社交平台的发展而来，在世界范围内层出不穷，受到各个国家的广泛关注。在一些欧美国家，网络欺凌问题出现得较早，相关法律规制的问世也较早。

一、美国：立法先行的协同监管模式

美国网络欺凌研究中心（Cyberbullying Research Center，CRC）是一家专注于未成年人网络欺凌调查的研究机构。2020 年该研究中心和卡通频道（Cartoon Network）联合进行了一项调查，来自全国的 1034 名 9～12 岁未成年人参与了此项调查。在此次调查中 15% 的受访者目睹过网络欺凌，15% 的受访者亲身经历过网络欺凌，3% 的受访者曾网络欺凌过他人。[①] 2019 年该中心的调查结果显示：在 12 ~ 17 岁的未成年人中，36.5% 的人曾经受到过网络欺凌，被欺凌者论及最近 30 天遭遇的网络欺凌类型时，最常被提及的是刻薄或伤害性的评论（24.9%）和网络谣言（22.2%）。调查结果还显示，30.1% 的被调查对象在过去 30 天中被欺凌了两次及以上。[②] 该中心跟踪调查结果还显示，从 2007 年至 2019 年，美国遭遇网络欺凌的总体人数比例已经从 2007 年的 18.8% 上升至 2019 年的 36.5%。皮尤研究中心 2018 年的调查数据则显示，美国未成年人中大约 59% 的人受到过网络欺凌。[③]

作为网络欺凌现象比较严重的国家之一，美国采用严格的立法来遏制网络欺凌行为。美国联邦和各州纷纷出台旨在打击网络欺凌的法案，两位民主党的众议员琳达·桑切斯和肯尼胡·守夫提出了一项建议直接将网络欺凌认定为犯罪行为的法案，最为重要的是美国法律对“欺凌”“网络欺凌”“骚扰”等术语进行了准确的界定，这也为执法部门或州立学校实施反欺凌法律和政策提供了明确的指引。

目前，美国 48 个州有网络欺凌和电子骚扰方面的立法。同时，各州的反欺凌法要求学校必须制定和实施反欺凌政策，对学生的不当言论进行规制，确保学校拥有正常的教学秩序。[④] 例如，佛罗里达州的反欺凌立法指导学区“采取禁止欺凌和骚扰公立教育机构的任何学生或雇员的政策”，同时要求每个学校至少要实施一项禁止欺凌的声明，内容包括：欺凌和骚扰的定义；对学生和员工的期望行为陈述；骚扰的后果清单；报

---

① Ken Downey Jr, *Preteens Experience“Concerning”Level of Cyberbullying, Survey Finds*, Healio（13 October 2022）, https://www.healio.com/news/primary-care/20201013/preteens-experience-concerning-level-of-cyberbullying-survey-finds.

② 数据源于网络欺凌研究中心网，https://cyberbullying.org/2019 – cyberbullying-data。

③ 参见郭正正、杨斌艳：《美国青少年互联网运用变化趋势（2000 ~ 2018）》，社会科学文献出版社 2020 年版，第 397 页。

④ 数据源于美国网络欺凌研究中心。

告骚扰,调查报告,通知受害者家长等的程序。美国教育部还提出了13个关键条款的建议框架,具体包括:目的、范围、禁止的行为、列举的群体、报告、调查、书面记录、后果、心理健康、交流、培训和预防、透明度监督和法律补救措施。

还有一些州规定学校在校外欺凌行为监管方面负有责任。比如,阿肯色州、加利福尼亚州、康涅狄格州、佐治亚州、伊利诺伊州、路易斯安那州、马萨诸塞州、密歇根州、明尼苏达州、新罕布什尔州、新泽西州、纽约州、宾夕法尼亚州、南达科他州、田纳西州、得克萨斯州、佛蒙特州共计17个州的学校不仅具有管理发生在校园内的网络欺凌的权限,对于发生在校外的欺凌行为同样具有监管职责。

(一)明确规定欺凌者的法律责任和受害者的法律权利

本章第一节提到的梅根·梅尔事件曾经引起了美国社会的广泛关注,成年人欺凌未成年人是否要从重承担法律责任也引发了热议。2007年11月,密苏里州 Dardenne Prairie 市的参议员委员会通过了一项"禁止任何利用电子媒介进行网络骚扰的行为"的反网络欺凌条例。该条例规定21岁以上的成年人对17岁以下的未成年人实施骚扰行为构成重罪,最高可以判四年监禁。作为对梅根·梅尔事件的回应,密苏里州也对相关法律进行了修订,加入了惩处网络骚扰方面的内容,直接将21岁以上成年人骚扰18岁以下未成年人的行为入罪,并对骚扰者予以刑事制裁。2008年有议员向美国众议院提出了《梅根·梅尔网络欺凌预防法》,该法案试图从联邦法律层面将网络欺凌行为认定为犯罪,不过,该法案最终没被通过。

在一系列州立法的推动下,美国对网络欺凌者的惩罚越来越严厉。美国《刑法典》第41章中增加了"网络欺凌"条款,其中第881条规定:实施网络欺凌适用刑法上的骚扰罪,对被告将处以罚金或判处两年以下有期徒刑或两者并处。目前,美国除新墨西哥州、怀俄明州、内布拉斯加州、明尼苏达州、缅因州、新罕布什尔州6个州外,其他44个州对于网络欺凌行为都规定了刑罚制裁。

按照美国民事法律的规定,网络欺凌受害者也可以提起民事诉讼保护自身权益。美国《侵权法重述(第二次)》第46条规定,行为人故意通过极端的、离谱的行为或者因鲁莽导致他人受到严重精神伤害、人身伤害或者类似伤害的,构成侵权。其第56条规定,如果被告的欺凌行为超出了通常人的承受范围,达到极端暴虐的程度,给原告造成了严重的心理伤害导致原告精神失常的,原告可以"故意致人精神损害"为由追究被告的责任。这里的故意不仅包括主观恶意的直接故意,还包括鲁莽、轻率等非主观恶意的间接故意。最为重要的是,这种情况下诉讼的原告方不需要证明实际发生的损害后果。此外,其第558条规定,传播虚假和伤害性言论构成诽谤行为。[①] 网络欺凌不管是通过手机短信还是博客、论坛等方式,只要是使用侮辱、诽谤性的言语攻击受害者,使受害者的精神健康受到伤害,受害者就可以提出诽谤诉讼。

(二)明确学校在网络欺凌防治中的责任

2000年美国出台了《儿童互联网保护法》(CIPA)。该法案第一分章"联邦政府对教育机构采购计算机财政拨款"第1711节对学校获取专项拨款的限制作出了明确规定,学校、地方教育主管部门或其他学校行政管理部门必须制定和实施网络安全政策及技术保护措施以保证未成年人的网络安全,否则的话,无法从联邦政府获得用于采购计算机或支付上网相关费用的专项拨款。同时,《儿童网络保护法》第二分章"网络服务折扣"第1721节规定,学校和图书馆针对连接到互联网的计算机实施技术保护措施是获得网络服务折扣的前提条件。从幼儿园始至12年级的所有学校和图书馆,应当为全部电脑(包括教职工使用的电脑)安装防火墙或者过滤软件并采取其他措施,以防止儿童接触包括网络欺凌在

① 根据美国法律,诽谤的构成要件如下:发布一项涉及他人的虚假、诽谤性言论;在不受特权保护的情况下向第三人发布该言论;发布者有过错,至少存在过失;该言论无论是否导致特殊损害均可被起诉。

内的有害网络信息。目前，美国大多数学校和图书馆在互联网的接入端口安装了安全过滤软件。该法的第三分章“社区儿童互联网保护”第1732节规定，学校和图书馆应当通过并实施互联网安全政策来处理以下行为：(1)未成年人通过互联网及万维网访问不适当内容的行为；(2)未成年人在使用电子邮件、聊天室及其他电子形式的直接交流所造成的安全问题；(3)未成年人在网上实施包括非法侵入及其他非法活动在内的未经授权的网络访问行为；(4)未经授权的披露、使用和传播有关未成年人个人身份信息的行为。该规定旨在限制未成年人访问对他们有害的信息的措施。①

2009年美国颁布《学校及家庭网络教育法》。该法案规定，为避免安全事故的发生，要求学校应承担对未成年学生进行安全教育的责任。同时，美国各州法律也要求学校肩负相应的管理责任，除蒙大拿州外的49个州的法律，均要求学校制定相应的政策以解决网络欺凌问题。加利福尼亚州的法律要求所有教育机构应在减少网络欺凌方面发挥作用。

2012年生效的《教育法》第234节对《营造安全学习环境法》(*Safe Place to Learn Act*)进行了修订。根据该法案的规定，学校应制定禁止歧视、骚扰、暴力、诽谤、欺凌行为的政策，应制定针对上述行为的投诉程序，其中该程序包括：支持目击者采取措施进行干预；确保投诉者不会受到打击报复；确保受害者被歧视、骚扰、恐吓、威逼的内容保密，不被泄露。

(三)明确网络服务提供商的责任和义务

网络欺凌行为的发生场域在互联网平台，欺凌者多是借助互联网技术手段骚扰、侮辱、诽谤他人或者把现实中发生的欺凌事件传送到网络以产生更大范围的危害和传播。因此，明确网络服务提供商的责任和义

① 参见中央网络安全和信息化领导小组办公室、国家互联网信息办公室政策法规局：《外国网络法选编》，中国法制出版社2017年版，第33页。

务,对遏制网络欺凌具有重要意义。

事实上,美国法律并没有直接规定网络服务提供商在网络欺凌中的责任,对于网络服务提供者的责任要求主要集中在个人信息采集和版权保护方面。1996 年美国国会通过的《通信内容端正法》规定,除非网络服务商明知其平台上传播的是违法信息或对用户传播违法信息知情而不作为,否则就不应承担责任。1998 年美国国会颁布实施了《儿童在线隐私权保护法案》,该法案对在线收集 13 岁以下儿童个人信息的行为作出了明确规定,要求作为网站经营者的个体和组织,必须履行保护儿童隐私信息和上网安全的责任,提供隐私声明和保护政策,同时必须征得其父母或监护人的明确同意。1998 年 10 月,针对著作权保护,美国推出了《千禧年数字版权法》(*Digital Millennium Copyright Act*,DMCA),该法案确立的过错归责原则和避风港规则对于网络欺凌的治理具有一定的参考价值。当网络欺凌导致的侵权发生时,“通知—删除”规则同样可以作为判断网络服务提供者是否要对网络欺凌行为负责的标准。受害者在遭遇网络欺凌时,有权要求网络服务提供商采取删除侵权信息、断开链接等行动,网络服务提供者应积极履行删除义务,减少欺凌范围、后果的扩大加深。

二、英国:政府主导多方配合的模式

在网络欺凌治理方面,英国采取以政府为主导,学校、家庭、社会多方配合的治理模式。这种治理方式效果明显,2018 年英国未成年人网络欺凌发生率降至 10.1%,低于 2017 年的 24.3% 和 2016 年的 32.5%。[①]

(一)法律和政策密切配合

作为判例法国家,英国虽然没有对网络欺凌出台专门法律,但已有的《恶意通讯法案》(1988)、《防止骚扰法》(1997)、《通信法》(2003)、

---

① 参见冯达飞:《英国社会组织反网络欺凌实践研究——以“反欺凌联盟”为例》,载《预防青少年犯罪研究》2019 年第 5 期。

《隐私和电子通信条例》(2003)、《教育和检查法》(2006)、《诽谤法》(2013)等均适用于在线骚扰和网络欺凌。

1. 相关法律让反欺凌行动有法可依

《恶意通讯法案》规定,通过信件、电子通讯、文章等形式发送不雅或攻击性信息、威胁性信息、虚假(或明知是虚假还故意传播)信息,旨在给他人造成痛苦和焦虑的行为属于犯罪,可以处以罚款或者监禁。

《防止骚扰法》第 1 条规定,任何人不得实施任何骚扰行为,而这种骚扰行为是他知道或应该知道的某种程度的骚扰行为。该法根据骚扰行为的严重性作出以下规定:第 2 条规定的不严重的罪行,可处以 5000 英镑的罚款或 6 个月以下的监禁;第 3 条规定的骚扰可能导致受害人的民事补救或民事诉讼,导致对因骚扰而引起的焦虑给予赔偿;第 4 条规定的两次以上的骚扰行为被认定为持续行为,为相当严重的罪行,骚扰者可能会受到最高 5 年的监禁,罚款或两者同时处罚。此外,对该法第 2 条或第 4 条规定的罪行,法院有权颁布如限制命令等辅助性命令,以防肇事者进一步接触受害人。

2003 年颁布的新《通信法》规定,"127. 公共电子通信网络的不当使用"规定:通过公共电子通信网络发送的信息或者其他事物具有严重侮辱性或下流、淫亵,恐吓的特点即构成违法;为了给他人造成干扰、不便或不必要的紧张,持续利用电子通信网络向他人发出其明知为不真实的信息构成违法。网络欺凌行为属于典型的"滥用电子通信网络和电子通信服务"①,完全适用该法的下列规定,当通信管制局确定有足够的理由

① 英国《通信法》(2003)规定:"128. 对滥用电子通讯网络和电子通信服务发出通知(5)根据本章目的,符合以下条件,则可认定行为人构成了滥用电子通信网络或电子通信服务——(a)其使用网络或者服务的行为造成了或者可能会造成其他主体遭受不必要的困扰、不便或者焦虑;(b)其使用网络或者服务的行为,参与了造成或者可能造成其他主体遭受不必要的困扰、不便或者焦虑的行为之中。"参见中共中央宣传部政策法规研究室编:《国外网络法律文件选编》,北京大学互联网法律中心译,学习出版社 2014 年版,第 858 ~ 859 页。

认定某人已经构成持续滥用电子通信网络或电子信息服务,则可以根据本条规定向该人发出通知。依照该法规定,“如果行为人已经在通知指明的一方面或几方面构成持续滥用电子通信网络或电子通信服务,则通信管制局可以对其处以罚款”。[①] 网络欺凌起诉,还可以基于 1986 年的《公共秩序法》,该法第 5 条规定使用辱骂、侮辱、威胁的行为是犯罪行为。在可能引起骚扰、恐吓或困扰他人的听力或视力范围内显示威胁、辱骂或侮辱的任何文字、标志或其他可见标识即构成犯罪并要接受处罚。

2006 年英国政府出台的《教育和检查法》规定,学校有责任为所有学生提供安全健康的环境,并且坚决反对各种形式的欺凌行为,包括网络欺凌。该法明确规定,当网络欺凌行为发生时,学校拥有一定的处罚权力。根据该法规定,学校工作人员获得了合法权力来管理和约束学生的行为,他们具有没收学生物品的权力,例如,他们有权保留和没收导致课堂骚扰的手机或其他通信设备,或被用作网络欺凌的其他工具。

2013 年颁布的《诽谤法》规定,任何本质上为诽谤性陈述,对索赔人的名誉实际造成或可能造成严重损害的,都应接受法律制裁。网络欺凌内容多为不真实且对受害人名誉和身心带来严重负面影响,自然适用本法。

2. 政府和政策支持作为重要手段

英国政府高度重视网络欺凌问题,出台了专门政策治理网络欺凌。2007 年英国政府设立网络热线,鼓励儿童举报涉及网络色情、网络暴力和种族仇恨的信息。2008 年,在政府部门主导下,英国未成年人网络安全委员会、儿童网络保护特别小组先后成立,他们的主要职责就是落实网络安全政策,保护未成年人上网安全。儿童网络保护特别小组开通 24

---

① 英国《通信法》(2003)第 129 条“停止持续滥用的通知执行”、第 130 条“持续滥用行为的处罚”。参见《国外网络法律文件选编》第 860 页。

小时热线电话，专门处理涉及儿童的网络欺凌问题，家长和儿童均可以随时求助。2016 年，政府出资为学校提供“Tootoot”软件服务以及其他九项解决学校欺凌问题的方案计划，支持学生利用前述软件举报欺凌以及网络欺凌事件。

为预防和解决网络欺凌等对学生安全造成的危害，为学校、教育工作者、学生提供预防策略，英国政府组织出版了应对网络暴力的指导手册。此外，英国权威性的教育标准办公室（Office for Standards in Education）还对中小学网络欺凌的干预、预防措施进行定期检查，对解决学生网络欺凌政策的有效性进行评估，并给出合理化建议。

2017 年 7 月，教育部颁布《预防和应对欺凌——给校长、教务人员和各级管理机构的指导建议》（*Preventing and Tackling Bullying—Advice for Headteachers, Staff and Governing Bodies*）。该指导建议以单独篇幅着重介绍了网络欺凌和互联网安全，这表明网络欺凌已经引起英国教育管理部门的高度关注。此后，《网络欺凌——给校长和学校工作人员的指导建议》（*Cyberbullying—Advice for Headteachers and School Staff*）出台。作为治理网络欺凌的专门文件，该指导建议在分析英国中小学网络欺凌现状的基础上，提出防治策略，逐一解答遭遇网络欺凌后的处理方式和求助途径等具体问题，具有很强的实用性和可操作性。作为教育工作的行政主管机关，教育部颁布的反欺凌政策，深化了国民对网络欺凌的认识，同时也为“反欺凌联盟”的诞生创造了舆论氛围。

（二）明确学校在反网络欺凌中的责任

英国教育界十分重视网络欺凌问题，主张通过校园网安全维护、教师培训、课堂教育等措施预防和遏制网络欺凌。在课堂教育方面，自 2014 年 9 月起，英国就将网络安全纳入法定计算机课程，内容包括如何网络社交、预防网络欺凌以及怎样保护隐私等诸多方面，所有接受计算机课程的中小学生都会在该门课程中接触到网络安全知识。大多数学校将反欺凌内容渗透到课程中，且在上课时让高年级的学生帮助低年级的学生,实行同辈团体辅导、学生与老师协作的方式,共同反对欺凌行为。

前文提到的《教育和检查法》(2006)要求学校必须承担起防范和治理校园网络欺凌的责任。教育部2014年的《教育条例(独立学校标准)》(*Education Regulations*)也明确规定,各独立学校在进行注册申请时,申请书中必须包含学校行为规范(包括对行为不当学生采取的制裁措施)、学校的校园反欺凌政策与措施、学校的投诉程序等。① 同时还规定要“增强学校教职工与学生对虐待、激进化和极端主义等危险思想的认识、预防与干预措施,保障学校政策符合学生安全、健康与福利的标准要求”。② 为此,英国教育部为帮助教师掌握识别校园欺凌、进行早期干预和行为矫正的方法,还拨付专款用于教师的培训,以便当网络欺凌发生时,能够明确应采取的解决办法,寻求支持和帮助,及时保护学生安全。值得注意的是,学校除关注学生校内行为外,也会关注学生的校外表现并对学生校外行为进行管理。

此外,英国要求所有学校都必须根据1998年的《学校标准和框架法》(*The School Standards and Framework Act*)和2003年的《教育条例》(*Education Regulations*)制定和设计反欺凌政策。政府相关机构对各个学校反欺凌方案及执行程度进行监察,例如,英国的教育标准办公室(Office for Standards in Education)会对学校是否存在欺凌问题以及是否对欺凌采取有效措施定期进行检查,针对校园欺凌定期发布报告,提供指导意见。

(三)注重发挥社会组织在网络欺凌治理中的作用

英国社会组织凭借自身专业性、灵活性等优势,在网络欺凌治理中

---

① 参见夏杨燕、程晋宽:《英格兰独立学校办学体制研究——基于英格兰〈教育(独立学校标准)条例〉的分析》,载《外国中小学教育》2019年第9期。

② 夏杨燕、程晋宽:《英格兰独立学校办学体制研究——基于英格兰〈教育(独立学校标准)条例〉的分析》,载《外国中小学教育》2019年第9期。

发挥了重要作用。其中影响力最大的是“反欺凌联盟”(Anti - Bullying Alliance,ABA)。“反欺凌联盟”目前是英国国内最具影响力的反欺凌社会组织,该组织以停止欺凌,创造更安全的环境让儿童和年轻人能够生活、成长、玩耍和学习为组织愿景。

“反欺凌联盟”以提高公众对欺凌的认知水平、创造人人都认为欺凌不可接受的舆论氛围、通过系列反欺凌活动来提高人们应对欺凌的自我保护能力为主要目标。“反欺凌联盟”开展的活动覆盖面十分广泛,他们策划反欺凌周、实施反欺凌项目、加入特别工作组以及参与成员组织的反欺凌活动等。每年除自身组织的反欺凌活动外,“反欺凌联盟”还会积极参与成员主办的各类反欺凌项目,全力为英国的反欺凌事业做贡献。

成立于2010年的英国网络微笑基金会(The Cybersmile Foundation)是一个非营利性的反网络欺凌组织,该组织主要致力于解决各种形式的网络欺凌和网络虐待,旨在通过提供教育、支持服务和专业帮助减少网络欺凌事件的发生,减轻网络欺凌带来的伤害,帮助受害者及其家属重新回归正常生活。目前网络微笑基金会已成为世界领先的反网络欺凌非营利组织。

英国的反欺凌组织“儿童花径”(Kidscape),主要面向教师和教育工作者提供网络欺凌问题的相关培训,致力于解决学生网络欺凌问题,保护学生的安全与健康。该组织会根据学校的规章制度及法定责任为学生和家长对网络欺凌问题提供专业的建议和指导,并设有专业顾问,家长可对孩子遭遇的欺凌事件与专业顾问联系,寻求帮助,与专业顾问一起寻找解决网络欺凌的最佳方案。

三、日本:国家主导多主体联动治理模式

面对网络欺凌,一方面日本通过各种立法对于国家、学校、家庭、公共团体、社会应承担的义务和具体的防治工作进行了清晰的界定;另一方面在突出国家公权力的引领作用以及学校的治理中心地位的同时,日本注重融入以各类民间组织为代表的社会力量,将之作为未成年人网络欺凌治理的辅助配套资源。日本《防止欺凌对策推进法》第二章规定了防治校园欺凌的基本方针，不仅规定了文部科学省、地方公共团体、各级学校应根据上级文件制定相应的防治措施，还规定了地方应设立校园欺凌应对委员会，并对该委员会的构成及具体运作方式作出明确要求。

（一）通过立法将网络欺凌纳入法制化轨道

早在2001年，日本政府就制定了《网络服务商责任法》，该法规定当特定个人的民事权利遭到侵害时，可以向网络服务商提出损失赔偿；网络服务商具有应受害方请求公示发信息人信息的义务，即当有人侵害他人权益时，受害人有权要求网络服务商提供欺凌者的信息，并删除相关侵害性信息。

2013年6月，日本通过了《防止欺凌对策推进法》，该法在立法目的和立法理念上体现了国家对校园欺凌的"零容忍"态度，并对校园欺凌进行了定义，同时明确了国家、地方公共团体、学校、教职员工、监护人在防止和应对欺凌中的责任与义务。

针对新兴的网络欺凌，《防止欺凌对策推进法》第19条进行了专门规定：学校及其设置者应当对于网络特性对学生开展专门教育活动，从源头上遏制网络欺凌。各级政府及地方公共团体可以请求网络监察机构的协助，查明学生是否实施或遭受网络欺凌，并探索网络欺凌的应对机制；当发生网络欺凌时，受害者可以要求网络运营者删除相关欺凌内容并提供内容发布者的基本信息（如姓名、住址、邮件、网络IP地址等），并向内容发布者提出赔偿请求。必要时，受害者还可以请求法务局协同处理。这种规定无疑有利于及时发现网络欺凌行为并将其产生的危害降到最低。①

该法案最大特点就是强化了国家和地方自治体对网络欺凌在内的

---

① 参见刘旭东：《法治视阈下校园欺凌的治理路径——以日本实践经验为借鉴基础》，载《当代青年研究》2018年第6期。

校园欺凌行为负有监管责任与义务。

（二）出台配套政策和措施防止网络欺凌

为了配合《防止欺凌对策推进法》的实施，文部科学省还在 2013 年 10 月颁布了《防止校园欺凌基本方针》（2017 年 3 月修订）。该方针进一步明确了国家对校园欺凌事件应承担的责任与义务：巩固国家、社会团体、学校三方合作机制，积极引入律师、心理学家、警察等多样社会职业经验的人才开展教育支援；全面加强学校师资力量的培养力度，使教师具备提供教育咨询的能力素质，并倡导教师积极学习校园欺凌防治工作的相关法律知识；充实教育商谈体制，整顿并充分发挥咨询室、电话热线、网络邮件等求助设施的作用；国立教育政策研究所和各地区的大学、学会等研究机关开展合作，在全国范围内开展相关数据调查，并对调查结果进行分析研究。①

在 2008 年发布的日本《第一期教育振兴基本计划》中，文部科学省明确提出要加强学生媒介素养教育，营造有利于学生成长的网络环境。同时，日本为研讨应对网络欺凌的相关对策，设立了“建立保护孩子体制的有识者会议”这一专门机构，为介绍学校发生的各类网络欺凌案例，普及应对网络欺凌的基本知识和有效策略，还面向学校和教师制作和发放《应对网络欺凌指南和事例集》。2018 年 3 月，日本发布了面向 2030 年的《第三期教育振兴基本计划》，针对初等和中等教育阶段提出了“培养丰富的心灵”的教育政策目标，并把“校园暴力事件减少，校园暴力现象得到改善”作为关键性测量指标②。

文部科学省和各级教育委员会，为全面了解学生使用手机和互联网的情况及由此产生的欺凌事件，还会定期或不定期地经常组织调查，向

---

① 参见陈旭：《日本中学校园欺凌问题及其应对措施研究》，河北大学 2019 年硕士学位论文，第 64～65 页。

② 参见宋璇：《日本〈第三期教育振兴基本计划〉述评》，载《世界教育信息》2018 年第 20 期。

学校和监护人提供相关信息并予以指导。文部科学省还派遣专家至网络欺凌严重的学校,以便对受害者予以指导。另外,按照文部科学省的部署与要求,各地教育委员会也对此采取相应措施。各地在召开网络欺凌对策研讨会议的基础上,基于对学生手机使用情况的调查,制定并免费向教师和学生发放网欺凌防范对策指南,一些地区的教育委员会还开通了24小时网络欺凌咨询专门热线。

(三)构建学校、家庭、社会多主体联动的网络治理体系

在日本,举全社会之力应对校园网络欺凌已成为一种共识。正是基于这样的理念,日本逐步形成了学校、家庭、社会多主体联动的网络欺凌治理机制。

学校是第一责任主体。《防止欺凌对策推进法》第三章至第六章分别进行了如下规定:规定了学校防治、早期发现校园欺凌的措施和各级政府、地方公共团体、家庭、其他社会力量的协同措施,并对于提升教职员工应对校园欺凌的素养与能力,网络欺凌的应对方案予以了具体规定;规定学校必须成立由两名以上教师组成的防治校园欺凌的专门组织,同时要确保该组织能得到具有法学、心理学、社会学、医学等相关专业知识人士的协助。学校对欺凌者甚至还可以采取惩戒、停学等措施;分别涉及重大校园欺凌事态的应对规定和对一般学校校园欺凌应对表现的评估。

日本中小学学校负责日常的网络监管与检查,在发现网络欺凌问题的第一时间采取相应的处置措施。学校要求教师掌握一定的网络知识,了解与掌握学生使用手机及互联网的真实状况。学校不仅重视教师媒介素养培训,还重视学生的媒介素养教育,要求将学生媒介素养教育贯穿到各学科教学中,帮助他们养成正确的网络道德价值观,并要求学生对网络欺凌自觉抵制。日本中小学还设立网络欺凌咨询室,对有网络欺凌倾向的学生和网络欺凌受害者进行心理辅导和干预、矫正。

家长作为孩子的监护人,是孩子的“第一任老师”。在指导孩子正确

使用手机和网络方面,日本学生家长做了大量的工作,例如,制定手机、网络使用的"家规",与小孩"约法三章"。据调查,监护人、孩子间共同制定收集和互联网使用规则的家庭占比为73.6%,日常注意孩子使用手机的家庭约占六成。

除政府、学校、家庭对网络欺凌防治积极响应外,通信服务提供商的社会责任也在不断加强。《网络服务商责任法》规定:通信服务提供商一旦发现诽谤中伤留言或接到受害者投诉,要及时对有害信息采取删除等处理措施。实践中,日本各通信服务提供商在加强行业自律的同时,更注重提高技术保障,依法对中小学生使用的手机、互联网进行监管,采取安装过滤设备等技术防范措施来应对网络欺凌。

此外,日本民间社会力量非常强大。在实践中,日本一直在积极推动社区、传媒组织以及其他社会公益组织共同参与校园欺凌治理。以各类儿童支援机构、儿童商谈所、志愿组织为代表的非政府组织(Non-Governmental Organizations,NGO)、非营利组织(Non-Profit Organizations,NPO)为日本的校园欺凌治理提供深厚的社会根基,《防止欺凌对策推进法》也规定了法定防治主体、社区民众、民间团体等机构要共同努力,协同防治。①

---

① 参见日本《防止欺凌对策推进法》第3条、第8条、第15~17条。

附录四　域外未成年人网络沉迷的法律规制

当前，未成年人网络沉迷现象备受公众和社会关注。为了帮助未成年人摆脱对网络的过度依赖，养成积极健康的网络使用习惯，世界各国政府采取了各种行动，积极发动家庭、学校和社会等各方力量，通过开展校园教育、加强大众科普、构筑技术保护屏障等举措解决这一问题。

一、国际公约与未成年人网络沉迷防范

（一）联合国关于儿童上网保护的公约

1.《儿童权利公约》：重视儿童网络权益

为了保护未成年人权益，联合国大会于1959年通过了《儿童权利宣言》，其中特别指出“儿童因身心尚未成熟，在其出生以前和以后均需要特殊的保护和照料，包括法律上的适当保护”。1989年第44届联合国大会第25号决议通过了《儿童权利公约》，该公约旨在为世界各国儿童创建良好的成长环境。保护和实现儿童权利成为各国政府及国际

组织共同认可的准则,各国政府同意承担《儿童权利公约》中规定的相关义务,缔约国“有义务制定和采取符合儿童最大利益的所有行动和政策”①。

《儿童权利公约》通过时,网络发展还未像现在这般迅猛,但其中关于儿童媒介接触和保护的相关规定值得儿童互联网保护领域研究者和立法者的关注,因为这些规定有利于预防儿童网络沉迷。《儿童权利公约》规定儿童享有接近媒介、参与媒介、通过媒介获取有益信息的权利等内容,其中媒介也包括互联网。该公约确认大众传播媒介的重要意义,要求缔约国确保儿童可以从国际或多个国家获得信息和资料,尤其是促进其社会、精神和道德福祉和身心健康的信息和资料。② 该公约同时规定,缔约国应以最充分地发展儿童的个性、才智和身心能力,培养对人权和基本自由以及《联合国宪章》所载各项原则的尊重,培养对儿童的父母、儿童自身的文化认同、语言和价值观以及不同文明的尊重,培养儿童在自由社会里过有责任感的生活等作为教育儿童的目的,并倡导大众传播媒介本着前述教育儿童目的的精神散播有益于儿童的信息和资料。③

虽然《儿童权利公约》未对儿童沉迷网络予以明确规定,但规定了鼓励缔约国制定适当的准则保护儿童不受可能损害其福祉的信息和资料之害。④ 这一规定同样适用于网络空间,缔约国应保护儿童在网络空间不受有害信息或不健康内容的侵害。未成年人沉迷网络,多是沉迷于网络空间内容或信息,这就要求缔约国政府注意防范和治理网络空间的有害信息,各类媒介包括互联网空间的服务者、提供者应承担起相应的社会责任,屏蔽未成年人接触有害或不宜信息的网站,避免其沉迷网络。

---

① 参见联合国《儿童权利公约》“序言”。

② 参见联合国《儿童权利公约》第 17 条。

③ 参见联合国《儿童权利公约》第 17 条、第 29 条。

④ 参见联合国《儿童权利公约》第 17 条。

2. 联合国儿童基金会：研究成果提供理论指导

联合国儿童基金会成立于1946年，最初是为满足第二次世界大战之后欧洲与中国儿童紧急救助需求而建立的，随后其救助对象扩展到全球的母婴和儿童。1953年联合国儿童基金会成为联合国的永久会员，并致力于实现母婴和儿童的发展权利。自网络兴起以来，该基金会十分重视网络对儿童的影响以及儿童权益在网络遭到的侵害。

2011年12月，联合国儿童基金会发布了《青少年网络安全：全球挑战与战略》的研究报告。报告主要包括两部分：一是介绍青少年遭受网络侵害原因、表现以及应对的困境；二是呼吁从国际社会和各国立法角度，建立有效的未成年人网络安全保护机制。2019年，在纪念联合国《儿童权利公约》通过30周年以及互联网诞生50周年之际，联合国儿童基金会副执行主任奥马尔·阿卜迪更是直接发出呼吁，“我们必须确保互联网的治理与网络安全议程能够充分保护儿童权利，尤其是确保将儿童网络安全置于核心位置”。①

（二）欧盟制约儿童沉迷网络：注重防范网络色情侵害

对于儿童沉迷网络问题，欧盟主要立足于预防和限制网络色情对儿童的侵扰和毒害。欧盟委员会曾计划在欧盟范围内建立统一的信息和预警机制，以便各成员国维护网络环境，共同打击网络色情犯罪对儿童的侵害。2010年欧盟曾决定加强对儿童网站的治理，限制或制止儿童色情网站的存在，欧盟委员会要求各国提交法律预案，处罚网络上以色情活动勾引儿童、引诱儿童观看色情内容等相关行为。

为确保网络安全使用，欧盟曾先后发布过《欧盟更安全的社交网络原则》（*Safer Social Networking Principles for the EU*）、《应对在线不当信息：欧洲方案》（*Tackling online Disinformation: A European Approach*）、

① 肖欣：《联合国儿童基金会呼吁加大儿童网络保护力度》，载中新网百家号2019年10月20日，https://baijiahao.baidu.com/s?id=1647914364001599752&wfr=spider&for=pc。

《不当信息行为准则》(*EU Code of Practice on Disinformation*)等,对网络在线平台、社交网络、网络企业等进行信息传播的规范和约束,其中包括未成年人的网络接触和使用行为引导。此外,欧盟成员国还曾达成共识,决定以屏蔽网站的形式对儿童网络色情进行源头式的阻隔。欧盟从预警机制、法律处罚或共识协定等多个方面入手,防范儿童因过度接触网络色情而产生的消极影响和负面作用。

欧盟对于网络游戏监管方面有其特有的经验,虽然各个成员国的网络游戏产业发展存在差异,但在网络游戏的等级标准方面却较为统一,使用欧洲通用的"泛欧洲游戏信息组织"(Pan European Game Information,PEGI),对电脑游戏进行分级设置。PEGI 针对不同程度的内容,将在欧盟成员国内流通的游戏分为 5 个不同年龄等级,并标示在游戏包装背面。虽然该分级制度属于行业自律性质,没有法律强制力,但仍为各成员国未成年人及家长提供了较为权威的电子游戏选择指标。

二、各国未成年人网络沉迷的相关规制

(一)韩国:以政府为主导的法制与教育体系

韩国是网络游戏发展较为迅速和普及程度较高的国家之一,其在网络游戏管理方面有着相对较为严格的规定。韩国对青少年网络运用采取全面立法的管理模式。涉及青少年网络保护的法规性文件内容比较全面,涵盖了防治有害信息流通、有害媒体物审议、内容分级制度、青少年深夜禁止网游等方面。

在未成年人网络使用及保护领域,韩国在法律制定、管理体制以及社会教育等方面都强化政府的主导和强制作用,形成了全面、具体的治理系统。在互联网空间治理方面,韩国很早便通过法律加以规范。1995 年颁布的《电子通信商务法》将"危险通信信息"作为管制对象,这是网络信息治理的开端。同时,韩国政府建立了信息传播伦理委员会,并在此基础上成立了隶属于韩国信息和通信部的互联网安全委员会。《电子通信商务法》赋予了韩国信息和通信部对信息管制和审查的权力,该权力由信息传播伦理委员会代为行使,其中一项审查内容就是对未成年人构成伤害的信息。该法律也明确规定,通过黑客手段攻击电脑、传播淫秽信息等属于不法行为。

韩国真正意义上关于未成年人网络保护的法律是新修订的《青少年保护法》。为杜绝青少年在网吧彻夜不归的现象,该法规定19岁以下及高中以下学生禁止在晚上10点后出入网吧。2011年,《青少年保护法》修正案规定游戏运营商不得在零时到早晨6时向16岁以下的未成年人开放游戏即规定了网游宵禁制度。①《青少年保护法》对未成年人网络使用的限制从法律的禁止性规定出发,避免未成年人沉迷网络。

与此同时,《游戏产业振兴法》《音乐产业振兴法》《电影及视频类的振兴法》等也对未成年人的网络使用提出了相关规定。前述法律从网络信息过滤和游戏准入的角度,避免未成年人接触有害信息沉迷网络,对未成年人网络成长环境构建具有很强的实用性。此外,韩国网络实名制走在国际前列,韩国从2005年起便开始推行网络实名制,是世界上第一个强制实行网络实名制的国家。截至2008年,韩国主流网站已经全部采用并实行实名制。网民必须登记真实的身份信息,通过认证后方可在网络上进行评论、留言等活动。网络实名制有助于预防和避免未成年人浏览不良网站、接触不良信息,沉迷网络。

对网络成瘾的法律规范和教育引导也是韩国规制的一个特点。在政策规范方面,韩国于2010年发布《预防和消除网络游戏沉迷政策》,该政策针对未成年人网络游戏成瘾现象提出了午夜后终止未成年人登录网络游戏的要求。在教育引导方面,韩国政府和学校纷纷采取多种措施对未成年人的网络使用进行规范。2001年,韩国资讯通信部和韩国讯息文化振兴学院设立了网络中毒咨询中心,目前这种咨询中心已经在全

---

① 参见杜智涛、刘琼、俞点:《未成年人网络保护的规制体系:全球视野与国际比较》,载《青年探索》2019年第4期。

国开办了140多个，该中心以老师和家长为对象，以帮助未成年人预防网络中毒为目的开展讲座，让学校和家长引导孩子正确使用网络。为了避免未成年人网络成瘾，韩国学校在政府的帮助下积极探索网瘾预防教育系统，通过网瘾诊断、预防教育内容和预防活动三方面来预防未成年人网络成瘾。在政府引导方面，韩国国家信息社会局成立了网瘾防治中心，该中心主要负责提供相关资讯、开展针对老师和父母的讲座、对网瘾学生予以辅导和治疗，产生的相关治疗费用由政府承担。在学校教育方面，"跳跃"是韩国第一所治疗网瘾的学校，专门用于治疗最严重的网络成瘾患者，其特色为军事训练、体能训练和心理康复训练三者合一。①此外，韩国的中、小学均设有网络伦理课程，这对青少年网络素养的培养和树立正确的网络伦理观具有积极的引导作用。

以政府为主导，法律规定与网络教育相结合，是韩国规制未成年人网络使用的重要特点。法律强制手段与教育辅助措施的结合能够为未成年人互联网使用提供全面的保护。

(二)日本：完善的法律规制与积极的社会举措

在亚洲国家范围内，日本未成年人网络保护立法走在了前列，其法律规则多样、系统且具有专门性。同时，日本也重视行业自律和社会多方的未成年人保护措施。

在法律规制方面，日本针对未成年人网络保护的法律规范较为系统，施行政府、企业、家庭的多方合作责任模式。例如，《买春儿童、儿童色情行为处罚条例及儿童保护关联法》(1999)、《打击利用异性交友网站引诱未成年人法》(2003)、《青少年网络环境整治法》(2008)等，从淫秽色情、网络环境安全、网络使用规制等多方面对未成年人的网络使用进行规范。日本的未成年人网络保护法律规制具有针对性和专门性的

---

① 参见中国青少年研究中心课题组：《关于未成年人网络成瘾状况及对策的调查研究》，载《中国青年研究》2010年第6期。

特征,对全球范围内未成年人法律保护具有一定的参考价值。2009 年正式实施的《青少年网络环境整治法》提出:政府有责任确保未成年人网络安全,降低未成年人接触网络负面信息的概率;运营商企业有责任配置网络过滤软件以屏蔽不良信息;家长有责任监管未成年人的网络使用状况。

《青少年网络环境安全法》实施后,许多行业企业积极响应,电信企业等在产品研发中专门开发了未成年人的网络安全套餐,在晚上 10 点至次日早上 6 点切断联网,并不断推行针对未成年人的网络过滤软件和相应服务,为避免未成年人在用网过程中接触或沉迷网络色情、暴力等内容,建立了网络不良信息的过滤系统。日本未成年人在学校或家庭上网时都会有老师、父母的监督,老师或父母控制未成年人的上网时间,引导未成年人正确用网,防止其过度使用网络而沉迷其中。

(三)英国:法制环境下的多方联动监管

"基于严格的言论自由保护立场,英国在网络规制立法方面十分谨慎"①,英国并未对成年人网络使用形成系统化和专门化的法律,主要是通过普通立法的相关规定和判例实现对未成年人的保护。《儿童保护法》《淫秽出版物法令》《通信法》《数字经济法》以及行业规范《3R 安全网络规则》等都明确规定不准传播有关未成年人的色情信息,也不允许向未成年人传播网络色情内容,这一系列法律从规制网络色情内容的角度预防未成年人沉迷网络。2017 年生效的《数字经济法》更是针对数字化时代的特征,对网络色情监管予以了专门规定,其核心内容是在视频分级的基础之上建立用户年龄验证制度②,从年龄和网络内容的角度禁止商业网站向未成年人提供色情内容。

---

① 北京市互联网信息办公室:《国内外互联网立法研究》,中国社会科学出版社 2014 年版,第 212 页。

② 参见周学峰:《未成年人网络保护制度的域外经验与启示》,载《北京航空航天大学学报(社会科学版)》2018 年第 4 期。

在法律规制的基础上,英国在未成年人网络使用保护方面采用了政府、家庭和社会互相配合的联动模式,对未成年人网络使用进行监管和规范。英国政府的互联网监管机构为通信联络办公室,负责互联网内容标准的制定和实施。此外,还有内政部互联网工作组、国家网上儿童保护中心等机构。政府还设立了专门的网站和24小时儿童热线,为家长和孩子提供安全使用网络的信息服务和心理疏导。2019年年初,针对社交媒体日益流行的趋势,英国政府的文化、传媒和体育等多个部门联合发布了《在线社交媒体平台行为准则》,该准则对社交媒体平台上的行为准则、自我监管和内容言论提出了系列原则,这也为未成年人的网络社交行为提供了规范。

广泛的社会参与是英国未成年人网络保护的一个特点。针对未成年人的"儿童网络安全委员会",汇聚了政府、企业和社会组织的多方力量,为家庭教育提供网络内容过滤工具,并引导企业对产品嵌入未成年人保护功能,为未成年人正确的网络使用提供指导和帮助;行业规范《3R安全网络规则》由英国的"网络观察基金会"负责执行,通过该规则对网络内容进行分级过滤处理,推进网络安全教育;在行业自律的带动下,2014年7月,英国互联网服务提供商(ISP)屏蔽了国内20%的网站,目的是保护未成年人免受色情网站的侵扰。在政府、行业和社会的作用以外,英国的家庭措施和学校教育对规范未成年人网络使用也具有重要作用。借助网络服务公司提供的过滤软件,家长可以对未成年人接触的网络信息进行过滤,也可以在征得孩子同意的前提下安装网络监视器,随时了解孩子的上网情况。通过网络信息过滤和网络监视,家长可以实现对未成年人的网络使用时间和网络应用操作的有效控制。此外,英国未成年人的课余生活十分丰富,未成年人可以根据自己的兴趣参加课外的兴趣活动,包括体育、音乐、美术、科技等方面;学校的老师们还会为学生们提供课外的阅读指导,提供课程外书目供学生提高知识水平。适度的家庭监管和丰富的课余生活,可以让英国的未成年人与网络虚拟世界保持适当的距离,逐渐淡化其对网络使用的依赖,从而避免因沉迷网络造成不良后果。

虽然英国针对未成年人网络使用的法律规制并不成熟和完善,但其从社会力量的行业自律、家庭监管和学校教育等方面开展的相关措施,以常态化的举措促进未成年人形成正确的网络使用观念,进行健康合理的网络使用活动,从而避免或减少其出现网络过度使用问题。

(四)法国:法律、技术与教育的有机结合

法国具有重视未成年人保护的文化传统。为防范未成年人沉迷网络,减少网络不良信息对未成年人的影响,法国从法律、政策、技术、教育等多个层面采取了相应措施,形成了立体而全面的未成年人网络保护体系。

最新修订的法国《刑法典》把 15 岁以下的未成年人定为易受伤害人群,要求给予特别保护。该法典以法律责任的形式对侵害未成年人的行为作出强制规定,虽然表面上未直接涉及未成年人的网络使用,但其从严从重处罚利用网络手段侵害未成年人的犯罪行为的规定,有利于对未成年人的网络保护。

法国《刑法典》明确规定了“置未成年人于危险罪”,根据该法第 227 - 23 条、第 227 - 24 条规定,以传播为目的拍摄、录制、传播未成年人色情影像或表演的,处 5 年监禁和 7.5 万欧元罚金;使用电子通讯网络向不特定公众传播未成年人色情影像和表演的,刑罚加重至 7 年监禁和 10 万欧元罚金。该法第 227 - 24 条规定采用任何手段,通过任何载体,制作、输送和传播暴力性质、教唆恐怖主义行为、色情性质或者可能严重侵犯人之尊严的信息,或者教唆未成年人参与置其人身于危险的游戏,或者利用此种影像做交易的行为,如果该影像能够被未成年人所见或所听,处 3 年监禁并科 75,000 欧元罚金。该条款还明确指出,使用视听媒体或者公共在线交流工具实施犯罪的,同样适用相关法律的特别规定。

在政策措施方面,法国的未成年人网络保护手段十分全面。2001 年法国政府建立了“互联网与未成年人”网站，该网站提供民众举报非法色情网站的服务，同时也为未成年人提供法律援助服务，保护其不受恋童癖者的骚扰。2003 年法国的互联网使用委员会设立了“未成年人保护网站”，该网站向未成年人介绍网络空间以及网络使用中的问题，引导未成年人正确使用网络。2004 年互联网使用委员会提出了“网络信任”计划，这一计划旨在帮助儿童和大众了解互联网使用中存在的风险，以便树立正确的网络行为①。2008 年法国启用了名为“网络倾听家庭”的保护未成年人网络安全热线，这一电话热线旨在为未成年人网络使用提供帮助和指导，使未成年人形成正确的网络使用行为，避免过度使用网络。

在技术运用方面，法国教育部向教育系统免费提供内容过滤软件，推荐使用含有内容过滤功能的服务器，并为监控校园网日常浏览网站设有专门机构。这些机构通过在校园网上安装网页浏览自动监控装置，利用技术手段对有害未成年人的网络信息进行过滤和屏蔽，能很好地保证未成年人在网络使用过程中避免接触有害信息。

在家庭教育方面，法国政府要求家长应指导孩子正确使用网络。家庭教育主要以家庭公约的形式，家长与孩子互相监督，共同约定每人每天使用电脑的时间，并合理分配学习、生活、娱乐、体育锻炼及网络使用的时间。家庭公约具有自发性，需要家庭自控力和成员的自主意识去遵守，公约虽然不具有法律的强制力，但有利于父母和子女间的良性互动，而且家庭内部相互制约也能很好地引导未成年人正确使用网络。

---

①　参见张咏华、曾海芳：《德国和法国大众传播领域对未成年人的保护》，载《新闻记者》2009 年第 9 期。

后 记

互联网技术的发展和数字时代的到来,引发了媒体形态的变革,作为数字时代的未成年人,其成长环境发生了巨大变化。数字技术、互联网、输出终端、网络服务,各种要素交叉叠加,新媒体逐渐取代传统媒体成为媒介传播的主流。互联网在某种意义上是一种媒介,也是一种新媒体,但是它又不仅仅是一种新媒体,因为它可以包容和囊括诸多的新媒体形态。网络空间成为未成年人新的成长空间和环境。互联网这种新媒体对未成年人有什么影响?在网络空间如何更好地保护未成年人权益?网络新媒介与未成年人保护之间存在什么样的关系?这些问题是笔者几年前还未正式选题时就一直思考并尝试进行跨界研究和探讨的问题。最终,笔者怀着一种惶恐和求知的心情,以“网络空间未成年人保护的法律规制研究”作为题目,从“互联网与未成年人”的关系视角切入,以未成年人在网络空间的生存权、发展权为着力点,分别对网络空间内容生态治理、网络隐私权保护、网络欺凌、网络沉迷与未成年人保护等问题进行了专题性研究。当然,网络空间未成年人保护的法律规制绝不仅局限于笔者所重点关注的几个问题。未成年人网络空间法律规制的完善,受制于互联网技术和立法技术的发展,受制于国际法、国内法等相关法律的有无、发展、完善。以信息化驱动现代化,建设网络强国,是落实"四个全面"战略布局的重要举措,是实现"两个一百年"奋斗目标和中华民族伟大复兴中国梦的必然选择。① 未成年人网络空间法律规制的建立健全,也是我国实现信息现代化,建设网络强国的应有之义。

在本书写作过程中,我国网络空间未成年人保护相关或可能相关的法律紧密地制定、修订、出台及完善。在这些法律被制定、修订、出台及完善期间,无论是《未成年人保护法》《预防未成年人犯罪法》的修订,还是《儿童个人信息网络保护规定》《未成年人节目管理规定》《民法典》的颁布实施,抑或《网络安全法》《数据安全法》《个人信息保护法》《家庭教育促进法》的制定实施,都体现了我国在积极推进网络空间治理和加强未成年人保护方面的努力作为。毋庸置疑,对网络空间未成年人保护进行法律规制,也并不是前述法律简单叠加就可以完成的。

在本书写作过程中,我国对有关网络安全和未成年人保护的相关法律相继进行了修改或完善,本书的对应文稿内容也一改再改。因为相关法律的制定或修改,导致写好的文稿需要不停地修改,委实是一件繁复且无奈的事情,但是同时这又让笔者感到欣喜,因为这也说明我国未成年人网络空间保护的立法进程从未止步。如何帮助未成年人理性面对网络空间这一新环境?如何将未成年人保护的法律规定与互联网技术相融合?如何推动网络空间未成年人法律规制走向更高水平,为未成年人在网络环境中健康成长提供更为坚实的法律保护?因此,对网络空间

---

① 参见《中共中央办公厅、国务院办公厅印发〈国家信息化发展战略纲要〉》,载中央人民政府网 2016 年 7 月 27 日,http://www.gov.cn/xinwen/2016-07/27/content_5095336.htm。

未成年人的保护，依然任重而道远。

本书是国家社科基金项目“网络空间未成年人保护的法律规制研究”的研究成果，为了更好地进行这一研究，笔者对域外网络空间有害信息的法律规制、域外未成年人网络隐私权的法律保护、域外未成年人网络欺凌的法律规制以及域外未成年人网络沉迷的法律规制情况也进行了一些梳理，并作为本书的附录介绍给大家。

上海大学新闻传播学院王龙珺博士参与了本书第三章“网络空间未成年人隐私权法律保护”的资料搜集，对该章部分内容的初稿写作亦有贡献；中国社会科学院大学新闻与传播研究所许可博士参与了第五章“网络沉迷的法律规制与未成年人保护”的资料搜集，对该章部分内容的初稿写作亦有贡献。此外，暨南大学新闻与传播学院阚宇轩同学、河北大学新闻传播学院研究生张晴、刘芮辰、宋雨蕙、鲍子婷参与了本书部分资料的搜集整理，在此一并表示感谢。